내
수업을
간섭하지
마라

내 수업을 간섭하지 마라

발행일   2015년 12월 10일

지은이   김 상 백
펴낸이   손 형 국
펴낸곳   (주)북랩
편집인   선일영   편집   김향인, 서대종, 권유선, 김성신
디자인   이현수, 신혜림, 윤미리내, 임혜수   제작   박기성, 황동현, 구성우
마케팅   김회란, 박진관, 김아름
출판등록   2004. 12. 1(제2012-000051호)
주소   서울시 금천구 가산디지털 1로 168, 우림라이온스밸리 B동 B113, 114호
홈페이지   www.book.co.kr
전화번호   (02)2026-5777   팩스   (02)2026-5747

ISBN   979-11-5585-806-6 03370(종이책)   979-11-5585-807-3 05370(전자책)

이 도서의 국립중앙도서관 출판예정도서목록(CIP)은 서지정보유통지원시스템 홈페이지(http://seoji.nl.go.kr)와
국가자료공동목록시스템(http://www.nl.go.kr/kolisnet)에서 이용하실 수 있습니다.
(CIP제어번호 : CIP2015033327)

성공한 사람들은 예외없이 기개가 남다르다고 합니다.
어려움에도 꺾이지 않았던 당신의 의기를 책에 담아보지 않으시렵니까?
책으로 펴내고 싶은 원고를 메일(book@book.co.kr)로 보내주세요.
성공출판의 파트너 북랩이 함께하겠습니다.

오직 학생과

참교육만을

생각하는

내 수업을 건드리지 마라

멋지다, 김샘!

김상백 지음

교육 관계자들 사이의 갈등을 바른 인간관계 형성으로 해결하고
바른 교육의 길을 걸으려는 <멋지다! 김샘!>의 행복한 학교 만들기!

북랩 book Lab

머리말

대학 다닐 때 선생님만 되면 행복한 선생님이 될 것이라고 믿었습니다. 그리고 꼭 행복한 선생님이 되고 싶었습니다. 그러나 초임 시절의 학교는 행복한 선생님 생활과는 많은 거리가 있었습니다.

아이들을 가르치는 것 외의 업무가 그렇게 많은지도 몰랐고, 지금은 업무관리시스템으로 공문을 처리하지만, 그 당시에는 매주 목요일에 지금의 주무관님이 학교의 보고공문을 지역교육청에 접수시키고, 반대로 교육청에서 생산한 공문은 학교로 가져와서 서무담당 선생님에게 접수하면 서무담당 선생님은 각 업무담당 선생님에게 배분하였습니다. 그래서 매주 목요일-'등청일'이라고 불렀음-이 되면 오전에는 수기로 보고공문 작성한다고 수업은 뒷전이 되고, 오후에는 배분된 공문으로 한숨을 쉬는 것이 예사였습니다.

더불어 민주주의를 가르치는 곳이 학교인데 정작 교무회의를 비롯한 각종 협의회는 토의와 토론의 과정이 없는 가장 비민주적인 방법으로 진행되었고, 모든 권력이 학교장에 집중되어 있어 학교장이 부재 중이면 아무도 결정을 내리지 못하는 비효율적인 의사결정 시스템은 모든 선생님의 불만이었지만 개선될 기미도, 개선시킬 역량도 학교에는 없는 듯 보였습니다.

그래서 선배 선생님들에게 학교 시스템에 대하여 불만을 토로하면 시간이 가면 모두 해결되는 일이니 '그냥 해라!', '출세해서 네가 바꿔라!', '교장 되면 너만 안 그러면 된다.', '학교가 싫으면 선생 안 하면 될 것 아니냐?'의 화살로 돌아왔습니다.

그럴 때마다 '부당한 것 일 년에 한 가지만 바꾸면 십 년이면 열 가지 바뀌고, 후배 선생님들은 열 가지의 고민을 덜 하지 않겠느냐.'로 맞섰습니다.

그런데 희한하게도 선배 선생님들의 이야기대로 시간이 흐르니 저절로 모든 것이 해결되었습니다. 뾰족했던 문제의식은 무디어졌고, 특정 영역에 인정받는 선생님으로 꽤(?) 이름도 날렸습니다.

그러면서 '요즘 학교 정말 좋아졌다.'는 주변의 말에 공감도 하고, 후배 선생님들에 대한 비판도 스스럼없이 하는 잘난 선배 선생님의 길로 잘 나아갔습니다.

중견 선생님이 되어 아주 작은 시골학교의 교무부장으로 근무하게 되었습니다. 근무여건이 좋지 않아 해마다 신규 선생님이 오는 학교였습니다. 신규 선생님에게 교직 실무에 대한 도움을 줘야 하는 역할이었습니다.

나름대로 잘 안내했다고 생각했는데 결과는 그렇지 못했습니다. 불만이 쌓였습니다. 진척이 없는 것에 대한 원인을 찾기도 힘들었습니다. 그러던 어느 날 깨달았습니다. 나의 도움은 나의 역할에만 충실한 것이었고, 실제 신규 선생님에게는 도움이 되지 못했습니다. 나의 도움은 설명이 너무 개략적이어서 실제로 업무에 적용하기 위해서는 다른 누군가의 도움을 받아야 했기 때문에 진척이 늦었던 것이었습니다.

그래서 신규 선생님들에게 좀 더 가까이 가기 위해 나름대로 애를 썼습니다. 덕분에 신규 선생님의 마음속 이야기도 들을 수 있었습니다. 놀라운 것은 저의 초임 시절과 똑같은 고민과 불만을 가지고 있었습니다. 후배 선생님들을 위해 불합리한 것을 일 년에 한 가지도 바꾸지 못한 평범한 선배 선생이 된 것에 대한 무안한 마음을 어찌할 수가 없었습니다.

그래서 '이제라도 실천해 보자! 그러나 옛날처럼 무조건 불평과 불만으로 접근하지 말고 논리적이고 과학적으로 접근하자!'라고 결심했습니다.

직, 간접적인 제자들의 이야기, 함께 근무한 후배와 선배 선생님들의 이야기, 관리자 분들의 이야기들로 꾸며졌습니다. 좋은 글감과 인터뷰를 아끼지 않은 모든 분들께 감사드리고, 혹여 의도와 다르게 해석되는 글이 있다면 글재주가 없어서 바르게 전달하지 못한 저를 너그럽게 용서해 주시기 바랍니다. 더불어 꼭 부탁드리고 싶은 것은 학교 구성원들의 합리적인 의사결정과 민주적인 학교 문화 조성에 조금이라도 도움이 되기 위한 의도이며 절대 어떤 계층을 무조건적으로 비난하기 위한 것이 아님을 알아주셨으면 합니다.

남편이 하기 싫은 일은 강요하지 않는 진짜 선생님인 아내 홍인숙, 자기주도적으로 생활하는 두 아들 태완과 용하, 하나뿐인 아들을 단 1초도 쉬지 않고 걱정하는 어머니께 처음으로 감사하다는 인사 남깁니다.

2015년 11월
김상백

Table of Contents

제2장 아이들, 선생님!

제3장 선생님, 선생님!

제4장 관리자, 선생님!

제1장

나, 선생님!

나는 잘하고 있는가?

요즘 하소연하는 후배들을 자주 만납니다. 젊은 날에는 승진에 뜻을 두고 있지 않았는데 나이가 들면서 마음이 바뀐 후배들입니다. 꾸준한 준비가 없었기에 짧은 기간에 많은 것을 이루어야 합니다. 그런데 뜻대로 되지 않습니다. 당연하지요. 한 번에 성공할 수 있는 것이 세상에 많지 않으니까요.

그러나 안타깝게도 본인의 늦은 준비보다 양보하지 않는 후배들을 몰인정하다고 몰아세웁니다. 자신이 제일 급한데 다른 선생님을 먼저 챙긴다고 관리자를 탓합니다. 그러면서 본인은 늦음을 만회하기 위해 정성을 다하기보다 남이 양보하고 도와주기만을 바랄 뿐입니다. 하소연을 들은 분들이 자신을 어떻게 생각하는지는 안중에도 없습니다.

관리자란 존재도 참 힘든 것 같습니다. 힘들다고 확신합니다. 업무 능력을 떠나서 학교의 최고점에 있기 때문에 모든 일상이 학교 구성원들의 입방아 거리가 됩니다. 그 중에서 나와 뜻이 달라서 언쟁이 있었거나 마음에 상처를 입은 적이 있었다면 더욱 그렇겠지요. 그리고 다친 마음 때문에 관리자의 모든 것이 비난의 대상이 되겠지요. 주변인들에게 강조합니다. 그 관리자처럼 되지 말라고 강조합니다. 하지만 정작 본인은 그 관리자와 닮아 가는 것을 알지 못합니다.

착하게 살아야 한다는 것은 다 압니다. 하지만 남은 착해야 되고 본인은 원래 착하다고 착각하며 살아갑니다. 남의 좋은 점은 본받으려 하고 나쁜 점은 닮지 않으려고 노력하는 것을 당연하다고 생각합니다. 하지만 이것 또한 본인은 그렇게 하고 있는데 남이 문제라고 생각합니다. 그리고 애석하게도 본인도 남이 보면 남인 것을 깨닫지 못합니다.

학교는 이래야 한다고, 선생님은 이래야 한다고 많은 글을 썼습니다. 쓴 글처럼 살기 위해 나름대로 노력했다고 생각했습니다. 하지만 근래에 나도 남이 보면 남인 것을 깨닫게 되었습니다. 쓴 글에 책임지는 마음으로 착하게 살겠다고 다짐합니다. 그리고 항상 뒤돌아보겠습니다.

"나는 잘하고 있는가?"

커피광고로 이상적인 교육을 생각했습니다

커피 농사를 짓는 농부 후안은 바리스타입니다.
로스팅하는 엠마도 바리스타입니다.
추출하는 폴도 바리스타입니다.

-어느 커피광고 카피

가정도 그래야 합니다.

커피 농사를 짓는 농부 후안이 맛있는 커피를 생각하며 훌륭한 생두를 생산하듯, 아이를 낳아 기르는 부모님은 아이의 올바른 성장과 발전을 기대하며 안락하고 안전한 환경으로써 마음과 몸이 건강한 아이로 길러야 합니다.

학교도 그래야 합니다.

로스팅하는 엠마가 커피의 다양한 맛과 향을 내기 위해 노력하듯, 학교는 아이들의 개성과 끼를 살리는 다양한 학습활동으로 마음과 몸이 건강하고 창의적이며 개성이 넘치는 아이로 성장시키기 위해 노력해야 합니다.

사회도 그래야 합니다.

훌륭한 생두로 다양하게 로스팅된 원두가 폴의 정성으로 맛있는 커피가 되듯, 사회는 마음과 몸이 건강하고 창의적이고 개성이 넘치는 다양한 아이들의 꿈이 현실이 되도록 노력해야 합니다.

커피광고를 보며 이상적인 교육을 생각했습니다.

공상이었지만 짧은 행복이었습니다.

교육의 관점에 대하여

우리학교에는 그다지 예쁘지 않은 장미가 있습니다.

울타리에 흐드러지게 핀 장미가 아닙니다.

남이 집 베란다의 조그마한 화분에 핀 앙증맞은 장미도 아닙니다.

그냥 듬성듬성 심어놓고 조금 자라면 싹둑 잘라버리는 볼품없는 장미입니다.

올해도 어김없이 꽃을 피웠습니다.

그러나 예쁘지 않습니다.

땅에 붙은 줄기에서 몇 송이의 장미가 피었을 뿐입니다.

멀리서 바라보면 그냥 장미가 피었구나! 할 정도입니다.

가까이 다가가 보면 가장자리가 검게 변한 꽃잎에 실망하여 눈길을 돌립니다.

애초에 게으른 사람들의 편의를 위해 다듬어진 장미였습니다.

그래서 자기중심적인 사람들이 아름다움을 발견 못하는 것이 당연한 것인지도 모릅니다.

하지만 눈높이를 달리하면 숨겨진 아름다움을 찾을 수 있습니다.

멀리서 맡을 수 없는 달콤한 장미향도 가까이 다가가면 향기에 취합니다.

교육도 관점에 따라 엄청난 차이를 초래합니다.

아이들의 성장과 행복에 맞춰진 관점은 아이들을 꿈꾸게 합니다.

실적에 중독된 관점은 아이들의 꿈을 좌절시킵니다.

치적이 최우선인 관리자의 관점은 학교를 병들게 합니다.

더 나아가 아이를 꿈꾸게 하는 관점을 가진 선생님을 나무랍니다.

실적과 치적을 위하여 참 선생님의 관점을 버리라고 강요합니다.

그러나 볼품없는 장미와 잘못된 관점의 교육은 근본적인 차이가 있습니다.

편리와 이기를 위해 아름다운 장미를 망쳐도 볼품없는 가지에서 꽃은 핍니다.

그리고 달콤한 향과 예쁜 꽃을 볼 수 있는 관점을 가진다면 편리와 이기를 극복할 수 있습니다.

하지만 잘못된 관점으로 시작한 교육활동에서 아이들의 꿈은 자랄 수 없습니다.

그리고 잘못된 관점을 옳다고 우기면 실적과 치적이 꿈꾸기 좋은 아이들의 보금자리를 뒤덮습니다.

내실보다 외형을 강요하는 오늘의 교육이 옳은 관점의 동력원을 끊고 있습니다.

의사결정권이 편중되고 편향된 관료주의가 옳은 관점을 회복할 수 있는 자정능력을 말살하고 있습니다.

그래서 배려와 협력, 공유로 교육을 바라보는 옳은 관점이 더 중요한 오늘입니다.

지금, 우리 교실에서 실천하렵니다.

선생을 한 것이 행운입니다

오늘이 스승의 날입니다.

아이들에게 아무 말도 안했습니다.

귀찮았습니다.

감동도 없고 진정성 없는 스승의 날에 짜증이 났습니다.

그래도 올해는 선생 하는 것이 힘들다고 매스컴에서 이야기하네요.

그래도 철없는 방송은 촌지 문제를 이야기하네요.

아침에 일어나 아내와 드립커피 같이 하며 스승의 날 자축했습니다.

커피 향 속에 숨어 있는 씁쓸한 하루를 상상하며 출근했습니다.

아이들과 책을 읽고 1교시를 하려고 하는데 학부모가 찾아왔다고 열정적인 모습이 아름다운 선생님이 이야기를 하네요.

내려가 보니 감동입니다.

손자와 손녀가 선생님을 위하여 할머니가 밤새워 손두부를 했다고 합니다.

콩 향에 할머니의 정성이 배어 있네요.

그리고 어머니의 손두부를 가져오신 학부모의 효성에 순박한 우직함이 보입니다.

어떤 학부모님은 손수 키우시는 닭에게 빼앗은 달걀을 가져 오셨습니다.

이 많은 달걀을 선생님께 주기 위해 정성껏 포장한 손길이 느껴집니다.

맑은 노른자가 아무 곳이나 피어도 예쁜 민들레를 닮았습니다.

수수한 음식에 감동하고 소박한 정성에 감동한 하루입니다.

선생을 한 것이 행운입니다.

기억도 나지 않는 오래전에 맛 본 감동을 새롭게 주신 분들께 머리 숙입니다.

감사합니다.

변화는 성공을 위한 성장의 기회입니다

친구 한 명을 포함한 대여섯 명의 후배들과 인사이동에 대해서 여러 가지 이야기를 나누고 있었습니다. 늘 그렇듯 어김없이 특별한(?) 어느 관리자에 대한 이야기가 시작되었습니다. 그분의 열정과 해박한 지식은 좋은데, 학교 구성원들을 함께 하는 동반자가 아니라 교화의 대상으로 보는 것이 문제인 것 같다고 하니, 이어서 후배가 본인이 잘하는 것이 있으면 다른 사람도 잘하는 것이 있음을 인정해야 되는데 그렇지 못한 것이 더 문제라고 이야기를 합니다. 그러면서 인사 시기에 구성원의 이동이 많다는 것은 그만큼 관리자의 인품과 리더십에 문제가 많음을 반증하는 것으로 실제적인 관리자 평가라는 주장도 펼쳤습니다.

지난 주말에 대학동기 모임이 있었습니다. 비교적 빨리 교감으로 승진한 친구가 선생님들에게 승진하기를 권했는데 반응이 싸늘하고 자신의 의견에 동의를 하지 않아 섭섭하다는 말을 했습니다.

승진할 수 있는 교직경력이 20년으로 단축되어 40대 초중의 선생님들이 승진하는 경우가 많습니다. 승진시기가 상당히 빨라졌습니다. 그런데 교장은 최대 8년까지만 할 수 있습니다. 그래서 20년 가까이를 교감과 교장으로 근무해야 되는데 상식적인 수준에서 불가능합니다. 물론 장학사나 장학관, 공모교장 등으로 잠시 외도를 한 후 교장으로서 마칠 수 있겠지만 제한된 자리이기 때문에 모든 관리자가 가능하지 않습니다.

승진하기 위해 조급한 마음을 갖고 있는 선배에게 '동료들의 눈치를 받으며 왜 그렇게 기를 쓰며 빨리하려고 하느냐?'라고 물으니 '세상이 어떻게 바뀔지 모르고, 요즘 대세가 빨리 승진하는 것이기 때문이다.'라고 말했습니다.

성장하고 발전하기 위해서는 변화가 있어야 합니다.

성장과 발전을 위해서는 내적인 목표와 성취기준에 의한 동기부여와 끈기 있게 실천하려는 의지와 행동의 변화가 가장 이상적입니다. 그러나 탁월한 사람을 제외한 보통의 사람들은 내적인 변화보다 외적인 환경변화에 의해 성장과 발전 또는 퇴보를 되풀이합니다. 환경의 변화를 적극 수용하여 발전과 성장의 계기로 삼는 사람이 있는 반면, 잔뜩 움츠리거나 평범하게 관망하여 변화에 의한 손실만 피하려는 사람이 있습니다. 전자는 발전과 성장으로 성공과 존경을 받겠지만 후자는 퇴보와 퇴행으로 학교의 발전과 성장을 저해하는 원망과 무시의 대상이 됩니다.

관리자의 위상에 많은 변화가 생겼습니다. 선생님이 관리자를 바라보고 대하는 태도도 많이 변했습니다. 관리자의 치부까지도 권한으로 인식하는 시대는 지나갔습니다. 정보화와 자기계발에 의해 선생님들의 능력도 초전문가 수준에 이르는 경우도 있습니다. 관리자가 선생님을 일방적으로 이끌고 도와주는 시대에서 관리자를 포함한 학교 구성원들끼리 도움을 주고받는 변화의 시대가 되었습니다.

그러나 이러한 변화를 감지하지 못하고, 애써 부정하며 독단과 독선으로 학교를 경영하는 독불장군형의 관리자가 있습니다. 혼자만 알고 있고 혼자만 능력이 출중하다고 착각하는 관리자가 있습니다. 존경받지 못합니다. 우수한 선생님들은 학교를 떠납니다.

관리자의 역할과 위상변화에 능동적으로 대처하고, 변화를 학교의 성장과 발전의 기회로 삼으며, 일방적으로 도와주려는 태도보다 구성원과 함께하는 관리자로 변화한다면 권위도 인정받고 존경받는 관리자가 될 것입니다. 타고난 성격은 고치지 못해도 처한 상황에 따라 현명한 태도를 선택하면 변화가 기회가 됩니다.

혁신학교의 정신을 계승하는 다양한 이름의 학교들이 추진되고 있습니다. 수용 여부와 방법에 대한 찬반이 있지만 교직원의 업무경감과 민주적인 학교 문화 조성, 형식적인 행사 금지, 학교의 환경과 여건을 고려한 다양한 교육과정 운영, 인권보호 등은 이 시대가 요구하는 사항입니다. 즉 혁신학교에서만 요구되는 것이 아니라 전체 학교의 구성원들이 열망하는 내용들입니다. 따라서 관리자가 이런 열망을 수용하기 위해서는 기존에 가지고 있는 여러 가지 특권 및 권위주의적인 사고를 내려놓아야 존경받는 관리자로 거듭날 수 있습니다. 그러나 변화를 성장과 발전의 기회로 만들지 못하고, '이 또한 지나가는 바람'이라는 생각으로 잔뜩 웅크리고 변화를 회피하면 할수록, 그저 그런 관리자라는 또는 학교나 구성원들의 성장과 발전을 방해하는 관리자라는 낙인을 피하기 어렵습니다.

지금도 그런 생각을 하는 분들이 있지만, 예전에는 선생님이 관리자로 승진하지 못하면 실패한 선생으로 생각하는 경향이 강했습니다. 그래서 일정 시기가 오면 승진을 하기 위한 점수를 모은다고 아이들에게만 열정을 쏟을 수 없었습니다. 그리고 승진을 하게 되면 선생님들에게 자신의 뒤를 따르라고 조언(?)을 서슴지 않습니다. 또 승진을 하지 못한 선생님도 자신과 같이 되지 말고 승진하라고 저 경력의 선생님들에게 틈만 나면 이야기합니다. 그 결과 아주 낮은 경력의 선생님들이 아이들에게 열정을 쏟기보다 승진 점수를 모으는 데 혈안이 되기도 합니다. 안타까운 현실입니다.

그러나 대한민국 전체 학교에서 관리자가 차지하는 비율은 약 3%에 불과합니다. 즉 선생님으로 퇴임하는 분들이 더 많다는 뜻입니다. 따라서 무조건 선생님들에게 승진하라고 조언하는 것은 합당하지 않습니다. 또한 요즘은 승진보다 자신의 강점과 잠재력을 발현시키는 자기계발에 힘써서 선생님으로 존경받고 성공하기를 바라는 분들과, 아이들에게 다양한 경험과 학습 기회를 제공하기 위한 전문가적인 소양을 쌓아 학부모를 포함한 교육공동체들과 공유하는 것을 보람과 성공으로 생각하는 분들이 많습니다. 더불어 관리자로 승진하면 우리 교육의 방해꾼 역할을 톡톡히 할 가능성이 있는 분들도 있습니다. 이런 현실적인 변화를 감지하지 못하고 예전처럼 무조건 승진 점수를 얻어서 승진하라고 조언하는 것은 인식의 변화에 제대로 대처하지 못하는 태도입니다. 고리타분하고 상투적이며 세속적인 관리자로 인식되지 않고 존경받는 관리자가 되려면 학교 구성원들의 인식 변화를 긍정적으로 수용하고, 구성원들의 변화된 인식으로 구성원 개인은 물론 학교의 성장과 발전으로 성공적 전환이 되도록 적극적으로 개입하고 조언도 아끼지 않아야 합니다.

선생님들도 변화의 이면에 숨겨진 진실을 근거로 올바르게 판단하는 태도를 가져야 합니다.

제도나 정책에 의한 학교의 변화가 두려워서 승진에 목을 매고 조급증으로 스트레스를 받는 선생님이 되기보다, 변화의 이면에 숨겨진 진실을 파악하고 파악된 진실을 근거로 올바른 선택과 판단을 하는 지혜로운 선생님이 되어야 합니다. 회피하기 위해서, 대세라고, 트렌드라고 변화의 진실을 파악하지 못하고 잘못된 선택과 결정을 내리는 것이 습관화되면, 조그마한 학교의 변화에도 막연한 긴장감과 불안감으로 전전긍긍하게 될 것입니다.

변화가 요구하는 진실을 제대로 파악하여 변화에 대한 면역력을 강화하는 기회로 삼는 선생님들의 현명한 태도가 필요합니다.

변화는 성공을 위한 성장의 기회입니다.

변화의 바람에 웅크리지 말고 성장과 발전을 위한 기회로 삼으면 좋겠습니다. 그리고 그 기회가 행복한 학교를 촉진하는 변화의 바람이 되면 더욱 좋겠습니다.

행복을 위한 투자였습니다

2014년도 모범공무원 표창을 받았습니다.

저를 잘 아는 장학사와 교감선생님이 적극 추천하여 받게 되었습니다. 신청을 한 후 한참동안 결과가 없어서 큰 기대도 하지 않았고, 받게 되면 앞으로 선생으로 살아가는 데 얼마만큼의 짐이 될지를 생각하니 후회도 좀 되면서 이왕 신청했으니 받으면 좋겠다는 생각도 했습니다.

2014년 12월 31일에 결과가 공문으로 학교로 전달되었습니다. 여기저기서 축하 문자와 톡도 오고, 모르는 분에게서 축하 메일도 왔습니다. 그래도 다행인 것은 요즘은 공문이 해당되는 기관에만 발송되기 때문에 모르는 분들이 더 많은 것이 다행이었습니다.

얼마간의 시간이 흐른 뒤 친구와 운동을 같이 하면서 은근히 자랑을 했습니다. 축하의 말과 함께 3년간 5만원씩 모범공무원 수당이 지급된다는 전혀 몰랐던 이야기를 했습니다. 그래서 모범공무원 표창을 받고 나면 학교 구성원들에게 한턱내는데, '나'도 그렇게 하는 것이 좋을 것이라고 했습니다. 순간 머리가 좀 지끈했습니다.

다시 며칠 뒤 아버지 제사가 있었습니다. 식구들이 모인 자리에서 모범공무원 표창을 받은 것을 이야기하면서 수당도 있는데 그냥 밥먹고 허비하기에는 표창의 내용과도 어울리지 않고, 모범공무원에 대한 포상을 '돈'으로 받는 것도 유쾌하지는 않다고 했더니 동생이 '나'를 위해서도 기부하는 것이 어떻겠냐고 제안을 했습니다. 생각을 해 보겠다고만 하고 가족들이 다 돌아간 뒤 아내의 생각을 물으니 기부하는 것이 좋겠다고 시원하게 대답해 주었습니다.

다음 날, 어디에 기부를 할까 이리저리 생각을 하다가 매월 유명한 봉사단체에 기부하는 것보다 교육, 문화적으로 소외된 우리 지역에 기부하는 것이 선생으로서 더 가치 있다고 판단되었기 때문에 합천군 교육발전 위원회에 미리 받게 될 수당 전액을 기부하게 되었습니다. 후련했습니다.

군청 담당자분께서 군청에 들어와서 군수님도 만나고 차도 한잔 하면서 이런저런 이야기도 하자고 했지만 정중하게 거절했습니다. 하지만 시간이 조금 흐른 뒤에 다른 분이 보도자료에 필요하다고 사진을 요청하길래, '저는 사람이라 자랑하고 싶은 마음이 있습니다. 하지만 제 얼굴이 알려지는 것은 불편하니 사진 없이 하면 좋겠습니다.'라고 거절했습니다.

친한 친구들 모임(지우회)이 있어서 좀 자랑을 했습니다. 축하와 함께 힘든 결심했다고 치켜세우면서 한 잔 사라고 하길래 한 잔 사기 싫어서 기부했다는 농담을 하며 웃고 즐겼습니다. 그리고 다음날 진주교육대학교교육방송국(JBS) 동문회에 가서도 똑같은 이야기로 즐겁게 놀았습니다. 두 모임이 아닌 다른 어느 곳에서도 이야기를 하지 않은 것은 두 모임만이 제 개인적인 성향과 교육적 가치관을 잘 알아주고 이해해 준다고 믿었기 때문이었습니다. 실제로 그렇습니다.

그런데 몇 사람은 기부하지 않은 다른 사람을 걱정하며 신중한 행동이 아니었다는 식의 뼈가 있는 농담을 했습니다. 그래서 일부러 거기까지는 생각하지 못했다며 웃고 넘겼습니다. 진짜 기부한 이유를 밝히면 그 사람에게 무안을 줄까봐 그냥 농담으로 넘겼지만 그 뼈가 목에 걸려 몹시 불편했습니다.

다음날 군청에서 사진이 없으면 보도자료를 낼 수가 없으니 사진을 꼭 보내주면 좋겠다고 해서 학교에서 찍은 사진을 보냈더니, 몇 군데 지방신문에 보도가 되어서 다시 이곳저곳에서 축하와 함께 뼈 있는 농담이 불편하게 했습니다. 그리고 어떤 신문은 교장선생님을 통하여 공적을 자세히 기록해 달라고 하길래 군청 보도자료만으로도 충분하며, 신문에 보도되는 것도 원치 않고, 꼭 필요하면 기자가 직접 '나'에게 전화를 하게 해달라고 했습니다.

원래부터 기대하지 않았던 돈이었습니다. 그래서 기부를 하고 이름 석자가 신문 지면에 있는 것만 보고 싶었습니다. 그리고 그것으로 만족하고 싶었습니다. 왜냐하면 '돈'을 중심에 두는 보도에 '진짜 이유가'가 묻힐 것이 뻔했기 때문입니다. 실제 신문보도도 '돈'을 기부해서 귀감이 된다는 내용이었습니다. 그리고 보도자료를 남발하는 학교를 포함한 공공기관 덕택에 '갑'의 위치에 있는 지방신문의 안일함과 거만함에 동조하기 싫었기 때문입니다.

도덕시간에 아이들이 선생님은 기부를 해봤어요?라는 질문에 답하기 위해 몇 년 전부터 매월 조금씩 기부를 시작했습니다. 이번 일도 선생으로서 아이들에게 자신 있게 대답하기 위함이었습니다.

두 아들에게 아버지가 가지고 있는 가치관을 행동으로 보여주고 싶었습니다. 가족밴드에 신문기사를 올렸더니 '대단해요!'라고 아들이 답했습니다. 기뻤습니다. 지금도 기쁩니다.

개학해서 아이들에게 자랑할 것을 생각하니 선생으로서 너무 행복합니다.

'나'를 기쁘게 하기 위한 투자였습니다.

그 투자 덕분에 행복합니다.

그리고 '나'를 기쁘게 하기 위해서 기부했지, '남'에게 칭찬받기 위해서, '남'을 불편하게 하기 위해서가 아니라고 '뼈있는 농담'에게 조용히 답합니다.

반면교사反面教師보다 조인이기助人利己

마음이 몹시 불편한 2014년을 보냈습니다.

그 불편함의 시작이 신의信義의 붕괴였기에 더욱 더 힘들었습니다. 그리고 시간이 흐르면서 신의의 붕괴를 가져온 원인이 '나'임을 인정하고 위로하고자 많은 노력을 했습니다. 그러나 감성을 이기지 못하는 이성을 절감하며 용서와 화해보다는 나와 같은 상처를 주지 않기 위해 조심하며 챙기며 힘겹게 일 년을 보냈습니다.

가끔 학교에 뿌리를 내리고 있는 사람 중에서 긍정적인 방향으로 나에게 영향을 준 사람이 몇 명이나 되는지를 생각합니다. 꽤 많을 것 같은 데 억지의 긍정으로도 열 손가락을 꼽기가 힘듭니다. 특히, 가치관이나 인생관에 동일화된 경우는 잠시 마음에 머물다가 간 몇 사람들을 포함하여 반으로 줄어듭니다.

심리학에서 동일화는 카리스마가 있는 사람의 언어나 행동을 같이 하는 것을 말합니다. 이것은 우리의 유전자 중에 강한 자를 따라야만 생존한다는 본능이 있기 때문에 당연한 현상입니다. 그래서 모두가 '예'라고 할 때 '아니오'라고 하는 것이 힘든 것입니다. 곧 죽음이기 때문입니다.

문제는 긍정적인 카리스마가 아닌 부정적인 카리스마에 의한 동일화에 있습니다.

'예' 유전자의 지배를 받는 인간은 관리자의 언행이 품위가 없어도 지시나 명령이 부당해도 쉽게 거부하지 못합니다. 자존감과 자긍심이 부족한 사람은 부정의 카리스마에 압도되어 독한 시어머니로 다시 태어나 곳곳에 부정의 유전자를 퍼뜨립니다. 보통의 사람들은 여러 가지 손해를 입을까 봐 대놓고 거부하지는 못하지만, 관리자의 틀 안에서만 사고하고 행동하여 창의성을 발휘하지 않습니다. 학교와 구성원의 성장과 발전을 저해하는 지시나 명령에도 아무런 반응을 하지 않습니다. 그리고 모든 책임을 '그'에게 떠넘김으로써 마음의 평화를 얻습니다. 그나마 긍정적인 것은 부정적인 카리스마에 대한 감정이 고조되어 '그'가 하는 모든 일이 마음에 들지 않게 됩니다. 사고방식과 인생관 심지어 좋아하는 음식까지도 싫어하게 됩니다. 그래서 '그'와 같은 사람이 되지 않으려고 다짐하게 됩니다.

반면교사反面教師입니다.

그런데 간혹 나도 알고 보면 좋은 사람인데 다른 사람이 내 마음을 알아주지 못한다는 분들이 있습니다. 더 세분하면 학교구성원들을 교화의 대상으로 생각하여 강한 이성으로 끌고 가려는 분들과 소통

할 기회를 제대로 갖지 못하여 감성의 전달이 제대로 안 된 분들입니다. 전자의 경우는 사람은 이성으로 선택하고 결정한다는 논리에 빠져서 구성원들에게 감정이입이 안 되어 저항에 부딪히는 경우입니다. 한 공간에서 숨쉬는 구성원들을 교화의 대상으로 삼은 것 자체가 잘못되어 반감을 사고 있기 때문에 구성원들이 가까이 접근하지 않는 것입니다. 격려와 배려, 인정과 존중의 감성으로 구성원들의 자존감과 자긍심을 길러 준다면 '내' 마음을 잘 알아줄 것입니다.

후자의 경우는 구성원들과 자주 얼굴을 대하고 대화를 꾸준히 시도하는 것입니다. 주의할 점은 '척'이 아니라 진심으로 '내' 마음을 여는 것입니다. 또, 말이 아니라 행동으로 꾸준히 보여주는 것입니다. 그러면 인간의 유전자 속에 내재되어 있는 잘해주는 사람을 잘 따르는 본능이 발현되어 구성원들이 '나'의 선한 감정으로 동일화되는 것입니다.

조인이기助人利己입니다.

생물만이 유전되고 진화하는 것이 아니라 문화도 유전되고 진화한다고 합니다.

2015년에는 반면교사의 유전자보다 조인이기의 유전자가 곳곳에 뿌려지면 좋겠습니다. 물론 학교에는 넘쳐나면 좋겠습니다.

그리고 조인이기의 주인공이 되고 싶습니다.

교육계의 내부갈등,
통찰의 시선으로 극복합시다

　교감, 교장선생님이 수업을 하는 것에 대한 갑론을박이 방송을 통해 진행되고 있습니다. 그리고 가까이 있는 교감, 교장선생님, 승진을 목전에 두고 있는 선배나 동료 선생님, 열정과 의협심이 남다른 후배 선생님도 각자의 입장과 교육적 가치관으로 갑론을박에 참여하고 있습니다. 나름대로 근거가 있는 주장이긴 하지만 왜 우리가 난데없는 이 주제에 갈등을 빚어야 되는지?, 이 갈등이 파급되어 다른 일상들까지 불편해야 되는지?, 이 시점의 우리 교육에서 이 주제가 중요한 문제인지를 통찰의 시선으로 바라보고 극복하고자 합니다.

　먼저 흔히 말하는 전교조선생입니다. 진보 교육감의 탄생에 열렬히 환영했고 지금도 환영하고 있으며 우려도 하는 선생입니다. 이 이야기를 먼저 하는 이유는 이념 논리로 편 가르지 않기를 바라는 마음과 이 글이 또 다른 갈등의 씨앗이 되지 않기를 바라기 때문입니다.

　어느 지역의 교육감이 관리자(교감, 교장)에게 수업을 시키겠다는 취지의 이야기가 언론에 보도되었습니다. 내용을 자세히 읽어보니 법적으로 아무 문제가 없으니 교육감이 시키(?)면 할 수밖에 없다는 내용이었습니다. 이어서 매스컴을 통하여 찬성과 반대쪽으로 나누어 갑론을박이 시작되었습니다. 찬성 쪽에서는 관리자가 하는 일도 없고, 별로 중요하지도 않은 일을 하는데 수업을 하는 것이 옳다고 하고, 반대쪽에서는 여러 가지 이유로 학교 관리하기도 힘든데 수업까지 하라고 하는 것은 부당하다고 합니다. 하지만 똑같은 것은 서로가 하고 있는 일, 품위와 권위를 가치 있게 보지 않는다는 것입니다. 심지어 인터넷의 댓글이나 SNS에는 원색적인 용어들도 난무합니다.

선생님의 일과 관리자의 일은 분명히 다릅니다. 지위에 따라 업무의 중요도와 가치가 다르다는 뜻입니다. 특히, 관리자는 교육공동체의 의견을 수렴하고 조정하여 올바른 선택을 해야 하는 일들이 많습니다. 그리고 불규칙적이라서 예상하기도 힘듭니다. 따라서 규칙적인 수업을 하기에 힘든 점이 있습니다. 단순하게 여유로워 보이고, 하는 일이 없어 보이니 수업을 해야 한다는 논리는 자제되어야 합니다.

그리고 현행제도에서 관리자가 되면 수업을 안 하는 것이라서, 원로선생님에 대한 편견과 떨어진 열정으로 수업을 하는 것이 부담스러워 관리자가 된 분들과 되는 분들이 많은데, 강제적으로 수업을 하게 하는 것이 과연 효율적인지도 생각해 볼 문제입니다. 이러한 분들이 일주일에 한두 시간을 수업한 단편적인 시각으로 아이들을 바라본 후 교실을 간섭한다면 이 또한 새로운 갈등요인이 될 것입니다.

하지만 수업하기를 원하는 관리자를 위한 길도 열어 두어야 합니다. 현재도 관리자의 교육적 가치관이나 학교의 상황에 따라 수업을 하는 분들이 있습니다. 이런 분들의 역기능 극복사례와 순기능을 소개하여 관리자가 자의적으로 수업할 수 있는 분위기를 조성해야 합니다. 그리고 강제할 것이 아니라 장려해야 합니다. 그래서 관리자가 존경받고 권위를 인정받기 위해서는 어떻게 하는 것이 옳은 것인지를 선택하도록 해야 합니다.

그리고 더 안타까운 것은 학교나 선생님이 자율성과 자율권을 보장받지 못하여 개방적이고 특성화된 창의적인 다양한 교육활동이 이루어지지 않는 것인데, 이것을 해결하기 위한 노력보다 자극적인 관리자의 수업 논란을 일으킨 것입니다.

핵심성취기준과 평가를 포함한 교육과정, 생활지도 등에 대한 지나친 표준화로 학교 환경과 상황을 무시한 교육부, 도교육청, 지역교육지원청의 획일적인 지시와 학급경영록을 비롯한 선생님의 수업내용에 대한 지나친 검열시스템의 관습화를 극복하기 위한 논의와 방안제시가 우선되었다면 정말 좋았을 것입니다.

이밖에도 진보진영의 교육감이 당선된 지역에서는 접근방식에 따라 내부갈등 요인이 많이 발생할 수 있습니다. 경쟁과 경제적인 논리가 우선시된 입시제도는 그대로인데, 아이들의 행복을 위한다는 명목으로 입시에 초점이 맞춰진 공교육의 정형화된 기존의 틀을 강제적으로 제거하려 한다면, 현재의 입시제도에서 자기의 꿈을 실현하기 위해 노력하는 아이들은 사교육의 힘을 빌릴 수밖에 없을 것입니다. 이로 인한 소모적인 갈등도 만만찮을 것입니다.

혁신학교와 관련된 강의를 종종 듣습니다. 정말 훌륭하신 관리자분들이 많다는 것을 새삼 느껴 편견을 허무는 시간이 되어 좋기도 하지만, 그분들의 공통적인 교육관인 아이들 입장에서 이해하고 포용하여 우리 교육 안에 수용하기 위해 포기하지 않고 끊임없이 노력하는 열정이 너무 좋았습니다. 단기간에 자신의 치적을 만들기 위하여 갈등을 일으키기보다 뿌리를 내리기 위한 건강한 토양을 만들기 위해 학교의 문화를 바꾸고, 아이들에 대한 무한 신뢰에 의한 이해와 설득, 교육활동의 개선으로 제도권 교육으로 포함시키려는 포기하지 않는 실천의지가 감동적이었습니다.

EBS에서 교육감의 권한에 대한 주제로 토론하는 것을 본 일이 있습니다. 권한을 법으로만 해석하고 규정하려는 태도에서 교육이라는 관점으로 바라보면 좋겠다는 생각을 했습니다. 그리고 현재 진행되고 있는 여러 가지 교육계의 내부갈등과 일어날지도 모를 갈등도 법적인 해석이 아닌, 이전 교육감들이 치적을 쌓기 위해 구안한 갈등 답습모형이 아닌, 건강한 토양을 만들기 위한 새로운 모형을 구안하여 접근하면 좋겠습니다. 그리고 학교의 성장과 발전, 선생님들의 열정을 꺾고 있는 방해물과 모순만 제거해도 훌륭한 치적이 될 것입니다.

학교에 뿌리를 내리고 있는 우리에게─선생님과 관리자를 포함한 학교 구성원들─쉽게 던져지는 갈등의 미끼를 통찰의 시선으로 회피하여 상처를 남기지 않는 성숙함의 싹을 틔우면 좋겠습니다.

아들이 아들에게!

토요일 저녁에 고등학교 1학년인 아들이 자기가 태어났을 때의 기분과 키우면서 겪었던 일들을 물었습니다. 솔직하게 이야기를 하고 이유를 물어보니 숙제라고 했습니다.

다음날 아내가 '컴퓨터 바탕화면에 있는 글 당신이 썼어요?' 하고 묻기에 '아니 어떤 글인데!'라고 되물으니 '당신의 생각이고 글 짜임도 당신 것인데! 이상하네!'라고 했습니다. 궁금해서 파일을 클릭해보니 아들이 미래의 아들에게 쓴 글이었습니다.

미래의 아들에게!

아들아 안녕. 이렇게 아들에게 편지도 다 써보네. 아들이 처음 태어 났을 때 아빠는 모든 것을 다 얻은 기분이었단다. 널 보는 순간 엄마 와 아빠가 사랑에 빠지고 결혼해서 너를 낳기까지의 과정이 생각나면 서 눈물이 살짝 나더구나. 살면서 느꼈던 그 어느 순간보다 행복했어. 그러면서 앞으로 너를 잘 키울 수 있을지 네가 건강하게 잘 자라줄지 살짝 걱정도 되었지. 그래서 아빠는 네가 어렸을 때 건강에 가장 관 심을 기울였단다. 그래서 모유를 먹이고 네가 이유식과 밥을 먹기 시 작할 때도 균형 잡힌 식단을 짜도록 최대한 노력했어. 아빠와 엄마가 그렇게 열심히 노력해서 그런지 다행히 별 탈 없이 자라 주었구나.

아빠가 강제로 공부를 시켰던 기억은 별로 없을 거야. 왜냐하면 아 빠는 꿈이 있다면 그 꿈을 위해 스스로 공부하는 방법을 찾을 거라 생각했거든. 너의 할아버지, 할머니도 그렇게 생각하셨어. 아빠가 어 렸을 때 할아버지, 할머니는 아빠보고 공부하라고 하지 않았어. 대신 여러 가지 체험을 많이 하게 해주었지. 또 여가시간이 많았으니까 책 읽을 시간도 많았지. 그러면서 아빠는 꿈을 찾게 되었고 나중에 그 꿈을 위해 열심히 공부하게 되었지. 그래서 나도 할아버지가 아빠에 게 해준 것처럼 아빠도 너에게 꿈을 찾아주려고 노력했단다.

그랬더니 너도 꿈을 찾고 열심히 공부하기 시작하더구나. 다른 아 이들이 어렸을 때부터 자기 의지와 상관없이 학원을 다닐 때, 너는 네 꿈을 이루기 위해 네 스스로 공부하며 학원이 필요하면 네 스스로 선 택해서 다녔지. 결국 스스로 공부하는 방법을 터득하게 되더구나! 아 빠는 참 기특했다.

그리고 아빠는 네가 성적이 잘 안 나왔을 때도 뭐라 하지 않았지? 아빠는 성적이 안 나왔을 때 가장 기분이 안 좋은 사람은 너라는 걸 알고 있었어. 넌 목표가 있으니까 다음번에 더 좋은 성적을 얻기 위해 열심히 할 거라는 것을 알고 있었어. 그런 상황에서 큰소리 쳐봤자 네 기만 죽이는 거지 뭐가 나아졌겠니? 아빠는 너를 믿었고 결국 네 성적도 아빠가 믿은 만큼 나와 주었더구나.

아빠가 너에게 가장 바라는 점은 네가 미래에 하고 싶은 일, 즐길 수 있는 일을 하였으면 좋겠구나. 아빠는 아들에게 의사, 판사, 변호사 그런 직업을 바라지 않아. 돈을 많이 벌지 못해도 네가 하고 싶은 일을 한다면 아빠는 그걸로 만족해. 돈을 아무리 벌어도 네가 행복하지 못하면 무슨 소용이겠어? 결국 우리의 목표는 행복하게 사는 거 아니겠니? 아빠가 그랬던 것처럼 너도 행복한 삶을 살았으면 좋겠구나.

마지막으로 지금 공부하느라 많이 힘들고 스트레스도 많겠지만 그걸 참고 내 꿈을 위해 달려 나가는 네 모습이 아빠는 정말 자랑스럽구나. 아빠는 아들을 믿는다. 우리 아들 파이팅!

안전은 인간존중입니다

학생들의 통학로를 막아 아파트 공사장의 곳곳에 '안전제일'이라는 문구가 적혀 있습니다. 그리고 공사를 하기 전에 빠짐없이 안전구호를 외칩니다.

학생들의 등교시간에 맞추어 학교주변의 각종 공사를 하기 시작합니다. 여기에도 '안전제일'이라는 문구는 빠지지 않습니다.

다리의 난간을 애매한 높이로 해놓고 '추락주의'라는 푯말을 세워놓습니다.

학교폭력과 성폭력 및 각종 범죄에 대한 신고를 안내하는 현수막과 각종 안전구호 및 불조심에 관한 깃발과 현수막, 포스터가 널려 있습니다.

사고가 일어나고 나면 정부는 사회안전망 구축이 미흡했기 때문에 사회안전망을 구축하겠다고 항상 이야기합니다. 그리고 현실성이 떨어지고 당장 실행하기 어려운 복잡한 각종 매뉴얼을 작성하여 실시하라고 합니다. 그리고는 매뉴얼대로 하지 않으면 엄한 책임을 지우겠다고 합니다.

그리고 생색내기와 같은 실효성이 없는 대책도 쏟아집니다. 응급처치와 심폐소생술을 전 선생님들에게 적정한 시간(?)만큼을 이수하라고 합니다. 그래서 현장체험학습과 같은 학생들의 교육활동에 적용하라고 합니다. 몇 시간만의 이론과 실습으로 숙련된 기능을 습득할 수 있을지도 의문이지만, 실제상황에 적용하여 결과가 부정적이라면 모두에게 큰 상처가 될 것입니다. 그래서 응급처치에 대한 동의서를 받는지는 모르겠지만, 이것은 근본적인 예방보다 책임에 관한 문제해결에 불과하다고 생각합니다.

각종 공사장의 안전은 공사장 내부의 안전도 중요하지만 공사의 위험성에 노출된 다수의 안전도 중요합니다. '안전제일'이라는 문구가 내부의 안전에만 국한되지 말고 위험에 노출된 다수에게 적용될 수 있어야 합니다.

아이들의 통학시간에 중장비를 동원하여 시행되는 학교 주변의 모든 공사들도 마찬가지입니다. 아이들에게는 위험한 환경을 제공하고 본인들은 안전하게 작업을 하자고 합니다.

난간이 낮아서 자칫하면 추락할 수 있는 곳은 난간을 높이는 것이 근본적인 대책이지, 책임을 회피하기 위해 푯말을 세우는 것은 바람직하지 않습니다.

불특정한 다수가 사용하는 도로, 다리, 건축물 등의 안전도 건설이나 시공 상의 안전제일도 중요하지만 완공 후 사용할 대중의 안전을 먼저 생각해야 합니다. 법규나 규정은 최소한의 조치이지 최대한의 예방이 아닙니다. 따라서 법규나 규정에 없더라도 대중의 안전에 문제가 생길 수 있다면 충분한 조치를 취하는 것이 인간에 대한 도리이고 의무일 것입니다.

학교폭력, 성폭력, 식품안전, 공공건물의 붕괴, 기간시설의 붕괴가 발생할 때마다 매뉴얼의 유무와 준수 여부, 사회 안전망 구축을 이야기합니다. 그러나 진정한 안전 매뉴얼은 인간존중에 의한 인간성의 회복입니다.

사고가 날 수 있는 환경을 만들어 놓고 사고가 나면, 사람보다 돈에 무게를 둔 규정과 법규에 의해 탄생한 위험한 환경의 문제보다, 사고 당사자의 책임을 먼저 거론합니다. 그리고 그 대상이 학생이라면 학교의 안전교육에 문제가 많다고 지적합니다. 그래서 사회안전망 구축의 주요 내용은 위험한 환경을 조장하지 않는 것이 아니라 위험한 환경에 대처하는 요령이 주요한 내용이 된 것입니다. 그리고 이렇게 구축된 사회 안전망은 안전사고의 피해자도 가해자도 될 수 있는 첨단 과학문명의 이기 속에 살고 있는 우리에게 근본적인 해결책이 될 수 없습니다. 인간성 회복에 의한 인간존중의 정신이 진정한 의미의 사회안전망 구축이 될 것입니다.

우리 사회에 인간존중의 정신문화가 뿌리내리기를 간절히 바래봅니다. 그리고 아이들이 인간존중을 실천할 수 있도록 최선을 다하겠습니다.

조언이나 충고는 행복한 학교를 만드는 의사소통의 수단입니다

경남 진주에서 제일 높은 집현산에 갔습니다. 흐린 날씨였지만 폭우가 아닌 이슬비 정도 내릴 것이라는 기상예보를 믿고 큰 걱정 없이 산행을 시작했습니다. 시작부터 펼쳐진 가파른 길은 정상까지 이어졌습니다. 정상에서 기념사진을 찍고 물을 마신 뒤 장군봉을 경유하는 순환코스 산행을 다시 시작했습니다. 풀이 길어 불편했지만 장군봉까지의 산행은 좋았습니다. 그런데 장군봉에서 출발지인 응석사로 돌아오는 안내판이 없었습니다. 정확하게 표현하면 있었지만 엉터리였고 정확하지 않았습니다. 그래서 장군봉 근처에서 다른 길로 접어들었다가 다시 돌아와서 다른 길을 선택했지만 결론적으로 응석사와는 거리가 아주 먼 길이었습니다. 다시 돌아갈 수도 없는 상황에서 이슬비가 폭우로 변했습니다.

응석사와는 거리가 있더라도 일단 아래쪽의 마을로 내려가자고 아내와 협의한 후 임도를 따라 무조건 아래로 내려갔습니다. 내려오는 길 역시 아무런 이정표가 없었습니다. 폭우를 맞으며 겨우 마을(임곡마을)로 내려와서 마을 어르신께 현재의 위치와 응석사 가는 길을 여쭈었습니다. 어르신은 당황스러워하시면서 여기서 응석사까지는 걸어서 갈 수 없는 거리이며, 걸어간다고 해도 지금 시각과(오후 6시) 내리는 비를 감안하면 불가능하다고 하셨습니다.

국도까지만 가면 응석사까지는 갈 수 있겠다는 생각에 국도까지의 거리를 여쭈었더니, 국도까지 가서 택시를 탈 수도 있겠지만 여기는 외진 곳이어서 지나가는 택시도 없을 것이라고 했습니다.

지갑도 없는 상황에서 택시를 탄다는 생각보다, 지나가는 차들에게 도움을 요청하거나 친구나 후배에게 도움을 요청할 생각이었기 때문에, 국도까지 걸어갈 테니 휴대폰과 차 열쇠가 물어 젖지 않게-배낭 안에 두었지만 엄청난 폭우였기에 젖을 염려가 높았습니다.-비닐봉지 하나만 달라는 부탁을 했습니다.

어르신이 난처한 얼굴로 위생비닐봉지를 건네주시고 난 후, 비닐하우스용 비닐을 가지고 오시면서 자기 차 시트에 깔아 놓고 앉으라고 하시면서 응석사까지 태워주시겠다고 하셨습니다. 미안한 마음과 국도까지만 가면 도움을 요청할 수 있겠다는 자신감에 극구 사양하였습니다. 그랬더니 어르신과 어르신의 어머니로 보이는 분이 고집 피우지 말고 빨리 차에 타라고 했습니다. 죄송하고 불편한 마음에 아내와 같이 차를 탔는데, 어르신의 이야기를 정말 잘 들었다는 생각을 했습니다. 응석사까지의 거리도 거의 반나절 거리였고 내린 비와 내리는 폭우로 인하여 침수된 도로가 곳곳에 있었으며, 응석사에 도착했을 때엔 작은 계곡과 출입계단으로 엄청난 흙탕물이 넘쳐나고 있었습니다.

다행히 아내가 만원을 비상금으로 가져와서 죄송하고 고맙다는 말과 함께 부끄럽게 만원을 내밀었습니다. 어르신은 씩 웃으시며 조심하라는 말씀만 남기고 돌아가셨습니다.

잊지 못할 추억이 되었다고만 생각하기에는 많은 것을 깨닫게 해준 경험이었습니다. 만약에 어르신의 말씀을 듣지 않았다면 어떻게 되었을까? 어떻게든 응석사까지는 갈 수 있었겠지만 그 과정에서 얼마나 많은 어려움을 겪었을까? 그리고 나의 잘못된 선택으로 어려움을 겪었을 아내와 이를 해결하기 위해 고생시켰을 사람들을 생각하니 아찔했습니다.

그리고 순간적으로 지금까지 학교생활을 잘 할 수 있도록 여러 가지 조언을 해준 선배님들과 동료들이 고마웠습니다. 만약에 그분들의 조언이 없었다면 잘못된 선택으로 얼마나 많은 사람들에게 피해를 주었을지, 아이들에게 얼마나 많은 시행착오의 고통을 주었을지를 생각하니 고개가 저절로 절레절레 흔들렸습니다.

주변에 조언이나 충고를 하는 관리자나 선배 선생님이 있습니까? 있으면 당신은 정말 행복한 선생님입니다. 그분들의 조언이나 충고에 진지하게 반응하여 존경받는 선생님과 행복한 학교를 만드는 선생님이 되십시오.

그런 분이 없다면 아이들을 향한 열정과 행복한 학교를 만들기 위한 신념으로 많은 선생님들이 길을 헤매지 않도록 올바른 이정표를 스스로 세우십시오. 그래서 조언과 충고를 아끼지 않는 선배 선생님이 되십시오.

조언과 충고가 질타하거나 책임을 따지기 위한 것과는 구별되는 행복한 학교를 만드는 의사소통의 수단이 되기를 간절히 바라 봅니다.

움직이지 마라!

'움직이지 마라!'

세월호의 안내방송에 따라 아이들은 움직이지 않았습니다. 안전사고가 일어나면 우왕좌왕하거나 당황하지 말고 안내방송에 따라 침착하게 대처하라고 학교에서 배웠습니다. 그리고 책상 밑이나 건물의 기둥으로 피신해 머리를 보호하라고 배웠습니다. 그래서 세월호의 아이들은 사물함 속에 몸을 접은 채 대기하고 있었습니다. 만약에 어른들의 잘못된 판단과 무능력이 없었다면 안전교육을 잘 받은 세월호의 아이들에게 지금과 같은 참사는 없었을 것입니다.

오늘 아침 방송에서 어느 신문을 인용했습니다. 그 신문의 내용은 학교의 안전교육 시간은 자습시간으로 운영되며, 세월호 참사의 한 원인도 학교 안전교육의 부재라는 것입니다. 무엇을 근거로 취재를 했는지 밝히지도 않았으며 이것을 인용한 방송도 그 근거를 밝히지 않았습니다.

어떤 사고가 발생하면 원인을 찾습니다. 재발방지를 위해서 당연한 것입니다. 그러나 원인을 정확하게 찾지 못하면 처방도 정확하게 하지 못합니다. 학생들과 관련된 안전사고가 발생하면 직접적인 원인을 찾기보다 학교에서 그 문제를 찾아 대책을 마련하기가 일쑤였습니다. 그래서 학생 사고가 일어날 때마다 학교는 관련 공문 작성에 정신이 없었습니다. 그리고 예방교육을 교육과정에 반영하고, 반영한 내용을 정기적으로 보고하라는 것이 일반적이 대책입니다.

정보통신윤리교육 연 7시간 이상, 친구사랑 관련 교육 연 4시간 이상, 가정폭력 예방교육 연 1회 이상, 학교폭력예방교육 연 10시간 이상, 흡연음주약물오남용예방교육 연 2회 이상, 성폭력예방 및 성교육 연 15시간 이상, 보건교육 연 17시간 이상, 자살예방 지도 연 2시간 이상, 학교안전교육 연 8회 이상, 통일교육 연 2회 이상, 독도교육 연 10시간 이상, 다문화교육 자율, 식품안전 및 영양식생활 교육 월 2회 이상 그동안의 대책이었습니다. 물론 시도별 차이는 있습니다.

이러한 대책의 부작용도 있습니다. 연간 수업일수와 수업시수는 한정되어 있는데 이러한 대책들이 쏟아질 때마다 교과교육은 뒷전으로 밀려납니다. 그리고 관련 교과에서 충분히 가르치고 있는 내용들이고 행사활동이나 현장체험학습을 할 때마다 사전 안전교육을 실시함에도 제시한 대책을 지키지 않으면 안 되도록 되어 있습니다.

학생들과 관련된 안전사고의 대부분은 그릇된 성장 중심의 불편한 우리사회와 관련되어 있습니다. 학생들의 탈선을 부추기는 유해환경, 스마트폰을 비롯한 최첨단 정보기기들의 유해 콘텐츠 등에 너무 쉽게 접근할 수 있도록 되어 있는 사회구조는 성장 중심의 우리사회의 어두운 면입니다. 학교교육만으로 예방하기는 역부족입니다. 어른들의 의식이 바뀌어 사회가 변해야 해결되는 것입니다.

하지만 우리사회는 많은 국민들의 머리에서 적당히 잊혀지기를 바랐다가 어른들의 근본적인 원인은 해결하지 않은 채 학교에서 안전교육을 강화하는 것으로 마무리 지어졌습니다.

수학여행과 안전교육이 참사의 원인이 아닙니다. 돈을 위해 생명까지도 경시하는 어른들의 욕심과 잘못된 선택이 참사의 원인입니다.

학교의 안전교육은 사고가 발생했을 때 대처하기 위한 방안에 불과합니다. 우리사회가 안전사고의 안전지대라면 학교에서 배운 안전교육도 필요 없습니다. 어른들이 사고 내면 학생들에게 현명하게 대처하라고 가르치는 것보다 어른들이 원인을 제공하지 못하도록, 어른들이 사고치지 못하도록 근본적인 해결책이 제시되기를 간절히 바랍니다.

예상했던 대로 안전교육 실시 현황을 보고하라는 공문이 학교에 왔습니다. 안전교육에 여객선, 비행기 탑승 시 행동요령이 빠져있었다고, 시간이 부족했다며 호들갑을 떨겠지요? 그래서 대한민국의 모든 학교의 부실한 안전교육이 사고의 한 원인이라고 하겠지요?

만약 이번에도 근본적인 원인을 해결하지 못하고 슬며시 넘어간다면 학교의 안전교육은 '사고가 발생하면 안내방송을 절대 믿지 말고 스스로 판단하여 위기를 모면하라'고 가르쳐야 될 것입니다.

세월호의 참사로 희생된 모든 분들의 명복을 빕니다.

돈! 표! 정책!

몇 년 전에 어느 술자리에서 젊은 관리자의 충격적인 이야기를 들어야만 했습니다. 우연히 합석하게 되었는데, 그 자리에는 경력이 얼마 안 되는 젊은 선생님도 함께 있었습니다.

관리자가 낀 보통의 술자리와 같이 관리자가 대화를 주도하고 선생님들은 경청(?)을 하는 분위기로 흘러갔습니다. 그래서 의도적으로 중간중간에 반대되는 이야기를 해봤습니다. 그랬더니 관리자는 아예 들을 생각을 하지 않았고 철저하게 무시하는 언행을 거침없이 했습니다.

아름답게(?) 마무리하고 싶은 마음에 한 선생님이 "여기 있는 선생님들 모두가, 흔히 말하는 출세할 수 있도록 잘 부탁합니다." 하니, 출세하려면 '돈과 교육감 선거에서 표를 모을 수 있는 능력'이 있어야 한다고 거리낌 없이 말하는 것이었습니다.

순간 멍한 기분이 들었습니다. 그분을 잘 아는 분들이나 경력이 높은 선생님들이 들어도 논란이 있을 법했는데, 저경력의 선생님들은 그 이야기를 듣고 어떤 생각을 했겠습니까? 동의하는 척하는 것인지? 실제로 그렇게 하겠다는 동의의 뜻인지는 몰라도 고개를 끄덕이는 모습을 보면서 선배로서 심한 모멸감과 부끄러움을 동시에 가졌습니다. 관리자는 자신의 말에 동의하는 것으로 판단했는데 똑같은 말을 몇 번이나 반복하고 다른 약속이 있다는 말을 남기고 계산도 하지 않고 바람처럼 사라졌습니다.

지역교육지원청이나 도교육청의 잘못된 공문 해석과 담당자의 아집과 고집으로 학교나 선생님들이 피해를 입는 일이 있습니다. 모든 선생님들이 상위법에 위반되고 상식적으로 이해를 하지 못하는 정책, 시대착오적인 정책, 홍보와 현장 적용이 상이한 정책, 아이들을 위한다는 정책이 아이들에게 피해를 주는 정책, 개인의 출세를 위한 정책, 개인의 권력을 남용하는 정책, 본인의 잘못을 덮기 위한 정책 등에 정도의 차이는 있지만 한 번쯤은 피해자가 된 경험이 있을 것입니다.

순간적으로는 소송을 불사할 마음도 갖지만 선생님이라는 여러 가지 약점과 비협조적인 주변의 반응 등으로 맛있는 술안주로 대체되고 맙니다.

국회의원, 대통령, 지방자치단체장, 교육감선거가 있습니다.

현명하고 지혜로운 사람을 뽑아야 되는 중요한 선거입니다.

무엇을 근거로 현명하고 지혜로운 사람을 뽑을 수 있을까요?

돈과 표를 모을 수 있는 능력만 있는 사람을 출세시키는 사람이 현명하고 지혜로운 사람일까요?

잘못된 정책과 고압적인 태도, 직책으로 통제하려는 사람을 조직에 중용하는 사람이 현명하고 지혜로운 사람일까요?

그런데 선거 때면 혈연, 지연, 학연이 돈과 많은 표를 모을 수 있는 사람과 감언이설로 부당한 정책을 남발하는 사람들을 판치게 만듭니다. 그리고 모멸감과 굴욕감을 주는 관리자의 출세에 대한 분노와 술자리의 훌륭한 안주 역할을 한 부당한 정책에 대한 피해 경험들을 망각하게 만듭니다.

이제는 바뀌면 좋겠습니다.

말과 머리만 바뀌는 것이 아니라 행동이 바뀌면 좋겠습니다.

돈과 표로 출세한 사람들이 많은 후보에게 투표하지 않으면 좋겠습니다.

부당한 정책으로 피해를 준 후보에게 투표하지 않으면 좋겠습니다.

교육을 정치의 발판으로 삼는 후보에게 투표하지 않으면 좋겠습니다.

따뜻하게 악수할 줄 모르는 후보에게 투표하지 않으면 좋겠습니다.

교육현장의 목소리를 외면하는 후보에게 투표하지 않으면 좋겠습니다.

현명하고 지혜로운 사람이 현명하고 지혜로운 사람을 선출합니다. 잠시 망각하고 있는 돈과 표로 출세한 사람들에 대한 분노와 부당한 정책에 느꼈던 무력감을 깨우면 좋겠습니다. 그리고 깨워서 바꾸면 좋겠습니다. 그래서 지혜롭고 현명한 우리를 보여주면 좋겠습니다.

제 아내는 진짜 선생님입니다

학교 가기를 두려워하는 선생님이 있습니다.

일요일 오후가 되면 다가오는 월요일이 싫어서 한숨을 쉬는 선생님이 있습니다.

명퇴 신청 시기를 손꼽아 기다리는 선생님이 있습니다.

학교행사가 있을 때면 걱정 반 두려움 반으로 마음을 졸이는 선생님이 있습니다.

가르치는 아이들의 말 안 들음에 속상해 하는 선생님이 있습니다.

관리자의 부당함에 화도 못 내고 쿵쾅거리는 심장을 주체하지 못하는 선생님이 있습니다.

동료 선생님의 못된 언행에 혼자만 분노하는 선생님이 있습니다.

전교조가 지나치게 정치투쟁에 몰입하는 것을 소심하게 불평하는 선생님이 있습니다.

퇴근할 때 학교업무를 가방에 가득 담아 오는 선생님이 있습니다.

틈만 나면 컴퓨터 앞에서 학습자료를 찾는 선생님이 있습니다.

다른 선생님 도와준다고 공휴일에도 자주 학교 가는 선생님이 있습니다.

혹시나 하는 마음에 승진에 대해 이야기하면 단호하게 명퇴할 것이라고 말하는 선생님이 있습니다.

학교행사가 있을 때면 열정을 다 바쳐 창의적인 작품을 선보이는 선생님이 있습니다.

후배들의 바쁜 업무를 스스로 도와주는 선생님이 있습니다.

진전이 없는 아이들을 끝까지 포기하지 않고 가르치는 선생님이 있습니다.

승진 점수를 얻기 위해 공동연구를 제안하면 능력이 없다고 단호하게 거절하는 선생님이 있습니다.

자기계발을 위해 토요일 오전에 하루도 빠지지 않고 춤추러 가는 선생님이 있습니다.

특별한 관리자의 부당한 대우에도 전교조를 탈퇴하지 않는 선생님이 있습니다.

요즘 제가 다른 선생님들부터 욕을 종종 먹습니다.

저보다 능력 있는 선생님이 승진을 포기하도록 왜 두냐고 노골적으로 욕을 합니다.

그 선생님의 뜻을 전하면 '말만 그렇지 실제는 그렇지 않다.'고 우깁니다. 틀림없이 후회한다고 합니다.

그 선생님이 학교폭력 관련 승진 가산점을 받게 되었습니다. 신청서를 모두 제출하라고 해서 제출했더니 기피학년을 맡은 것이 참고가 되어서 받게 되었다고 합니다.

그런데 거부했다고 합니다. 다른 후배 선생님이 승진에 뜻이 있는데 받지 못해서 가슴앓이 하는 것을 보고 찾아가서 양보했다고 합니다.

후회 없냐고 물었습니다. 한순간의 망설임도 없이 후회 없다고 합니다. 그리고 왜 이런 가산점을 만들어서 학교를 분열시키는지 알 수 없다고 불평을 합니다.

제 아내의 이야기입니다.

제 아내는 나를 부끄럽게 하는 진짜 선생님입니다.

진실을 숨기는 사실

올해(2013년)에 아주 부끄러운 짓(?)을 두 번 했습니다. 똑같은 사람에게 두 번 했다는 것이 더 부끄럽습니다. 이 일로 많은 것을 배우기도 했지만 잃은 것이 더 많은 듯합니다. 후배나 친구, 선배들에게 이야기하면 하나같이 믿지 못하겠다고 이야기합니다. 상황을 같이 지켜본 분들은 술에 많이 취했으니 그런 실수를 한 것이라고 위안을 합니다. 그러나 위안이 되지 않습니다. 오히려 더 각인이 되어 제 자신이 싫습니다.

그러나 아쉬운 것도 있습니다. 실수만 한 것을 보고 제가 잘못했다고 이야기를 하지만 그 상황을 만든 것은 저에게 피해를 본 그분입니다. 그리고 그런 상황을 만들고 본인은 관계없는 양 행동하는 것도 제 동료입니다. 구차하게 변명해서 제 실수의 당위성을 주장하고 싶지 않습니다. 오히려 피해를 본 동료 분들이 제 진정성을 알고 너그럽게 용서해 주기를 바랍니다. 그리고 어른들(?)께 실수하고 즐거운 분위기를 망친 제 잘못만을 용서해 주시고, 이 상황과 평소 나에 대한 불만을 섞어서 저를 평가하는 것을 망설여 주시고 주저해 주십시오. 왜냐하면 그 상황이 어떻게 만들어졌는지는 어른(?) 한 분과 동료 한 분(?)이 알고 있는데 그분들은 동료들에게 숨기고 있습니다. 그래서 다른 분들은 막돼먹은 제가 모두 잘못했다고 생각하는 것입니다. 그분들이 알고 있는 것과 그 상황을 종합하면 진실이 되지만 실수한 그 상황만을 보고 저를 각자 판단하는 것은 사실입니다.

학교에서 정말 많은 사실이 만들어집니다.

자신의 실수를 숨기기 위하거나 책임을 면하기 위해서 구차한 변명의 사실을 만들어 정당화하려고 합니다.

편 가르기를 하기 위해서 비난의 사실을 만들어 이용합니다.

자신의 목적을 달성하기 위하여 비열한 사실을 만들어 정당화시킵니다.

과장되고 거짓된 사실을 만들어 자신을 과시합니다.

그런데 이 사실을 접하는 선생님들은 진실로 믿는다는 것이 사실의 아주 큰 병폐입니다.

평소 믿고 지내는 분이나 절친한 친구 사이는 사실을 진실로 싶게 믿는 경향이 있습니다. 그러나 본인이 알고 있는 사실과 다른 사실이라면 진실로 믿기 전에 의심해야 합니다.

평소 형님처럼 생각하는 선배 선생님이 있었습니다. 그리고 그 형님을 시기하는 선배 선생님도 있었습니다. 저는 그 두 분의 관계를 전혀 모르고 그저 좋아하는 두 선배 선생님이었습니다. 어느 날 한 분이 다른 선배 선생님 한 분을 맹렬하게 비난하는 것이었습니다. 물론 둘만 있는 자리였습니다. 그분 이야기를 들어보니 다 옳은 이야기였고 그 자리에 없는 한 분의 선배 선생님이 정말 미웠습니다. 한참이 지난 뒤에 미운 선배 선생님을 만나는 기회가 있어서 그 이야기를 했습니다. 그런데 제가 들은 이야기와는 정반대의 이야기를 했습니다. 그리고 다음날 그 두 분의 사이가 좋지 않다는 것을 알았습니다. 아직까지 어느 분의 이야기가 진실이고 사실인지를 모르겠습니다.

경력이 높거나 지위가 높은 분들의 사실적인 이야기를 진실로 쉽게 믿습니다.

허물없이 지내는 관리자가 있습니다. 매사에 지혜롭고 현명하게 결정하고 선택하는 분이라 저를 포함한 대부분의 동료들은 그분의 이야기를 진실로 받아들였습니다.

그래서 사람을 중용하는 인사도 지혜롭게 해결할 것이라고 생각했습니다. 그런데 구성원들의 마음을 전혀 고려하지 않은 인사발표를 했습니다. 모두가 의아해했습니다. 특히, 본의 아니게 인사에서 밀린 (?) 동료는 무척 마음이 불편하고 아프다는 것을 침묵으로 말해주고 있었습니다. 그리고 발탁된 동료도 마음이 편치 못하여 거부하는 이야기를 관리자에게 전달했습니다.

관리자가 자신의 결정을 거부하는 것이 기분이 나빴는지, 발탁된 동료의 거부 의사의 말과 본인의 감정을 섞어서 나를 포함한 동료에게 전달하면서 불쾌해 했습니다. 저도 그것을 진실로 받아들이면서 거부 의사의 말로 적절하지 못하다는 생각을 했습니다.

며칠 뒤에 협의회 시간이 있었습니다. 밀린(?) 한 분은 아무 말 없이 있다가 피곤하다고 자리를 떠났습니다. 그러자 관리자가 발탁된 동료에게 짐을 맡겨서 미안하다는 이야기를 하면서 자신의 입장을 이해해 달라고 하는 것이었습니다. 상황이 묘했습니다. 그래서 제가 밀린(?) 한 분이 있을 때에 인사의 배경을 설명하고 이해해 달라는 것이 맞지 않느냐고 하니까, 그럴 필요가 없다고 했습니다. 그래서 그럼 발탁된 분은 어떤 점이 좋아서 발탁했는지를 물음과 동시에 발탁된 분에게도 거부 의사를 밝히는 표현이 적절했는지를 물었습니다. 그런데 그분은 그런 표현을 한 적이 없다는 것입니다. 그래서 다시 관리자에게 확인했습니다. 그랬더니 비슷한(?) 이야기를 했으니 같은 말이 아니냐고 하는 것입니다. 난감하여 전혀 다른 내용이라고 이야기를 했더니 그럴 수 있다고 합니다. 뒤이어 발탁된 그분이 저에게 야속하다는 듯이 선생님은 그 말을 믿었느냐고 물었습니다. 그래서 관리자가 그렇게 이야기해서 당연히 믿었다고 했습니다. 발탁된 그분도 자리를 떠났습니다. 관리자와 옥신각신 하는데 다른 동료가 갈등만 조장한다고 나무라서 저도 그 자리를 떠났습니다.

진실과 다른 사실은 나의 마음과 다른 사람의 마음이 같을 것이라는 감정이입과 자신을 지나치게 사랑하는 나르시시즘에서 비롯됩니다. 그 상황에서 나는 이렇게 생각하고 행동하니 다른 사람도 당연하게 그렇게 생각하고 행동한다고 믿습니다. 그래서 짐작으로 자신만의 사실을 만들어 냅니다. 같은 감정이라도 표현하는 방식은 제각각입니다. 기쁠 때 호탕하게 웃는 사람이 있는 반면 우는 사람도 있습니다. 잘못을 용서할 때 쿨하게 말로 표현하는 사람이 있는 반면, 아무 일도 없었다는 듯이 넘어가는 사람도 있습니다.

자신은 남보다 항상 우월하고 소중하다는 생각을 가진 분들이 있습니다. 그래서 자신이 남보다 뒤떨어지거나 남이 자신보다 우월하다고 생각되면 가차 없이 자기방어적인, 자기 우월적인 허위와 거짓의 사실을 만듭니다. 특히 이런 분들이 권력(?)을 가지고 있거나 가지게 되면 학교에 심각한 피해를 남깁니다. 협의회나 회식 자리에서 자기보다 뛰어나서는 안 됩니다. 자기보다 유머 있는 이야기를 해도 안 됩니다. 자기보다 노래를 잘한 동료가 칭찬을 받아도 안 됩니다. 여지없이 핀잔이나 어처구니없는 사실로 상대방을 공격합니다.

중요한 결정을 할 때에도 자신의 결정을 거부하는 것을 자신에 대한 도전으로 판단하여 모멸감이나 당혹감을 주는 사실을 만들어 냅니다.

진실을 알 수 없습니다. 진실을 밝히기도 힘듭니다. 사실을 창조해 내는 사람을 변화시키기도 힘들고 변화시킬 힘도 미약합니다.

그렇다고 방법이 없는 것은 아닙니다. 내가 사실을 안 만들면 됩니다. 나의 감정을 배제시킨 보고 들은 것만 전달하면 됩니다. 다른 사람이 지어낸 사실에 상처받는 것이 싫으면 다른 사람이 상처받는 사실을 안 만들면 됩니다. 혹여 나에게 피해주는 사실이 있더라도 흘러가는 물이라 생각하고 흘려보내면 비난하는 사실이 만들어지지 않습니다.

그리고 내가 알고 있는 사실과 다른 사실을 어느 누가 이야기하더라도 의심하여 믿기를 주저하시고 전파를 망설여 주십시오.

진실을 몰라주는 동료를 야속해 하며 꽤 긴 시간을 보냈습니다. 그런데 그 긴 시간 속에서 나 역시 내가 세상을 바라보는 관점으로 동료를 판단하여 원망과 비난의 사실을 만들고 있었습니다.

후회합니다. 그리고 배웠습니다.

진실을 숨긴 사실에 쉽게 현혹되지 말자. 그리고 사실을 진실로 만들지 말자. 사실을 만들기 전에 대화하자.

똑똑함에 대한 망상

발령 초기에 대부분의 학교에서 수기로 공문을 해결하고, 학교 교육과정과 학급 경영록을 비롯한 온갖 문서를 수기로 작성할 때 워드로 문서를 작성하는 나는 똑똑한 선생님이었습니다.

홈페이지에 대한 개념도 없을 PC통신 시절에 보잘것없는 홈페이지를 만들고, 운영체제가 도스인 환경에서 윈도3.1로 파워포인트를 이용해 프레젠테이션을 자유자재로 구사하는 나는 똑똑한 선생님이었습니다.

아날로그로 영상을 편집하던 시절에 컴퓨터로 동영상을 캡처하고 편집하여 수업에 활용하는 나는 똑똑한 선생님이었습니다.

학교 전산기기를 유지 보수하는 업체가 없을 때, 이 교실 저 교실로 뛰어다니며 전산기기의 문제를 해결해 주는 나는 똑똑한 선생님이었습니다.

학습지도 예선대회에 참가하여 보기 좋게 낙방하고도 첨단매체에 대한 이해가 부족한 심사위원의 탓으로 돌렸던 나는 똑똑한 선생님이었습니다.

동료의 노력과 능력을 제대로 보지 못하고, 동료의 객관적인 실적에 밀려서 똑똑한 나에게 기회가 주어지지 않는다고 섭섭함과 서운함을 가졌던 나는 똑똑한 선생님이었습니다.

새로운 정보를 먼저 접하기 위해 전국단위의 연수회에 자발적으로 참가했고, 최신 교육 동향을 먼저 접하기 위하여 세미나와 워크샵에 자발적으로 참여했던 나는 똑똑한 선생님이었습니다.

선생님이라면 당연히 해야 될 일을 하지 않는다고 동료를 너무 쉽게 나무라고, 관리자의 부당함을 용기 있게 지적했던 나는 똑똑한 선생님이었습니다.

덕망 있는 관리자를 인터뷰하고, 독서로 얻은 지식과 사례로 얻은 교훈으로 성숙한 학교 문화를 가꾸기 위해서 부단히 노력하는 나는 똑똑한 선생님입니다.

자기만을 생각하고, 자신의 욕심을 숨긴 채 동료와 친구를 이용하는 친구를 볼 때 마다 발전이 없는 친구라고 속으로 삼키며, 그 친구와 다르다고 생각하는 나는 똑똑한 선생님입니다.

요즘 나와 똑같이 똑똑하다고 생각하고 말하는 후배와 동료들이 많습니다. 그런데 나는 그분들이 똑똑해 보이지 않습니다. 오히려 그 똑똑함이 먼지가 되어 자신을 반성케 하는 내면의 거울을 흐리게 하고, 자신의 눈과 귀를 막아서 동료가 암시적이고 묵시적으로 표출하는―똑똑함에 갇힌 망상을 비난하는 몸짓과 수근거림―것을 알아채지 못하는 것이 어리석어 보입니다.

오히려 똑똑함의 망상에 사로잡힌 후배와 동료를 말없이 바라보고 기다려주는 동료가 더 똑똑해 보입니다.

그 옛날 망상에 사로잡힌 나를 따뜻한 시선으로 바라보고 기다려 준 선배와 동료가 나보다 더 똑똑한 선생님이었다는 것을 이제야 깨닫습니다. 나에게 저항의 메시지였던 '세월이 지나면, 시간이 흐르면' 모든 것을 말해 준다던 선배 선생님들의 소극적인 생각이 무섭게 느껴집니다.

그래서 다짐합니다.

그 옛날 선배들이 했던 똑같은 말―세월이 지나면, 시간이 지나면―을 하지 않는 더 똑똑한 선생님이 되겠습니다.

후배와 동료의 진실된 똑똑함은 적극적으로 지지하여 확산시키고, 똑똑함으로 포장한 망상에는 등을 돌려 소멸시키는 데 노력하겠습니다.

그래서 똑같은 말을 되풀이하는, 똑같은 말을 듣는 선생님이 줄어드는 학교 문화 조성에 기여하겠습니다. 그리고 그 시작으로 나의 똑똑함에 대한 망상을 버리겠습니다.

나는 부끄러운 선생님입니다

나는 부끄러운 선생님입니다.

아이들을 위해 존재하는 것이 선생님인 줄 알면서 나의 힘듦을 아이들 탓으로 돌리는 부끄러운 선생님입니다.

더 부끄러운 것은 나와 같은 선생님을 볼 때마다 그 선생님을 욕하는 나이기 때문입니다.

나는 부끄러운 선생님입니다.

말로는 학부모의 목소리에 귀 기울이자고 다짐하지만, 막상 싫어하는 소리를 들으면 기분 나빠하는 부끄러운 선생님입니다.

더 부끄러운 것은 학부모의 의견을 무시하는 관리자나 동료를 보면서 나는 다르다고 생각하는 것입니다.

나는 부끄러운 선생님입니다.

선생님의 생명은 수업이라고 주장하면서 수업에 대한 열정이 식어가는 부끄러운 선생님입니다.

더 부끄러운 것은 학교 업무 때문에, 공문 보고 때문에, 자기계발을 위해 수업을 희생시키는 나와 동료에게 관대하기 때문입니다.

나는 부끄러운 선생님입니다.

동료 선생님의 태만을 똑바로 이야기하지 못하는 부끄러운 선생님입니다.

더 부끄러운 것은 동료 선생님의 근무태도와 불성실을 알면서 말할 용기가 없어서, 눈치가 보여서, 내가 이야기한다고 달라지지 않을 세상을 원망하면서 외면하는 것입니다.

나는 부끄러운 선생님입니다.

실력보다는 뒷배경을 앞세워 승승장구하는 선생님을 뒤에서 욕만 하고 속으로 부러워하는 부끄러운 선생님입니다.

더 부끄러운 것은 뒷배경을 만들기 위해 노력하는 나의 모습입니다.

나는 부끄러운 선생님입니다.

동료 선생님에게는 자기 욕심 다 차리고, 건성으로 아이들 가르치면서 관리자에게는 알랑방귀 뀌는 동료의 참모습을 직언하지 못하는 부끄러운 선생님입니다.

더 부끄러운 것은 알랑방귀 뀌며 다가오는 사람에게 넘어가는 나 자신입니다.

나는 부끄러운 선생님입니다.

자신의 욕심을 차리기 위해 마음을 어중간하게 숨기고 도움을 구걸하는 동료 선생님을 거절하지 못하는 부끄러운 선생님입니다.

더 부끄러운 것은 자신의 마음이 들키지 않았다고 착각하는 동료 선생님을 보면서 의연하게 대처하지 못하고, 부글거리는 마음을 주체하지 못해 다른 동료에게 뒷담화를 하는 나의 모습입니다.

나는 부끄러운 선생님입니다.

하찮다고, 관례적이라고, 학교를 위한다고, 좋은 것이 좋은 것이라고 부정한 것을 융통성으로 포장한 것을 올곧게 지적하여 개선시키지 못하고, 털면 먼지 안 나올 사람 없다는 논리에 대응하지 못하는 부끄러운 선생님입니다.

더 부끄러운 것은 나는 그렇지 않다고 착각하는 것입니다.

나는 부끄러운 선생님입니다.

남편 잘 만나, 아내 잘 만나 자신만 편해지기 위해 학교에 영향력을 행사하는 동료 선생님을 교육활동에서 배려 아니 배제시키는 부끄러운 선생님입니다.

더 부끄러운 것은 그런 선생님의 마음에 상처를 주지 않기 위해서, 더 큰 영향력을 행사하는 것이 두려워서 아니 귀찮아서 눈감고 넘어가는 나의 모습입니다.

나는 부끄러운 선생님입니다.

부끄러운 현실에 분개하고 행동으로 옮기려는 동료와 후배 선생님에게 더 부끄러운 선생님이 되라고 다독이는 부끄러운 선생님입니다.

더 부끄러운 것은 더 부끄러운 선생님이 되라고 하면서, 나는 부끄러운 선생님이기 때문입니다.

올바른 학교 참여가 필요합니다

예전에 비해 학부모의 교육 참여 범위가 많습니다. 학부모만을 위한 행사도 늘어나고 있습니다. 이와 더불어 자녀와 부모가 함께하는 교육활동도 유치원에서 초등학교로 그 범위를 넓히고 있습니다. 방법도 강제동원에서 자발적인 참여로 바뀌고 있으며, 내용도 자녀교육에 실제적인 도움이 되는 방향으로 구성되어서 인기가 많습니다. 제가 속한 도교육청의 경우에도 최고 수준의 강사를 초빙하는 경우가 많아 그 인기가 높습니다.

그러나 이러한 학부모 교육은 교육에 대한 식견을 넓히고, 자녀 바로 알기, 입시에 대한 바른 이해 등에 도움을 주고 있지만 학부모들이 학교에 가진 현실적인 불만을 해결하는 활동과는 거리가 있습니다.

얼마 전에 초등학교 동창회가 있었습니다. 아이들의 교육에 관심이 가장 많을 시기이기 때문에 자연적으로 아이들 교육, 우리나라의 교육, 학교에 대한 불만 등이 쏟아져 나왔습니다. 어떤 친구는 나의 눈치를 보면서 불만을 토로하기도 했습니다. 그래서 내가 먼저 '내 눈치 보지 말고 하고 싶은 이야기 다 하자!'고 하면서 나도 학부모들에 대한 불만을 이야기하겠다고 했습니다.

한 친구는 자기 아이가 전교어린이회장이 되었는데 학교장이 너무 부당한 요구를 하여 너무 힘들고, 온갖 행사에 참여하기를 종용하여 정상적인 직장생활을 하기가 어렵다고 했습니다.

또 다른 친구는 자기가 들은 이야기인데, 아이가 전교어린이회 임원이 되었는데 교실 커튼을 모두 갈아달라고 해서 1,000만원 상당의 비용을 들여 갈았다고 하더랍니다.

그날 저녁에 들은 학교에 대한 불만은 체험학습, 편애, 공부 말고 쓸데없는 것을 너무 많이 가르친다, 안내장이 많다, 학교행사에 학부모의 참여가 너무 많다, 촌지, 급식, 돌봄교실 등이었습니다. 불과 1시간 남짓으로 우리나라의 학교 교육이 엉망진창이 되었습니다.

그래서 물었습니다. 이러한 불만은 내가 학교에 발령을 받기 시작하면서 들은 이야기가 대부분인데, 왜 바뀌지 않을까? 그리고 내 주변의 동료 선생님들을 보면 책무를 다하는 분들이 더 많은데, 학부모들의 불만은 왜 줄어들지 않을까? 그리고 그런 불만을 해결하기 위해서 얼마만큼 노력을 하고 있는가? 또, 학교의 변화를 바라는 학부모 단체에 얼마나 적극적으로 참여하고 있는가?

돌아온 대답은 '선생이 바뀌어야 변하지, 우리가 바뀐다고 달라지나? 아이를 맡겨 놓은 약자가 어떻게 거역할 수 있겠느냐? 그러다가 우리 아이가 손해를 볼 것이 아니냐?'는 것이었습니다.

학교의 선생님들은 학부모 다음으로 아이들의 장래를 걱정합니다. 부모 때문에 아이가 밉더라도 순간일 뿐, 악의적으로 아이를 대하는 경우는 없습니다. 그래서 학교교육에 대해 얼마든지 건의해도 아이에게 미치는 영향은 없습니다. 만약에 그런 선생님이 있다면 민원을 제기하십시오. 사실로 판명되면 그에 따른 책임은 반드시 지게 되어 있습니다.

이렇게 민원을 비롯하여 다양하게 학교 교육에 참여하실 때는 그 방법이 옳아야 합니다.

학부모들이 가장 감정적으로 참여하게 될 때는 자녀의 말만 믿었을 때입니다. 아이들은 본능적으로 자기를 보호하고자 합니다. 그래서 학교의 일을 자기에게 유리한 방향으로 전달합니다. 내용에 따라서 매우 흥분되는 것들도 있습니다. 흥분을 가라앉히는 가장 쉬운 방법은 담임선생님에게 전화를 하는 것입니다. 물론 전화를 할 때에는 아이가 전한 사실적인 부분만을 이야기하고 자의적인 해석에 따른 의견은 배제해야 합니다. 요즘은 선생님들이 학부모 상담 교육을 받고 있어서 잘 들어줍니다. 그리고 학부모의 의견에 대한 답변도 있는 그대로 솔직하게 전합니다. 대부분의 오해는 풀립니다.

두 번째는 아이를 바라보는 시각 차이입니다. 학부모와 선생님이 아이를 바라보는 시각이 다를 때에 많은 오해가 생깁니다. 흔히 말하는 '우리 선생님은 내 아이만 미워한다.'는 것입니다. 더 발전하여 선생님께 인사(촌지)를 하지 않아서 우리 아이만 미워한다는 것입니다.

6학년 담임을 할 때에 한 여학생 때문에 부모와 많은 갈등이 있었습니다. 가정에서는 너무 귀엽고 애교 있는 아이였지만 학교에서는 다른 친구를 왕따시키고, 선생님의 훈계를 예사로 무시하고 노골적으로 욕하는 아이였습니다. 부모에게 상담전화를 했습니다. 믿지 않았습니다. 처음 상담에서는 아이의 학교 행동을 부모님이 인지할 필요가 있다는 정도로 매듭을 지었습니다. 두 번째 상담에서는 아이의 실제 문제 행동 때문에 피해를 보는 학생과 부모님의 입장을 간접적으로 전달했습니다. 세 번째에는 가정과 연계하여 잘 지도하고 싶다고 했습니다. 그런데 뜻밖에도 그 아이의 부모는 '왜 우리 아이에게만 문제가 있다고 하느냐?'는 것이었습니다. 그 후에 그 부모님은 찜질방과 사우나를 통해서 담임선생님에게 인사를 하지 않았더니 우리 아이를 괴롭힌다는 소문을 내기 시작했습니다.

결국 그 아이 때문에 사건이 터진 후에야 부모님이 아이를 제대로 보기 시작했습니다. 때로는 아이가 처한 환경을 제대로 이해하지 못해 선생님이 아이를 오해하는 경우도 있습니다. 특별한 아이라면 그에 따른 정보를 선생님에게 제공하여 시각 차이를 없애야 합니다.

학부모 다음으로 아이들을 위하는 사람이 선생님입니다. 믿어 주십시오. 악의적으로 아이를 색안경으로 보지 않습니다. 선생님이 아이를 바라보는 시각은 아이의 장래를 위하는 눈입니다. 학부모의 눈과 선생님의 눈이 상호 신뢰의 눈빛으로 변하는 참여가 되기를 바랍니다.

세 번째는 학교운영위원회, 학부모협의회, 각종 위원회에 등에 학부모가 참여할 수 있습니다. 학교의 변화를 바라는 학부모라면 적극적으로 참여하십시오. 학부모의 한 마디가 선생님의 열 마디보다 더 빠른 변화를 가져올 수 있습니다. 학부모의 교육 참여를 제도로 보장해 놓고 있음에도 그 효과가 미미한 것은 학부모의 회의적인 생각-아무리 참여해도 변화가 없다. 미리 학교에서 다 정해놓고 알려주는 것이다. 등-과 단순히 거치는 절차에 불과하다는 학교의 관행 때문일 수도 있습니다. 그리고 자녀의 이름을 알리고 생색을 내기 위해서 참여하는 지극히 이기적인 학부모들 때문일 수도 있습니다.

위원회에 참석하는 것은 관리자와 선생님을 다그치기 위한 것도 아니고 생색을 내기 위한 것도 아닌 아이들을 잘 가르쳐 보기 위해서입니다. 만약에 학교에서 학부모 위원들의 비위를 맞추기에 급급하다면 안건을 주도면밀하게 살펴보아야 합니다. 의심나는 것이 있으면 냉정하게 질의해야 합니다. 시간에 쫓겨 안건을 처리하지 말아야 합니다. 상습적으로 시간적 여유 없이 위원회를 개최한다면 그 이유를 설명하도록 해야 합니다.

그리고 아이들을 위해 열정을 쏟는 학교라면 격려하고 노고를 인정하고 도와주려는 마음을 가져야 합니다.

자녀가 전교어린이회장이 되면 자동적으로 부모가 학부모회 회장이 되는 학교가 많습니다. 기분이 좋아서 여기저기에 자녀 자랑을 합니다. 좋은 일입니다. 그러나 분명하고 현명한 회장이 되어야 합니다. 전교어린이회장이나 학부모회장은 명예직이면서 학생과 학부모를 대표하는 자리입니다. 만약에 학교에서 부당한 요구를 하면 대표로서 거절할 줄 알아야 합니다. 다양한 학부모의 의견을 적극적으로 수용하여 학교에 적극적으로 전달해야 합니다.

자녀를 자랑하고픈 마음에 부당한 학교의 요구를 수용하고 뒤돌아서서 학교를 비난하는 것은 현명하지 못한 처세입니다. 학교의 부당한 요구를 수용했다는 마음에 학교에 와서 큰소리 뻥뻥 치는 것도 올바른 참여가 아닙니다.

아이의 학교생활에 대한 선생님의 해결방법에 대한 불만, 우리 아이만 미워하는 선생님에 대한 불만, 전반적인 학교 교육에 대한 불만, 학교의 부당한 요구에 대한 불만은 학부모의 올바른 참여에 의해 변화가 가능합니다.

서로의 역할을 인정하고 존중하는 신뢰의 눈빛이 교환된다면 우리 아이들이 행복할 것입니다. 신뢰의 눈빛 교환의 시작을 아이들 앞에서 선생님 비난하지 않기와 서로의 마음에 상처 남기는 말 하지 않기부터 시작하면 좋겠습니다.

의사 결정을 갈등 관점으로 해결합시다

교육방송과 학교방송에 많은 관심을 가지고 있었던 시절에 교육방송시범학교에 근무한 적이 있습니다. 지금은 교육방송 홈페이지를 통해서 지난 방송을 아주 쉽게 재시청할 수 있지만, 그 당시에는 학교방송 담당자가 매일 테이프에 녹화하여 수업에 활용하도록 하였습니다. 그래서 학교방송은 모든 선생님이 회피하는 업무였습니다.

남들보다 관심이 많았기 때문에 이 문제를 해결하고 싶었습니다. 그리고 이 시기는 전국의 학교에 학내망과 인터넷이 보급되기 시작하는 시점이었고, 이전까지는 꿈도 꾸지 않았던 동영상 캡처와 편집이 컴퓨터의 고성능화로 가능해지는 시기였습니다. 그래서 관리자에게 이 부분을 설명해서 하드웨어를 구입하려고 하였습니다. 그런데 관리자는 콘텐츠의 효율적인 관리와 적용보다는 보고회 당일 참관자에게 녹화되어 있는 테이프를 보여주고자 하는 욕구가 강했습니다. 설득을 하고자 개인적으로 가지고 있던 장비로 캡처하여 편집한 동영상을 학내망과 학교홈페이지를 이용하여 시간과 장소에 구애 없이 사용할 수 있음을 시연을 통해 보여주었는데도 고집을 꺾지 않았습니다. 이런 와중에 교육지원청의 담당 장학사가 시범학교 지도를 왔습니다. 이 기회를 살리고 싶어서 직접 시연을 통해 보여주고 앞으로 나아가야 할 방향을 제시하였습니다. 그런데 그분은 동영상은 파일이 아주 커서 현재의 컴퓨터로 구동시키는 데에 무리가 있다고 반대하였습니다. 이것을 본 관리자도 맞장구를 쳐서 결국 보고서에는 빠지게 되었습니다.

너무 억울하여 테이프로 녹화를 할 때 컴퓨터로 캡처도 하여 학내망과 학교 홈페이지를 통해 제공하였습니다. 그리고 보고회 당일 프리젠테이션에서 동영상을 많이 사용했고, 실적물 전시장소의 한 코너에 동영상 캡처와 편집 시스템을 소개하였습니다. 반응이 폭발적이었습니다. 2~3년이 지난 뒤 한국교육방송공사(EBS)에서 본격적인

VOD서비스를 제공하기 시작하여 이제는 학교에서 교육방송을 녹화할 필요가 없어졌습니다.

등교를 하는데 학교 안까지 들어와서 전단지를 배포하는 건강한(?) 청년들이 있었습니다. 문화예술회관에서 유명 교수의 강연이 있는데 부모들이 참가하도록 권유하는 내용과 함께 그 교수의 책을 판다는 내용이었습니다. 그래서 건강한 청년에게 학교의 허락을 받았느냐고 물으니 교감선생님께 허락을 받았다고 했습니다. 평소에 아는 교감선생님과 다른 판단을 한 것이 이상해서 교무실로 가서 여쭈어 보니 처음 듣는 이야기랍니다. 그래서 교감선생님과 함께 건강한 청년에게 가서 확인을 하니 되레 이 좋은 정보를 제공하는데 학교의 허락이 왜 필요하냐며 삿대질을 하면서 소란을 피우기 시작했습니다. 그래서 학교 안에서 전단지를 배포하면 아이들이 집에 가서 부모님에게 학교에서 나누어 준 것으로 잘못 전달할 가능성이 높으니 중단하고 학교 밖으로 나가라고 하니, 어디서 도끼눈으로 사람을 쳐다보며 이야기 하느냐고, 당신 같은 사람이 선생을 하니 교육이 엉망이라고 고래고래 고함을 질렀습니다. 나보다도 훨씬 어려 보이는 건강한 청년이 교감선생님에게도 막무가내로 막말을 하였습니다. 도저히 참을 수 없어 같이 언쟁을 하였는데 중간에 교감선생님이 먼저 교실로 가라고 해서 부글부글 끓어오르는 마음을 참고 교실로 갔습니다.

점심시간에 교감선생님께 결과를 여쭈니 잘 타일러서 보냈다고 하면서 그 사람의 목적은 전단지를 학생들에게 배포하는 것이고, 우리의 목적은 전단지를 배포하지 못하게 하는 것이기 때문에 교무실에서 그 청년과 이야기를 하면서 학생들에게 배포하지 못하게 함과 동시에 학교에서 내용을 읽어 보고 직접 배포할 테니 전단지를 달라고 하여 수거하는 것이 바람직한 방법이지, 일부러 감정을 자극하는 그 청년과 싸울 필요가 없었다는 것입니다. 그래도 억울하여 경찰하는 친구에게 이 상황을 설명하니 경찰서에 신고하면 금방 해결된다고 했습니다. 그래서 똑같은 상황이 벌어지면 경찰서에 신고해야겠다고 다짐했지만, 지금까지 한 번도 일어나지 않았고 해결방법도 여러 가지 상황을 고려해 보면 교감선생님의 방법이 옳았음을 깨달았습니다.

첫 번째 사례는 형식적으로는 사회의 변화와 정보통신기술의 변화에 민감한 세대와 그렇지 못한 세대의 갈등처럼 보입니다. 그러나 그 내면에는 합리성과 논리성을 내세운 집단과 오랜 경험에 의해 쌓인 신념을 버리지 못하는 집단 간의 갈등입니다. 그리고 두 번째 사례는 오랜 경험에서 얻은 직관과 지혜가 풍부한 집단과 논리적으로 문제를 해결하고자 하나 감정을 숨기지 못하는 집단의 문제 해결 방식의 차이입니다.

오랜 경험의 결과물인 직관과 지혜로 결정하려는 집단과 이론과 지식을 바탕으로 논리와 합리성을 강조하는 집단 간의 충돌이 학교에서 자주 일어나는 갈등 중의 하나입니다. 상식적으로 생각하면 상황에 맞게 선택적으로 적용하면 아무 갈등이 생기지 않는데 그렇지 못하다는 것이 이상합니다.

왜 그럴까요? 신념의 문제이기 때문입니다. 서로를 인정하기보다 자기 당에 유리한 것만 계속 주장하기 때문에 국회에서 싸움이 자주 일어나는 것과 같은 맥락입니다. 선거철마다 색깔론이 통하는 것도 신념 때문이라고 합니다.

천성과 신념은 잘 바뀌지 않는다고 합니다. 바뀐 것처럼 보이는 사람이 있는 것은 상황에 따라 관점을 달리해서 보는 내면적인 성숙이 이루어졌기 때문이라고 합니다.

학교에서의 갈등도 상황에 따라 관점을 달리해서 보는 성숙이 이루어지면 쉽게 해결될 것이라고 생각합니다. 예를 들면 학생 생활지도와 수업 컨설팅, 멘토의 역할은 직관과 지혜가 풍부한 집단의 의견을 존중하고 기능과 지식, 정보화 관련 분야는 논리와 합리성을 강조하는 집단의 의견을 존중하면 될 것 같습니다.

미리 짐작하여 상대방이 나의 의견에 동조하지 않을 것이라는 부정적인 마음을 갖지 맙시다!

상대방의 주장에 집중하여 고개를 끄덕여 봅시다!

나의 주장이 상대방의 의견을 무조건 반박하기 위한 신념에서 온 것이 아닌지 의심해 봅시다!

상대방의 주장이 옳아도 미리 정해놓은 결론을 바꾸기가 싫은 것이 신념에서 온 자존심이 아닌지 의심해 봅시다!

이기고 지는 이분법적인 생각보다 목적을 먼저 생각합시다!

관점을 달리하여 상황을 보는 것이 쉬운 것은 아닙니다. 그러나 의도적으로 노력한다면 작은 변화가 생길 것입니다.

나의 작은 변화가 학교문화를 바꿉니다.

우월한 존재가 되십시오

학교를 옮기면서 항상 다짐하는 것 중의 하나가 '긍정적인 생각으로 동료를 바라보자!, 미운 사람 만들지 말자!'일 것입니다. 하지만 시간이 지나면서 꼭 그런 사람이 생깁니다. 나만 그런 생각을 하는 것 같아 시원하게 털어놓고 말하기도 곤란합니다. 시간이 지나면서 그 동료가 하는 모든 것이 싫어집니다. 그 동료를 보는 것도 스트레스입니다. 가식적으로 그 동료를 대하는 내 자신도 싫습니다. 그런데 그 동료는 내 마음을 전혀 모르고 있는 듯합니다.

결론부터 이야기한다면 누구나 겪는 일이라고 합니다. 인간관계가 아주 좋은 사람들로 구성된 집단에서도 자신의 마음에 들지 않는, 즉 코드가 맞지 않는 사람이 생긴다고 합니다. 그것은 경쟁을 통해 진화한 조상들의 DNA가 우리의 핏속에 흐르고 있어 자신의 우월함과 존재감을 높이기 위해, 생존하기 위해 끊임없이 경쟁하려는 인간의 본성 때문이라고 합니다. 역설적이기는 하지만 미운 동료 덕분에 직장에서 자신이 꼭 필요한 존재임을 스스로 인정한다고 합니다.

그런데 인간의 본성이라 여기고 그냥 넘기기에는 받는 스트레스가 이만저만이 아닙니다. 자꾸 거슬립니다. 잘 참다가도 어느 순간 울컥합니다.

냉정하게 그 동료에 대해서 생각해 봅시다. 그 동료는 나에게 직장에서 존재감과 우월감을 안겨 주는 소중한 존재입니다. 문제는 그 존재감과 우월감이 나의 마음속에만 있고 그 동료에게 전달이 안 된다는 것입니다.

오히려 주변 동료들은 나보다는 그 동료의 생각에 동조하기도 합니다. 속앓이만 하고 있었기 때문에 내 마음을 아무도 몰라주는 것입니다.

실천해 보십시오!

의사 전달을 확실히 하십시오!

마음이 들지 않는 부분에 대해 '왜 그렇게 생각'하는지를 물어보십시오.

약속을 지키지 않거나 자신의 역할을 제대로 수행하지 않아서 자신이 겪고 있는 고충을 솔직하게 이야기하십시오. 그래도 변화가 없다면 공식적인 회의가 아닌 다른 동료들과 함께 있는 자리에서 자신의 생각을 이야기하십시오. 말만 하더라도 기본적인 스트레스는 풀립니다. 그리고 의외로 갈등 요인이 쉽게 해결될 수도 있습니다. 설령 미운 동료가 변하지 않더라도 다른 동료가 위안이 되어 줍니다. 내 편이 되어 줍니다. 그래서 나의 존재감과 우월감이 공식적으로 인정받게 되어 그 동료가 덜 미워집니다.

그런데 인관관계는 상대적입니다. 사람마다 가치를 두고 있는 부분이 다르기 때문에 나만 상처를 받는 것이 아니라, 깨닫지 못하는 사이에 남에게 상처를 주기도 합니다.

혹시, 다른 동료가 나에게 받은 상처를 전해 온다면 변명보다는 그 동료의 존재감과 우월감을 인정해 주십시오. 그래야 당신이 진정으로 우월감 있는 존재가 됩니다.

아이들에게 필요한
진정한 개성이란

한동안 축구에 미친 적이 있었습니다. 축구 구경에 미친 것이 아니라 여러 사람과 함께 축구경기를 하는 것에 미쳤었습니다. 그래서 별도의 레슨비를 지불하고 코치를 고용하여 새벽훈련을 한 다음 학교로 출근을 하였습니다. 일요일이면 새벽부터 오후까지 다른 팀이랑 경기를 하느라 정신이 없었습니다. 그런데 열심히 하는 만큼 실력이 늘지 않았습니다. 나의 위치는 최전방 공격수였는데 볼을 터치하기도 힘들었고 현란한 드리블과 페인팅으로 상대방 수비를 제치기도 버거웠습니다. 자연히 축구에 대한 열정도 떨어지고 새벽 운동을 나가는 것이 스트레스가 되었습니다.

그때 코치가 위치 조정에 대한 의견을 조심스럽게 물었습니다. 즉 순발력과 민첩성이 떨어지나 대인마크가 뛰어나고 힘이 좋아 롱패스가 가능하며 뛰어난 체격 조건으로 상대 공격수를 제압할 수 있으니 수비형 중앙 미드필더를 권했습니다. 많은 골을 넣고 싶었지만 코치의 제안을 받아들였습니다. 위치 조정 후에 다소 어려움을 느꼈지만 축구가 더 재미있었습니다. 무엇보다도 훈련을 통해 익힌 다양한 기술을 제대로 발휘할 수 있어서 축구를 재미있게 즐기게 되었습니다. 들쭉날쭉하든 경기 출전 수도 안정적으로 출전할 수 있게 되었고, 팀에서 내가 차지하는 비중도 높아져 다들 부러워했습니다.

나의 판단에 의해 최전방 공격수를 계속 고집했다면 어떤 결과가 나왔을까요?

아이들은 자기의 능력을 정확하게 판단하지 못하고 본능적으로 자기가 좋아하는 것만 고집합니다. 그리고 아이들의 주변에 있는 어른들까지 아이들이 좋아하는 것이 마치 개성인 것처럼 '개성존중'으로 표현하여 아이의 성장과 민주시민이 갖추어야 할 기본적인 자질을 등한시 하는 경향이 늘어나고 있습니다. '전문인'에 대한 편협된 생각인, 한 가지만 잘하면 된다는 것에 대한 오해로 기본적인 학력, 인성교육, 진로교육, 독서교육, 건강의 중요성이 뒷전으로 밀리고 있습니다.

개인이 가지고 있는 긍정적인 특성을 개성이라고 합니다. 즉 자신만이 가지고 있는 특별한 능력을 개성이라고 합니다. 단순히 아이들이 좋아하는 것을 '개성존중'으로 포장하는 것은 옳지 않습니다.

아이들에게 필요한 진정한 개성은 학력을 비롯한 인간이 갖추어야 할 기본 덕목이 전제되어야 하고, 이를 바탕으로 진로교육, 독서교육, 인성교육, 건강교육을 통하여 진정한 개성인 자기 능력이 신장되는 것입니다. 그리고 이를 돕는 사람이 선생님입니다.

코치의 제안을 뿌리치고 내가 좋아하는 것만 했다면 새벽마다 훈련하며 익힌 재능도 펼치지 못하고 동료들의 눈치를 봤을 것입니다.

진정한 개성은 개인의 특성화된 긍정적이고 발전 가능한 능력입니다. 단순히 아이들이 좋아하는 것에서 탈피하는 '개성존중' 교육이 이루어지면 좋겠습니다.

대선 토론에서 빗나간 교육 쟁점

대선토론에서 전교조가 왜 쟁점이 되는지 정말 이상합니다. 전교조의 이념이 문제가 된다고 했는데 전교조의 이념이 무엇인지를 정확하게 알고 이야기를 하면 좋겠습니다. 전교조를 떠올리면 연관되는 낱말이 참교육입니다. 그런데 대부분의 사람들은 전교조가 말하는 참교육이 무엇인지를 정확하게 알지 못하고, 자신이 믿고 있는, 자신이 믿고 싶어 하는 교육을 참교육이라 생각하고 자신의 참교육과 전교조의 참교육을 일치시키려는 경향이 있습니다. 전교조 홈페이지나 전교조 신문(교육희망), 전교조 참교육 실천대회 등을 통해서 전교조가 말하는 참교육이 무엇인지를 정확하게 알았으면 좋겠습니다. 알고 나면 대부분의 사람들은 전교조가 말하는 참교육과 자신이 주장하는 참교육이 많이 일치함을 느낄 것입니다.

그런데 국민들은 정치권이 바라보는 전교조를 그대로 믿고 있습니다. 전교조가 그동안 국민들에게 편안하게 다가서지 못한 잘못도 있지만 기득권을 지키려는 보수언론과 보수정치인들의 영향이 클 것입니다. 처음 학교에 근무하게 되었을 때와 지금의 학교를 비교해 보면 많은 긍정적인 변화가 있습니다. 전교조의 영향입니다. 심지어 학교 관리자들은 '전교조가 무서워서'라는 말을 자주 합니다. 그만큼 학교 비리나 비민주적인 학교 운영에 대한 감독기능을 전교조가 하고 있다는 것입니다.

아이들을 위해서 열심히 하는 선생님, 학교업무를 깔끔하게 효율적으로 잘 처리하는 선생님, 학교문제와 교육문제에 대해서 개선 의지를 가지는 선생님, 나서지는 못하지만 묵묵히 지원을 해주시는 선생님, 교육현안이나 교육문제, 학교문제를 적극적으로 개선하기 위하여 집회하고 시위하는 선생님 모두가 전교조 선생님들입니다.

정당에도 많은 정파가 있듯이 전교조에도 참교육이라는 뜻은 같이 하지만 방법이 다른 선생님들이 존재합니다. 흔히 데모하는 모습만을 보고 전교조가 '저렇다'라고 평가하는 것에서 탈피하기를 바랍니다.

택시를 타거나 대리운전을 시키면 간혹 선생이 '노조'가 뭐냐고, 아이들 다 망친다고 열변을 토하는 분들이 있습니다. 꾹 참고 선생이 왜 노조를 하면 안 되느냐고 물으면 무조건 안 된다는 것입니다. 그리고 뭐가 아쉬워서 노조를 하냐는 것입니다. 안정적인 직장이고 월급 적정하게 받으니 뭐가 문제냐는 식입니다. 전형적으로 선생님을 생계를 꾸려가기 위한 생활인으로서 생각하고 있는 것입니다. 그러면 생계를 꾸리기 위해서 감내하기 어려운 부당한 부분, 국가가 자기 권력을 지키려고 부당하게 요구하는 부분, 아이들의 행복을 자기의 욕심을 채우기 위해 희생시키려는 부분에 그냥 편안하게 월급 받으면서 가만히 있는 것이 선생의 도리이겠습니까?

전교조가 탄생한 지 꽤 오랜 세월이 지났습니다. 그동안 전교조 때문에 교육이 문제가 된 적이 있습니까? 흔히 말하는 전교조의 이념교육 때문에 우리 교육이 잘못된 적이 있습니까? 오히려 국가의 잘못된 교육 정책이 아이들을 힘들게 하고, 사교육을 조장하여 부모님의 허리를 힘들게 하지 않았습니까?

잘못된 교육제도와 자기의 권력을 유지하기 위해 시행한 정책을 전교조의 이념교육으로 덮으려는 대통령 후보를 보면서 우리 교육의 문제점을 제대로 파악하고 있는지가 궁금하였습니다.

단순한 암기와 단편적인 지식을 요구하는 입시제도와 선생님의 주관적인 평가를 인정하지 않는 상태에서 어떻게 선행학습을 법률로 금지할 것입니까? 일자리 창출을 강조하는 분께서 학원을 문 닫게 하는 것이 바른 정책입니까? 공교육이 존재하는 한 사교육은 없어지지 않습니다. 지금 문제가 되는 것은 상호 보완적인 관계를 벗어나 사교육이 공교육보다 영향력이 크다는 것입니다. 공교육의 역할을 공고히 하면서 사교육의 영역을 유지시키는 것이 올바른 정책일 것입니다.

창의성을 강조하면서 창의적이지 못한 정책과 제도, 입시제도의 개선, 교육의 본질보다 인기 영합주의적인 정책, 기회 균등의 문제, 학교를 중심으로 한 보육제도의 개선, 무상급식의 확대, 창의성을 말살하는 일제고사, 과도한 경쟁 교육, 등록금 문제, 교장 공모제의 폐단, 수석선생님 제도의 개선 등 우리 교육이 안고 있는 문제에 대해 토론하기도 짧은 시간에 정말 황당한 상황이었습니다.

흔히 전교조 교육감인 진보교육감이 있는 시도와 그렇지 않은 교육감이 있는 시도의 학생과 학부모의 행복도를 비교해 보셨는지가 궁금했습니다. 주장대로라면 진보교육감이 있는 시도는 서울대도 못가고, 나라도 부정해야 되지 않습니까? 그런데 우리나라와 외국의 명문대학에 제일 많이 입학하고 교육 경쟁력이 높게 나타나는 것은 어떻게 설명이 가능하겠습니까?

우리 교육에서 전교조가 차지하는 비중이 그만큼 높은지? 아니면 현행 교육정책과 제도에 대해서 문제의식이 부재하여 표를 얻기 위해서 냉전의 이데올로기가 필요했는지를 냉정하게 판단하면 좋겠습니다.

그리고 전교조가 대선토론에서 쟁점이 될 만큼 영향력이 있다는 것에서 행복했습니다. 그리고 잊어질 때마다 전교조의 영향력을 각인시켜주는 그분들께 감사드립니다.

전교조 선생님이어서 불편합니다

전교조가 불법 단체일 때부터 조합원으로 활동하였습니다. 서명을 했다는 이유 하나만으로 회유와 협박을 당한 적도 있었습니다.

교직 경력이 꽤 되는 중견 선생님입니다.

세상 물정을 잘 아는 중견 선생님입니다.

아직까지 전교조 조합원이냐고 비아냥을 받는 중견 선생님입니다.

한편으로 남에게 인정받는 중견 선생님이기도 합니다.

그리고 관리자를 꿈꾸는 중견 선생님입니다.

그러나 불편합니다. 전교조 조합원이어서 더욱 그렇습니다.

도 내 모 초등학교에서 전교조가 주장하는 혁신학교를 추진하기 위해서 관내 전교조 선생님들과 혁신학교를 꿈꾸는 선생님들이 다 모여 있다고 합니다. 그 학교의 한 선생님께서 전화를 까칠하게 한 것이 원인이 되어 그 학교의 관리자에게 전화했더니, 자기 학교는 교무회의를 두 번 하는데 한 번은 교장, 교감과 함께하고 또 한 번은 자네들끼리(일반 평교사) 할 정도로 선생님들의 기가 세서 골치가 아프다고 하더랍니다. 이 이야기를 전해 들은 주변 선생님들의 반응이 희한합니다.

'전교조 선생들이 그렇지!'

'교장, 교감선생님 힘들겠다.'

'혁신학교가 자기들 마음대로 하는 것인가?'

'아이들이 좋아하는 것만 하는 것이 혁신학교인가?'

'그 학교 선생님들 나쁘네!'

마음이 몹시 불편하였습니다. 무엇보다도 전교조 선생님이라서 더욱 불편하였습니다. 논리적으로 반박하려고 하다가 분위기상으로 그렇게 할 수 없어서 혁신학교의 취지와 적용 방법 등에 관한 듣기 좋은 소리로 서둘러 마무리를 하였습니다.

그리고 아쉬웠습니다.

왜 개인 성격과 공적인 부분을 구분하지 못할까?

전화를 까칠하게 한 선생님이 전교조 조합원이 아니었다면 사람들의 반응은 어떠했을까? 반대로 전화를 아주 친절하게 한 선생님이 전교조 조합원이었다면 어떤 반응을 보였을까?

그 학교의 전교조 조합원 선생님께도 아쉬운 부분이 있었습니다. 혁신학교에 대해서 제대로 이해를 하면 반대하는 관리자가 거의 없을 것입니다. 혁신학교에 대해서 제대로 이해하지 못하는 분들은 아이들이 좋아하는 교육만을 하는 것이 혁신학교라고 착각을 하고 있습니다. 그러나 실제로 교육의 본질을 살리자고 하는 것이 혁신학교입니다. 그래서 좀 더 관리자를 설득하는 과정이 필요한 것 같습니다. 관리자는 직장 상사입니다. 예를 갖추는 것이 기본입니다. 그리고 엄연히 대한민국의 학교는 나름의 문화를 가지고 있습니다. 그 문화가 잘못된 것이고 나쁜 것으로 치부하여 관리자를 무시하거나 국가 수준의 교육과정을 무시하는 것은 혁신학교를 추진하는 바른 방법이 아니라고 봅니다.

또한 그 학교의 관리자에게도 아쉬웠습니다. 부하 직원을 제대로 관리하지 못하여 전화상으로 다른 분에게 하소연하는 것도 리더십의 부재라고 봅니다. 그리고 선생님들이 잘못하고 있는 부분이 있다면 논리적으로 대처하는 것도 관리자의 몫이라고 생각합니다. 만약 관리자가 혁신학교에 대해서 잘 알고 있었다면 선생님들을 비난하기보다 학교의 상태를 잘 진단하여 바른 길로 나아가도록 했을 것입니다. 관리자는 리더십과 전문성이 선생님보다 더 요구되는 지위입니다. 바른 방향을 제시하여 학교 구성원의 성장과 발전을 돕는 것이 관리자의 역할이지, 지위로 선생님들을 통제하려고 하는 것은 바르지 않다고 봅니다.

전교조를 탈퇴하지 않는 것은 흔히 말하는 골수 전교조 선생님이어서가 아니라, 알고 보니 전교조 선생님이었다는 소리를 듣고 싶기 때문입니다. 대부분의 사람들은 전교조 선생님과 다른 선생님을 분리하여 생각합니다. 같은 상황에서도 전교조 선생님에게는 결과만으로 평가하여 냉정하고, 일반 선생님에게는 과정 중심으로 평가하여 너그럽습니다. 자기에게는 관대하고 남에게는 냉정한 것과 똑같습니다. 그래서 전교조 선생님들은 말과 행동에 더 세심한 주의를 해야 합니다. 좀 손해 보는 듯하게 사는 것이 마음 편할 것입니다. 그러면 다른 전교조 선생님들의 마음이 편해집니다. 노력하겠습니다.

그리고 학교의 관리자 분들도 전국 가입율 20%도 안 되는 전교조가 뭐가 두렵습니까? 관리자로서의 전문성이 부족한 것이 오히려 더 두렵지 않습니까? 전교조 선생님들은 전문성을 갖춘 관리자가 두렵습니다. 왜냐하면 관리자를 설득시키기 위해서 더 노력해야 되기 때문입니다. 능력 있는 관리자, 전문성을 갖춘 관리자가 되어서 노력하는 선생님으로 성장시켜 주시면 마음이 편안하겠습니다.

다릅니다. 학교만이라도 다름을 인정하면 좋겠습니다. 그리고 공과사를 구분하여 판단하는 성숙한 학교가 되면 더욱 좋겠습니다.

지위와 편견으로 판단하지 말자

얼마 전에 초등학교 친구들과 합천에 있는 황매산에 다녀왔습니다. 결혼을 늦게 한 친구는 초등학교 입학 전의 자녀가 있어서 산에 오르는 것이 무리라고 하여, 다함께 편안하게 가을을 느낄 수 있는 황매산이 제격이라고 판단했습니다. 일반적으로 황매산이라고 하면 봄에 철쭉과 가을에는 억새가 볼만하다고 합니다. 그래서 그다지 큰 기대를 하지 않았습니다. 그리고 황매산을 몇 번 다녀왔기 때문에 더욱 그러했습니다.

그런데 황매산에 올라 주위를 둘러보니 처음 보는 광경이 펼쳐졌습니다. 지리산 천왕봉부터 남해안의 바닷가에 이르는 겹겹이 쌓인 산맥 사이의 구름바다가 장관이었습니다. 왜 지금까지 이것을 보지 못했을까? 그동안 황매산에 와서 무엇을 보았을까? 단순히 철쭉이 유명하다 하여 철쭉만 보았고, 억새가 유명하다 하여 억새만 보고 간 것입니다. 황매산 정상에 오를 생각도 하지 않고 그것이 모두인 양 황매산에 대해서 떠들고 다닌 내 자신이 부끄러웠습니다. 그리고 내 이야기만 들은 사람들은 황매산에 대해서 어떻게 생각했을까? 또 나보다 황매산에 대해서 많이 알고 있는 사람들은 내 이야기를 듣고 어떤 생각을 했을까? 아! 아찔했습니다.

학교에도 이런 일이 발생하곤 합니다. 지위가 높은 분들일 경우 더욱 그러합니다. 본인이 알고 있는 것을 기준으로 모든 것을 결정하려고 합니다. 심지어 학교 구성원이 더 나은 결정을 한 경우에도 나서서 번복합니다. 흔히들 아는 것만큼 보인다고 합니다. 그러나 지위가 높다고 다 아는 것도 아니고 다 보이는 것도 아닙니다. 때로는 학생들이 선생님보다 더 많이 알고 있고, 평선생님이 부장선생님보다, 학교 관리자보다 선생님들이 더 많이 아는 경우도 있습니다.

사람마다 여행의 목적이 다릅니다. 어떤 사람은 휴식, 어떤 사람은 취미생활, 어떤 사람은 견문을 넓히기 위해서 여행합니다. 모든 여행이 나와 같을 수는 없습니다. '내가 그분야에 대해서 다 알고 있고, 그 일은 이렇게 처리해야만 옳은 것이야!'라고 생각하는 것은 관리자의 자질이 아닙니다.

알고 있었던 황매산은 철쭉과 억새뿐이었습니다. 그리고 황매산을 다른 사람보다 좀 많이 간 지위(?) 뿐이었습니다. 그것도 나보다 더 높은 지위에 있는 사람도 있다는 것을 빠뜨렸습니다. 황매산을 평가하는 어리석음을 학교에서는 범하지 않기를 간절히 다짐해 봅니다.

제2장

아이들, 선생님!

시골학교라서 가능합니다

다목적관에서 체육활동을 하고 있는데, 한 아이가 옆문 너머에 새한 마리가 앉아 있다고 하였습니다. 그래서 다른 아이들과 가까이 가보니 부리가 뾰족한 새가 고개를 사방으로 돌리며 멀뚱멀뚱 쳐다보고 있었습니다. 희한하게 울지도 않고 아이들이 손으로 만져도 불안한 기색조차 보이지 않았습니다. 아이들에게 가까이 있는 나뭇가지에 올려놓도록 한 후 교실로 돌아오고 있는데, 한 아이가 새 이름이 무엇인지를 물었습니다. 대충 '물총새'인 듯했지만, 꾹 참고 스스로 찾아보도록 했습니다.

조금 지난 뒤 아이가 도서실에 좀 가겠다고 해서 이유를 물으니 새이름을 도서실에 있는 책으로 찾겠다는 것이었습니다. 좀 놀랐습니다. 1학기 내내 궁금한 것을 스마트폰이나 컴퓨터보다 도서실에 있는책을 이용해서 해결하는 것이 좀 번거롭지만 기억에 오래 남고 찾는재미도 있다는 것을 반복해서 지도했지만 한 번도 실천이 되지 않았습니다. 그런데 오늘 그렇게 하겠다는 것이었습니다.

그리고 얼마가 지난 뒤 아이들이 의기양양하게 교실에 들어오면서큰소리로 물총새가 확실하다고 했습니다. 그리고 책이 여기저기 흩어져 있어서 동물과 새에 대한 책을 찾는 것이 어려웠다는 이야기도 했습니다. 그래서 이번 기회에 '왜 책을 읽고 나면 원래 자리에 두어야하는지'도 설명했습니다. 아마 우리 2학년 아이들은 책 정리가 잘 될것이라고 생각합니다.

시골학교를 무척 좋아합니다. 시골학교 출신이어서 더 애착이 가는 지도 모릅니다. 하지만 시골학교는 도시학교에는 없는 매력이 있습니다. 선생님이 마음만 먹으면 아이들에게 필요한 것을 꾸준히 지도할 수 있고, 도시학교에서 일회성으로 끝나는 교육활동을 지속적으로 추진하여 아이들의 바른 습관으로 형성시킬 수 있습니다.

그래서 독서와 프로젝트 학습을 아이들과 함께 꾸준히 하고 있습니다. 이 두 가지를 강조하는 이유는 시골학교 아이들은 도시학교 아이들에 비해 사교육의 혜택을 받지 못하기 때문입니다. 학교교육이 전부입니다. 그렇다고 전체적인 학력이 떨어지는 것은 아닙니다. 단지 기회가 덜 제공되어 같은 또래의 도시 아이들보다 폭넓게 알지 못할 뿐입니다. 하지만 자신의 의지에 의해서 스스로 공부할 수 있는 방법을 가르쳐 준다면 시골학교의 한계도 충분히 극복할 수 있다고 생각합니다. 즉 지속적으로 성장할 수 있는 동력을 달아준다면 폭발적인 성장이 가능하리라 봅니다. 그 동력이 독서와 프로젝트학습입니다.

아이들에게 불편한 온갖 독후 표현 활동을 뺀 담백한 독서활동을 꾸준히 실천하여 지식을 넓히고, 호기심을 해결하는 프로젝트학습은 공부하는 방법을 습관화시키기에 부족함이 없다고 생각합니다.

제한된 학생 수, 수준이 다른 학생들, 모든 학년으로 구성된 모둠 구성 등으로 시행착오도 많았습니다. 그러나 시행착오 덕분에 새로운 배움도 생겼습니다. 프로젝트로 교과학습, 인성교육, 독서교육, 진로교육, 리더십 함양을 할 수 있는 나름의 노하우와 프로그램도 구안되었습니다. 꾸준히 실천하고 있습니다. 작은 변화도 일어납니다. 가르치는 보람도 있습니다.

투표와 표결에 중독된 우리들

우리 학교는 전교생이 아주 작은 시골학교입니다. 하지만 아이들을 향한 선생님들의 열정과 배우고자 하는 아이들의 눈은 초롱초롱합니다.

올해도 어김없이 학생자치회를 구성하기 위한 전교어린이회장과 부회장을 뽑는 선거가 있었습니다. 어른들의 선거와 똑같이 진행되었습니다. 올바른 선거문화 정착과 선거에 대한 간접경험이라는 측면에서는 아주 뜻있는 일입니다.

그러나 민주주의에서 가장 바람직한 의사결정 방법은 토론과 토의에 의한 합의도출(만장일치)입니다. 투표에 의한 결정은 최후의 수단입니다. 그런데 투표에 의한 의사결정이 최고라는 것에 중독이 된 듯합니다. 우리 학교만의 문제가 아니고 이웃의 소규모학교를 비롯한 대부분의 학교에서 투표에 의해서 학생자치회를 구성하고 있는 상황입니다. 3~4학년 이상의 아이들이 한자리에 모여 후보들의 소견을 듣고 토론과 토의로 선출해도 가능할 것입니다. 그 과정에서 토론과 토의의 방법을 알게 되고 양보와 타협의 원칙도 알게 될 것입니다.

어떤 선생님은 '아이들이 토론과 토의가 잘 되겠나? 너무 힘들다. 편한 방법이 있는데 왜 힘들게 할 것이냐?' 등으로 반대를 하는 분들도 있고 '선거와 투표에 의한 의사결정도 엄연한 민주적인 절차와 방법인데 이것 역시 교육이다.'라고 말씀하시는 분들도 있습니다. 그분들의 뜻을 부정하고자 하는 것이 아닙니다.

다만 어릴 적부터 다수의 논리로 교육받은 아이가 어른이 되면 소수의 의견을 존중하게 될지, 옳은 소수의 의견에 동조하여 성숙한 사회를 만들지는 의문이 생깁니다.

교육은 학력 향상에 앞서 민주시민을 기르는 것입니다. 선거와 투표에 중독된 사람이 되지 않도록 하는 것은 바람직한 토론과 토의 문화에 의한 합의도출(만장일치)이라고 생각합니다.

그 작은 바람들이 많이 일어나면 좋겠습니다.

방학숙제를 바꿉시다

요즘 초등학생들은 방학에 대해서 불만이 많습니다. 토요휴업일의 전면 실시에 따라 방학이 짧아졌기 때문입니다. 단순히 방학만 짧아진 것이 아니라 말은 토요휴업일이라고 하지만 실제로 방과후학교, 토요스포츠클럽을 비롯해 각종 행사 때문에 토요일에 거의 등교를 하기 때문에 토요휴업일이 아니라고 주장하는 아이들도 있습니다. 얼마 전에는 "선생님, 크리스마스 이후에 겨울방학을 시작하는 것은 처음이에요!" 하며 불만을 토로하는 아이에게 미안한 생각도 들었습니다. 희망하는 아이들을 대상으로 토요휴업일에 해야 하는 스포츠클럽과 방과후학교는 실적과 대회 때문에 반강제적으로 해야만 하는 거부할 수 없는 현실에 아이들과 똑같은 마음이지만, 아이들 편에 서지 못하는 것이 미안했습니다.

그렇지만 막상 방학식날 아이들은 벌써 잊어버리고 기뻐서 날뛰었습니다. 그런데 방학 중 방과후학교를 안내하니 이내 한숨소리가 여기저기에서 들렸습니다. 그리고 약간의 숙제도 부담이 되는지 찌푸린 인상이 풀리지 않았습니다.

방학생활에 대해 부모님과 아이들의 생각은 다릅니다. 맞벌이하는 부모님들은 아이를 그냥 집에 둘 수 없어서 학원을 비롯한 사교육에 의지해야만 합니다. 그래서 방학이 짧거나 아예 없으면 아주 좋겠고, 그나마 학교에서 저렴하게 방과후학교라도 개설하는 것은 당연하다고 생각하지만, 아이들은 그저 학교와 공부에서 해방되는 것을 방학이라고 생각합니다. 그리고 국가가 나서도 이 두 생각의 차이는 좁아지지 않을 것입니다. 방학숙제 역시 바라보는 관점에 따라 필요하다와 불필요하다로 나뉘는데 끝장토론을 하더라도 결론은 도출되지 않을 것입니다.

그러나 학교에서 배운 것을 토대로 아이 스스로 주제를 정하여 탐구활동을 한 후 보고서 형식으로 작성하는 방학숙제에 대해서는 불필요한 관점에서도 반대하지 않을 것입니다.

요즘 STEAM교육이라 하여 '과학(Science), 기술(Technology), 공학(Engineering), 수학(Mathematics), 예술(Art)'을 통틀어 일컫는 말로 학문 간의 융합으로 탐구하는 과학교육의 한 형태입니다. 즉 어떤 문제를 과학, 기술, 공학, 수학, 예술을 융합하여 해결하려는 과학교육의 한 형태라 생각하면 됩니다. 더 나아가 실생활에서 여러 분야의 학문이 융합되어 이용되는 것들을 통하여 단순한 문제풀이식과 단편적인 지식습득의 학습에서 탈피하고자 하는 학습방법입니다.

그래서 학교에서는 교육과정을 재구성하여 다양한 방법으로

STEAM교육을 시행하고 있습니다. 그러나 궁극적인 목표는 학생들 스스로 다양한 방법으로 학문 간의 융합과 창의성을 발휘하여 문제를 해결하는 것인데, 실현하기 위해서는 구체적이고 치밀한 계획, 장기간의 시간, 선생님을 비롯한 전문가의 지도와 조언이 필요합니다.

학기 중에는 실천하기 힘든 조건들입니다. 그래서 방학을 이용하자는 것입니다.

반론을 제기하는 분들도 많습니다. 단순하고 단편적인 숙제도 해오지 않는 상황에서 어떻게 고차원적인 숙제를 할 수 있겠느냐는 것입니다.

그러나 숙제를 해 오지 않는 아이들을 탓하는 관점에서 벗어나 숙제를 제시하는 방법에 변화를 주고, 선생님들의 방학 중 근무형태를 이용한다면 가능합니다.

먼저 방학 전에 사는 곳, 교우관계, 학습능력을 고려하여 조를 구성합니다. 조가 구성되면 아이들 스스로 탐구주제를 정하도록 하는데 사는 곳의 자연환경과 문제점 등에 대하여 충분한 의견교환이 이루어지도록 합니다. 주의해야 될 점은 인적자원(전문가 또는 정보제공자)과 물리적 자원(도서관 또는 정보를 제공할 수 있는 시설)을 고려한 주제가 되어야 실현가능하다는 것을 지도해야 합니다. 그리고 흔한 주제나 인터넷을 통하여 쉽게 해결할 수 있는 것은 철저하게 배제하고 아이들 스스로 탐구하여 해결할 수 있는 주제가 선정되도록 노력해야 합니다.

이렇게 주제가 선정되고 나면 탐구보고서 작성법에 대한 지도가 있어야 합니다.

그리고 역할분담을 하도록 합니다.

역할분담을 할 때 꼭 지켜야 할 사항은 일반적으로 아이들에게 역할분담을 하게 하면 탐구목적과 동기는 '가' 아이가 하고 탐구내용은 '나' 아이가 하고 탐구방법은 '다' 아이가 하는 형식으로 분담하게 됩니다. 그래서 중요한 탐구내용은 그 조에서 학습능력이 우수한 아이가 하고 나머지 아이들은 무임승차하는 현상을 초래합니다.

바른 방법이 아닙니다.

탐구보고서 작성 순서에 의하여 구체적이며 실현 가능하도록 계획하고 이 계획에 의하여 각 영역별로 역할분담이 이루어져야 합니다. 예를 들면 탐구목적과 동기는 2013년 1월 3일에 어디에서 몇 시까지 모여서 해결하는데, ○○자료는 '가', ○○자료는 '나', ○○자료는 '다'가 준비하고 해결한 후 조장은 4일 오후 6시까지 정리하여 선생님께 이메일이나 휴대폰으로 사진을 찍어 제출한다와 같은 식입니다.

인간에게는 생존과정에서 형성된 심리적인 거리라는 것이 있습니다. 앞에 닥친 것은 급하고 위협적인 것이어서 빨리 해결해야 되고 비교적 시간이 있는 것은 덜 급하고 덜 위협적이기 때문에 천천히 해도 된다는 인식입니다. 그래서 아이들이 방학숙제를 많이 해오지 않는 것도 심리적인 거리와 관계가 있습니다. 벼락치기 공부가 아직까지 유효한 것도 심리적인 거리와 관계가 있습니다.

그러나 맹수로부터 몸을 보호하기 위한 환경에서는 맹수가 가까이 오면 빨리 반응하고 맹수와 거리가 유지되면 천천히 반응해도 별 문제가 없었지만, 지식정보화시대에 살고 있는 현재의 우리들은 앞에 닥친 것만 급하게 해결하다보면 정작 중요한 것은 빠뜨리는 잘못을 저지르기 십상입니다. 그래서 계획이 필요합니다. 그것도 심리적인 거리를 좁히는 구체적이고 단기적인 계획이 필요합니다.

그리고 이 단기적인 계획이 모여서 장기적인 계획이 완성되도록 하는 것이 심리적인 거리를 줄이는 방법입니다. 이러한 측면에서 방학숙제도 장기적으로 개학일에 맞추어 제출하는 것보다 장기적인 계획을 몇 단계의 구체적인 작은 계획으로 세분하여 제출하게 하면 효과적입니다.

만약 정해진 기한에 제출하지 않으면 선생님은 전화나 이메일 등을 통하여 독려하는 것이 마땅합니다. 그런데도 제출하지 않으면 못하는 이유를 상담해야 합니다. 방법을 모른다면 구체적인 해결방법을 제시하고, 협동학습이 제대로 이루어지지 않는다면 그 원인을 분석하여 역할분담을 새롭게 조직하여 해결하도록 합니다. 아이들에게 적당하게 넘어가도 되는 것이 아니라 반드시 해결해야 되는 것으로 인식의 변화가 생기도록 해야 합니다.

방학에 즈음하여 방학 중 교원의 복무에 대하여 공문이 왔습니다. 특히 방학 중 교원에게만 허용된 41조 연수의 민원에 대비하여 41조 연수의 목적에 부합되는 영역에 연수가 이루어질 것을 강조하는 것이었습니다. 아는 분들은 다 알지만 토요휴업일의 전면 실시에 의해 방학이 상당기간 줄었고, 각종 의무연수, 비공식적인 근무와 다음 학기 준비를 위한 워크샵, 학기 및 학년말 마무리 업무, 다음 학기 준비 등에 대한 업무, 공문처리 등으로 휴가와 같은 개념의 방학은 사라졌습니다. 그래도 학생이 없으니까 선생님들도 일이 없을 것이라는 추측으로 교직을 바라보는 분들이 많기 때문에 방학 중 복무 강화에 관련된 공문과 복무감사가 되풀이되는 현실입니다.

그래서 41조 연수의 주제를 아이들의 방학숙제 지도와 관련짓고 실적물은 아이들의 탐사활동보고서로 대신하면 교직의 적합성을 비롯한 모든 면을 만족할 것이라 생각합니다. 형식적으로 그렇게 하자는 것이 아니라 각종 정보매체 등을 통한 온라인 지도와 집합지도 등과 같은 오프라인 지도계획으로 41조 연수를 신청하고 실제로 지도한 후 아이들의 보고서로 41조 연수보고서로 대체하자는 것입니다.

가르치는 업무만 해달라는 것은 선생님들의 숙원입니다. 단순히 수업만 할 수 있도록 해달라는 요구도 아닐 것입니다. 숙원이 이루어지는 좋은 접근법이 선생님의 생활과 업무를 가르치는 것과 관련짓는 지혜인 것 같습니다.

방학숙제에 대한 주장도 그 한 방법으로 이해해주면 좋겠습니다.

그래도 지친 몸과 심신을 재충전하는 방학이 되기를 더 바랍니다.

아이에게 가정을 돌려줍시다

아이들에게 가정이 필요합니다.

아이들과 가정을 분리하는 현 정부의 보육정책을 비롯한 육아정책의 전환이 필요합니다. 부모님들이 마음 놓고 아이들을 돌보는 정책으로 전환되어야 합니다.

인간의 성격형성은 유전과 환경의 지배를 받는다는 것이 지금까지의 과학적 견해입니다. 어떤 이는 성격형성의 시발이 어머니의 모유수유라고 주장하기까지 합니다. 그만큼 아이들에게 어머니와 가정의 품이 중요하다는 것입니다.

그런데 현재 우리나라에서 시행되는 육아정책은 가정을 우리나라의 경제를 뒷받침하는 수단으로만 생각하고, 인간의 행복 추구를 위한 가정의 역할은 포기한 듯합니다. 저출산으로 세금을 낼 인구가 줄어드니 아이를 낳아야 하고, 아이를 낳기 위해서는 돈이 필요하니 기본적인 양육비를 지원하고, 모자라는 양육비와 교육비는 아이를 가정에서 떼어놓으면 부모가 마음 놓고 경제활동을 할 수 있어 충당할 수 있다는 논리에 근거한 보육정책입니다. 물론 아이를 가정에서 떼어놓기 위해서 아이의 보육비를 일정 나이까지 무상으로 지원하고 있습니다. 이 무상지원의 예산을 놓고 갈등이 발생하기도 했습니다.

하지만 인간의 행복추구와 국가의 미래를 걱정하는 관점에서 바라보면 인간의 성장을 생물학적으로만 접근한 아주 불안한 논리입니다.

인간다운 인간으로 성장하기 위해서는 바른 인격이 형성되어야 합니다. 그리고 각자 가지고 있는 인격인 천차만별의 성격에는 인간으로서 공통적으로 갖추어야 할 이타적인 사랑, 존경, 존중, 타인 배려, 관용, 용서 등이 내면화되어 있습니다. 이런 내면화된 속성들에 의해 다양성을 추구하는 사회가 조화와 균형을 유지하며 발전하고 있습니다.

하지만 인간답게 만드는 공통의 속성들은 대부분 부모님의 품속과 가정에서 생물학적 성장과 함께 이루어집니다. 내면화의 시기 임계기가 있는 것입니다. 이 시기에 내면화하지 못하면 인간다운 속성들이 불안하고 불완전하게 자리를 잡아 개인의 행복과 조화와 균형으로 성장하는 사회 발전을 저해하는 것입니다. 현재 우리나라의 보육정책이 이 임계기에 있는 아이들을 부모님과 가정에서 떼어 놓고 있기 때문에 방향이 조정되어야 한다는 것입니다.

아이들의 생물학적 성장에 필요한 돈을 중심에 둘 것이 아니라, 아이들의 바른 인격형성을 중심에 두는 정책으로 전환되어야 합니다. 아이를 떼어 놓을 것이 아니라 부모님들이 아이를 편안하게 돌볼 수 있는 제도를 만들고 정착시켜야 합니다. 충분한 유상 육아휴직, 출산 여성을 배려한 편견 금지, 직장 내 육아시설 확대, 아버지의 육아에 대한 법적 보장 등과 같이 부모님들이 마음껏 아이를 돌볼 수 있는 사회분위기와 제도 개선, 실행하지 않는 기업에 대한 징벌적 제재가 있어야 합니다. 돈이 중심이 된 정책에서 인간중심의 정책으로 전환되지 않으면 우리 아이들은 결코 행복한 민주시민이 될 수 없습니다.

창의·인성 교육이라는 것을 들었을 것입니다. 흔히 말하는 인성과는 구별됩니다. 전문화되고 세분화된 현대는 독불장군식의 리더나 전문가보다, 서로 인정하고 존중하며 소통하여 협력과 협동을 중요시하는 전문가나 리더가 성공하기 때문에 지적수준에 알맞은 인성을 길러야 한다는 것입니다. 그런데 창의·인성 교육을 아무리 강조해도 제대로 되지 않는 것은 부모님의 품이나 가정에서 안락함과 편안함을 기반으로 하는 안정된 인성이 제대로 형성되지 않았는데 학교에 들어와서는 경쟁교육에 그대로 노출되기 때문입니다. 이렇게 자란 아이들이 어떻게 배려하고 존중하고 소통하는 인성을 가질 수 있겠습니까? 바른 인성의 바탕 위에 지적인 학습이 이루어져야 올바른 창의·인성 교육이 되는데 우리는 거꾸로 하고 있는 것입니다.

학력 경쟁을 비롯한 다양한 분야에서의 경쟁교육과 경쟁 위주의 학생선발 방법도 창의·인성 교육을 방해하는 한 요소입니다. 어느 심리학자가 경쟁을 먼저 한 후 협동을 하는 임상실험과 협력을 먼저 한 후 경쟁을 하는 임상실험을 했더니 후자가 훨씬 효과적이었다고 합니다. 또한 경쟁은 힘과 권력, 경제력이 있는 부류가 승자가 되는 것은 당연하기 때문에 시작도 하기 전에 이미 결과는 정해집니다. 따라서 사회적인 약자나 상대적인 약자는 언제나 손해를 보게 되어 있습니다. 그리고 승자도 올바른 창의·인성을 내면화하지 못했기 때문에 사회와 국가에 공헌하는 민주적인 글로벌 인재로 성장하기보다, 사적이고 개인적인 욕심을 우선하여 사회 구성원으로부터 공분을 사는 사람으로 성장하는 경우가 많습니다. 우리나라 국민들의 행복도가 나날이 떨어지는 것도 생산성과 능률향상이라는 구실로 행해지는 경쟁중심의 사회구조가 경제적인 양극화와 정해진 승자들에 의한 권력독점과 횡포에 대한 상대적인 박탈감이 심화되기 때문입니다.

얼마 전에 학부모들과 협의회를 가진 학교장이 학부모님들이 내년 학교교육에 꼭 반영되기를 원하는 교육이 가정교육이기 때문에 학교

교육과정에 반영하자는 취지의 이야기를 했습니다. 가정교육의 뜻이 무엇인지? 어떻게 가정교육을 학교에서 할 수 있을지? 정말 역설적이지 않습니까? 더 역설적으로 이야기하자면 유아기부터 가정에서 분리된 아이들을 이제는 부모도 어찌할 수 없으니 학교에서 좀 가르쳐 줬으면 좋겠다는 것입니다. 가정의 사회학적인 기능이 사라지고 생물학적으로만 존재하는 가정의 붕괴가 시작된 것입니다.

무상급식이 다시 논란의 대상이 되었습니다. 이미 부모님들의 세금으로 집행되는 급식을 무상급식으로 이름 짓는 것도 이상하지만 아이들을 위하고 우리나라의 장래를 걱정한다면 부모님들이 자녀들과 가정에서 행복하게 밥 먹으면서 가정의 사회학적인 기능을 회복하도록 돕는 정책이 필요하지 않을까요?

가정에서 분리된 아이들이 학교에서는 소통과 배려에 의한 협력보다 경쟁으로 올바른 인성이 가슴에 내면화된 된 것이 아니라 머리로 학습되어 사회적 불평등을 심화시키는 사회!

아이들을 가정으로 돌려보내야 합니다.

부모님들이 마음 놓고 아이들을 돌보는 사회구조로 바꿔야 합니다.

그리고 보육시설이나 학교가 가정의 역할을 대신하지 못합니다. 보육사나 선생님이 부모님의 역할을 절대 대신할 수 없습니다. 억지로라도 부모와 가정의 역할을 해야 합니다. 경제적인 여유가 있어 아이들을 찾는다면 이미 늦었습니다. 때를 놓친 것입니다. 틈나는 대로 아이들과 스킨십을 즐기십시오.

진정한 팬(FAN)이 됩시다!

관심을 받기 위하여 이상한 행동이나 돌출 반응으로 관심을 끌려는 아이들이 간혹 있습니다. 이 아이들의 가정환경을 살펴보면 부모나 그 주변 사람들로부터 사랑을 받지 못한 경우가 대부분입니다. 물론 그런 환경 속에서도 건강하게 잘 자란 아이들도 많습니다.

불우한 환경에서 자란 아이들이 일반적이지 않은 행동이나 반응을 보인다는 뜻이 아니라, 선생님의 관심을 끌기 위하여 이상한 행동이나 당황스러운 반응을 하는 아이들의 환경을 살펴보면 사랑을 받지 못한 경우가 많다는 의미입니다. 이 아이들이 이런 행동을 하는 이유는 사랑을 받기 위하여 관심을 받기 위한 마음에서 비롯되는데, 학습능력이나 성취수준, 옷차림, 또래 아이들의 일반적인 문화생활로는 관심을 받지 못하기 때문에 일반적이지 않는 표현으로 나타납니다.

하지만 아무런 행동을 하지 않으면 측은한 마음과 도와주고 싶은 마음이 더 생길 텐데, 왜 일반적이지 않은 행동으로 미움을 유발하는지 이해가 잘 안 됩니다.

사람은 사랑하는 것보다 사랑받을 때 안정감이 생기고 행복함을 느낌도록 진화했습니다. 결혼 적령기에 있는 분들에게 어른들이 '네가 사랑하는 사람보다, 너를 사랑하는 사람과 결혼하라.'는 조언도 직, 간접적인 경험에서 얻은 지혜의 결과입니다. 이처럼 사람은 사랑받기 위하여 다양한 방법으로 끊임없이 노력하고 있습니다. 그리고 사랑을 받지 못한다고 느끼면 관심을 끌기 위해 다양한 시도를 합니다. 그런데 이 시도가 일반적이지 못하면 오히려 미움을 받는 것입니다.

수시로 잔치를 열어 아이들에게 간식을 제공하는 선생님, 아이들이 싫어한다고 올바른 지도보다 방관으로 일관하는 선생님, 두드러지는 (?) 명품으로 치장하는 선생님, 동료들의 이야기를 수시로 관리자에게 전달하는 선생님, 교실을 뷰티샵으로 착각하는 선생님, 난해한 옷차림으로 학교를 당황하게 하는 선생님 등도 사랑받기 위한 삐뚤어진 형태에 있습니다.

　선생님이 되기 전의 가정환경, 초임 시절의 비정상적인 학교문화, 학교와 선생님을 삐뚤어진 시각으로 바라보는 주변인들에 의해 선생님이 가져야 될 올바른 직업관과 도덕관이 내면화되어 있지 않기 때문에, 아이들을 올바르게 가르치는 전문성과 이를 실천하기 위한 열정으로 관심과 사랑을 받을 줄 모르는 것입니다. 눈치를 주고, 지적을 해도 고치려는 시도보다 기분이 나쁘다는 반응을 먼저 보이는 것도 이 때문입니다.

　선생님의 올바른 가치관을 내면화할 임계기에 비뚤어진 가치관이 내면화되었기 때문에 쉽게 고쳐지지 않는 것입니다. 그렇다고 그냥 넘어가기에는 아이들과 동료들과 학교의 피해가 많습니다. 따라서 사랑과 관심을 받기 위하여 삐뚤어진 형태로 표현되는 부분에 대해서 냉정한 대응이 있어야 합니다. 동료 선생님들은 싫다는 표현을 명확히 해야 되며, 선생님의 전문성과 품위를 손상시키는 부분에 대해서는 관리자의 지도가 수시로 있어야 합니다. 하지만 보통의 관리자는 동학년 부장이나 동료선생님, 교무부장에게 고쳐 줄 것을 지시만 할 뿐 직접 지도하기를 주저합니다. 그 이유는 지도과정에서 관리자가 마음의 상처를 받는 것이 싫고, 지도할 뾰족한 방법을 찾지 못하기 때문입니다. 선생님이 아이들을 가르치기 위한 전문성이 필요하듯, 관리자도 선생님들의 올바른 성장과 발전을 위한 전문성이 필요합니다. 간혹 '그 관리자 덕분에 선생님으로서의 전환기를 마련했다.'는 선생님들의 이야기를 들을 때면 관리자로서의 전문성이 얼마나 중요한지를 느낍니다.

학교 구성원들을 괴롭히는 관리자들에 대한 이야기를 들을 때가 있습니다. 그 내용을 듣다보면 관리자로서의 대우를 제대로 받지 못함에 따른 감정 표출, 관리자 가정사의 불만을 학교에서 표출, 학교 구성원들의 의사결정 과정에서 관리자의 결정권한에 대한 권위주의 표출, 구성원들의 사소하고 소소한 실수에 대한 관리자의 지나친 감정표현과 이에 따른 사기 저하로 정상적인 교육활동에 지장을 초래하는 이야기와 불만이 대부분입니다. 표현되는 방법은 다르지만 학교 구성원들로부터 사랑받지 못함과 상급 기관으로부터 인정받기 위한 지나친 자기 욕심에 대한 불안이 원인입니다.

관리자로서의 욕심과 야망이 있을 수 있다고 생각합니다. 하지만 그 과정이 권위주의적인 방법이 아닌 배려와 존중에 의한 민주적인 절차와 소통 과정이 되어야 합니다. 학교 구성원들로부터 사랑받고 존중받고 싶다면 먼저 구성원들을 인정하고 배려하면 됩니다. 구성원들의 의견이 옳다면 지지하고 지원하면 사랑받고 존중받습니다. 구성원들의 사소하고 소소한 실수를 여유 있는 위트로 넘기면 존경받는 관리자 됩니다. 야망을 위하여 상급기관의 인정이 필요하다면 구성원들에게 솔직하게 털어놓고 공유하여 합리적인 방법을 찾으려고 노력한다면 그 과정에서 구성원들이 지지자가 됩니다.

구성원들도 관리자에 대한 기대와 책임에 대해서는 엄격하고 상사로서의 권위를 부정하는 태도는 바람직하지 않습니다. 관리자와 소통을 하려는 시도를 먼저 해야 합니다. 관리자로서의 당연한 권리 행사는 존중해야 합니다. 중대한 실수나 전문성과 열정 부족에 대한 조언과 지도는 관리자의 당연한 권리이고 의무이기 때문에 감정적인 대응보다 자신의 올바른 성장과 발전을 위해 성숙한 자세로 받아들이고 고마움을 표현해야 합니다.

학교는 성장하고 발전하는 행복한 공간이어야 합니다. 그리고 학교 구성원들의 마음이 안정되어야 행복합니다.

안정된 마음은 학교 구성원들로부터 관심과 사랑을 받을 때 생깁니다.

관심과 사랑은 지지하고 싶은 사람이 있을 때 생기는 감정입니다.

아이들이 좋아하는 것만을 가르치는 것이 올바른 교육이 아니듯 감언이설 역시 바른 지지에서 오는 사랑이 아닙니다.

감언이설甘言利說은 화자話者의 욕심을 위한 것이지만 충고와 조언은 청자聽者를 지지하는 진심에서 우러나온 관심과 사랑입니다. 그래서 충고와 조언을 듣는다는 것은 사랑받고 있다는 증거입니다. 진정한 사랑을 받아들이는 노력을 하십시오. 아울러 진정한 사랑을 주는 현명한 지지자가 되십시오.

행복한 학교를 위해 서로를 지지하는 진정한 팬(FAN)이 됩시다!

절대로 포기하지 맙시다

우리 반에는 모든 숙제와 준비물, 가정통신문 전달 등을 하지 않는 아이가 있습니다. 과제물을 검사하는 날이면 이 아이를 나무라는 일로 하루 일과를 시작합니다. 다른 아이들은 늘 있는 일이라 무감각으로 받아들인 지 오래되었습니다. 어떤 이는 야단칠 것이 있으면 오전보다는 오후에 하는 것이 효과적이라고 합니다. 인정합니다. 그러나 이 아이에게는 예외적으로 적용하고 있습니다. 잘못된 점을 오전에 꼬집어 준 후 학교에서 수정토록 하여, 자기가 해야 될 일을 자기 힘으로 마무리시키기 위해서입니다.

전교생이 참여하는 독서발표회 원고 준비를 전혀 하지 않고 버티고 있었습니다. 작년에 어떻게 했는지 물어보니 버티고 있으니까 선생님이 대신 해주었다고 합니다. 그러나 이번에는 잘못된 습관을 고쳐줄 단단한 마음으로 정해진 기간까지 원고를 제출하지 않았기에 아예 대회에 참여시키지 않았습니다. 하지만 예상과 달리 참여하지 않은 것에 대한 미안함이나 실망감은 찾을 수 없었고, 자기는 당연히 그럴 수 있는 존재로 생각하고 있었습니다. 뒤통수를 한 대 얻어맞았지만 다른 방법을 찾은 것 같아 큰 실망은 하지 않았습니다.

2학기에 실시하는 1인 1탐구 발표대회에는 어떠한 방법을 사용해서라도 자신이 직접 탐구한 것을 발표시키기로 다짐하고 장기계획으로 지도를 시작했습니다. 시작 전에 작년에는 어떻게 참여했는지 물어보니 역시 선생님이 해주었다고 합니다. 그래서 '올해는 네가 직접 탐구한 보고서로 탐구하게 될 것이다. 선생님이 대신 작성해 주거나, 발표에서 제외시키는 일이 없을 것이니 작년과 같은 상황을 기대하지 마라.'고 했습니다. 대신 끝까지 지도하여 발표시키겠다고 일방적인 약속을 한 후 아이의 엄마에게 전화로 현재의 상황을 자세히 알려주었더니 전폭적인 지지를 약속했습니다. 그러면서 지금까지 아이의 상태를 사실적으로 이야기해 주지 않은 선생님들에 대한 섭섭한 마음을 가볍게 표현하기에 선생님들에 따라 지도관점이 다를 수 있음을 알려드렸습니다.

여름방학 전부터 치밀한 계획으로 시작했지만 정말 힘든 지도시간이었습니다. 몇 번이나 '포기할까? 이것 하나 지도한다고 아이가 달라질까? 괜히 내 고집 때문에 아이 고생시키는 것 아닐까?' 생각을 했습니다. 그러나 이번 기회가 아니면 삐뚤어져 굳어버린 생각을 영원히 고칠 수 없다는 마음으로 내용이나 수준보다 아이가 직접 모든 활동을 하도록 했습니다.

보고서가 완성되었습니다. 그리고 프레젠테이션 준비도 스스로 하도록 했습니다. 물론 발표 시나리오도 스스로 작성하도록 했습니다. 확인하고 수정하는 지도를 되풀이했습니다.

발표회 당일 아침에 최종 점검을 하니 어처구니가 없게도 어제까지 정리하고 준비한 것은 없고, 엉뚱한 것으로 준비하고 있었습니다. 이유를 물어보니 깜빡했다고 합니다. 부글거리는 마음을 진정시키고 끝까지 최선을 다하도록 강하게 이야기했습니다.

발표회가 끝난 후 다른 선생님들이 ○○이가 어떻게 발표 준비를 했는지 신기함 그 자체라고 말하기에 '힘들었습니다. 그리고 이젠 좀 달라질 것입니다.'라고 짧게 말하면서 '어제까지 준비한 것만 발표했어도……'라는 아쉬움이 남았습니다.

지금 많이 달라졌습니다. 가끔씩이지만 알림장에 메모하여 안내장을 비롯한 설문지를 제법 잘 챙겨오고, 원래 안 해도 되는 아이에서 해야 되는 아이로 생각하는 듯한 말과 행동을 합니다. 수업에 능동적으로 참여하는 시간도 점차 늘어나고 있습니다.

힘들어서, 업무가 많아서, 잘 보이기 위해서, 좋은 성과를 내기 위하여, 별로 중요하지 않아서 등의 이유로 아이들이 직접 해야 할 일들이 선생님들의 손으로 행해집니다. 그럴 때마다 아이들의 호기심과 탐구욕, 능동적 의지는 포기되고 결국에는 스스로를 무능한 존재로 여깁니다. 아이들은 환경에 따라서 수준의 차이가 있습니다. 그러나 이것이 원초적인 학습욕을 빼앗기는 원인이 되어서는 안 됩니다. 선생님의 전문성은 흔히 말하는 산출물의 결과에 쏟는 것이 아니라 아이의 바른 성장에 쏟아야 합니다. 그리고 아이에 따라 처한 상황이 천차만별입니다. 그래서 그 상황에 따라 효율적으로 지도하는 방법을 습득하기 위하여 연구와 연수활동을 하며, 관리자를 비롯한 선배 선생님들의 지혜를 빌리는 것입니다.

선생님의 작은 포기가 아이의 마음에 쌓이면 바른 성장이 포기됩니다. 아이의 바른 성장을 방해하는 것들에 대한 과감한 포기로 아이의 바른 성장을 이끕시다. 왜 선생님인지를 생각하면 방해목록이 작성될 것입니다. 과감하게 정리합시다. 그리고 선생님의 참된 전문성을 살리는 연구와 연수활동, 관리자를 비롯한 선배 선생님들의 지혜를 빌려 아이를 포기하지 않는 전문성을 기릅시다.

절대로 포기하지 맙시다.

인터넷 게임 중독은
내 아이를 악마로 만듭니다

인터넷 게임에 중독되는 이유는 무엇일까요?

그리고 인터넷 게임 중독이 왜 위험할까요? 특히 아이들에게 더 위험한 이유는 무엇일까요?

어떤 일에 시간을 많이 투자한다고 중독이 되는 것은 아닙니다. 인터넷 게임은 끊임없이 목표를 제시해 줍니다. 아이템을 얻어서 캐릭터를 더 강하게 만들도록 하고, 수시로 환경을 바꾸어서 도전 의지를 자극합니다. 그리고 목표에 도달하고 나면 100%이루었다는 성취감보다 방법을 달리했으면 더 잘 했을 것이라는 여운이 남도록 합니다. 즉 단기간에 이룰 수 있는 목표를 끊임없이 제시하여 단기적인 성취감을 맛보게 하고 최종적으로 그 게임을 정복해도 아쉬움을 남겨서 다시 하도록 하는 것입니다. 게임을 정복하는 것보다 게임을 정복하기 위한 과정을 계속 반복하도록 하기 때문에 중독이 되는 것입니다.

어린아이일수록 논리적이고 사고력을 요구하는 문제를 해결하기가 어렵습니다. 해결할 능력이 없습니다. 그래서 싸워서 이기면 되는 단순한 게임, 희열을 더 맛보게 하기 위해 적나라하게 표현되는 잔인하고 폭력적인 게임을 아이들은 더 선호하게 됩니다. 어떤 사람들은 선천적으로 인간은 악하기 때문에 잔인하고 폭력적이며 선정적인 반도덕적 게임에 쉽게 현혹된다고 합니다. 그러나 이것은 중독이라는 결과만을 가지고 논한 것일 뿐 인간의 본성을 제대로 파악한 것은 아닙니다.

어린이집이나 유치원에 가면 인간의 본성을 금방 파악할 수 있습니다.

한 아이가 울고 있습니다. 조금 있으면 주변의 아이들이 고개를 돌려서 관심을 표현합니다. 그 중에서 한 아이가 자기가 가지고 놀던 장난감을 울고 있는 아이에게 건넵니다. 그래도 아이는 울음을 그치지 않습니다. 이 아이의 주변에 대부분의 아이들이 모여서 왜 그런지를 알기 위해 각자의 방식으로 표현을 합니다. 발달이 빠른 아이는 선생님에게 달려가 도움을 요청하기도 합니다.

이처럼 인간의 유전자에는 연민이라는 감정이 내재되어 있습니다. 누가 가르쳐 준 것이 아니라 타고난 것입니다. 인간의 유전자에 연민이라는 유전자가 없었다면 우리 사회를 건강하게 만드는 친절과 희생이 없었을 것입니다. 약자를 돕기 위한 비영리단체도 존재할 수 없을 것입니다.

연민은 인간을 인간답게 만들고 도덕적인 존재로 만들고 친절과 희생을 파생시켜 인류애를 구현하는 첫 단추인 것입니다.

울고 있는 아이에게 다른 아이가 관심을 표현하면 울음을 그치거나 다소 불완전한 방식으로 도움이 필요함을 알리고 요청합니다. 그러면 울고 있는 아이는 어떻게 자기를 도와 줄 아이인지 괴롭힐 아이인지를 구별하는 것일까요? 그리고 울고 있는 아이가 도움이 필요하다는 것을 어떻게 아는 것일까요? 울음인 소리로만 판단하는 것일까요?

대커 켈트너의 주장에 따르면 얼굴 표정으로 안다고 합니다. 특히, 우리 얼굴에는 인위적인 근육의 움직임으로 만들 수 있는 표정이 있는 반면 두뇌의 신경작용으로만 만들 수 있는 표정이 있다고 합니다.

도움을 요청하는 진실한 표정에 연민의 표정으로 답하는 것은 인위적으로 되는 것이 아니라 뇌의 신경작용과 신경물질에 의한 진화의 결과라는 것입니다. 그러나 진화에 의해 표현된 얼굴표정도 제대로 파악하는 능력이 부족하면 연민의 감정이 생길 수 없으며 동정심도 더 나아가 친절과 희생도 기대할 수 없다는 것입니다.

아이들에게 인터넷 게임 중독이 더 위험한 것도 이것 때문입니다.

인터넷 게임 상의 캐릭터들은 얼굴에 표정이 없습니다. 캐릭터가 칼을 휘둘러도 총을 쏴도 얼굴에는 두려움과 공포심이 표현되지 않습니다. 칼에 찔려도 총에 쏘여도 주먹으로 맞아도 얼굴에는 고통을 찾아볼 수가 없습니다.

또래들과의 상호작용, 가족 구성원들의 격려와 환호, 걱정 속에서 드러나는 얼굴표정으로 감정을 배워야 할 시기에 아무 표정이 없는 가상의 캐릭터에 중독된 아이는 다른 사람의 감정을 전혀 알 수 없는 존재가 되는 것입니다.

살인을 하고도 태연하게 일상생활을 하는 범죄자, 어른을 구타하고도 미안한 감정보다는 이런 저런 이유로 정당함을 주장하는 청소년, 부모님을 살해하고도 그 과정을 태연히 재연하는 자식들은 인간의 감정을 배울 시기를 놓친 경우가 많습니다.

스마트 폰을 비롯한 모바일 기술의 발달로 인터넷 게임의 공간이 확장되고 있습니다. 컴퓨터 앞에 앉아야만 했던 인터넷 게임이 안락한 침대에 누운 아이들의 조그만 손에서 행해지고 있습니다. 그 옆을 지키는 부모님은 그 심각성을 제대로 알지 못합니다. 그냥 조용히 누워 있기를 바라는 부모님의 이기심에 아이들은 감정을 모르는 게임

속의 캐릭터가 되고 있는 것입니다.

좋은 집과 맛있는 음식, 예쁜 옷, 자녀의 안정적인 지위를 부여해 줄 것이라 믿으며 부모님의 희생으로 이루어진 온갖 스펙들보다 집의 안정감을, 맛있는 음식에 감탄사를, 예쁜 옷에 만족감을, 부모님의 희생에 감동으로 보답하는 감성적인 아이로 기르는 정성과 노력이 절대적으로 더 필요합니다.

아이들의 인터넷 게임 중독은 인간의 본성인 착한 감정을 빼앗는 악마입니다.

악마에게서 아이들을 지키십시오.

아이들이 컴퓨터와 인터넷의 애완동물이 되어 있지 않습니까?

처음 선생님을 시작했을 때 교무실에는 386컴퓨터가 하나 있었습니다. 그것으로 할 수 있는 것은 도스(DOS)를 기반으로 하는 문서작성과 연산과 통계를 처리하는 외국 프로그램과 PC통신과 게임이 전부였습니다. 요즘 〈응답하라 1994〉의 사회적 배경이 저의 초임 시절과 일치합니다.

따라서 컴퓨터는 우리에게 지식과 정보를 제공한다기보다 업무를 보조해 주는 역할이 주였습니다. 컴퓨터 수업도 도스 명령어와 간단한 알고리즘으로 프로그램을 작성하고 문서 작성하기가 주였습니다.

그리고 보상으로 게임을 할 권한을 주었습니다. 그래서 아이들은 게임을 하기 위하여 컴퓨터의 기능을 익히는 것이 태반이었습니다.

그런데 인터넷 혁명이 일어난 이후 상황은 달라졌습니다. 컴퓨터가 업무를 보조하는 수단에서 벗어나 지식과 정보를 저장하고 공유하는 장소로 바뀌었습니다. 정확하게 말하면 지식과 정보가 저장되어 있는 가상의 공간을 연결하는 통로 역할을 하게 되었고, 인터넷이 연결된 컴퓨터가 실시간으로 전세계의 사용자와 사회적 관계를 가능하게 만들었습니다. 그리고 이메일과 SNS, 클라우드 컴퓨팅도 생활과 업무에 많은 편리를 제공하고 있습니다.

그래서 컴퓨터를 비롯한 정보화기기가 없으면 생활 자체가 불가능한 시대에 살고 있다고 말하기도 합니다.

그런데 이러한 편리보다 더 심각한 문제를 발생시키는 곳이 있습니다. 바로 학교입니다. 〈응답하라 1994〉에는 수업의 보상으로 게임을 권장했지만, 지금은 인터넷 게임 중독이 심각한 사회 문제를 일으키고 있습니다. 만약에 지금 학교에서 보상으로 인터넷 게임을 권장한다면 엄청난 사회의 저항에 부딪힐 것입니다. 물론 국가정책의 문제도 있겠지만 여기서는 논하지 않겠습니다.

〈응답하라 1994〉에서는 정선된 과제를 제출하기 위해 컴퓨터의 문서 작성기를 사용했지만, 이제는 인터넷에 있는 검증되지 않은 정보를 복사하여 과제로 제출하고 있습니다. 이런 식의 과제 제출에 익숙해지다보니 책으로 과제를 해결하기 위해 노력하는 시간이 줄어들었고, 인터넷에 있는 정보의 진실성을 확인하기 위해 책으로 검증하는 절차도 생략되어 거짓 정보를 걸러내는 판단력이 쇠퇴하게 되었으며,

더욱 심각한 문제는 책을 제대로 읽지 못하는 현상이 발생하고 있습니다.

인터넷의 짧은 글로 정보를 얻는 것이 습관화되어 3쪽을 제대로 넘기지 못하는 현상이 두드러지게 나타나고 있습니다. 단적인 예로 수업시간에 선생님이 교과서의 지문을 1쪽만 읽혀도 어려움을 표시합니다.

그리고 인터넷은 대중의 인기에 의해서 그 생명력이 유지됩니다. 전문가가 작성한 글이라도 대중이 원하는 내용이 아니면 사장되고 거짓이라도 대중이 원하면 그 생명력을 이어갑니다. 진실보다는 개인의 경험과 감정으로 대중적인 인기에 영합할 수 있는 기사와 광고 전문가의 조언이 주를 이루고 있습니다. 그리고 전문가의 논문은 공신력 있고 권위 있는 학술지에 먼저 게재되고. 나중에 대중의 인기로 먹고사는 비전문가가 자신의 주장을 뒷받침하기 위해 전문가의 논문 중 일부를 발췌하여 인터넷에 탑재합니다. 인터넷으로 정보를 접하는 사람들은 전체의 맥락을 보지 못하고 일부를 보기 때문에 원래 전문가의 취지가 아닌 비전문가가 의도한 대로 믿게 됩니다.

또 어떤 분야의 전문가들은 너무나 바쁘기 때문에 매일같이 인터넷을 접속하는 것이 불가능합니다. 그리고 인터넷에 글을 작성하는 것이 자신의 전문성을 신장시키는 데 불필요하며 시간만 허비하는 일이라는 것을 알고 있기에 거의 인터넷으로 결과물을 발표하지 않습니다.

이러한 이유로 학력의 대물림에도 컴퓨터와 인터넷의 영향이 아주 큽니다. 아이에게 영향력을 미치지 못하는 가정환경일수록 책보다는 컴퓨터와 인터넷에 노출되는 시간이 많습니다. 학교나 생활 속에서 해결해야 할 문제도 책보다는 인터넷의 온갖 거짓 정보로 해결합니다. 당연히 학습의 진척이 없습니다.

반면에 아이에게 영향력을 가진 가정에서는 컴퓨터와 인터넷의 부작용을 인지하고 있으며, 거짓 정보에 쉽게 현혹되는 것을 막기 위해 비판적인 책읽기를 비롯한 다양한 독서활동에 많은 시간을 할애합니다. 또 다양한 문제를 해결하기 위해서 인터넷보다 도서관을 통해서 해결하도록 강조합니다. 당연히 학습의 질과 속도가 컴퓨터에 많이 노출된 아이보다 월등합니다.

더 큰 문제는 학년이 상승할수록 그 차이가 심화되는 것입니다. 지식의 격차가 발생하는 것입니다. 이 지식의 격차가 학력의 대물림으로, 학력의 대물림이 사회지위의 대물림으로 나타나는 것입니다.

컴퓨터는 학습에 필요합니다. 필요악이 아닙니다. 간단한 객관적인 정보는 복잡한 과정을 거치지 않고 쉽게 컴퓨터로 해결하는 것이 현명합니다. 그리고 다른 정보화기기와의 호환성, 인터넷을 통한 확장성은 학습의 보조도구로서 무한한 가능성을 가지고 있고 이를 효과적으로 활용할 수 있는 학습도 필요합니다.

그러나 이를 벗어난 컴퓨터 만능주의와 인터넷 맹신은 정독을 방해하여 독서활동에 장애를 일으킵니다. 그리고 독서활동의 장애로 인터넷의 정보를 무비판적으로 받아들여서 학습의 진척이 이루어지지 않습니다. 이로 인해 지식 격차가 발생하여 학력이 대물림되고 결국에는 사회적 지위의 대물림으로 이어집니다.

애완동물을 주제로 하는 TV프로그램에 인간과 동물의 서열이 파괴되어 동물이 인간을 통제하려는 경향을 보이는 동물을 동물행동 교정 전문가가 여러 가지 도구와 방법으로 교정하는 것을 볼 수 있습니다.

현재 어떤 아이들은 컴퓨터와 인터넷의 애완동물이 되어 컴퓨터와 인터넷을 주인으로 모시고 있습니다. 이런 아이들을 교정할 수 있는 것이 독서활동입니다. 컴퓨터와 인터넷으로 해결하는 것을 자제시키고, 느리지만 책으로 문제를 해결하는 능력을 길러주어야 합니다. 컴퓨터와 인터넷의 결과물에 대해서는 단호하게 부정하고 바른 방법으로 교정시켜야 합니다.

가장 좋은 방법은 어릴 적부터 컴퓨터와 인터넷에 맹목적으로 노출되는 것을 자제시키고 책과 친하게 지내도록 하는 것입니다.

아이들이 컴퓨터와 인터넷의 애완동물이 되어 있지 않은지 둘러보십시오.

세 명이면 충분합니다

모둠을 구성하여 학습을 할 경우가 많습니다. 그런데 모둠 구성을 할 때마다 모둠원이 몇 명이 적당한지에 대한 큰 고민은 하지 않는 것 같습니다. 전체 학생 수에서 구성하고자 하는 모둠숫자로 나누어서 적당하게 구성하거나 학습량이나 난이도에 따라 선생님이 적당하게 구성하는 것이 일반적인 모습입니다.

이에 대해 미국의 한 대학연구소에서 연구한 결과 3명이 적당하다고 합니다. 3명 이하거나 3명 이상일 때의 효과를 검증했더니 3명일 때보다 그 효과가 적었다고 합니다. 3명 이하이면 정해진 시간에 해결하는 것을 어려워했고, 3명 이상일 때에는 흔히 말하는 무임승차하는 학생들이 생긴다고 합니다.

학교교육과정이나 학교의 중요한 문제를 해결하기 위하여 워크샵이나 협의회를 가집니다. 소수보다는 다수의 의견을 수렴하는 것이 현명하다는 생각과 민주적인 절차이기 때문입니다. 즉 집단이성과 집단사고의 장점을 살리기 위함입니다.

그런데 적극적으로 의사를 표현하는 분이 몇 명인지 생각해 보십시오. 보통 3명-관리자와 교무부장을 지칭하지 않음-입니다. 3명에 의해서 분위기가 좌우되고 결과에도 영향을 많이 미칩니다. 집단이성이나 집단사고가 이론적으로는 맞지만 인간의 심리를 배제한 것이기 때문에 실제로는 객관적이고 현명한 다양한 의견을 기대하기 힘듭니다.

따라서 전체 협의회를 하기 전에 3명 정도로 소협의회를 거친 후에 전체협의회를 하는 것이 구성원의 현명한 의견을 수렴하는 좋은 방법입니다. 그리고 신속한 선택을 해야 할 사안이라면 구성원 중에서 관심이 많거나 전문가의 역량을 가진 3명으로 구성된 협의회가 전체협의회보다 훨씬 효과적입니다.

간혹 전체협의회를 통해 의견을 모으지 않는다고 불만을 표시하는 분이 계십니다. 이런 분들에게는 언제든지 협의회에 참여할 수 있는 기회를 제공해야 합니다. 그러나 협의회는 방청을 위한 것이 아니라 현명한 선택을 하기 위한 것이기 때문에 불만 전에 역량을 기르거나 의견을 제시할 준비가 되어 있어야 합니다.

꼭 3명이 정답이라고 고집하지 않습니다. 학습량과 난이도에 따라 학생들의 모둠원 수도 달라져야 할 것이고, 홍보와 연수의 성격을 겸하는 협의회는 당연히 전체가 참여해야 합니다. 단, 학생들의 능력을 최대한 발현시키고, 학교 구성원의 시간절약과 학생지도에 집중하도록 하기 위해서는 고민할 가치가 충분합니다.

도움이 안 되는 습관,
반드시 바꾸어야 합니다

아이들의 이야기를 잘 들어 주는 선생님보다 잘 듣는 선생님이 되자고 주장했습니다. 진정성 있게 아이들의 이야기에 귀를 기울이자고 이야기했습니다. 그런데 여러 가지 이유로 잘 안 되는 것도 사실입니다. 나도 모르게 자동적으로 몸에 익은 습관 때문입니다.

학교폭력의 피해자 가족이 인터뷰에서 선생님께 여러 번 이야기했는데도 선생님은 심각하게 받아들이지 않았다고 하고, 선생님은 흔히 아이들 사이에서 있을 수 있는 다툼으로 생각했고, 그 당시 아이의 상태로는 다급하거나 위급하게 느끼지 않았다고 합니다. 사회 분위기는 사전에 예방할 수 있었는데 선생님과 학교의 안일함으로 큰 피해를 입었다고 질타합니다.

수업이 끝난 후 업무에 몰입하고 있는 선생님에게 한 아이가 할 말이 있는 양 주위를 맴돕니다. 시간이 지난 뒤 선생님이 할 말이 있냐고 물어봅니다. 아이는 주저주저하며 그날 있었던 이야기와 이런저런 이야기를 늘어놓습니다. 다급한 선생님은 하고 싶은 말이 무엇이냐고 다그칩니다. 아이는 그냥 집으로 돌아갑니다. 그 뒤로 그 아이는 자신의 이야기를 선생님에게 하지 않았습니다.

선생님이 학부모로부터 온 전화를 받고 있는데, 한 아이가 선생님께 할 말이 있다고 합니다. 선생님은 전화를 받으면서 이야기를 해 보라고 합니다. 아이는 이야기를 다 했는데도 선생님은 전화가 끝나지 않았습니다. 한참 후에 전화를 끊은 선생님이 아이에게 무슨 말을 했는지 다시 묻습니다. 아이는 '아니에요'라는 말을 남기고 돌아섭니다. 이 일 이후로 그 아이 역시 선생님에게 이야기를 하지 않았습니다.

문제행동을 많이 하는 아이가 있습니다. 그날도 그 아이 때문에 선생님이 몹시 힘든 하루를 보내고 있었습니다. 오후 수업을 하고 있는데 그 아이가 또다시 뒤를 돌아보고 이야기를 해서 선생님이 수업에 방해되는 행동을 하지 마라고 주의를 줍니다. 그런데 그 아이는 지우개를 빌리기 위해서 뒤를 돌아보고 이야기를 한 것이 큰 잘못이냐고 따집니다. 선생님은 어이가 없어서 '네가 수업시간을 소란을 피운 것이 한 두 번이냐? 이번에도 이야기하고 장난치기 위해서 한 것을 아는데 왜 변명을 하느냐'며 나무랍니다. 아이는 빌린 지우개를 보여주며 결백을 주장하지만 통하지 않아서 씩씩거립니다. 그리고 마음속으로 '선생님은 나만 미워해!'라고 생각합니다.

선생님이 이야기를 하는데 한 아이가 옆 친구에게 잡담을 하며 집중을 하지 않습니다. 선생님이 나무랐는데 그 아이는 다 듣고 있는데 왜 야단치냐고 따집니다. 선생님은 '내가 무슨 말을 했냐?'며 아이에게 묻습니다. 아이는 또박또박하게 선생님이 한 이야기를 말합니다. 선생님은 순간 당황합니다.

아이들의 학교생활이 안정되어 있었고, 유해환경에 노출이 덜 되어 있었을 때는 선생님에게 하고 싶었던 이야기를 하지 않아도 별 문제가 없었습니다. 선생님이 듣지 않아도 심각한 문제는 생기지 않았습니다.

선생님이 이야기를 하면 의례히 바른 자세로 듣던 시대가 있었습니다. 그것이 예의라 생각했고 당연히 그렇게 하는 것이라 여겼으며, 그렇지 못하면 비난을 받아도 마땅하다고 생각했습니다.

그런데 이제는 학교 분위기와 환경, 아이들의 가치관, 학부모님들이 선생님을 대하는 태도, 학교에 대한 인식 등이 완전히 바뀌었습니다. 선생님과 학교에 대한 권위를 인정해 주는 범위가 점점 좁아지고 있습니다. 그러나 선생님들은 예전의 분위기에서 자동적으로 몸에 밴 습관을 버리지 못하고 있습니다. 이것 때문에 종종 심각한 문제들이 발생하고 있습니다.

아이가 선생님의 주위를 맴돌 때, 이런저런 이야기를 하며 뭔가 망설일 때, 바쁜 일에 몰입하고 있는데 아이가 이야기를 걸어올 때는 하던 일 그만두고, 아이의 이야기를 들어 줄 의사가 있다는 표현을 적극적으로 하여, 아이가 하고 싶은 이야기를 다 할 수 있도록 해야 합니다.

나쁜 습관이 몸에 밴 아이가 항상 나쁘게 행동할 것이라는 선입견을 버려야 합니다. 요즘 아이들은 자기주장은 강하지만 선생님에 대한 바른 예의는 기대하기가 힘듭니다. 바람직하지 않는 현상이지만 여기서는 그 원인을 찾지 않겠습니다. 자기가 잘못이 없다고 판단되면 자기주장을 잘 굽히지 않고, 오히려 선생님이 자기를 미워한다고 노골적으로 표현합니다. 특히, 일반적으로 나쁜 습관에 해당되는 것이 그 아이는 아무 문제가 아니라고 생각하는 경우는-잡담하면서도 선생님의 이야기를 잘 들으면 그만이다-지도하기가 힘듭니다.

그래서 아이의 행동이 있은 직후에 바로 지도하지 말고 잠시 기다려서 판단해야 합니다. 잠시만 기다리면 잡담을 했는지, 지우개를 빌리기 위해 도움을 요청한 것인지를 판단할 수 있습니다. 행동이야 어떻게 되었던 선생님이 이야기한 내용만 알면 그만이라는 아이에게는 바른 예절을 가르쳐야지 선생님이 이야기한 내용을 아는지 모르는지로 아이의 행동을 판단하면 안 됩니다.

어느 직업이든 자동적으로 습득되어 반사적으로 대응하는 경우가 있습니다. 필요했기 때문에 자동적으로 습득된 것이기에 잘잘못을 따지는 것은 옳지 않습니다.

그러나 자동적으로 습득된 습관이 더 이상 필요하지 않고 오히려 문제를 발생시킬 가능성이 있다면 버려야 합니다. 버리려고 부단히 노력해야 합니다. 사회를 비난하고 달라진 아이들을 나무라기보다 선생님이 달라져야 함을 결심해야 합니다. 그리고 이 시대에 맞는 습관이 자동적으로 몸에 배도록 부단히 노력해야 합니다.

자동적으로 몸에 배어 반사적으로 대응하는 나쁜 습관들! 버립시다! 그것 때문에 아이들도 상처받고 선생님도 더 힘들어질 수 있습니다.

몰라서 못하는 것입니다

첫 발령 받은 다음해에 6학년을 하게 되었습니다. 6학년이 되면 자비로 수학여행을 가게 됩니다. 요즘은 수학여행 경비를 스쿨뱅킹으로 입금을 하면 되지만 그 당시에는 담임선생님이 직접 받았습니다. 다른 준비물은 잘 안 챙겨오지만 수학여행 경비만큼은 정해진 날에 한 아이도 빠짐없이 제출하는 것이 이야기거리도 되곤 했습니다. 처음 6학년을 맡고 수학여행을 준비하는 것이라, 잘 해보려고 이것저것 빠짐없이 준비를 잘 했습니다. 그런데 출발일에 문제가 발생했습니다. 수학여행 경비를 학교 세외구좌에 입금하고 다시 출금하여 여행사에 지출해야 되는데 그 과정을 생략하고 바로 여행사에 입금했다는 것입니다.

난감했습니다. 수습은 여행사에서 다시 돌려받아서 세외구좌에 입금하고 다시 출금하여 여행사에 지출하는 것으로 마무리 되었습니다. 그런데 교감선생님께서 모르면 물어야지 묻지도 않고 왜 이렇게 일을 만드냐고 나무랐습니다. 저도 혈기왕성한 시기라 '그렇게 하는 것 자체를 모르고 있는데 어떻게 여쭤보겠습니까? 그리고 아무것도 모르는 신규가 수학여행을 준비하고 있을 텐데 교감선생님이나 선배선생님이 가르쳐 줘야 되는 것이 아니냐?'고 되물었습니다. 여전히 교감선생님은 '묻지도 않는데 무엇을 가르쳐 준다는 말이냐? 모르는 것이 있으면 앞으로 자주 물으라'는 말로 나무랐습니다.

경력이 아주 낮은 신규나 마찬가지인 후배 선생님이 관리자에 대한 불만을 토로했습니다. 관리자가 선생님들에게 물어볼 내용이나 질타

할 것이 있으면 해당되는 선생님에게 직접 이야기하면 될 것인데 왜 교무부장선생님을 거치는지 모르겠다는 것입니다.

학교는 직장이고 직장은 위계가 있으며, 관리자가 궁금한 것이 있으면 1차적으로 교무부장선생님에게 내막을 알아보고 조치를 취하는 것이 정상이며, 교무부장선생님이 모르는 사항이면 해당 선생님에게 자초지종을 물어보고 그 내용을 관리자에게 전하는 것이 정상적인 학교의 위계이며, 만약에 관리자가 궁금한 것을 해당 선생님들에게 일일이 직접 물어보면 선생님들이 얼마나 바쁘고 불편할 것이며, 일과운영과 학교업무를 조율하는 교무부장선생님도 그 내용을 알 수 없으니 일과운영 및 월중계획에 반영시킬 수 없어서 학교가 혼란에 빠진다는 이야기를 했습니다.

또 교육활동 계획서를 수립하여 결재를 득할 경우에도 교무부장선생님과 교감선생님, 교장선생님의 단계를 거치는 것이 바른 것이며 최종 결재자가 교장선생님이라 하여 중간을 생략한 체, 교장선생님께만 의논하고 결정된 것을 결재만 해달라는 것은, 위계를 무너뜨림과 동시에 학교 교육활동을 혼란에 빠뜨리고, 선생님에 대한 신뢰를 깨뜨려 바른 인간관계 형성에도 도움이 되지 않음을 이야기했습니다. 그리고 이런 경우에 대부분의 교장선생님들은 교무부장선생님이나 교감선생님과 의논한 다음에 의논하자고 하고, 교무부장선생님이나 교감선생님에게는 업무처리 단계를 선생님께 알려주도록 지시한다는 것도 이야기했습니다.

신규 선생님들은 학교 경험이 실습 이외에는 없으며, 사회경험도 풍부하지 못합니다. 당연히 모르는 것이 많습니다. 이 모르는 것이 두

가지 형태로 나타납니다.

첫 번째는 존재를 모르는 것이니 아예 질문을 할 수 없는 것들입니다. 대부분의 신규들이 교육활동 계획을 수립할 때 이전 해의 계획과 친한 친구의 이야기를 참고합니다. 그런데 의례적인 절차나 계획 수립 후에 변화된 내용 등은 계획서에는 표시가 되지 않습니다. 그리고 친구의 학교와는 처한 환경이 다르기 때문에 같은 교육활동이라도 내용이 상당 부분 다릅니다. 이렇게 이전 계획서에 빠져있거나 다른 학교의 계획서를 이식해서 수립한 계획서에 없는 내용들은 신규 선생님이 전혀 알 수가 없습니다. 질문 자체를 할 수가 없는 것입니다.

무조건 다그치기보다는 그렇게 해야 되는 이유와 근거를 잘 설명해서 감정적인 대응이 일어나지 않도록 하고, 신규 선생님도 몰라서 못했지만 본인의 잘못이기 때문에 정중하게 인정하고 부족한 점을 잘 채울 수 있도록 도와달라는 부탁을 한다면 원만하게 해결되고 인간관계도 더 돈독해 질 것입니다.

두 번째는 직장생활의 경험이 전무하기 때문에 일반적인 의사결정과 책임이 따르는 교육활동에 대한 결정의 위계를 모르는 경우입니다. 교육활동을 수립하기 전에 좋은 아이디어를 얻기 위하여 협의회를 할 경우에는 특별한 위계가 필요하지 않습니다. 기본적인 품위를 지키며 자유롭게 소통하여 좋은 아이디어를 선택하면 되는 것입니다.

그러나 이렇게 선택된 좋은 아이디어를 연간교육활동, 월중계획, 일과운영, 학교의 실태와 환경 등을 고려하여 교육활동을 위한 계획서로 수립되어 책임이 따르는 결재를 득해야 되는 경우에는 위계가 있어야 합니다. 부장선생님이나 교감선생님이 검토된 것을 최종적으로 교장선생님이 결재하여 시행해야 되는 것입니다. 간혹 검토과정에서 추가하거나 수정해야 될 사항을 이야기하며 '다시 알아보고 그렇게 하겠다.'고 답변하는 경우가 있는데 이것은 그분들을 무시하는 아주 큰 결례입니다. 학교의 사정에 가장 밝은 사람이 추가와 수정을 지시하는데, 그분들보다 학교의 사정을 더 잘 아는 분이 어디에 있을까요? 만약에 추가하거나 수정해야 될 사항에 의문이 있으면 품위 있게 그 이유와 근거를 여쭤보는 것이 도리이며 이런 과정을 통해서 성장하는 것입니다.

경력이 꽤 되었는데도 이런 실수를 하거나 감정적으로 대응하는 경우가 있는데, 이런 분들은 신규 선생님 시절에 이 과정을 배우지 못했기 때문에 성장할 기회를 얻지 못한 것입니다. 그래서 신규 선생님 시절에 아이들도 열심히 가르쳐 보고 다양한 교육활동에 열정적으로 참여하는 것이 지혜로운 선생님이 되는 빠른 길입니다.

신규 선생님들은 당연히 모르는 것이 많습니다. 그렇지만 당연히 모르는 것 때문에 법적인 책임을 비롯한 낭패를 당할 수가 있습니다. 신규 선생님은 학교생활은 '백지'라는 생각으로 본인이 잘 세운 교육활동 계획서를 비롯한 학교생활의 전반적인 내용들에 관해 선배 선생님과 상의하고, 선배 선생님들은 신규 선생님들의 잘못을 감정을 뺀 있는 그대로만 받아들이고 '알면서 안 하는 것이 아니라 몰라서 못한다.'는 생각으로 신규 선생님들의 바른 성장을 도우면 좋겠습니다.

평생을 좌우하는 카멜레온 효과

가끔 대중매체에서 학창시절 선생님의 말 한 마디가 큰 힘이 되어서 꿈을 이룰 수 있었다는 이야기를 접하곤 합니다. 그럴 때마다 과연 선생님의 말 한 마디가 저 정도의 효과를 발휘할 수 있을까라는 의문을 가졌습니다. 그래서 가르치는 아이들 중에서 특별한 분야에 관심이 있거나 재능이 있으면 일부러 '너는 이 분야에서 좀 더 노력하면 네가 꿈꾸는 것을 반드시 이룰 수 있을 것이야'와 같은 말을 자주 합니다. 그러나 아직까지 바라던 소식은 들리지 않습니다. 물론 꿈을 이루기에는 아직 시간이 더 필요하다고 생각합니다.

이처럼 자기에게 영향력이 큰 사람이 자신의 재능을 포함한 발전 가능성이 있는 잠재적인 요소에 긍정적인 결정을 지어주면 실제로 긍정적인 효과가 나타난다는 것이 피그말리온 효과입니다.

반대로 부정적인 결정을 내리면 부정적인 결과로 이어진다는 것은 골렘 효과입니다. 그리고 피그말리온 효과와 골렘 효과를 합쳐서 카멜레온 효과라고 합니다.

어떤 아이가 학교폭력으로 인하여 다른 학교로 전학을 갔습니다. 가해자에게는 반성의 기회와 새 출발의 기회를 주기 위한 것이고, 피해자에게는 보호와 치료의 목적이 있습니다. 그러나 전학을 간 학교에서도 가해자와 피해자는 같은 패턴을 되풀이하여 상처를 입히고 상처를 입는 경우가 있습니다. 또는 가해자가 피해자가 되고, 피해자가 가해자가 되는 경우도 있습니다.

원인은 학생들의 SNS와 같은 빠른 온라인 공유와 선생님과 학부모의 신중하지 못한 태도에 의한 정보의 누출입니다. 새로운 출발의 기회를 삼고자 했지만 학생들의 SNS에 의한 공유와 정보 누출에 의한 학교폭력의 가해자와 피해자라는 주위의 낙인으로 기회를 박탈당하는 것입니다. 그래서 가해자는 새로운 학교의 가해자들과 합쳐지거나 표적이 되어 피해자가 되거나 피해자는 자신을 방어하기 위하여 가해자가 되는 경우가 있습니다. 전형적인 골렘 효과입니다. 단순하게 가해자와 피해자를 분리하는 것은 학교폭력의 근본적인 해결책이 아닙니다. 분리과정(전학)이 철저하게 보호되어야 하고, 이를 접하는 소수의 관계자들도 정보가 누출되지 않도록 특별히 노력해야 하며, 특히 새로운 학교의 관계자는 부정적인 낙인효과에 현혹되지 말고 아이들의 긍정적인 작은 변화에 긍정적인 결정을 짓는 말과 행동을 되풀이해야 합니다.

새 학년이 되면 이전 학년의 선생님이 많은 정보를 줍니다. 그리고 학생생활기록부를 통하여 학생들의 정보를 사전에 얻을 수도 있습니다. 그러나 그 효과가 긍정적인 것만은 아닙니다. 아이들은 환경이나 상황에 따라 시시각각 변합니다. 어쩌면 하루하루가 다른 것이 아이들입니다. 어제 싸운 아이가 오늘 싸우는 것도 아니고, 어제 노래를 잘 부른 아이가 오늘 잘 부르는 것도 아닙니다. 또 그 아이만 싸운 것도 아니고, 그 아이만 노래를 잘 부른 것도 아닙니다. 단지 그 상황이 선생님에게 노출된 것뿐입니다. 그리고 선생님도 아이 하나하나에 대하여 모두 파악할 수도 없고 선생님이 보고 들은 것으로 판단할 뿐입니다. 그래서 함부로 어떤 아이에게 부정적인 낙인을 찍는 것은 금물입니다. 부정적인 상황에 놓인 아이에게는 부정적인 낙인을 찍는 것

내 수업을 간섭하지 마라

보다 그 상황에서 빨리 벗어날 수 있도록 돕는 것이 우선이고, 긍정적인 상황에서는 그 효과가 오랫동안 지속될 수 있도록 돕는 것이 선생님의 역할이고 부모님의 역할입니다.

그래서 학년이 바뀔 때 골렘 효과를 유발할 수 있는 부정적인 정보보다는 피그말리온 효과를 가져올 수 있는 긍정적인 정보를 공유하는 것이 훨씬 바람직합니다.

단순하게 한번 긍정적인 영향을 준다고 아이가 갑자기 큰 변화를 일으키는 것은 아닙니다. 아이의 마음이 움직여야 합니다. 즉 아이가 감동을 받는 상황이 되어야 합니다. 아이에게 발전 가능성이 있는 부분을 계속 발전시키려는 동기를 부여할 수 있는 긍정적인 변화를 주어야 합니다. 그래야만 진정한 피그말리온 효과가 있습니다.

시험을 치기 전에 남자들보다 수학에 약하다는 말을 들은 여학생의 집단과 아무 말도 듣지 않은 여학생 집단으로 나누어 수학시험을 보았습니다. 결과는 전자의 평균 점수가 낮았습니다. 단순한 말 한 마디에도 그 결과는 놀랍습니다.

카멜레온효과를 교육에 도입하는 분들이 많습니다. 특히, 피그말리온 효과를 도입하는 분이 많습니다. 그러나 골렘 효과를 배제시키려고 노력하는 분들은 상대적으로 적습니다. 피그말리온 효과가 나타나기 위해서는 진정성 있고 지속적인 긍정적인 에너지가 필요하고, 골렘 효과를 배제시키기 위해서는 부정적인 상황으로 아이를 판단하는 진단편향의 오류를 범하면 안 됩니다. 부정적인 상황을 접하면 부정적인 행동을 하는 것이 당연합니다. 그것이 그 아이의 전부라고 결정짓는 우를 범하면 안 됩니다. 그리고 잘못된 결정과 진단이 아이를 부정적으로 몰아가는 촉매제가 되지 않도록 노력해야 합니다.

학창시절을 떠올려보십시오. 재미있는 추억이 먼저 생각납니까? 아니면 생각하기 싫은 상황과 선생님에 대한 원망이 먼저 떠오릅니까?

어쩌면 카멜레온 효과가 평생을 좌우할지 모릅니다.

감동 주는 교육보다 감동 받는 교육
-PE이론과 수업설계-

아이들이 야영체험활동을 간다고 하면 들뜬 기분으로 환호성을 지릅니다. 그러나 막상 수련시설에 도착하여 교관이 군기(?)를 잡기 위하여 엄포성의 과장된 행동과 위협적인 말을 하면 아이들은 금방 주눅이 들어 입소한 것을 후회하고 담임선생님을 비롯한 학교선생님이 보이면 무서워서 학교에 돌아가고 싶다고 이야기를 합니다.

그러나 마지막 날 학교로 돌아오는 차 안에서 야영체험활동 또 하고 싶냐고 물어보면 아주 큰소리 '예' 하고 대답합니다. 그래서 첫날은 무서워서 학교로 돌아가고 싶다고 했는데 왜 마음이 달라졌냐고 물어보면 캠프파이어와 레프팅 등이 너무 재미있었다고 합니다. 그리고 처음에는 교관이 무서웠는데 차츰 적응이 되었고 시간이 지날수록 잘해주어서 무서운 생각이 사라졌다고 합니다.

이처럼 처음보다 재미있고 흥분되고 즐겁고 감동적인 절정의 경험과 끝 경험을 잘 기억한다는 이론이 PE(Peak emotion End emotion)

이론입니다.

학창시절을 떠올려 보십시오. 학교생활 전부가 기억납니까? 아니면 특정한 시기의 일부분이 기억납니까? 특정한 시기의 특별한 경험이 기억날 것입니다. 즉 어떤 상황을 자신의 감정에 의해 재처리된 경험-기억-중에서 가장 인상적인 경험들이 생각날 것입니다. 이 역시 PE 이론의 결과라고 할 수 있습니다.

이 PE이론에 근거하여 수업을 설계하면 아이들이 학습내용을 더 잘 기억할 수 있습니다. 어떤 선생님은 동기유발을 아주 재미있게 하고, 어떤 선생님은 동기유발은 짧게 하고 본 차시 내용에 많은 시간을 할당합니다. 전자는 아이들이 학습할 동기가 주어지면 스스로 잘한다는 이론에 근거한 것이고, 후자는 동기유발은 본 차시 학습내용에 흥미를 가지기 위한 수단이기 때문에 가능하면 짧게 진행하고, 본 차시 학습내용에 많은 시간을 할당해야 한다는 이론에 근거한 것입니다. 두 이론 모두 설득력이 있습니다.

그러나 동기유발이 본 차시의 학습내용의 전달방법보다 더 재미가 있고 흥미가 있다면 아이들은 본 차시의 학습내용보다 동기유발의 내용을 더 기억합니다. 역효과입니다. 그리고 본 차시의 학습내용에 많은 시간을 할당해도 전달하는 방법-교수법-이 재미가 없고 감동이 없다면 수업이 잘 진행되었다 하더라도 아이들에게 남는 것이 없습니다.

따라서 효과적인 수업설계는 동기유발은 본 차시 학습내용을 간단하게 안내하는 역할로 만족하고, 본 차시 학습내용을 재미있고 즐겁고 감동적인 교수법으로 구성하고, 수업을 마치는 시점에는 학습내용을 쉽고 간단하게 정리하면서 칭찬과 격려를 덧붙이는 것이 좋습니다.

여러 가지 교육이론과 교육심리에 근거한 많은 교수학습 모형이 있습니다. 그러나 그 모형이 아무리 훌륭하다 하여도 아이들의 마음을 움직이지 못하면 수업은 잘 진행이 되어도 아이들에게 남는 것은 없습니다.

PE이론에 근거한 감성적인 수업설계로 오랫동안 기억에 남는 수업을 시도해 보십시오. 그래서 감동을 주는 교육이 아닌 아이들이 감동을 받는 교육을 실현해 보십시오.

아이들은 모든 것을 기억하지 않습니다

과거를 떠올려 보십시오. 파란만장하게 살아온 지난 삶이 한 편의 영화처럼 순서대로 흘러갑니까? 아니면 즐거웠던 것, 슬펐던 것들이 사진처럼 떠오릅니까?

사람의 기억은 동영상처럼 재생되지 않고 스틸 사진처럼 떠오릅니다. 어떤 시기에는 기억에 남는 것들이 전혀 없을 것이고, 특정 시기에는 유독 많은 것들이 기억으로 남아 있을 것입니다. 그리고 같은 학교 같은 반에서 함께 지낸 친구가 기억하는 것과 본인이 기억하는 것도 차이가 있을 것입니다. 연예인들이 TV에서 서로의 기억이 맞다고 우기는 것을 본 적이 있을 것이고, 동창회에서 서로의 기억이 옳다고 언성을 높이는 친구를 본 적도 있을 것입니다. 같은 상황을 서로가 왜 다르게 기억하는 것일까요?

　우리는 기억이 사실을 뇌에 저장한다고 착각하고 삽니다. 기억은 사실을 자신의 감정으로 재해석한 경험을 뇌에 저장한 것입니다. 그래서 어떤 이는 기억하지만 어떤 이는 기억하지 못합니다. 같은 상황도 개인이 처한 감성적인 상황에 따라 다르게 해석되어 뇌에 저장되기 때문에 옥신각신하는 것입니다. 그래서 다른 나라에서는 목격자의 진술을 결정적인 증거로 인정하지 않는 경우가 많습니다.

　정리하면 기억은 어떤 사실을 자신의 감정 상태에 따라 재해석한 경험을 뇌에 저장하는 것이기 때문에 일상적인 일보다 마음을 움직–감정의 변화–인 것들만이 기억으로 저장되는 것입니다. 그리고 시작보다는 끝감정과 절정의 순간을 더 잘 기억합니다. 첫사랑을 잊지 못하는 것은 헤어짐에 대한 슬픔과 태어나서 처음으로 애절하고 간절한 절정의 호감을 가졌기 때문입니다. 헤어짐이 없는 첫사랑과 어머니의 모성애를 능가하지 못한 첫사랑은 오랫동안 기억으로 남아 있지 않습니다.

　이러한 기억을 학교교육과 연결시키면 여러 가지 문제를 이해하고 해결할 수 있습니다. 초등학교 선생님이 아이를 때려서 뇌진탕 증상이 있다고 하는데, 아이 말을 들은 학부모와 아이를 때린 선생님은 그 상황을 다르게 이야기하고 있습니다. 어느 한쪽이 거짓말을 하는 것이 아니라 아이와 선생님의 감정상태가 달랐기 때문에 다르게 기억하고 있는 것입니다. 아이는 자신의 잘못된 행동보다 선생님에게 체벌을 당했다는 것이 더 충격적일 수 있기 때문에 엄포성인 선생님의 격한 행동이 자신의 신체에 직접 해를 가했다고 기억할 수도 있고, 선생님은 여러 번의 주의와 충고를 무시하고 수업 분위기를 흐리는 아이에게 너무 화가 나서 엄포성의 격한 행동이 순간적으로 아이의 신체에 닿을 수 있다는 것을 기억하지 못할 수도 있습니다. 그리고 아이는 한 번의 실수라고 하고, 선생님은 여러 번의 지적에 아이가 무시했다고 하는 것도 서로 처한 감정의 상태가 달랐기 때문에 다르게 기억하고 있는 것입니다.

문제는 선생님의 기억에 의존하는 학교와 아이의 기억에 의존하는 학부모의 현명함입니다. 학교는 문제를 빨리 해결하겠다고 선생님에게 섣부르게 잘못을 묻지 말고, 먼저 아이의 건강 회복에 도움이 되는 방법을 찾아주고 학부모에게는 고의성이 없는 지도과정에서 일어난 지극히 우발적인 상황이었음을 설득시키고, 선생님에게는 체벌에 대한 학칙 숙지와 현명한 학생 생활지도에 대한 전문성을 기르도록 해야 할 것입니다.

학부모 입장에서는 아이가 선생님에게 부당한 대우를 받았다는 것에 감정이 격할 수 있습니다. 특히, 남들이 이해하지 못하는 부분이 있는 소중한 아이였다면 더욱 그럴 것입니다. 그러나 이것도 상대적이기 때문에 몰라주는 선생님만을 탓할 수는 없습니다. 선생님은 모든 아이에게 공평해야 합니다. 특정한 아이를 배려한다고 다른 아이들에게 상처를 주는 것도 옳지 않은 것입니다. 아마 학교에서 화해의 손을 먼저 내밀 것입니다. 아이의 기억에 의존해 옳고 그름을 따져서 사과를 받으려는 것보다 서로를 이해하는 화해를 하는 것이 옳을 것입니다. 만약에 아이가 지속적으로 부당한 대우를 받았다면 철저한 진상 파악을 요구하고 그에 따른 책임을 물어야 함이 마땅합니다. 그러나 흔히 말하는 아이의 '기'를 살린다고, 아이의 잘못을 감추기 위해서 이러한 상황을 이용한다면 앞으로 부모님이 아이에게 지불해야 할 비용이 너무 가혹할 것입니다

일기, 기행문, 체험학습 소감문을 대부분의 아이들이 제대로 쓰지 못합니다. 쓰는 방법을 모르는 것이 아니라 쓸 것이 없다는 것입니다. 무엇을 했는지 모르겠다는 것입니다. 기억이 없다는 것입니다. 마음을 움직이지 못했다는 것입니다.

아이들의 문제가 아닙니다. 아이들의 감정을 제대로 파악하지 못하고 지나치게 알찬 계획을 수립했기 때문입니다. 수업, 수학여행, 현장 체험학습 등에서 아이들에게 꼭 전달하고자 하는 내용이 있을 것입니다. 이 내용을 어떻게 전달하는 것이 아이들의 감정을 가장 잘 움직일 수 있을 것인지에 대한 고민이 있어야 합니다. 체계적으로 잘 작성된 수업지도안이나 교육활동 계획서를 보면 가르칠 내용, 유의사항, 안전사고를 비롯한 생활지도 등은 잘 나열하고 있습니다. 그러나 내용만 있을 뿐 아이들의 감정과 상태를 고려한 일정과 전략은 빠져있습니다. 수학여행이 우리나라의 문화에 관심을 갖도록 하는 것이라면 캠프파이어는 아이들이 지쳐있을 시간에 시시하게 실시하고, 에너지가 넘치는 생기발랄한 시간대에는 아이들이 관심을 갖고 있는 한류와 우리 문화의 우수성을 연결하는 재미있는 방법을 계획한다면 캠프파이어보다 우리 문화의 우수성을 더 기억할 것입니다. 수학여행에서 캠프파이어와 놀이동산보다 더 재미있고 감동적인 것은 없습니다. 그

래서 기억에 가장 오래 남습니다. 반대로 수학여행 본래의 목적을 달성하려면 캠프파이어의 재미와 놀이동산의 시간을 감소시키면서 기억시키려는 내용을 감동적인 방법으로 경험시켜 뇌와 몸에 기억되도록 하는 방법밖에는 없습니다.

많은 것을 전달하기 위한 밋밋하고 틀에 박힌 단순한 방법보다 아이들의 정서와 심리를 고려한 감동적인 방법으로 꼭 필요한 내용을 기억할 수 있도록 하는 것이 중요합니다.

요즘 각 지역별로 학습지도연구대회가 열리고 있습니다. 심사를 어떻게 하고 있습니까? 관리자와 그 과목에 전문성이 있는 선생님이 수업지도안대로 잘 진행한 선생님에게 좋은 결과를 줍니다. 아이들의 참여도와 반응을 참고하지만 한계가 있습니다. 그래서 아이들이 얻은 기억을 파악하고 평가하는 것이 거의 불가능합니다. 그래서 일부에서는 학습지도연구대회를 '쇼'라고 이야기를 합니다. 그러나 쇼는 관객이 감동을 받습니다. 그래서 오랫동안 기억에 남습니다. 하지만 학습지도연구대회는 관객인 아이들이 감동을 받는 정도를 평가하는 것이 아니라 쇼를 제공하는 스태프가 감동을 받는 정도를 평가하고 있습니다.

올바른 쇼가 되기 위한 다른 평가방법이 개발되거나 아니면 폐지하는 것이 바람직합니다. 선생님의 전문성인 가르치는 기술 향상을 위해 필요한 것이라면 대회보다는 교실에서 항상 마주하는 아이들에게 진정한 쇼를 하도록 장려하는 것이 더 바람직할 것입니다.

한 시간의 수업, 하루일과 운영, 일주일의 교육활동, 월별 교육활동, 일 년 동안의 학급 교육과정과 학교 교육과정에서 아이들이 가장 기억에 남도록 하는 것에 대한 고민이 필요합니다.

아이들이 하기 싫어하지만 억지로라도 꼭 시켜야 할 것은 초기에 하는 것이 바람직합니다. 아이들이 꼭 고쳐야 할 나쁜 습관, 안전을 위해서 지켜야 할 내용, 학교폭력 예방과 대응에 필요한 행동 등과 같이 습관화가 필요하고 꼭 지켜야 할 내용은 아이들이 불편해 하더라도 초기에 엄하게 시켜야 합니다. 그리고 잘 지킨다면 아이들이 좋아하는 보상을 실시하여 위축된 마음을 풀어주도록 합니다. 그래서 정해진 규칙이나 학습활동을 제대로 하면 보상활동과 더불어 성취감에 의한 긍정적인 상승기분으로 도전의식이 생기고, 이 도전의식으로 얻은 경험이 뇌와 몸에 기억되도록 해야 합니다.

그리고 마무리하는 시점에서는 초기의 엄한 분위기와 힘든 교육활동보다 부드럽고 희망적인 분위기와 쉽게 성취감을 느끼는 교육활동을 실시하면 초기의 부정적인 기억을 희석시킬 수 있습니다.

아이들은 모든 것을 기억하지 못합니다. 그러나 기억의 메카니즘을 이해한다면 많은 것을 기억시킬 수 있을 것입니다. 감동을 주는 교육이 아니라, 감동을 받는 교육이 되도록 하는 것이 중요합니다.

독이 든 사과를 주지 맙시다

홈쇼핑의 결재 방식 중에 물건을 사용하고 난 후에 좋으면 가격을 결재하라는 후불제가 있습니다. 가격이 비싼 상품이거나 일상에 필요는 하지만 구입하기를 망설이는 제품일수록 후불제가 많습니다. 물건을 반품하면 판매자가 손해를 볼 텐데, 왜 후불제를 하는지 이해가 되지 않을 수도 있습니다. 그러나 물건을 사용한 대부분의 사람들은 반품보다는 산다고 합니다. 그 이유는 처음에는 남의 물건이다는 인식을 갖지만, 시간이 지날수록 남의 물건이지만 반품하는 것은 어쩐지 내 것을 빼앗긴다는 감정을 생성하기 때문입니다.

이것을 부정성의 편향 중에서 손실편향이라고 합니다. 즉 사람은 긍정적인 것보다 부정적인 것에 더 예민하게 반응한다는 것입니다. 그 중에서 소유하고 있던 것을 잃는다는 감정에 민감한 것이 손실편향입니다.

이 손실편향을 인지하지 못하여 학교에서 어려움을 겪는 경우가 있습니다.

학생 수가 적은 시골학교의 경우는 법적으로 정해진 무상교육이 아님에도 학생들에게 무상의 혜택을 주거나 무상의 범위를 벗어난 경우에도 무상교육을 실시하는 학교가 많습니다.

경상남도교육청은 무상 수학여행을 실현하기 위하여 학생 1인당 일정 경비를 지원하지만 학교단위로 같은 금액을 지원하지 않습니다. 그래서 대부분의 학교는 가능하면 학부모의 부담이 덜한 방향으로 수학여행 일정을 계획합니다. 그런데 학생 수가 적은 시골학교에서 수학여행을 제주도로 갔습니다. 모든 경비는 학교에서 지출했습니다. 물론 지역사회와 학부모는 대환영이었습니다.

체험학습을 하기 위하여 버스가 필요했습니다. 학교경비로 지출하였습니다. 이외에도 일정부분을 수익자가 부담해야 하는 체험학습에 학교경비를 지출하여 무상으로 실시하고 있습니다. 그런데 처음에는 아주 좋아하던 학부모가 이제는 당연시합니다.

관리자가 바뀌었습니다. 급하게 해결해야 할 현안사업이 생겨서 무상으로 제공하던 경비와 다른 경비를 줄여서 해결하려고 했는데, 많은 학부모가 반대하여 해결하지 못하고 그 피해는 학생들이 입었습니다.

*법에 근거한 무상교육을 반대하는 것이 아님을 밝힙니다. 법으로 보장하는 무상교육의 확대를 지지합니다.

마음씨 좋은 관리자가 있습니다. 그분은 직원들의 복무에 대해서 과할 정도로 관대합니다. 어느 선생님이 교육활동 중에 큰 실수를 하였습니다. 바른 지도가 필요했지만 침묵으로 넘겼습니다.

관리자가 바뀌었습니다. 공무원 복무규정에 의한 복무를 강조했습니다. 교육활동 중에 일어난 선생님의 실수에 대해서는 재발 방지 차원의 지도를 하였습니다. 교직원들을 괴롭히고 질책하기 위한 것이 아니라 불필요한 사건을 미연에 방지하고 피해를 최소화하기 위한 것이었습니다. 그런데 전 관리자와 비교당하며 딱딱하고 몰인정한 관리자로 소문나기 시작했습니다.

모범적인 행동이나 착한 일을 한 아이에게 칭찬 스티커를 배부하여 보상하는 방법을 많이 사용합니다. 처음에는 잘 되다가 시간이 흐를

수록 칭찬 스티커에 아이들이 별 의미를 두지 않습니다.

보상으로 사탕이나 과자를 제공하는 선생님이 있습니다. 동료 선생님이 만류를 했지만 그만두지 않았습니다. 그래서 효과가 있는지 물었습니다. 처음에는 효과가 있었지만 역시 시간이 흐를수록 사탕의 효과는 퇴색되고, 오히려 사소한 것에 사탕을 주지 않으면 불만을 토로한다고 했습니다.

시험을 잘 보면 과자파티를 한다고 했습니다. 대회 나가서 입상을 하면 피자를 사 준다고 했습니다. 시간이 흐르면서 아이들이 선생님에게 요구를 합니다. 이번 시험 잘 보면 뭐 해줄 거예요? 이번 대회에서 상 타면 피자 사줄 거예요? 선생님은 난감합니다.

칭찬스티커를 배부하지 말고 얼마만큼의 칭찬스티커를 학생에게 배부한 후 잘못하면 1장씩 빼앗아 보십시오. 사탕이나 과자로 보상하지 말고 잘못하는 경우에 쉬는 시간을 줄이거나 아이들이 즐겨하는 놀이를 하지 못하게 해 보십시오. 시험을 잘 쳤다고, 대회에서 입상했다고 피자 사주지 말고 결과가 잘 나올 때까지 군것질을 금해 보십시오.

학교예산에 여유가 있어서 무상 수학여행, 무상 체험학습 등과 같이 무상 지원을 했습니다. 그 고마움을 알 것이라고 생각합니다. 그러나 학부모들은 처음에는 좋아하다가 당연시합니다. 오히려 제공하지 않으면 권리를 빼앗긴다고 생각합니다. 손실편향을 인지하지 못한 관리자로 인해 다른 관리자에게는 큰 굴레로 작용합니다. 아이들에게 더 큰 혜택을 줄 교육활동과 급하게 해결해야 하는 현안사업을 하지 못하게 됩니다. 시도하면 엄청난 저항에 부딪힙니다. 이를 알기에 포기하는 경우가 대부분입니다.

원칙을 무시한 인심 좋은 관리자에게 받은 혜택(?)을 빼앗기지 않으려고 합니다. 원칙대로 처리하는 것이 바람직하다고 머리로는 생각하지만 편안함의 혜택을 빼앗긴다는 마음이 능력 있고 존경 받아야 할 관리자를 인정머리 없는 관리자로 낙인을 찍습니다. 인기 있는 관리자가 되기 위해 독을 준 것이 화근입니다. 해독하기 위해 치러야 할 대가를 생각하지 못한 것입니다.

칭찬스티커, 사탕과 과자, 피자를 제공하는 것은 선생님입니다. 그러나 그 혜택을 받은 것은 학생입니다. 시간이 흐르면서 보상 개념보다는 자신들의 혜택이라고 생각합니다. 당연히 빼앗기지 않으려고 노력할 것입니다.

사람은 누구나 부정적인 것에 민감하고 잃지 않으려고 노력합니다. 진화과정에서 얻은 산물이지 나쁜 것은 아닙니다. 오히려 부정편향을 잘 이해하고 이용하는 학교경영과 학급경영이 행복한 학교를 만들 수 있습니다.

독이 든 사과의 혜택을 주고 있지 않은지 생각해 봅시다.

넌 천재야

두 그룹으로 나누어 실험을 했습니다. 가 그룹은 공부를 잘하는 학생, 나 그룹은 보통인 학생으로 나누어 평소보다 어려운 문제를 풀게 했습니다. 당연히 가 그룹이 나 그룹보다 성취도가 높았습니다. 그런데 가 그룹에게는 '너희들은 천재야! 정말 완벽해!'라고 칭찬을 하고, 나 그룹에게는 '너희들이 열심히 노력하니까 평소보다 성적이 잘 나왔어!ㅡ실제로는 평소보다 성적이 덜 나왔습니다.ㅡ열심히 노력하는 모습이 너무 좋았어!'라는 칭찬을 했습니다.

그리고 이어서 좀 더 어려운 문제를 가지고 가, 나 그룹 모두에게 도전의사를 물었습니다. 그런데 가 그룹은 대부분은 포기를 했지만, 나 그룹의 많은 학생들은 도전의사를 표시했습니다. 상식적으로 생각하면 성적이 훨씬 나은 가 그룹의 학생들이 더 많은 도전을 해야 하지만 그 반대였습니다. 전문가들은 그 해답이 칭찬의 기술에 있다고 합니다. 즉 천재고 완벽하다는 칭찬을 들은 가 그룹의 학생들은 도전 결과가 좋지 않을 경우에는 자신들의 완벽함에 상처를 입기 때문에 쉽게 포기하고, 오히려 과정을 칭찬받은 나 그룹의 학생들이 더 열심히 하려는 의지를 가지게 된 것입니다.

칭찬을 많이 하라고 합니다. 칭찬거리를 모아서 한꺼번에 하는 것보다 사소한 칭찬할 거리가 있을 때마다 자주하는 것이 더 효율적이라고 합니다. 그러나 그 칭찬이 과정보다는 결과에 치중되어 있고, 선천적인 능력이나 환경ㅡ경제적인 환경, 문화적인 환경, 가정환경, 지역사회의 환경ㅡ, 신체적인 우월함에 치중되어 있다면 오히려 도전의식과 성취의욕을 감소시킨다고 합니다.

'넌! 천재야!'보다 '열심히 노력한 보람이 있구나!'

'키가 커서 운동을 아주 잘하네!'보다 '큰 키를 활용하는 연습을 많이 했구나!'

'○○에 사니까 다른 아이들보다 공부를 잘하네!'보다 '열심히 하는 모습이 네가 ○○에 사는 것보다 더 좋아 보여!' 등으로 표현하는 것이 더 바람직합니다.

칭찬은 많이 할수록 좋습니다. 그러나 방법이 바르지 못하면 역효과가 날 수 있습니다. 칭찬을 바른 방법으로 많이 합시다.

선택의 정당성과 가치에 의한 선택

수업시간에 항상 문제를 일으키는 아이가 있습니다. 수업시간에 주위의 아이들이 떠든다고 폭력을 휘두르는 것입니다. 선생님이 눈치를 챌 경우에는 그나마 다행인데, 선생님 몰래 폭력을 휘두르고 시치미를 떼고 있을 경우에는 난감합니다. 처음에는 주위의 아이들도 선생님께 건의도 하고 했지만, 아이들이 수업시간에 자꾸 떠들어서 수업을 방해했기 때문이라고 막무가내로 고집을 피우는 것에 지쳐서 이제는 그것마저 하지 않아서 선생님이 모르고 지나가는 경우가 많습니다.

어느 날 피해학생의 학부모가 담임선생님에게 강하게 항의를 했습니다. 선생님도 참다가 지쳐서 확실한 마무리를 해야 할 것 같아서 그 아이와 피해를 입은 아이들과 심층 상담을 시작했습니다.

그 아이의 주장은 생각했던 대로 주위의 아이들이 수업 방해에 초점을 맞추어 자신의 행동을 정당화 했습니다. 그러나 피해를 입은 학생들의 주장은 수업에 방해를 줄 정도가 아닌 단순한 속삭임과 수업에 필요한 최소한의 말에도 그 아이가 폭력을 행사한다는 것입니다. 선생님이 무시하면 되지 않느냐고 이야기를 했더니, 그 아이는 반응을 보일 때까지 폭력을 행사한다는 것입니다. 선생님 생각에 아이들이 떠드는 것이 수업에 방해된다는 것보다 피해 학생의 반응을 즐기고 싶어서 폭력을 행사하는 듯했습니다.

선생님이 그 아이에게 폭력을 행사는 것은 나쁜 행위이며, 특히 지속적이고 반복적인 폭력은 법으로 금지하고 있으며 어길 겨우에는 법의 심판을 받아야 된다고 강조했습니다.

그런데 그 아이는 반복적으로 자신의 행동을 정당화하기 위하여 주위의 아이들 때문에 수업에 방해가 되어서 그렇게 한다는 것입니다. 그래서 폭력보다 말로 타이르면 되지 않느냐고 반문하니, 처음에는 그렇게 하는데 아이들이 말을 듣지 않는다고 합니다. 그러나 이것역시 피해를 입은 아이들과는 상반되는 이야기로 말의 내용과 소리의 크기에 관계없이 말만 하면 기다렸다는 듯이 때린다고 합니다.

장소와 내용은 다르지만 비슷한 사례가 많을 것입니다. 말이 통하지 않는다고 한탄도 했을 것입니다. 그런데 선생님과 아이의 상담내용을 자세히 살펴보면 말이 통하지 않을 수밖에 없습니다. 선생님은 폭력이 나쁜 이유, 폭력의 부당성, 폭력이 주변 사람에게 끼치는 영향,

폭력의 결과 등과 같이 폭력의 의미(가치)에 중점을 두고 있는 반면 아이는 자신의 행동 즉, 폭력의 정당성에 대해서 이야기를 하고 있는 것입니다.

바른 상담이 되려면 폭력에는 정당성이 없다는 것과 같은 상황에서 다른 친구들은 폭력을 사용하지 않는다는 점을 강조해야 합니다. 똑같은 상황을 재연하여 다른 친구들은 어떤 반응을 보이는지 알도록 해야 합니다. 그 아이만 같은 상황에서 너무 쉽게 폭력을 행사한다는 것을 느끼도록 해야 합니다.

가르치는 선생님은 가치(의미)에 대해서 많은 이야기를 하지만 아이들은 가치보다 자신의 행동에 대한 정당성에 초점을 맞추어 이야기를 많이 합니다. 잘못했거나 부당한 피해를 입었다고 주장하는 아이들은 더욱 그렇습니다. 인간은 자신의 선택에 대한 행동을 정당화시키는 것이 본능에 가깝기 때문에, 특별히 이 아이들의 심성이 나쁜 것은 아닙니다.

생활지도 시에 아이의 정당성에 대한 주장에 초점을 맞추는 올바른 상담활동이 필요하고, 더불어 아이들이 어떤 행동을 할 때에는 선택에 대한 정당한 이유를 찾기보다, 가치(의미)에 의미를 두고 선택하도록 지도해야 합니다.

그리고 아이들의 행동변화는 아주 느립니다. 그러나 일찍 시작하는 것만큼 빠릅니다. 말이 안 통하는 아이가 있다면 아이의 정당성에 대한 주장의 관점에서 지금 시작해 보십시오.

자외선 차단용 마스크를 벗자

교육대학교에서 체육을 강의하시는 교수님이 늘 강조하시는 것이 있었습니다. 아이들과 체육수업을 할 때에는 모자와 선글라스를 모두 벗으라는 것이었습니다. 이유는 아이들과 동일한 조건에서 체육수업을 해야 아이들이 선생님을 잘 따르고 아이들의 마음도 이해한다는 것이었습니다. 더 나아가 수업을 하기 위해 줄을 설 때에도 아이들은 태양을 등지게 하고, 대신 선생님이 태양을 안고 수업을 하라는 것이었습니다. 그것이 체육수업을 하는 선생님의 자질이라고 덧붙였습니다.

지금은 다행히 대부분의 학교가 다목적관(강당과 체육관을 겸임하는 실내장소)과 체육관이 건립되어 체육수업에 기후가 큰 변수가 되지 않습니다.

그런데 요즘 체육수업을 비롯한 야외 교육활동을 할 때 상당한 거부감을 일으키는 것이 자외선 차단용 마스크입니다. 특히, 얼굴 전체를 다 가리는 자외선 차단용 마스크에 대한 거부감이 상당합니다. 이에 대해서 자외선 차단용 마스크 착용을 찬성하는 쪽은 예전에 모자와 선글라스가 거부감을 일으켰지만 지금은 일반화되었듯이 자외선 차단용 마스크 역시 지금은 생소하여 거부감은 있겠지만 시간이 지나면 일반화될 것이라고 주장합니다. 그리고 언론에서 자외선 수치가 높은 날은 가능한 야외활동을 자제하고, 꼭 필요한 경우는 자외선을 차단할 수 있는 모든 조치를 취하고 활동하라는 것에서도 자외선 차단용 마스크의 착용은 정당하다는 것입니다.

그러나 반대하는 쪽의 의견은 아이들은 자외선 차단제와 모자가 전부인 데-이것도 부모님이 신경을 써는 아이의 경우입니다-반해, 선생님이 너무 많이 중무장(?)을 하면 아이들의 반감을 사서 체육수업이 제대로 되지 않으며, 이것을 아는 학부모들도 결코 좋아하지 않을 것이라는 이야기입니다. 그리고 선생님은 시범을 비롯한 많은 활동을 해야 되는데, 이것들 때문에 선생님의 활동이 줄어들어 교육활동에 방해가 된다는 것입니다.

두 쪽의 주장에 근거가 없는 것도 아니며, 무리한 주장도 아니라고 생각합니다. 그러나 선생님이 지식 전달자뿐만 아니라, 아이들의 전인적인 성장을 돕는 조력자, 성장하는 아이들의 멘토 역할이라는 점에서 접근하면 쉽게 결론이 날 것이라고 생각합니다.

공산권의 어느 나라에서 피임을 금지시켰다고 합니다. 당연히 버려지는 아이들이 많이 생겼을 것입니다. 국가에서는 탁아소를 만들어 이 아이들을 수용하였는데, 이 아이들이 자라면서 예상치 못한 심각한 행동장애를 보이더라는 것입니다.

가정폭력에 많이 노출된 아이는 폭력적인 성향이 강하며, 혼자 자란 아이는 싸이코패스나 자폐아가 될 가능성이 더 많다는 것은 각종 논문을 통해서 밝혀지고 있습니다.

전문가들은 그 원인을 어릴 적에 자신의 행동에 따른 상대방의 얼굴 변화를 통해서 감정을 느끼고, 그것을 바탕으로 자신도 상대방에게 얼굴과 몸짓으로 자신의 감정을 전달하는데, 국가에 의해서 기계적으로 자란 아이나 가정폭력에 노출된 아이, 혼자 자란 아이는 이 감정을 배울 수 있는 기회가 박탈되거나 왜곡되어 심각한 행동 장애를 일으킨다는 것입니다. 폭력을 휘두르면서 피해를 입는 상대의 감정을 알지 못하며, 심지어 살인을 하고도 반성의 기미도 없이 태연하게 재연하는 것도 같은 논리라고 합니다.

아이들이 얼굴 변화로 감정을 배우는 중요한 시기에 자외선 차단용 마스크로 얼굴를 가린다면 어떤 결과가 나올까요? 선생님에게만 국한된 것이 아닙니다. 어릴 적에는 잘 놀아주는 부모가 좋은 부모라고 합니다. 그 이유는 놀이 과정에서 부모의 얼굴 변화로 감정을 배우기 때문입니다. 자외선 차단 마스크를 착용하고 잘 놀아준다는 것은 의미가 없습니다.

자외선이 두려우면 실내에서 활동하고, 자외선이 덜한 계절에 야외 활동을 많이 하면 됩니다. 학교는 탄력적이고 융통성 있는 교육과정을 운영하면 되고, 운동과 건강에 욕심이 많은 부모님도 자외선 차단 마스크를 착용하고 아이들과 동행하지 마십시오.

꼭 필요한 야외활동이라면 최소한 얼굴은 아이들에게 보여줍시다.

아이들의 바른 성장을 위해서 자외선 차단 마스크는 때와 장소를 가려서 착용합시다.

필요 없는 교훈들

초등학교에 발령을 받은 지 얼마 지나지 않은 때였습니다. 도벽이 무척 심한 아이가 있었습니다. 그 아이가 선생님의 돈을 훔쳤습니다. 그 아이의 선생님은 임신 중이라 생활지도 업무를 맡고 있는 저에게 학생의 지도를 요청했습니다. 의욕이 넘치는 초임시절이라 그 아이의 지도를 맡았습니다. 그 당시는 가벼운 체벌은 허용이 되는 시기라, 체벌도 했습니다. 그 날 저녁에 그 아이의 삼촌한테서 전화가 왔습니다. 다른 반의 담임선생님이 왜 조카를 지도했느냐고 따졌습니다. 생활지도 담당이고 조카 반의 담임선생님이 임신 중이라 도움을 요청했기 때문이라고 했습니다. 그러면 왜 심한 체벌을 했냐고 했습니다. 심한 체벌이 아니었고 통상적인 지도과정에서 이루어진 관례적인 것이라고 했더니, 체벌로 인해 아이가 코피를 흘리고 열이 나고 상당히 불안해한다고 했습니다. 그리고는 내일 교장선생님을 만나러 온다고 했습니다.

다음 날 아침 일찍 그 아이의 엄마에게 전화를 했습니다. 초임시절이라 교장선생님을 만나러 온다는 삼촌을 만류하고 싶어서, 잘못을 인정하니 삼촌이 학교에 안 왔으면 좋겠다고 했습니다. 엄마의 말이 충격적이었습니다. "내가 학교에 가면 너를 칼로 찔러 죽이고 싶다."는 것이었습니다.

오전에 교장선생님이 불러서 교장실로 가니, 삼촌이라는 분이 와 있었습니다. 교장선생님이 서로 악수하고 화해하라고 하셨습니다. 교장선생님이 정말 고마웠습니다. 그런데 삼촌이 아이가 쓴 글이라고 하면서 A4용지를 던졌습니다. 학습부진학생이라 두세 문장도 제대로 못썼는데 세 장 정도를 아주 꼼꼼하게 적었습니다. 내용이 더 충격적입니다. 아이를 의자에 묶어서 이 교실 저 교실 심지어 교무실에 끌고 가서 때렸다는 내용이었습니다. 자기가 선생님의 돈을 훔쳤다는 내용과 잘못을 인정한다는 내용은 전혀 찾아볼 수가 없었습니다. 아이가 도벽이 있고, 돈을 훔쳤다는 사실을 숨기고 싶어서 의도적으로 자작한 일이었습니다.

교장선생님께 이건 사실과 전혀 다르다고 이야기를 하고 아이와 저와 삼촌이 함께 만날 것을 요구하였습니다. 교장선생님께서 이쯤에서 마무리하자고 하셔서 그냥 넘어갔습니다.

이 일이 있은 이후로 절대 다른 반의 아이를 지도하지 않습니다. 다른 반의 아이가 잘못하는 것을 보면, 그 담임선생님에게 알려줄 뿐입니다.

학교 방송국 지도 선생님을 하고 있을 때입니다. 5학년의 여학생이 너무 힘들게 했습니다. 초등학교 학생이라고 하기에는 너무 노출이 심한 옷을 입는 것은 예사이며, 방송 펑크와 후배들에게 악영향을 끼치는 행동을 예사로 했습니다. 그래서 1년이 지난 뒤에 방송국 운영계획에 방송펑크를 비롯한 방송국의 규칙을 지키지 않는 경우에는 제명시킬 수 있다는 내용을 삽입하여 결재를 득했습니다. 그리고 방송국 아이들에게도 충분히 설명을 하였습니다.

가을 현장학습을 갔다 와서 퇴근을 하려고 준비하고 있는데 교장실로 오라고 했습니다. 갔더니 교장선생님과 두 분의 선생님, 그리고 모르는 남자 분이 있었습니다. 그 남자가 대뜸 "니가 우리 아이를 잘

랐나?"라고 하면서 주먹을 날렸습니다. 피하는 바람에 맞지는 않았지만, 교장선생님을 비롯한 다른 선생님들이 "어~ 어!" 하고만 있었습니다. 침착하게 무슨 일이냐고 물었습니다. 현장학습을 갔다 오는데 어떤 선생님이 자기 아이의 치마가 너무 짧은 것을 보고, '저게 어떻게 전교회장이 되고, 방송국에 있는지 모르겠다.'고 했답니다. 그래서 그것하고 나하고 무슨 상관이 있냐고 했더니, 그 일 때문에 자기 아이를 방송국에서 제명시키겠다고 협박을 하지 않았냐고 했습니다. 순간 어제 일이 생각이 났습니다. 그 아이가 방송을 펑크 낸 것도 모자라, 후배들을 모아놓고 부당한 행동을 하길래, 앞으로 이런 일이 재발하면 규정에 의거 방송국에서 나가야 된다고 했습니다. 그런데 현장학습은 오늘 갔다 온 것입니다. 이런 설명을 하니 자기 아이가 거짓말을 할 일이 없다는 것입니다. 그래서 저도 거짓말을 할 이유가 없으니, 중간에 뭔가 오해가 있을 것이라고 하니 또다시 화를 내며 주먹을 날리려고 했습니다. 저는 피하면서 만약 맞으면 심각한 교권침해로 고소하겠다고 다짐을 했습니다. 잠시 뒤 아이의 엄마가 찾아와서 남편을 데리고 갔습니다.

알고 보니 그 아이에게 치마가 짧다고 한 선생님은 그 아이가 저학년일 때 담임을 한 분이었습니다. 그리고 같은 지역에 살고 있어 부모님들과 친한 사이였습니다. 현장학습을 다녀오는 길에 그 아이의 옷을 보고 이야기를 했는데, 그 아버지가 노발대발하여 학교로 찾아간다는 소식을 먼저 듣고, 자신을 회피하고 싶어서 그 아버지에게 전화로 엉뚱하게 저의 이야기를 하게 되어서 일어난 일이었습니다.

이 일이 있은 이후로 아이의 복장 지도 잘 하지 않습니다. 선생님들 잘 믿지 않습니다. 좋아하던 방송국 업무에도 열정이 식어서 방송국 아이들 지도보다 동영상 자료 제작을 비롯한 자기계발에 집중하게 되었습니다.

아빠와 아들이 1박 2일 동안 캠프를 하게 되었습니다. 입소하는 첫날에 명단을 확인하고 이름표를 나누어 주는데 한 아이가 달려와서 방해가 되었습니다. 그래서 "가거라."라고 했습니다.—경상도에서 이 의미는 원래 제자리로 돌아가라는 의미로 흔히 사용됩니다.—그런데 그 아이의 아빠가 큰 소리를 치면서 왜 우리 아이를 저리 가라고 하느냐며 따졌습니다. 그래서 명단을 확인하고 이름표를 나누어 주는 데 방해가 되어서 그렇다고 했습니다. 아빠의 대답이 어이가 없습니다. 저리 가서 앉으라고 해야지 왜 가라고 했느냐고 따지는 것이었습니다. 그냥 "죄송합니다."라고 하면서 그 순간을 넘겼습니다. 2일 동안 그 아이가 어떤 행동을 하더라도 그냥 두었습니다. 그리고 부모와 함께 하는 유사한 교육활동에서 아이 지도 잘 하지 않게 되었습니다.

나이가 많다고 지혜로운 사람이 되는 것이 아니라 지식과 경험을 통한 교훈이 현명하고 지혜로운 사람을 만든다고 합니다. 선생님도 예외가 아니겠죠? 경력이 쌓이면서 지식과 경험을 통한 교훈도 쌓입니다. 그런데 경험을 통해 얻지 말아야 하는 교훈도 많습니다. 특히, 요즘에는 여러 가지 이유로 교권이 추락하면서, 엄밀히 말하면 교권의 추락보다 입시위주의 교육환경에서 선생님의 권위가 없어지고 그냥 아이들을 가르치는 사람으로 여겨지는 분위기, 이를 조장하는 자극적인 언론들, 학교 폭력을 비롯한 청소년의 문제와 교육정책의 실패를 학교와 선생님의 잘못으로 돌리는 교육행정과 이를 맹신하는 다수의 국민들에 의해 선생님은 그냥 아이들을 가르치는 직업인으로 인식되기 시작하면서 정말 경험하지 말아야 하는 것을 겪고 있습니다.

당연히 선생님들도 자기를 방어하기 위해 소극적인 지도를 할 수밖에 없습니다. 그러면 무사안일이고, 철밥통이고, 목을 잘라야 한다고 격한 반응을 쏟아 냅니다. 아이를 지도할 수 있는 손발을 다 묶어두거나 잘라놓고 어떻게 지도하라는 것입니까?

자고 있는 아이를 깨우기 위해, 도벽 있는 아이를 지도하기 위해, 선생님의 잘못을 덮기 위해, 학교폭력을 예방하고 지도하기 위해, 학력을 높이기 위해 체벌을 허용하자고 주장하는 것은 아닙니다. 상황이 발생하면 아이의 말만으로 판단하지 말고, 선생님의 의견에 귀를 기울이자는 것입니다. 그래서 합리적으로 자녀를 교육하자는 것입니다. 민원을 제기하기 전에 전체교육을 위한 것인지? 자기 아이만을 위한 것인지?를 생각해 보자는 것입니다.

선생님의 불필요한 경험을 통한 교육의 결과는 결국 아이들의 교육 부재로 이어집니다. 이 아이들이 자라면 어떻게 되겠습니까? 부모님이 선생님을 무시하고, 학교를 무시하고, 교육을 경시한 결과가 어떻게 돌아오겠습니까? 그 피해는 누가 보겠습니까?

친구들과의 모임이 있으면 지금 냉정하게 아이들 잘 키우고, 선생님의 이야기에 귀를 기울이면 당장은 손해를 보는 듯한 기분이 들겠지만, 그 손해가 아이의 장래에 엄청난 부가가치를 창출할 것이라고 이야기를 합니다.

한 번에 한 가지만

김 선생님은 무척 바쁩니다. 학교의 모든 일을 혼자 하는 것 같은 느낌을 받습니다. 학교에서 화장실 갈 틈도 없을 정도입니다. 그래도 수업만큼은 제대로 해야겠다는 사명감으로 아이들과 열심히 수업을 합니다. 그런데 형성평가나 수행평가를 보면 분명히 공부한 내용인데, 아이들이 모르고 있습니다. 짜증이 납니다. 아이들에게 배우지 않았느냐고 따지지만 아이들은 시무룩하게 배우긴 배웠는데 잘 모르겠다고 합니다. 도대체 무엇이 문제일까요?

김 선생님은 수업이 끝나고 밀린 업무를 보느라 교실의 컴퓨터 앞에 앉아 있습니다. 이 때 한 아이가 할 말이 있다고 합니다. 김 선생님은 아이에게 선생님이 컴퓨터를 해도 다 듣고 있으니 이야기를 하라고 합니다. 아이의 입이 삐죽거립니다. 그래도 아이는 이야기를 합니다. 이야기를 다 들은 김 선생님은 이야기를 해주어서 고맙다며 아이를 돌려 보냅니다. 다음날 한 아이가 결석을 했습니다. 그래서 다른 아이에게 물어보니 전학을 갔다고 합니다.

화가 난 김 선생님은 아이들에게 전학을 가면 미리 이야기를 해야지, 아무 말 없이 가면 얼마나 황당하냐고 하면서 여러분들은 그렇게 하지 말라고 합니다. 이 때 한 아이가 어제 수업을 마치고 선생님께 이야기를 했다고 알려줍니다. 그제서야 기억이 납니다. 그런데 그 아이가 전학을 간 아이인지, 무슨 말을 했는지 기억이 안 납니다. 김 선생님은 왜 기억을 하지 못하는 것일까요?

박지성 선수를 멀티플레이어라고 합니다. 여러 영역을 잘 소화한다는 뜻이겠죠? 그러나 아무리 뛰어난 박지성 선수라고 해도 최전방 공격수를 하면서 수비형 미드필더를 동시에 하지 못합니다. 야구에서 2루수와 유격수를 잘하는 선수가 있습니다. 그러나 이 선수도 2루수와 유격수를 동시에 잘 할 수 없습니다. 아이와 선생님 역시 동시에 여러 일을 하지 못합니다. 이유는 사람이 그렇게 진화해 왔기 때문입니다.

학교 일로 바쁜 김 선생님이 학습 진도를 맞추기 위해서 수업시간에 아이들에게 여러 가지 일을 한꺼번에 시킨 것이 아이가 학습내용을 제대로 알지 못한 이유입니다. 지금 가르치는 내용을 마친 후에 다른 내용을 가르쳐야 되는데, 마음이 급하니까 앞의 내용을 미쳐 확인-마무리-도 안 하고, 다른 내용을 가르쳤기 때문에 아이들은 어느 한 가지에 집중할 수 없었던 것입니다.

전학을 간다고 이야기를 한 아이를 기억하지 못하는 것은 선생님의 업무에 정신을 집중하고 있었기 때문입니다. 선생님은 충분히 들을 수 있다고 판단했겠지만 실제는 그렇지 못합니다.

일상생활에서도 바쁜 일이 있으면 다른 일을 깜빡하는 것도 인류가 한 가지 일에 집중하도록 진화해 왔기 때문입니다. 농담으로 '치매'의 초기 증상이라고까지 하는데 극히 정상적인 경우입니다.

그러나 단순한 기능만을 필요로 하고 오랫동안 훈련된 결과는 다를 수가 있습니다. 결혼을 갓 한 엄마는 밥하면서 빨래하고, 남편 깨우고, 출근 준비를 잘 하지 못합니다. 그러나 세월이 흐르면 가능합니다. 단순한 일이라서 일의 강도가 약하다는 것이 아니라, 비교적 단순한 기능을 오랫동안 훈련한 결과라는 것입니다.

정신을 집중해야 하는 고차원적일수록 동시에 여러 가지 일을 하지 못합니다. 아이들의 입장에서 공부는 고차원적인 사고를 필요로 하는 활동입니다. 선생님들이 하는 학교 업무에 실수가 생기면 결재과정에서 수정이 필요하고 때로는 자존심이 상하는 상황이 연출됩니다. 물론, 아이들도 많은 시행착오를 겪게 됩니다. 심할 경우는 행정처분을 받기 때문에 집중하지 않으면 안 됩니다.

즉 아이들을 가르치는 수업이나 학교의 업무가 단순한 기능을 요하는 것이 아니기 때문에 동시에 여러 가지 일을 할 수 없는 것입니다. 수업을 하면서 상담을 할 수 없습니다. 업무를 보면서 아이들의 이야기 제대로 들을 수 없습니다. 한 선생님이 동시에 여러 가지 교육활동을 잘 할 수 없습니다. 요즘, 학교가 힘든 것 중의 하나가 예전에 비해 다양하고 많은 교육활동이 동시에 이루어지고 있기 때문입니다. 한 가지 일에 집중을 할 수 없으니 마음은 바쁘고 걱정은 앞서지만 제대로 되는 일은 없습니다.

아무리 진도가 느려도 확실하게 마무리를 하고 다음 학습을 하는 것이 더 효율적입니다.

아이들의 이야기를 들을 때는 아무리 바쁜 일이 있어도 아이와 눈을 맞추고 귀를 여십시오.

아이들에게도 선생님의 이야기, 부모님의 이야기, 친구들의 이야기를 제대로 듣는 지도를 하십시오.

가장 효과적이고 빠른 방법은 한 번에 한 가지 일을 하는 것입니다. 선생님과 아이는 엄마가 아닙니다.

어려운 것이 문제입니다

배워야 할 결정적인 시기에 선생님이, 또는 감정이 발달하는 결정적인 시기에 사랑하는 사람이, 자기들만의 특수하고 통제가 불가능한 스트레스에 우리를 노출시킨다면, 우리는 '나는 학습이 불가능하다거나, 나는 사랑을 받지 못할 것'이라는 비뚤어진 믿음을 가지고 자라날 수 있다. 이를 보여 주는 좋은 예로, 심각한 읽기 능력 문제를 가지고 있는 빈민가의 아이들에 관한 심리학적 연구가 있다. 그 아이들은 정말로 지능적인 문제가 있어서 읽지 못하는 것일까? 전혀 아니었다. 심리학자들은 아이들의 읽기 공부에 대한 저항을 한자를 가르침으로써 우회적으로 해결했다. 몇 시간 이내에 그들은 영어로 되어 있다면 읽을 수 없었을 더 복잡하고 상징적인 문장, 즉 한문을 읽을 수 있게 되었다. 아이들이 그동안 "너희들은 영어를 읽을 능력이 없다."라는 선입관에 사로잡힌 교육을 너무나도 잘 받아 온 것이 분명했다.

－스트레스: 당신을 병들게 하는 스트레스의 모든 것/로버트 새폴스키/이재담. 이지윤 옮김/사이언스북스

얼마 전에 아내가 근무하는 초등학교에서 가정방문을 한다고 했습니다. 요즘에 생뚱맞게 가정방문을 한다는 것이 시대착오적인 발상이 아닌지? 학부모님들은 어떻게 받아들일지? 그리고 아이들의 반응 등이 교차되었습니다. 초임 시절에 가정방문이 있었는데, 여러 가지 이유로 폐지되었습니다. 그리고 아이들을 이해하기 위해 필요한 가정환경에 정보도 막히게 되었습니다. 그래서 요즘 인권침해와 개인정보보호 등으로 논란이 되고 있는 '가정환경 조사서'가 그 역할을 대신하게 되었습니다.

아내는 학부모님들의 부담을 줄이기 위해 부모님들이 꼭 가정에 있지 않아도 된다는 이야기를 전했고, 아이들에게도 부모님이 안 계셔도 된다고 했답니다. 그리고 아내도 많은 부담감을 안고 가정방문을 했습니다.

그런데 가정방문을 마친 후 아내의 반응은 '가정방문이 필요하다.'는 것이었습니다. 아이가 새 실내화를 살 수 없는 이유?, 과제해결이 안 되는 이유? 친구들과 어울리지 못하는 이유? 학습장애가 있는 이유? 등을 다 알 수 있게 되었기 때문이라고 합니다. 아내가 근무하는 학교가 시골학교였기 때문에 가능했다고 생각합니다.

가정방문 이후 아이들을 대하는 태도도 눈에 보이는 아이의 문제 해결에 중점을 두기보다, 가정방문으로 파악한 정보로 아이의 마음을 먼저 이해하고자 노력한다고 합니다. 새 실내화를 사지 못하는 아이에게 실내화를 사주었더니 너무 기뻐하더랍니다. 그 아이는 실내화를 사고 싶어도 살 수 없는 환경에 놓인 아이였답니다. 실내화도 사지 못하는 환경의 아이에게 학교가 가정에 요구한 다른 것들이 제대로 이루어졌겠습니까? 이런 지속적인 스트레스로 학습에도 지장을 초래하게 된 것입니다. 이 아이에게는 학교교육에 필요한 사소한 것들도 도저히 해결할 수 없는 어려운 문제였던 것입니다.

아무리 열심히 가르쳐도 특정 교과에 진전이 없는 학습 부진아가 있습니다. 다른 활동을 관찰해 보면 전혀 문제가 없어서 더 답답합니다. 방법을 바꾸어 보고, 솔깃한 제안을 하고, 엄한 훈육을 해도 도움이 되지 않습니다. 이 아이는 어떤 스트레스 요인으로 특정 교과에 대해서 '나는 아무리 노력해도 이 교과는 잘 할 수 없어!'라고 심리적으로 해결할 수 없는 어려운 문제로 낙인을 찍은 상태입니다. 그래서 선생님이 아무리 노력해도 진전이 없는 것입니다. 바른 지도는 아이가 잘하는 교육활동이나 다른 교과로 성취감을 맛보게 하고, 그 자신감으로 어려워하는 교과에 도전할 수 있는 마음의 힘을 길러주는 것입니다. 더 좋은 방법은 좋아하는 교과에 어려워하는 교과의 학습요소를 포함시키는 것입니다. 그것도 아이가 쉽게 다가갈 수 있도록 해야 합니다. 우리나라의 학교 현실을 생각하면 어렵습니다. 그러나 시도해 보십시오.

부모의 욕심으로 학습장애를 받는 아이도 있습니다. 엄마 친구의 아들을 이야기하면서 아이의 발달단계와 심리상태를 감안하지 않고 온갖 학원에 보내는 것입니다. 아이는 자신이 해결할 수 없는 어려운 것들뿐입니다. 부모님의 성화로 피하지도 못합니다. 자포자기하게 되는 것입니다. 아이의 어려운 문제를 부모님이 해결할 수 있도록 학부모 상담활동이 이루어져야 합니다.

흔하게 아이들을 스펀지에 비유합니다. 무한히 받아들이는 존재로 생각합니다. 그러나 아이들이 해결할 수 없는 어려운 문제에 지속적으로 부딪히면, 심리적인 스트레스로 '나는 이것도 해결할 수 없는 한심한 아이야!'라고 자포자기하는 '학습성 무원감'에 빠집니다.

'아이들을 위한다.'는 명분으로 아이가 해결하지 못하는 어려운 문제를 던져주고 있지 않은지 아이의 눈높이에서 살펴보시기 바랍니다. 그리고 어려운 문제를 안고 있는 아이가 있다면 빠져나갈 수 있는 길도 안내해 주십시오.

공부를 잘하면 다른 것도 잘할까?

몇 년 동안 체육지도를 하면서 안타까웠던 것 중의 하나가 운동을 잘하는 아이가 있는데, 학교 대표로 선발되어 연습을 하면 학부모가 노골적으로 반대를 하는 것이었습니다. 다행스럽게 설득을 잘하여 출전한 적도 있지만 대부분은 다른 아이로 교체되었습니다.

초등학교 다닐 때 학교대표로 출전해 보는 것도 성취감과 추억으로 좋을 텐데, 학부모님들은 연습기간에 학원에 갈 수 없다는 점과 상위권에 입상하면 운동을 계속 시켜야만 되는 줄로 알고 반대합니다. 그리고 대부분의 운동 잘하는 아이가 공부도 잘하는 경우가 많기 때문에 학부모님들의 반대가 더 심하기도 합니다.

현상학적으로 미술을 잘하는 아이, 음악을 잘하는 아이들도 학력이 상위권인 경우가 많습니다. 그래서 '공부 잘하는 아이가 다른 것들도 잘한다.'는 신념을 가진 선생님들이 많기도 합니다.

그러나 공부를 잘해서 다른 활동도 잘하는 것이 아니라 다른 활동을 잘하기 때문에 공부를 잘하는 것이라고 합니다. 특히, 음악, 미술, 체육 등 예체능을 잘하는 아이가 공부를 잘한다고 합니다. 그 이유는 인간은 생명의 위협이 없는 상태에서 예술 활동에 대한 강한 욕구가 생긴다고 합니다. 그래서 먹고 살기에 바쁜 보통의 서민들은 예술 활동을 하기 힘들고, 경제적으로 여유가 생기면 예술 활동을 하게 되는 것이라고 합니다.

그리고 중요한 것은 부모의 보살핌을 받는 아이들은 생명의 위협을 받는 경우가 거의 없기 때문에 초등학생 시절인 이 시기가 예술을 할 수 있는 가장 적합한 시기이고 욕구도 강하다고 합니다. 또 예술에 대한 욕구가 강하고 적극적으로 참여하는 아이가 그렇지 못한 아이보다 지능과 학습 능력이 더 발달한다고 합니다.

다행히 초등학교의 일제고사가 폐지된다고 합니다. 일제고사 때문에 예체능 활동은 뒷전으로 밀렸습니다. 당장에는 문제를 많이 풀어 학력이 향상된 것처럼 보였겠지만 장기적인 면에서는 아이들의 지능과 학습능력은 후퇴되었습니다.

아이들이 공부를 잘하기를 바란다면 예체능에 충실하십시오. 예술 체험학습을 많이 시키십시오.

노래하고 춤추며 즐겁게 뛰놀고 표현하게 하는 것이 아이를 진정으로 공부 잘하게 하는 방법입니다.

체벌은 감정이다

사우스캘리포니아대학 신경학과장 안토니오 디마시오는 전전두엽 피질 복내측의 특정 부위에 손상을 입은 환자들을 연구해 왔다. 이들은 모두 독창성이 없고 결정을 내리지 못했으며 감정이 없었다. 안토니오 디마시오가 특히 자세하게 연구한 한 환자는 지적 능력, 사회적 민감성, 도덕심 테스트에서 정상적으로 나왔고, 적절한 해결책을 고안하고 가설적 문제에 대해 결론을 에측할 수 있었지만, 절대 결정을 내리지는 못했다. 디마시오는 이 환자와 유사한 환자들이 결정을 내리지 못하는 이유는 감정적 가치를 한 가지 선택과 연결할 수 없기 때문이라고 결론지었다. 순전히 이성만을 가지고 결정을 내리기는 힘들다는 것이다. 이성은 다양한 선택을 제시하지만 감정은 그 중 하나를 선택한다. 우리 인간은 스스로를 비감정적 결정을 내릴 수 있는 존재라고 생각하고 싶어 하지만, 사실 모든 결정에는 감정이 어떤 역할을 한다는 것이다.

-'왜 인간인가?' 중에서 / 마이클 가자니가 지음 / 정재승 감수 / 박인균 옮김

선생님이 학생에게 체벌을 하면서 아이의 행동을 교정하기 위한 교육 차원이지 감정은 섞여 있지 않다고 주장을 합니다. 그러나 이런 주장은 자신의 감정을 주체하지 못한 그릇된 판단을 교육이라는 이름으로 포장한 것에 불과합니다. 악한 감정보다 이성적이고 바른 감정이라면 체벌보다는 훈육을 선택하는 것이 옳습니다.

혹시 체벌을 한 경험이 있다면 그날 자신의 감정을 되짚어 보십시오. 학교업무 때문에 바쁘지 않았나요? 관리자나 동료와 마찰이 있지 않았나요? 가정에서 스트레스 받지 않았나요?

마음이 평온하고 행복했다면 그런 체벌을 할 수 있었을까요?

저도 초임시절에 체벌을 많이 했습니다. 지금 많이 후회합니다. 교육적인 효과가 거의 없습니다. 반감만 살 뿐입니다. 체벌 뒤에 아이가 달라진 모습을 보이는 것은 내면적인 변화 때문이 아니라 체벌이 무섭기 때문입니다.

체벌은 이성적인 판단이 아닙니다. 체벌은 아이에 대한 나쁜 감정으로 결정된 것입니다. 아이의 행동 교정을 위한 이성적이고 교육적인 판단은 지혜로운 훈육입니다.

좋아하는 것! 원하는 것! 싫어하는 것!

아이들을 지도하면서 가장 힘든 부분이 가르친 보람이 없을 때입니다. 흔히 선생님만 열심히 하고 아이는 딴짓만 열심히 합니다. 선생님이 분통이 터집니다. 아이에게 '너 때문에 선생님이 이 고생을 하는데 도대체 너는 왜 그러니?'하고 질책도 합니다. 아이는 묵묵부답입니다. 선생님은 그 아이가 이해되지 않습니다.

아이는 선생님과 공부하는 것을 좋아하지도 원하지도 않습니다. 원하는 마음만 있어도 그나마 가르치는 보람은 있습니다. 더욱 좋은 것은 좋아하는 마음을 가지게 해 주는 것입니다. 학습 때문에 생기는 갈등을 좋아하는 것과 원하는 것으로 효과를 보는 경우가 있습니다.

학교에 컴퓨터가 처음 도입되었을 때 학습 수행 속도가 빠른 아이들에게 컴퓨터 게임을 제공했습니다. 아이들은 컴퓨터 게임을 좋아했기 때문에 교과학습을 원하게 된 것입니다. 다르게 표현하면 컴퓨터 게임을 원했기 때문에 교과학습을 좋아하게 된 것이기도 합니다. 물론 지금은 게임중독의 심각성으로 사라진 지 오래되었습니다. 그러나 단절된 짧은 시간의 단순한 보상이 게임중독을 만든다는 논리에는 동의할 수가 없습니다.

아이들은 체육수업을 좋아합니다. 그러나 딱딱한 체육수업보다 게임 활동을 좋아하기 때문에 체육수업을 원하게 된 것입니다. 체육전담을 할 때 얌체 같은 아이가 있었습니다. 게임 활동을 하는 시간이면 열심히 참가하다가도 다른 활동을 하면 몸이 아프다는 아이였습니다. 처음에는 하려는 의지가 없는 아이에게 억지로 시켜서 무슨 의미가 있을까? 하는 마음과 괜한 욕심으로 학부모에게 오해를 사기도 싫어서 그 아이가 하는 대로 내버려 두었습니다. 그러다가 실험을 했습니다. 첫 번째 실험은 그 아이가 체육시간에 무엇을 할 것인지 물어오면 '게임 활동'을 할 것이라고 하고 실제로는 다른 활동을 하였는데, 초기의 몇 시간 동안은 체육수업에 참가했지만 이내 몸이 아프다고 하면서 참여를 거부했습니다.

두 번째 실험은 그 아이를 포함하여 모든 아이들에게 세 시간만 체육수업에 열심히 참여하면, 한 시간은 게임활동을 하겠다는 약속을 했습니다. 그 아이는 한 시간을 참여하고 난 후 '언제 게임해요?'라고 물었습니다. 그리고 두 시간을 마친 후에도 똑 같은 질문을 했습니다. 드디어 세 시간을 마친 후에 똑같은 질문을 하기에 '다음 체육 시간은 게임활동이다.'라고 했더니, 활짝 웃으며 어쩔 줄을 몰라 했습니다. 그리고 약속을 지켰습니다. 그 뒤로 체육수업에 적극적으로 참여하는 것은 아니었지만 그 아이 때문에 신경을 쓰는 일은 줄어들었습니다.

아이가 좋아하는 것을 이용하여 제가 원하는 체육수업을 하게 된 것입니다.

아이들은 공부를 좋아하지 않지만 잘하기를 원합니다. 선생님도 공부 잘하는 아이를 원합니다. 그래서 아이들이 공부를 잘하면 좋아합니다. 부모님도 마찬가지입니다. 그러나 간혹 선생님과 부모님들이 아이들이 공부 잘 하기를 원하지 않는다고 착각합니다. 당신들의 학창시절을 돌이켜 보십시오. 시험기간에 마음이 편했습니까? 놀고 있었지만 시험은 잘 보기를 원하지 않았습니까? 그때 선생님이나 부모님이 당신에게 달콤한 당근—금전적인 보상이나 물건, 또는 간절히 원하는 무엇-을 제시했다면 어떻게 되었을까요?

아이들은 특정한 시기에 특정한 학습이 이루어집니다. 임계기라고 하는 이 시기에 정상적인 학습이 이루어지지 않으면 행복한 어른이 될 수 없습니다. 어른이 아니기에 스스로 알아서 척척 하지도 못합니다. 부모님, 선생님을 비롯한 어른들이 알맞은 환경과 학습을 제공해야 됩니다. 그런데 요즘 많은 어른들이 아이가 싫어한다고 중요한 시기를 놓치는 경우가 많습니다. 여기에는 학부모들의 삐뚤어진 자녀 사랑과 교육열이 많은 공헌을 하고 있습니다. 그리고 선생님도 사회의 분위기에 감금당해 가르침을 적당히 포기하는 경우가 있습니다.

선생님의 마음 충분히 이해를 하지만 달리 선생님입니까? 체벌과 훈육은 다릅니다. 임계기의 아이들에게 필요한 것은 훈육을 통해서라도 가르쳐야 합니다. 간혹 체벌 금지가 교육적인 훈육까지도 하면 안 되는 것으로 오해하는 것을 보면 안타깝습니다. 더 나아가 아이들에 대한 열정이 식은 자신을 탓하기보다, 체벌금지라는 벽 뒤에 몸을 숨기고 있는 듯하여 안타깝습니다.

아이들에게 필요하지만 싫어하는 것을 교육적인 훈육과 아이들이 좋아하는 것과 원하는 것을 적절하게 조절하는 교수법으로 조급한 마음보다 더디지만 제대로 가르치는 것이 오늘날의 선생님의 사명이라 생각됩니다. 아이들이 좋아하는 것을 선생님이 원하는 것으로 승화시키려는 노력이 필요합니다. 아이들이 원하는 것으로 필요하지만 싫어하는 것을 좋아하도록 해야 합니다.

교육현실이 그렇지 않음을 압니다. 하지만 지금 내가 바뀌지 않으면 영원히 바뀌지 않습니다.

올바른 생활지도로
존경받는 선생님이 되면 좋겠습니다

호들갑이 지나친 아이가 있었습니다. 이 아이는 아무것도 아닌 일을 크게 확대시키는 천부적인(?) 재능을 타고난 듯했습니다. 그리고 자신이 그런 재능을 발현시킬 때마다 선생님이 자기에게 어떠한 제재도 가하지 못함을 알고 있었습니다. 그래서 선생님을 비롯한 학급의 아이들은 그 아이에게 타고난 재능을 발현시킬 빌미를 제공하지 않도록 신경을 쓰고 있었습니다.

이 아이가 내리막길을 걸어가다가 뒤에 오는 친구에 의해서 미끄러졌습니다. 외관상으로 찰과상도 일어나지 않는 단순하게 넘어진 해프닝이었습니다. 그런데 이 아이가 보건실을 다녀온 이후로 거의 다리를 끌다시피 다니는 것이었고, 계속 통증을 호소했습니다. 그래서 이 해프닝에 관련된 아이들을 따로 모아서 경위를 더 조사해 보기로 했습니다. 요지는 내리막길을 내려오는데 비교적 뒤에 있는 아이의 신발 앞과 이 아이의 앞쪽에 걸어가던 아이의 신발 뒤쪽이 가볍게 엉키면서 도미노처럼 앞으로 쏠려 넘어진 것이었습니다. 그리고 넘어진 아이는 바로 일어나서 걸었고 아무 문제도 발생하지 않았다고 합니다.

그래서 넘어지게 만든 아이들에게 사과를 했는지 물어보니 하지 않았다고 합니다. 고의적인 것은 아니지만 넘어지게 만든 것은 잘못이고 경미하지만 피해를 입혔으니 사과를 안 한 것은 잘못이라고 지적하고 진정성있게 사과를 하도록 했습니다. 그리고 넘어진 아이에게는 선생님의 판단이지만 현재까지의 상태로-양반다리로 앉을 수 있고,

심지어 뛰기까지 하면서 친구들이 볼 때나 선생님이 볼 때만 다리를 끌고 다님-봐서는 별 문제가 없을 듯하니 다른 사람들 불편하게 하지 말자고 했습니다. 원만하게 해결되는 듯하였습니다. 그런데 다음날 보건선생님이 심각하게 받아들이고 있었습니다. 아이가 아침부터 와서 계속 많이 아프다고 통증을 호소하는데 병원에 데리고 가봐야 될 것 같으며, 저에게도 이 일과 관련된 아이들의 자필 진술서를 받아두는 것이 좋겠다고 했습니다. 이 이야기를 들은 다른 선생님도 그렇게 하기를 원했습니다.

기분이 언짢았습니다. 흔히 말하는 '선생님의 머리 위에서 놀고 있는 한 아이' 때문에 본의 아니게 사소한 피해를 준 아이들을 무슨 범죄자 취급하듯 한다는 것이 아주 마음에 걸렸습니다. 학생에 대한 지도가 이렇게 변해간다면 체육시간에 게임이나 구기종목을 하다가 부딪히는 일들, 복도에서 부딪히는 일들 등을 비롯한 아주 사소한 것들에도 잘잘못을 따져야 되는 것인지에 대한 회의감마저 들었습니다.

애초의 나의 생각은 아이가 집에 가서 자기중심적으로 부모님께 이야기를 한다면 오해의 소지가 있으니까, 오후에 부모님과의 전화 통화로 자초지종을 얘기하고 이해를 구하려고 했습니다.

만약의 사태에(?) 대비하자는 주변 선생님들의 충고를 받아들여 보건선생님은 아이들 데리고 병원에 다녀오기로 하고, 저는 이 해프닝에 관련된 아이들을 모아서 현재 선생님이 처한 입장과 만약에 피해를 입은 부모가 항의를 하거나 자초지종을 물어온다면 사실 그대로를 알려주어야 하기에 너희들의 자필 진술서가 필요하다고 설득을 했습니다. 그리고 선생님이 오후에 피해를 입은 아이의 부모와 전화를 하면 쉽게 이해가 될 가능성이 높으며, 선생님의 경험상 너희들에게 아무 일도 일어나지 않을 것이니 걱정하지 말라고 했습니다. 아이들의 얼굴이 환해지면서 대답 소리도 우렁찼습니다.

다행히 병원에 다녀 온 결과 인대가 조금 늘어나 3일만 반깁스로 있으면 괜찮아진다고 하더랍니다. 웃음이 나왔습니다. 인대가 늘어났는데 3일만 지나면 괜찮아진다니, 아마 이 아이의 인대는 자가 치료가 아주 뛰어난가 봅니다. 부모님과 통화하여 이해를 구했더니 아무 탈 없이 잘 지나갔습니다.

선생님은 아이들을 행복한 민주시민으로 성장시켜 주는 것이 의무입니다. 그 속에 생활지도가 있습니다. 아이들 간에 생기는 여러 가지 불협화음과 충돌을 원만히 해결해 가는 과정 속에서 서로 배려하고 용서하는 마음을 갖게 합니다. 그런데 이 경험들이 배려와 용서보다 범죄를 저지른 것처럼 처벌을 우선시한다면 행복한 민주시민보다 살벌한 개인주의자로 성장시킬 것입니다.

학교폭력 때문에 아이들의 생활지도에 너무 민감하게 반응하고 있는 것 같습니다. 성장과정 속에서 오는 아주 경미한 해프닝도 심각한 사건(?)으로 다루어야 하는 현실이 무섭기도 합니다. 그리고 이런 현상이 유행처럼 번지다가 멈출 것인지? 아니면 강도를 더해 가며 계속 진화할 것인지? 오리무중입니다. 이것이 지금의 학교를 더 어렵게 하고 있는 것 같기도 합니다. 또한 학교폭력이 심각한 것도 사실입니다. 폭력 건수가 문제가 아니라, 폭력의 강도가 상식을 초월하고 반인륜적으로 변해가는 것이 더 심각한 문제입니다. 이런 학교폭력의 경우는 단호하게 대처하고 사후 개선 프로그램을 통해서 재발이 안 되도록 적극적으로 노력해야 하는 것이 당연합니다.

그러나 학교생활에서는 오는 사소한 성장통까지도 학교 폭력의 시각으로 대처한다면 사건(?)처리는 깔끔할지 몰라도 그 과정 속에서 받는 아이들의 스트레스와 비뚤어진 교훈은 우리 사회에 어떠한 모습으로 나타날지 생각해 보면 좋겠습니다.

선생님들을 탓하기 위한 것이 아닙니다. 정상적인 학교생활에서 오는 사소한 해프닝, 성장발달 단계에서 오는 성장통까지도 학부모들은 학교폭력으로 간주합니다. 특히, 피해를 입은 학생의 부모라면 더욱 그렇습니다. 그것을 알기에 생활지도의 패러다임이 학생지도보다는 원만한 사후처리로 옮겨가고 있는 것 또한 사실입니다. 오히려 교육적인 측면에서 지도를 하려면 사건을 은폐하고 특정한 학생을 감싸기 위한 것이라고 학교를 때립니다. 이 속에서 선생님은 상처를 입고 지도보다는 매뉴얼에 의한 처벌에 무게를 두게 됩니다.

그래서 제안합니다. 매뉴얼대로 처리하더라도 선생님이 우리를 사랑하고 있다는 믿음을 심어주자는 것입니다. 선생님이 이런 방법을—진술서 작성 등—사용하는 이유를 설명하고, 돕기 위한 방법이지 괴롭히기 위한 것이 아니며, 차후에 이것으로 문제삼을 일이 없을 것이며, 선생님이 감당할 수 있는 것들은 선생님이 책임을 지겠다는 믿음을 주어야 합니다. 그리고 이후에 이런 일들이 생기지 않아야 하며, 누군가가 확인하려 할 때는 있는 그대로만 이야기할 것을 지도하는 것입니다. 비 온 뒤에 땅이 더 굳듯이 이런 일을 한번 겪은 대부분의 아이들은 선생님을 더욱 신뢰하게 됩니다.

회상해 보면 존경스럽고 기억에 남는 선생님은 공부를 잘 가르친 선생님보다 우리의 입장에서 이해해 주려고 노력한 선생님, 편애가 없는 선생님, 우리를 믿어 주던 선생님이었습니다. 존경받는 선생님이 되는 방법은 학교생활의 불협화음에 매뉴얼대로 처리하더라도 그 과정 속에서 아이들의 신뢰를 얻는 것입니다. 어떨 경우에는 과감하게 아이들 편에 서는 것도 한 방법이라고 생각합니다.

혹자는 공무원이 철밥통이라고 합니다. 역으로 생각하면 아이들의 지도 과정에서 본의 아닌 선생님의 사소한 실수 때문에 퇴직당하지 않습니다. 철밥통의 장점을 발휘하여 존경받는 선생님이 되면 좋겠습니다. 그리고 그런 선생님을 응원하는 선생님도 많이 생기면 좋겠습니다.

질문으로 칭찬합시다

칭찬은 포악하기로 소문난 범고래도 춤추게 한다고 합니다. 그러나 칭찬을 의도적이고 지속적으로 하는 것은 쉽지 않습니다. 그래서 시간이 지나면 칭찬이 진정성이 없는 형식적인 것으로 전락하여 그 의미를 상실하고 맙니다. 의미 없고 형식적인 칭찬을 보완하는 것이 바로 칭찬을 질문으로 하는 것입니다.

일반적인 칭찬은 칭찬할 내용을 상대에게 직접 전달하지만 질문으로 하는 칭찬은 무엇 때문에 칭찬을 받았는지를 스스로 알게 하여 내면화시키는 데 그 목적이 있습니다.

아이들에게 칭찬할 내용을 질문으로 전환해서 선생님이 칭찬해야 할 내용을 학생 스스로 말하게 해 봅시다. 학생 스스로 말을 한다는 것은 왜 칭찬을 받았는지를 안다는 것입니다. 따라서 다음에도 칭찬을 듣기 위해 같은 행위를 할 가능성이 높다고 할 수 있습니다.

"일기를 참 쓰는구나! 정말 잘했어!"보다 "○○아! 일기를 정말 잘 쓰는구나! 일기를 잘 쓰는 특별한 방법이 있니?"

"○○○은(는) 책을 읽고 내용파악을 참 잘합니다."보다 "○○야! 내용파악을 정말 잘하는구나! 네가 사용한 방법을 알려줄 수 있니?"

"○○○는(은) 사물함 정리를 정말 잘하는구나!"보다 "○○야 사물함 정리를 정말 잘한다. 잘 할 수 있는 방법을 다른 친구들에게 이야기해줄래?"

"○○○은(는) 준비물을 정말 잘 챙겨 옵니다."보다 "와! ○○는(은) 준비물을 정말 잘 챙겨옵니다. 어떻게 하면 빠짐없이 잘 챙겨올 수 있는지 선생님에게 알려줄 수 있어?"

주의해야 될 점은 고학년이거나 선생님들을 대상으로 할 경우에는 대답을 주저한다면 강요해서는 안 됩니다. 오히려 곤란한 상황을 만들지 모릅니다. 또 분위기가 상대방의 대답을 들을 준비가 되어 있지 않다면 질문으로 칭찬하는 것은 좋지 않습니다. 칭찬이 아닌 비꼬거나 모욕으로 느낄지 모릅니다.

칭찬은 칭찬으로 끝나야 합니다. 상대를 난처하게 하는 것은 칭찬이 될 수 없습니다.

분위기와 상황을 고려한 질문 칭찬으로 그 효과를 높여 봅시다.

잠자는 아이를 깨우자(Ⅰ)

　수업시간이나 기타 학교생활에서 아무것도 하지 않으려는 아이들이 종종 있습니다. 학교폭력이나 왕따와도 관련성이 없습니다. 모둠학습이나 역할분담 등에 자기가 맡은 일을 전혀 하려고 하지 않습니다. 온갖 방법을 동원해도 진전될 기미가 없고 오히려 배신감만 쌓입니다.

　한번쯤 겪어 봤을 것입니다. 그리고 스트레스도 이만저만이 아니었을 것입니다. 다른 선생님에게 이야기해 봐도 특별한 묘안이 없습니다. 간혹 무서운 선생님 앞에서는 마지못해 하는 것을 보고 나도 무서운 척을 해야 되겠다고 하지만 아이는 이미 알고 전혀 미동도 하지 않습니다.

　여러 원인이 있습니다. 이제까지는 아이들에게 원인을 찾으려는 노력이 많았습니다. 하지만 선생님에게서 원인을 찾을 수 있습니다. 선생님을 나쁘게 보는 것이 아니라, 선생님도 사람이기 때문에 사람이 흔히 저지르는 잘못된 생각과 선택의 관점에서 이해해 보시기 바랍니다.

　먼저 의욕이 없는 아이를 어떻게 발견했는지를 냉정하게 판단해 봅시다. 이전 학년도 선생님에게서 들어서 알게 되었는지, 본인이 아이들을 지도하는 과정에서 발견했는지를 생각해 봅시다. 만약 이전 학년도 선생님을 통해 알았다면 이 아이와 다른 아이의 행동을 세심하게 비교하여 관찰해 볼 필요가 있습니다. 왜냐하면 다른 아이와 똑같은 행동을 하지만 선입견에 의해 이 아이에게 더 민감하게 반응하는 경우가 있기 때문입니다. 사람은 한 가지 기준이 정해지면 그 기준에 의해 모든 것을 판단하려는 경향이 있기 때문에 다른 아이들도 쉽게 표현하는 단순한 거부 반응을 이 아이에게만 유독 심각하게 반응하는 것일 수 있습니다.

하지만 잘못 형성된 선생님의 그 기준을 바꾸기가 쉽지 않습니다. 변화의 시작을 아이의 무기력한 행동에는 어떠한 반응도 하지 말고 의욕적인 행동에만 의도적으로 칭찬해 봅시다. 아이를 칭찬하는 횟수가 많아질수록 선생님의 잘못 형성된 기준도 서서히 바뀔 것입니다. 아울러 학생생활기록부나 기록하거나 다음 학년도 선생님에게 학생의 정보를 제공할 경우에는 자신만의 기준에서 형성된 정보가 아닌지를 냉철하게 판단합시다.

그리고 이런 학생을 지도할 때 흔히 하는 실수가 결과와는 아무 관계가 없는 것에서 원인을 찾으려는 것입니다. 아이가 의욕이 없는 것은 선생님의 잘못 형성된 기준이거나 정말로 의욕이 없는 경우가 있을 것입니다. 그러나 수업시간에 아이가 의욕을 보이지 않는다고 다른 행동에 의미를 부여하면 안 됩니다.

6학년 담임을 할 때 한 아이를 만났습니다. 책만 열심히 읽고 내용에 대해서는 기록도 말도 하지 않았습니다. 수업시간에 발표도 전혀 하지 않았고 억지로 시키는 것까지 거부했습니다. 모둠학습에도 전혀 참여하지 않았고, 청소시간에만 유일하게 자기 할 일을 하는데 이것마저 자기가 맡은 일이 끝나면 다른 아이들이나 담임에게 말도 하지 않고 집으로 갔습니다. 성적은 평균이거나 평균에서 약간 모자랐는데 큰 문제가 아니었습니다.

이 아이와의 대화가 우연하게 이루어졌습니다. 그것도 내가 자신을 무시하는 것에 화가 나서 말입니다. 점심시간에 책을 읽고 있는 그 아이에게 '너 책을 읽고 나면 내용을 기억하니?' 하고 무시하듯 물었습니다. 엄청 자존심이 상했는지 '선생님!, 제가 내용도 모르고 책을 읽는 줄 아세요?' 하는 것입니다. 순간 '멍'했지만 '그러면 왜 읽은 내용에 대해서 물어보면 말을 하지 않았어!' 하고 되물으니 책상에서 공책 한 권을 보여주었습니다. 지금까지 읽은 책의 제목과 내용 느낌들이 기록되어 있었습니다.

아이가 의욕이 없다고 다른 것도 못할 것이라는 내 잘못된 기준이 아이에게 아주 큰 상처를 준 것입니다. 이 일이 있은 후에 나의 잘못을 반성하고 아이의 상처를 치유하고자, 좀 과할 정도로 아이가 읽고 있는 책에 대한 이야기도 하고, 읽은 책의 내용을 수업에 활용하는 방법도 지도하고, 의도적으로 아이가 알고 있는 내용을 질문하여 발표도 시켰습니다. 그리고 교내외 독후감 쓰기대회에 참여를 권하기도 했지만, 세월이 많이 흐른 지금도 그 아이가 나를 용서했기를 바라는 마음의 응어리로 남아 있습니다.

선생님은 완벽하지 않습니다. 사람이라면 누구나 하는 실수를 합니다. 무기력하거나 의욕이 없는 아이를 지도할 때도 잘못된 정보에 의한 선입견이 형성되어 있지 않은지, 무기력하거나 의욕이 없다고 아이의 다른 생활에 대한 편견을 가지고 있지 않은지를 잘 판단하여 지도해야 합니다.

더불어 그 잘못된 정보를 생산하는 선생님이 되지 않기를 바랍니다. 그리고 모든 선생님이 이런 실수를 한다고 오해하지 않기를 바랍니다.

잠자는 아이를 깨우자(Ⅱ)

〈2013학교〉라는 드라마에서 어떤 선생님은 잠자는 아이를 깨우기 위해 모둠수업을 진행하고, 어떤 선생님은 잠자는 아이들은 포기하고 수업에 의욕이 있는 학생 중심의 수능 위주 수업을 진행합니다. 그 과정에서 의견 충돌을 일으키고, 서로의 방법이 옳다고 주장합니다.

아이들은 아이들대로 불만입니다. 모둠수업은 잠을 자려고 하는 아이들에게는 잠을 못 자게 하고, 상위권의 아이들은 다른 아이들과 수준이 맞지 않아서 정리하고 발표하는 데 도움이 되지 않는다는 것입니다. 다른 아이들이 잠만 안 잘 뿐이지 교육적 효과는 같다는 것입니다. 수능 위주의 수업은 상위권 아이들에게만 도움이 될 뿐 하위권 아이들은 내용을 이해하지 못해 수업 자체가 무의미하다는 것입니다.

초등학교의 경우 아직까지 수업시간에 노골적으로 잠을 자는 학생은 없습니다. 그러나 중학교에 가면 잠을 잘 가능성을 가진 아이들이 있습니다. 두 부류로 나눌 수 있는데, 한 부류는 학원에서 너무 많은 선행학습을 했기 때문에 수업의 내용을 이미 알고 있습니다. 그래서 시험결과도 아주 좋습니다. 그러나 문제를 해결하기까지의 과정이 생략된 경우가 많아 창의력을 바탕으로 한 응용력이 떨어집니다. 이런 아이들은 고등학교를 졸업할 때까지 아니면 성인이 되어 사회생활을 하면서도 특별한 과외가 필요할지 모릅니다. 여기에는 현행 우리나라 입시제도가 단단히 한 몫을 하고 있습니다. 객관성을 앞세운 지나친 학력위주의 입시제도는 아이들의 잠재력과 창의성을 무시하고 있습니다. 소위 특목고에 가기 위해서는 특목고 대비 입시학원을 다니지 않으면 안 됩니다. 특목고에 꼭 입학을 해야 할 아이들의 자리를 다 빼앗아서 좋은 대학으로 가는 지름길로 삼고 있는 것입니다. 이런 아이들은 부모님의 지원이 중단되는 순간부터 자기 시작합니다.

초등학교 시절에 스스로 공부하는 바른 습관, 공부는 자신의 행복을 위해서 한다는 내적인 동기를 심어주지 않으면 부모님의 관리가 멈추는 순간 아이는 잡니다. 그래서 아이들에게 결과보다는 과정중심의 교육, 창의성교육, 독서활동, 진로교육, 봉사활동, 인성교육, 부모님과 선생님의 꾸준한 대화가 필요한 것입니다.

두 번째 부류는 성취감을 맛보지 못한 의욕이 없는 아이들입니다. 학교에서 훈육이 사라지고 교권이 추락하는 사이 그 비율이 갑자기 늘고 있습니다. 과거에는 '사랑의 매'라는 이름으로 강제적으로 공부를 시켰고 역할도 맡겼습니다. 그래서 결과에 따른 책임을 묻기도 했습니다. 그러나 선생님의 정당한 훈육이 체벌로 간주되고, 선생님의 권위가 추락하는 사이 이 아이들이 거의 방치되는 분위기입니다. 그렇다고 체벌을 주장하는 것은 절대 아닙니다.

그래서 이 아이들을 위한 장기적이고 체계적인 지도계획이 필요합니다. 짧은 기간에 변화를 기대하는 것은 선생님의 욕심입니다. 장기적인 꾸준한 실천에 의해서 작은 변화가 일어나는 시기를 학년말로 생각하면 조급한 마음에서 벗어날 수 있을 것입니다.

초등학교 저학년 선생님인 경우에는 무기력한 아이를 예방하는 것이 중요합니다. 그래서 선생님이 제시한 과제는 반드시 확인해야 합니다. 아이들은 선생님의 작은 칭찬이 보상이고 성취감입니다. 성취감을 통해 도전할 수 있는 용기가 생깁니다. 이 용기가 적극적인 아이로 만듭니다. 확인하지 않거나 건성으로 하는 과제 확인은 아이와 선생님의 시간만 빼앗을 뿐입니다.

고학년의 모둠구성을 할 때 학습내용보다는 학급의 학생 수를 기준으로 나누는 경우가 많습니다. 그래서 모둠활동에 참여하지 않아도 별 문제가 생기지 않는 경우가 많습니다. 소위 무임승차하는 아이가 생기고 이 아이들이 무기력한 아이로 변합니다. 많은 학생이 참여하기 위한 모둠학습이 오히려 아이들을 소외시키는 것입니다. 학습내용과 학습량에 따라 모둠원의 구성을 달리해야 합니다.

그리고 모둠학습을 하려고 하면 노골적으로 싫어하는 아이들이 있습니다. 적극적이지 못하는 아이들 때문에 자신들이 손해를 본다는 이유 때문입니다. 그렇다고 이 아이들만 나무랄 수 없습니다. 그래서 모둠평가를 할 때 전체평가와 개인평가를 병행해야 합니다. 요즘 제공되는 선생님용 지도서나 교수-학습 과정안을 살펴보면 세부적으로 계획이 잘 되어 있습니다. 학급의 환경에 맞게 재구성하여 적용하면 됩니다. 잘하는 아이가 손해 보지 않는 모둠학습이 되어야 무기력한 아이를 핑계 삼는 소극적이던 아이들이 적극적으로 참여합니다.

가능하면 결과에 대해 전체가 책임을 지는 방법에서 탈피해야 됩니다. 사람은 심리적으로 개인의 손해에 대해서는 민감하지만 전체적인 피해에 대해서는 덜 민감하고 책임의식도 덜 느끼는 경향이 강합니다. 따라서 학급의 역할분담을 할 때에도 결과에 대해 개인이 책임을 지도록 해야 되고, 자신의 무기력한 행동으로 전체에게 피해를 간다는 것을 상기시킴과 동시에 다른 아이들의 책임감 있는 행동으로 자신이 불편 없이 생활한다는 것도 가르쳐야 합니다.

잠을 자는 아이를 깨우는 것은 쉽지 않습니다. 그러나 생각과 방향을 달리하면 미리 예방할 수 있습니다. 학부모는 학교에게 학교는 사회에 그 책임을 전가하기보다 내 앞에 있는 아이를 어떻게 대하는 것이 현명한 방법인지를 생각하고 실천합시다. 남들이 다하니 나만 그렇게 하지 않으면 손해 보는 듯한 불안한 마음을 걷어냅시다! 훈육을 할 수 없다고 포기하지 말고 현명한 교수법을 연구하고 공유합시다!

잠자는 아이 만들지 맙시다!

가정교육! 학교가 대신할 수 있을까?

화장실에서 어떤 아이가 커터칼을 가지고 다른 아이에게 상해를 입힌 일이 발생했습니다. 다행이 우려할 만큼 큰 상처가 아니었습니다. 양쪽 부모님을 모시고 상황을 설명하고 가정에서도 특별히 지도를 부탁한다고 했습니다. 그런데 가해자의 부모가 너무도 당당하게 우리는 바빠서 가정교육을 시킬 시간이 없으니 우리 아이의 가정교육을 학교에서 시켜달라는 것이었습니다. 그 부모에게 가정교육이 뭐냐고 물으니 '잘 씻고, 밥 잘 먹고, 교통질서 잘 지키고, 친구들과 싸우지 않는 것 뭐 그런 것들'이라고 합니다.

이 부모의 주장에 많은 사람들이 동의할지도 모르겠습니다. 그러나 조금 달리 생각을 해 봅시다. 흉악범을 검거하고 나면 꼭 나오는 말이 '가정환경이 불우했다. 어릴 적 환경이 정상적이지 못했다.'입니다. 그러면 이 흉악범에게 학교교육이 없었습니까? 간혹 학교에서 이런 흉악범을 제대로 지도하지 못했기 때문이라는 이야기가 들릴 때면 너무나 안타깝습니다. 그리고 가정교육에 대한 올바른 이해가 필요함을 느낍니다.

학교교육은 민주시민으로서 가져야 할 일반적인 항목을 포괄적으로 가르칩니다. 선택 상황에서 민주사회에 역행하지 않는 판단을 하도록 가르칩니다. 그리고 배운 것을 실천하는 것이 진짜 아는 것이라고 강조합니다. 그리고 실천하면 적절한 보상을 통하여 지속적으로 실천하도록 유도합니다.

그러나 나이가 들면서 흔들리기 시작합니다. 눈앞의 이익, 조직의 이익, 경제적인 문제, 인간관계의 지속성 등이 학교에서 배운 것을 실천하는 데 방해하기 시작합니다. 그리고 대부분의 사람들은 적당하게 타협하면서, 흔히 '융통성'이라는 이름으로 포장되고 합리화되어 자신을 위로합니다.

그러나 가정교육이 잘 된 사람은 학교에서 배운 것을 지속적으로 실천하려고 노력합니다. 마음이 흔들릴 때마다 자신에게 영향을 끼친 가족을 생각합니다. '아버지였다면 어떤 판단을 했을까? 어머니였다면 어떤 판단을 했을까? 할아버지나 할머니였다면 어떤 판단을 했을까?'를 생각합니다. 그리고 그분들이 생각하고 행동한 것과 같은 길을 기꺼이 걸어갑니다. 이것이 가정교육의 힘입니다.

흉악범도 자신이 한 행동이 잘못이라는 것을 알고 있습니다. 그러나 그 잘못된 선택을 그만두지 못했던 것은 자신에게 올바른 영향을 준 가족 구성원이 없었다는 것입니다.

대기업의 상속전쟁, 돈 때문에 부모를 살해한 사건은 부모가 돈이 최고라는 영향을 주었기 때문입니다.

반면에 이대호 선수를 보십시오. 어려움을 극복하고 훌륭한 야구선수가 될 수 있었던 것은 할머니 때문이었다고 합니다. 봉사활동도 할머니를 생각하면 그만둘 수 없다고 합니다.

내 아이가 존경받는 성공한 사람이 되기를 바란다면 학교로 달려가 가정교육을 시켜달라고 억지 부리지 말고, 아이에게 올바른 영향력을 끼치는 부모님이 되십시오. 부모님이 초등학교에서 배운 공부를 실천하는 것으로 그 시작을 하십시오. 그러면 아이의 미래가 달라질 것입니다.

거짓말하는 아이는 머리가 좋다

교실에서 아이와 가장 많이 부딪히는 문제 중에 하나가 거짓말입니다. 과거에는 이 거짓말을 바로 잡기 위해서 체벌을 하는 경우가 가장 많았다고 생각됩니다. 거짓말을 잘하는 아이로 낙인이 찍히면 모든 면에서 불리하게 작용을 합니다.

학교를 옮긴 첫해에 6학년 담임을 하였습니다. 싸움과 거짓말을 정말 잘하는 아이를 만났습니다. 학교에 싸움이 일어나면 거의 대부분의 선생님들이 이 아이를 원인으로 지목했습니다.

그날도 여학생을 때리는 일이 발생했습니다. 나는 그 아이에게 왜 때렸는지를 처음부터 끝까지 빠짐없이 말하라고 했습니다. 이야기를 다 듣고 나서 생각하니 이 아이만 잘못한 것이 아니라는 생각이 들었습니다. 그래서 맞았다고 하는 여학생과 담임선생님에게 원인을 제공한 것도 잘못이 있으니 같이 화해하고 지도하자고 했습니다. 그랬더니 이구동성으로 우리 반 아이가 거짓말을 하는 것이라고 했습니다.

교실로 와서 '맞은 여학생과 선생님이 네가 거짓말을 한다고 하는데 그게 정말이가?'라고 물으니 한숨 섞인 목소리로 이런 일이 생길 때마다 모든 선생님이 자기 말은 믿지 않는다고 했습니다. 그래서 네 생각에는 왜 그렇게 생각하는지 물으니 성질이 다혈질이라 누가 놀리면 참지를 못하고 욕과 주먹을 먼저 사용하고 싸움도 잘하니 모든 잘못이 자기에게 돌아오는 것이 억울하여 거짓말을 하기 시작했는데, 이제는 거짓말을 안 해도 했다고 한답니다.

한참이 지난 후에 '요즘은 왜 거짓말을 안 하니?'라고 물으니 거짓말을 해봤자 쉽게 들통이 나고, 거짓말을 한 이유를 말하라는 선생님의 잔소리도 덜 듣고, 거짓말 한 것 때문에 더 야단을 맞으니 안 한다고 했습니다. 더 황당한 것은 거짓말을 안 해도 선생님들이 거짓말을 한 것으로 믿으니 어떤 경우에는 잔소리와 야단을 덜 맞기 위하여 진실을 거짓말이라고 말한 적도 있다고 합니다.

정말 상황 판단력이 뛰어나지 않습니까?

자기가 덜 손해 보기 위해서 자신에게 유리한 방향으로 사건을 전개시키는 능력이 뛰어나지 않습니까? 흔히, 머리가 좋지 않으면 할 수 없는 행동입니다.

우리는 거짓말을 잘하는 아이를 만나면 책임만 물으려고 하고 그 아이의 능력에 대해서는 간과하는 경우가 많습니다. 상황 판단력이 다른 아이들보다 월등한 아이에게 자신의 능력을 발휘할 수 있는 역할을 주면 안 될까요? 그래서 자신의 판단과 선택에 따른 책임을 지게 하면 어떨까요?

지방에서 수학여행을 가면 반드시 가야 될 곳이 에버랜드입니다. 그리고 선생님들이 항상 걱정하는 것이 어떻게 하면 제시간에 정해진 장소에 모이도록 하는 것일까? 입니다. 이럴 때 상황 판단력이 좋은 아이를 조장으로 시키면 예상 외로 문제를 쉽게 해결할 수가 있습니다.

다른 사람에게 피해를 주는 거짓말은 분명히 나쁜 것입니다. 반드시 지도하여 고쳐주어야 합니다. 그러나 거짓말에 초점을 맞추어 지도하다보면 효과도 없고 서로 간에 스트레스와 불신이 생겨 자포자기하는 경우가 대부분입니다. 거짓말을 잘하는 아이를 모든 상황을 판단하여 자기에게 유리한 방향으로 사건을 전개시키는 특별한 능력을 가진 아이라고 생각하고, 그 능력을 긍정적인 방향으로 유도하는 것이 아이와 선생님에게도 도움이 될 것이라 생각합니다.

그래서 이렇게 시작해 보십시오.

아이의 이야기를 끝까지 잘 듣습니다. 듣다보면 반드시 모순이 발견됩니다. 이때 '왜 거짓말 하니?'라고 말하지 말고 모순되는 점을 이야기하고 왜 그런지를 묻습니다. 이때부터 아이의 이야기는 갈팡질팡합니다. 자신에게 유리하게 전개시키려고 하는데 계속 모순이 생깁니다. 거짓말의 한계를 드러내는 것입니다. 이때 선생님이 '왜 거짓말을 했지?'라고 묻습니다. 대부분의 아이는 말을 안 합니다. 다그치지 말고 다시 '너의 잘못이 무엇이라고 생각하니?'라고 묻습니다. 아이는 '거짓말 한 것입니다'라고 합니다. 잠시 기다렸다가 '그러면 지금부터 어떻게 해야 되겠니?'라고 물으면 잘못했다고 합니다. 바로 용서하지 말고 네가 거짓말을 했으니 그에 따른 책임도 네가 져야 한다. 따라서 네가 피해를 입힌 친구에게는 정중하게 사과하고 이러이러하게 하라고 합니다. 그리고 행동으로 실천하도록 합니다.

또 의도적으로 수업내용 중에 있는 갈등 상황에서 그 아이에게 발문을 많이 하여 바른 선택을 할 수 있도록 합니다.

바쁜 교실에서 인내심을 가지고 실천하기가 쉽지 않을 것입니다. 그러나 단번에 고치려고 하지 말고 학기말이나 학년말쯤에 변화된 아이를 상상하면서 꾸준히 시도해 보십시오. 그리고 아이가 가진 뛰어난 능력을 바르게 발휘하도록 도와주십시오. 그런 아이가 선생님의 진정한 제자가 될지 누가 알겠습니까?

잘 들어주는 선생님보다
잘 듣는 선생님

가벼운 회식 자리가 있었습니다. 자연스럽게 학교폭력에 대한 다양한 이야기가 시작되었습니다. 옛날에도 있었는데 요즘에는 언론이 더 부추기는 것 같다. 가정교육이 문제다. 사회분위기가 문제다. 교권이 추락해서 생기는 문제다. 학교폭력의 원인을 다양하게 늘어놓았습니다.

얼마 전에 학교폭력으로 목숨을 잃은 한 아이의 삼촌이 인터뷰에서 '어떻게 선생님이 아이가 이렇게 되도록 알지 못했는지 납득이 가지 않는다'에 대해서 선생님인 우리가 명쾌하게 설명을 할 수 있는지를 물었습니다.

경력이 높은 선배님이 '그러면 아이가 그렇게 되기까지 가정에서는 무엇을 했는지? 그 가족에게 물으면 명쾌하게 설명할 수 있을까?'로 되묻습니다. 그 선배님과 언쟁을 하기 위한 것이 아니라서 더 이상 대화를 진척시키지 않았습니다.

학교폭력에 대한 많은 대책들이 쏟아져 나오지만 그 효과는 미미한 것 같습니다. 아마 교과부의 통계는 줄었다고 할 것입니다. 노출이 안 되면 줄어든 것이니 그렇다고 볼 수 있겠죠? 그러면 학교폭력이 해결된 것일까요? 앞으로 학교폭력이 발생하지 않을까요? 수치상으로 줄어든 통계가 그 아이의 삼촌이 한 말에 대한 명쾌한 답이 될 수 있을까요? '업무가 많아서', '학생 수가 많아서', '어떻게 모든 아이들을 따라 다닐 수 있겠습니까?', '아이가 말을 하지 않으니 어떻게 알겠어요'가 답이 될 수 있을까요?

명쾌한 답은 '아이가 선생님에게 말을 하지 않아서 몰랐다'는 것이라고 생각합니다. 피해를 입는 아이가 아니 모든 아이가 선생님에게 미리 말만 해주면 문제를 쉽게 해결할 수 있는데, 왜 말을 하지 않을까요?

무엇이 문제일까요?

아이가 선생님에게 이야기를 한다는 것은 부담입니다. 부담스럽게 한 이야기를 제대로 들어주지 않는다면 그 아이는 두 번 다시 나에게 이야기 하지 않을 것입니다. 이런 경우 종종 있습니다. 담임인 나를 무시하고 다른 선생님에게 이야기를 해서 학급의 일을 다른 선생님을 통해서 듣습니다. 그 아이를 혼냅니다. 나에게 이야기를 하면 되는데 왜 다른 선생님에게 이야기를 해서 나를 창피하게 하느냐고 다그칩니다. 그 아이는 이제 다른 선생님에게도 이야기를 하지 않습니다.

쓸데없는 이야기를 했다고, 절차를 무시하고, 형식을 갖추지 않고 이야기를 했다고 처벌하지 맙시다.

나에게 이야기를 하지 않은 것은 나에게 문제가 있는 것입니다. 내가 친밀한 분위기를 만들지 못했기 때문입니다.

미소를 지으면서 밝은 표정으로, 밝은 목소리로 친밀감을 주는 질문으로 하루를 시작해 봅시다. 개콘의 인기프로그램에 대한 이야기, 지역행사에 대한 이야기, 건강에 대한 이야기, 부모님의 안부, 게임, 만화, 스포츠, 아이돌 등이 말문을 여는데 좋은 소재가 될 수 있을 것입니다. 그리고 질문은 누구나 답할 수 있는 짧으면서도 가벼운 것이 좋을 듯합니다. 즉 아이들에게 혀를 먼저 내미는 것이 아니라 귀를 내미는 습관을 들이자는 것입니다. 그래서 우리 선생님은 우리들의 이야기를 잘 듣는 사람이라는 인식을 시켜 줍시다.

이야기를 잘 듣는 선생님이란 소리를 듣기 위해서는 선생님의 행동이 아이들에게 일관되고 예측이 가능해야 합니다. 선생님의 물리적, 심리적 상태에 따라서 듣는 태도가 달라지면 아이들은 금방 선생님의 진정성을 의심합니다. 상황에 따라 달라지는 선생님을 보면서 아이들은 이야기 한 다음의 상황을 예측하지 못합니다. 의심하고 불안해합니다.

아이들의 사소한 이야기에도 귀를 기울이는 습관을 길러야 합니다. 선생님인 우리에게는 사소하지만 아이들에게는 중요한 일입니다. 어른이 아이를 보고 무슨 걱정이 있느냐고 반문할 수 있을 것입니다. 그러면 '당신의 어린 시절은 걱정이 없는 행복한 나날이었습니까?'라고 묻는다면 '네'라고 할 수 있습니까?

아이의 말을 자르고, '결론부터 이야기해! 지금 바쁘니까? 다음에 이야기 하자'는 식의 말은 '네 이야기는 중요하지 않아, 가치가 없는 거야'와 같은 뜻입니다.

아이들의 이야기를 듣는 것은 정보를 얻기 위함입니다. 일관성이 없고 예측이 불가능한 상황을 만들고 사소하다고 무시하는 것은 아이들의 중요한 정보를 차단하는 지름길을 만드는 것과 같습니다.

그런데, 힘든 것이 아이들마다 말하는 방식이 다르다는 것입니다. 어떤 아이는 내성적이라 아주 작은 목소리로 문장을 연결하지 못하고 단어 위주로 이야기를 합니다. 어떤 아이는 외향적이라 소리도 우렁차며 눈치 없이 이것저것 다 이야기하고, 어떤 아이는 감정의 폭이 심하여 흥분하여 눈물을 글썽이며 이야기합니다. 이럴 때마다 선생님은

'똑바로 말해!'라고 하며 태도를 나무랍니다. 흔히 선생님의 보편적인 스타일로 바꾸려고 노력합니다. 수업의 연장입니다. 아이는 직감적으로 선생님은 나의 이야기에 귀를 여는 것이 아니라 발표를 잘못하는 나를 나무라는 것이 우선이라고 판단합니다.

아이들에게 중요한 정보를 얻기 위해서는, 아이들의 특성과 감정을 이해하고 공감한다는 수용적인 태도를 적극적으로 보여주어야 합니다. 듣는 척을 하는 것이 아니라 공감하면서 말문을 여는 적절한 질문을 함께 하면 더욱 좋을 것입니다. 그리고 평소에 아이의 가정환경이나 교우관계 등에 대해서 가볍게 질문하고 진지하게 경청하는 태도를 보인다면 아이의 특성과 감정을 더 이해하기 쉬울 것입니다.

말을 하지 않아서 몰랐다고 하는 시대는 지나가는 것 같습니다. 법적인 책임은 없더라도 도덕적인 응어리는 가슴 한구석에 뿌리 깊게 박혀 괴롭힐 것 같습니다.

많은 선생님이 실천하고 계실 것입니다. 그러나 쉽지 않을 것입니다. 그래도 포기하지 않고 실천해 보렵니다.

친절한 선생님

요즘 아이들은 부모님이나 선생님의 안내가 없으면 아무것도 할 줄을 모른다고 어른들이 불평을 합니다.

다 큰 아이를 데리고 놀이터에 나가 이것 타라! 저것 타라! 하는 사람은 누구일까요?

초등학교 고학년인 아이의 책가방을 챙겨주는 사람은 누구일까요?

준비물을 챙겨가지 않은 아이에게 직장을 포기하고 학교에 갖다주는 사람은 누구일까요?

아이의 학교생활을 고쳐주기 위해 꾸중을 한 선생님께 아이 대신 사과하고 변명하는 사람은 누구일까요?

밥상머리에서 아이가 밥을 먹기 전에 이리 먹어라 저리 먹어라 하는 사람은 누구일까요?

사회가 거칠어지고 아이들이 마음 놓고 다니지 못하는 세상인 것을 감안하더라도 친절한 부모님 때문에 아이들이 스스로 판단하여 행동하는 경우가 줄어들고, 자신의 행동에 대한 책임도 남에게 전가시키는 경우가 점점 많아지고 있습니다. 면면을 살펴보면 잘한 것은 부모님 덕분이고 못한 것도 부모님 탓인데, 잘한 것은 아이가 한 것이고 못한 것은 부모님 때문이라고 아이들이 생각하는 것이 현실입니다. 확장되어 잘 한 것은 내가 한 것이고 못한 것은 남 때문이라는 것입니다.

동학년 협의회 시간이나 연수시간, 회식자리에서 위와 같은 부모님의 행동으로 아이들이 점점 독립성이 없어지고 책임감이 사라지고 스스로 할 줄 아는 것이 없어지는 것을 한탄스러워 합니다.

그러나 오늘 선생님은 아이들에게 얼마만큼 생각하여 선택할 수 있는 시간을 주었습니까?

아이들이 학교에 오면 모든 것이 정해진 틀이 있습니다. 틀 자체가 아이들에게 생각하고 선택할 권한을 억압한다고 생각하지는 않습니다. 그러나 그 틀 속을 살펴보면 선생님이 너무 친절하게 안내합니다. 자리에 앉는 방법, 식사하는 방법, 화장실 사용법, 도서관 사용법, 과학실 사용법 등 모든 것이 너무나 자세하게 안내되어 있습니다. 심지어 초등학교 고학년 학생들의 줄을 세울 때에도 선생님이 한 학생, 한 학생을 일일이 자리를 잡아 줍니다. 학생들은 선생님이 시키는 대로만 하면 됩니다.

과학실험을 할 때에는 모든 것을 아이들의 능력과 관계없이 아주 친절하게 안내를 합니다.

이렇게 해야만 훌륭한 선생님일까요?

알림장이 있습니다. 수업을 마칠 때 내일 준비물이나 부모님이 알아야 할 내용을 기록하게 하는 것입니다. 저학년일 경우에는 선생님이 칠판에 자세히 안내를 하는 것이 필요하지만 고학년의 경우는 따로 선생님이 기록해 주지 않아도 스스로 기록할 줄 알아야 합니다. 선생님은 어떻게 합니까?

한 아이의 부모가 전화를 합니다. 왜 선생님이 칠판에 알릴 내용을 기록해 주지 않느냐는 항의입니다. 선생님은 속으로 생각합니다.

'일일이 내가 다 적어줘야 하나? 본인이 필요한 내용이면 알아서 적어야지. 요즘 아이들은 스스로 할 줄 아는 것이 없어!'

부모의 잘못일까요? 선생님의 잘못일까요?

비가 옵니다. 한 아이가 질문을 합니다.

'선생님 우산을 써야 합니까?'

한 아이는 서툴지만 우산을 쓰기 위해 낑낑거리면서 도움을 청합니다.

'선생님 우산이 잘 펴지지 않아요! 좀 도와 주세요.!'

우리는 어떤 아이로 키워야 할까요?

네 탓이 아닌 내 탓이다

생활하는 곳에 101호라는 식당이 있습니다. 하루의 교육활동이 끝나고 나면 간단한 반성회와 현재의 교육현실에 대한 안타까움을 토로하는 자리가 마련되는 곳입니다.

오늘의 주제는 학교폭력이었는데, 학교폭력의 원인과 대책에 대한 것이 아니라. 학교폭력이 발생하고 나면 우리가 어떻게 대처해야 되며, 현재 교육부를 비롯한 도교육청과 지원청의 역할이 무엇이냐는 것이었습니다.

가까운 곳에서 학교폭력이 발생하여 신문에 기사화되었다고 합니다. 그러나 기사의 내용이 현실과는 너무나 동떨어진 이야기라는 것이 문제라고 합니다. 소위 '억울한 가해자'라고 합니다. 사건의 진상을 떠나 신문에 보도가 되니 당연히 교과부에서 특별감사를 실시하는 중이라고 합니다. 그런데 감사하는 방법이 학교폭력이 발생하면 대처하는 매뉴얼대로 했느냐를 따지는 것이라고 합니다.

학교는 학생지도에 문제가 생기면 가장 먼저 학생들의 안전을 먼저 생각합니다. 서류에 기록을 먼저 하지 않는다는 이야기입니다. 학생의 안전을 생각한 조치를 취한 뒤에 상황을 기록으로 남기고 상부 기관에 보고하고 사후 대처를 합니다. 예를 들어 학생이 다쳐서 피를 흘리고 있는데 응급 조치를 취해서 병원에 데리고 가는 것이 먼저이지, 피를 흘리는 원인이 무엇이며, 가해자는 누구이며를 기록으로 먼저 남기지는 않습니다.

그런데도 학교폭력이 발생하면 학생의 입장에서, 교육적인 측면에서 바라보는 것이 아니라 절차를 제대로 거쳤는지를 따져서 그 책임을 학교장이나 선생님에게 묻습니다.

학교에서 교육이 이루어지는 과정에 여러 가지 문제가 발생할 수 있습니다. 선생님이 일부러 문제를 일으키는 경우는 하나도 없습니다. 그렇다면 교육적인 입장에서 서로에게 책임을 떠넘기는 것보다 서로 책임지려는 자세, 특히 교육부를 비롯한 상부 관청은 징계를 주기 위한 감사가 아니라 비슷한 사례가 두 번 다시 발생하지 않도록 예방하는 감사가 당연하다고 생각합니다. 학교장에게 선생님에게 징계한다고 근본적인 문제가 치유되겠습니까?

그리고 학부모에게도 부탁드립니다.

학교폭력은 정말 일어나면 안 됩니다. 내 아이가 피해자가 되었다면 피가 거꾸로 치솟는 심정일 것입니다. 하지만 단순한 실수에 의한 사고, 흔히 또래 집단에서 일어날 수 있는 다툼을 학교폭력으로 포장하여 학교를 흔든다면 누가 가해자고 누가 피해자이겠습니까?

거듭 강조하지만 학교폭력은 단순한 학교의 문제, 교육의 문제가 아니라 이 시대를 살고 있는 어른들이 뿌려 놓은 씨앗이 발아한 것입니다. 어른들이 뿌려 놓은 씨앗을 서로 책임만 떠넘기고 근본적으로 제거하지 않으려 한다면 그 씨앗이 결국 우리 사회를 칭칭 감아 버릴 것입니다.

'네 탓이 아닌 내 탓인 것입니다.'

학교폭력을 어른들의 논리로 계산적으로 접근하지 않기를 바랍니다. 아마 당신도 학교폭력의 제공자일지 모릅니다.

학교폭력은 사회문제이다

전교생이 300명에 조금 모자라는 시골의 초등학교를 졸업하고 학년당 10학급인 도시의 중학교로 진학을 하였습니다. 이때도 가장 두려운 것이 상급 학년이나 동학년에서 싸움 좀 한다는 선배나 친구에게 얕보이지 않는 것이었습니다. 가까이 하지 않고 튀는 행동을 하지 않는 것이 상책이었습니다. 쉬는 시간에 화장실 뒤에서 누가 맞았다고 하는 이야기나 자기들끼리 싸우다가 다쳤다는 이야기를 흔히 들었습니다.

토요일 오전 수업을 마치고 집으로 가는 버스를 타기 위해 친구들과 걸어가다가 경찰서 뒤에서 상급생에게 돈을 털렸습니다. 다행히 차비는 빼앗지 않았습니다. 그 다음부터 절대 그 길로 가지 않았습니다. 또 경찰에 신고하는 것도 두려웠습니다. 아니 경찰서에 신고하러 가는 것 자체가 두려웠습니다. 그 뒤 고등학교를 진학했어도 폭력써클 같은 것이 존재했습니다. 그런데 지금과 다른 것은 돈을 뺏거나 이유 없이 친구를 괴롭히지 않았습니다. 이 학생들에 대한 선생님들의 대처도 큰 문제를 일으키지 않으면 그냥 넘어갔습니다. 아니면 폭력에 가까운 매로 다스렸습니다. 이 때에는 체벌이 아무 문제도 안 되었고, 오히려 오죽했으면 선생님이 때렸겠냐는 것이 사회적인 분위기였습니다.

요즘의 학교 폭력은 어떻습니까? 상상을 초월합니다. 어디서 그런 발상을 했는지 아찔합니다. 어디서 배웠을까? 어떻게 습관화되었을까? 상대방이 느끼는 감정은 알고 있을까?

교육부를 비롯하여 각종 사회단체에서 늦은 감은 있지만 각종 대책을 발표하고 있고 제도도 개선시킨다고 합니다. 그런데 학교폭력을 학교문제, 교육의 문제로만 생각하고 있는 것이 안타깝습니다.

얼마 전에 TV에서 교육부의 한 분이 학교폭력을 근절시키기 위해서 선생님연수를 강화해서 예방을 하겠다는 것을 보고 정말 뭘 모르고 있다는 생각이 들었습니다. 듣기에 따라 학교 폭력이 선생님들의 교육방법이 잘못되어서 그렇다는 식으로 들렸습니다.

그러나 지금의 학교폭력의 형태를 보면 영화나 인터넷 게임과 흡사합니다. 사이버 세상과 현실을 구별하지 못합니다. 깡패들의 의리가 영웅시되고, 자기 목적을 달성하기 위해서 마음대로 살상하는 사이버 세상!

예전에는 이런 사이버 세상이 없었습니다. 있었다고 하더라도 접근하기가 어려웠습니다. 지금은 어떠합니까? 교육과 경제성장이 충돌하면 항상 교육은 뒤로 밀립니다. 원칙대로라면 학교 주변에는 유해환경이 들어올 수 없습니다. 현실은 어떠합니까? 게임시장을 발전시키기 위해서 우리 청소년을 게임중독자로 만들고 있지 않습니까? 청소년 관람가에 대한 등급이 적정합니까?

언론에서 학교폭력의 가해자의 부모는 고소득의 전문직종이라고 합니다.

부모님은 바쁘니 제일 중요한 가정교육을 학교교육에서 또는 학원교육에서 해결하려고 하니 당연한지도 모릅니다. 학교교육이 아무리 제대로 이루어진다고 하더라도 사회가 근본적으로 변화하지 않으면 학교폭력은 해결하기 어렵습니다.

학교폭력이 행해지고 있음에도 왜 대처를 하지 못하느냐고 질타를 합니다. 그러나 선생님이 섣부르게 가해자와 피해자를 구분했을 때 그에 따른 책임은 엄청납니다. 교직을 떠나야 할지도 모릅니다. 가해자의 부모가 왜 우리 아이가 가해자냐고 법적으로 해결하려고 든다면 그 과정을 상상해 보십시오. 즉 우리사회는 이미 교육의 권위, 학교의 권위, 선생님의 권위와 전문성을 인정하지 않습니다.

그리고 청소년 스스로 유해환경을 판별할 수 있는 능력을 길러줘야 학교폭력을 예방할 수 있는데, 우리나라의 학교는 학력이 최우선입니다. 학력이 높은 학교는 좋은 학교이고, 학교폭력이 없는 학교는 그저 그런 학교입니다. 이런 상황에서 청소년의 성장속도에 맞는 단계적인 학교폭력 예방프로그램을 지속적으로 운영하기는 불가능합니다. 교과시수에 의무적으로 학교폭력에 관한 내용을 실시했다고 기입하는 것이 중요한 것이 아니라, 학교폭력 예방에 승진 가산점을 주는 것이 아니라, 담임에게 승진 가산점을 주는 것이 중요한 것이 아니라, 지속적이고 단계적으로 지도할 수 있는 시수확보가 되어야 하는데 교과 학습량은 줄지도 않고 오히려 늘어나고 있습니다.

안전교과, 인성교과를 신설하여 공부하듯이 가르치면 인간의 품성 점수가 올라간다고 착각하는 현실이 안타깝습니다.

얼마 전에 택시를 탔습니다. 택시기사에게 "요즘 청소년들이 타면 기분이 어떻습니까?"라고 여쭈어 보니 기사를 처음 할 때에는 흔히 예의가 없는 청소년을 보면 굉장히 화가 나고 했는데, 이제는 그렇지 않다고 합니다. 이유를 물으니 "저런 아이로 만든 부모-부모의 가정 교육 부재-와 사회가 문제지 아이들이 뭔 잘못이 있겠습니까?"입니다. 실제로 가족이 함께 택시를 타면 부모와 자식이 하는 말투와 행동이 똑같다고 합니다.

사회와 어른이 모범이 되어야 합니다.

제3장

선생님, 선생님!

어느 리더십 연수회에서 만난
가짜 교육 전문가들

장학사를 하는 친구에게 전화가 왔습니다. 고등학교 학생회장을 대상으로 리더십 연수를 하는데, 진행요원으로 참여해 달라는 것이었습니다. 두 가지 이유에서 잠시 망설였습니다. 하나는 초등학교 선생이라 고등학생이 대상인 것이었고, 또 하나는 웬만하면 교육청 관련 일을 하고 싶지 않았습니다. 교육청과 사사로이 얽히는 것이 용감한 선생을 하는 데 방해가 되었기 때문입니다.

답을 못하고 머뭇거리고 있는데 힘들면 다른 선생님을 알아봐야 한다는 힘 빠진 친구의 이야기에 참여하겠다는 약속을 했습니다. 며칠 뒤에 진행요원을 대상으로 하는 협의회가 있었는데, 시작 전에 친구가 따로 리더십 연수 전체 진행을 책임지고 해주면 좋겠다는 요청이 있어서 제대로 해보자는 마음에서 그렇게 하겠다고 했습니다.

그런데 진행요원 중 다른 한 분이 이 연수에 굉장한 애착심을 드러내며 과거에 본인이 해 본 경험이 있음을 강조하며 협의회를 주도하였습니다. 현실을 무시하고 형식에 치우친 이벤트적인 요소가 있어서 반대의견을 적절히 제시하며 목적에 맞는 연수회 준비를 강조했습니다.

협의가 끝난 후 친구에게 고등학교 선생이고 경험도 있고 애착심이 많은 분이 총진행을 하는 것이 바람직하겠다는 의견과 열심히 돕겠다는 이야기를 전했더니 그렇게 하자고 했습니다.

며칠이 지난 뒤 친구에게 전화가 왔습니다.

총진행을 맡아주어야겠다는 것입니다. 어리둥절하여 경험과 애착이 있는 분의 이야기를 했더니 사정이 생겼다고 했습니다. 그래서 다시 총진행을 맡게 되면서 연수를 위한 사전 준비, 현재까지 준비사항, 진행절차, 연수 장소 사전 점검 등에 대하여 체크를 하였습니다. 특히 연수 장소가 걱정이 되어서 방문을 하게 되었는데 마이크 시설을 비롯한 여러 가지가 부족했습니다. 하지만 만족스럽지는 않겠지만 원만한 진행이 이루어지도록 시설을 보충하겠다는 약속이 이루어져서 안심을 하였습니다.

연수를 며칠 앞두고 최종 점검을 위한 준비위원 협의회가 있었습니다.

점검과 많은 이야기가 오고 갔지만, 현실을 반영하지 못하는 이상적인 의견과 과거의 경험담을 앞세운 '본인 내세우기', 다른 참여자의 관심과 능력 알기는 외면한 채, 자신이 판단한 자기의 전문적인 능력을 기준으로 가르치려는 태도는 리더십을 진행하는 요원으로서 부적절했습니다.

그래서 이 연수의 가장 큰 목적은 연수를 마친 고등학교 학생회장들이 고등학생회장단을 구성하고 나아가 고등학생들의 문제를 스스로 해결할 수 있는 건강하고 건전한 역량을 기르는 것임을 강조하면서 일회성의 이벤트가 아닌 지속적인 성장을 이루기 위해서는 학생들 스스로 문제를 발견하고 해결방법을 선택하여 실행할 때 진정성 있는 참여가 이루어지고 이것이 지속성의 원천인데, 어른들이 인심 쓰듯 던져주는 정책은 학생들의 자발성을 발현시키지 못하기 때문에 일회성 이벤트에 그치고 만다는 반론을 제기하니 별다른 반응을 보이지 않았습니다.

이때 주축이 된 준비위원들의 마음을 대충 알았습니다. 고등학생회 장들의 리더십 역량 강화가 목적이 아니라 적극적으로 참여하지 않고 본인들만의 전문성을 뽐내려고 한다는 것을 알았습니다. 전문성이라고 내세우는 것이 분임토의를 위한 토론법이고, 과거의 경험담 자랑이었는데, 토론법을 모르는 선생이 어디 있으며, 자랑거리 없는 선생이 어디 있겠습니까? 친구가 총진행을 내게 맡긴 이유를 알 것 같았습니다.

등록부터 퇴소까지 꼼꼼한 시나리오를 작성했습니다. 수시로 친구와 연락하며 발생 가능한 사안에 대해 토의하며 해결책을 강구하였습니다.

연수회 당일 연수 장소에 도착하니 교육청 직원과 친구의 등록 준비가 한창이었습니다. 주변의 많은 사람들이 적극적으로 도와주는 것을 보면서 친구가 부럽기도 하고, 평소 남들이 힘들어 하고 어려워하며 회피하는 일을 걱정보다는 부드러운 말투와 체계적인 접근법으로 해결하는 친구를 또 한 번 닮고 싶다는 생각을 갖게 했습니다.

준비위원들과 교육청 직원들의 협력으로 등록 준비가 마무리 되었습니다.

입소식 말미에 생활수칙을 이야기하며 상식적인 수준에서 스스로 생각하고 판단하여 행동하자와 리더로서의 최고 덕목이 솔선수범임을 강조했습니다. 그리고 휴대폰 사용도 협의회에서 논의된 대로 학생회장들의 자율에 맡겼더니 박수와 환호가 터졌습니다. 물론 이런 자율을 악의적으로 이용하지 말자는 당부도 빠뜨리지 않았습니다. 학생회장들 역시 우렁찬 대답으로 약속을 했습니다.

이어진 리더십 강사의 연수는 환상적이었습니다. 학생회장 모두에게 꿈에 관해서 생각해 보는 시간과 실천 의지를 다지는 시간이었습니다. 많은 강의를 하는 분이라고는 알고 있었지만 이렇게 전문성과 열정을 가진 분인 줄은 미처 몰랐습니다.

학생자치회에 대한 강의가 이어졌습니다. 학생회장들이 많이 공감하는 내용들이었습니다. 하지만 현재의 학교가 어느 누구만의 잘못이고, 어느 누구의 의지가 없어서, 어느 부류를 대변하기 위해서 그렇다는 것은 막연한 대립관계를 형성시킬 수 있다는 취지에서 공감하기 힘들었습니다. 그리고 본인이 알고 있는 지식과 정보의 수준으로 다른 분야를 폄하하는 것은 학생인권을 강조하는 강사로서의 자질에 문제를 제기하고 싶었습니다. 학생 인권에 대한 다양한 정보를 알려주고 학생자치회에 대한 우수 사례를 소개하여 학생회장들 스스로 판단하고 선택하는 자발적인 참여 의지를 고취시키기에 역부족이었습니다. 달콤한 말로 학생들의 민감한 뇌세포를 미혹시키는 선동가보다 잔잔한 바람을 일으키는 운동가가 되기를 마음속으로 빌었습니다.

분임토의가 시작되었습니다.

학생회장들이라 많은 기대를 했습니다. 논리적이고 체계적인 뭔가를 기대했습니다. 식상하지 않은 그 나이 또래의 신선함을 기대했습니다. 한편으로 기성세대에게 일침을 가하는 당돌함을 기대했습니다. 하지만 큰 기대일 뿐이었습니다.

제일 아쉬웠던 것은 정해진 시간에 다양하고 창의적인 방법으로 문제를 해결하는 것이 문제해결 능력인데, 생각은 앞으로 나아가지 못하고, 정리는 안 되고, 발표를 위해 형식을 지나치게 꾸미고 싶은 욕심에 시간 연장을 요구하는 것이었습니다. 분임을 지도하는 일부 진행 선생님도 학생들 탓만 하고 조력자로서의 제 역할을 하지 못하는 것에 짜증이 났습니다. 토의 토론에 전문성이 있는 것처럼 행동한 선생님들조차도 시간 조정에 실패하고 문제해결 능력의 진정한 의미를 모르고 있는 것에 짜증을 넘어서는 단계가 되었습니다.

분임토의가 자정까지도 끝나지 않았지만, 분임 토의실을 정리하고 숙소로 이동하도록 했습니다. 친구와 숙소에서 잠시 쉬고 있는데, 교육감과의 대화를 준비하고 계신 선생님께서 여러 가지 시설 준비와 진행방법, 의자배치에 대해서 의논하자고 하셨습니다. 꼼꼼하게 준비하는 선생님을 보면서 최선을 다해 지원을 해야 되겠다는 생각과 함께 현실적으로 가능할 것인지에 의문이 생겨서 모험보다는 안정을 추구하는 방향으로 의견을 냈습니다. 그리고 자리 배치가 다소 권위적일지라도 학생회장들이 잘 볼 수 있도록 무대 위에 교육감 자리를 배치하고, 학생회장들에게 소통을 원활하게 하기 위한 것이라고 설명하고 실제 진행을 소통 위주로 하면 좋겠다는 의견을 제시했습니다. 하지만 진행을 준비하는 선생님은 모험이 아니고 가능할 것 같다는 논리적인 주장을 펼쳤습니다. 그래서 내일 일찍 준비를 하기로 했습니다.

분임 발표가 시작되었습니다. 기대한 것보다 잘되었습니다. 중간 중간에 오디오 시스템이 말(?)을 안 들어서 매끄럽지 못했지만 분임토의 결과에 만족하고 적극적으로 호응하는 학생회장들의 패기가 좋았습니다. 어제 저녁 레크리에이션에 보았던 다양한 끼와 재능, 분임토의 발표에서 느껴지는 패기를 학교에서 발산시킬 수 있다면 얼마나 좋을까 하는 공상을 잠시 했습니다.

교육감과의 대화를 위해 자리 배치를 했습니다. 안정위주로 진행하자는 의견을 낸 것이 부끄러웠습니다. 의자배치를 비롯한 대화 공간이 새롭게 탄생되었습니다. 진행 선생님의 새로운 시도와 안목이 놀라웠습니다. 꼼꼼히 계획하고 수시로 의논하여 새로운 시도를 주저하지 않는 선생님에게 존경과 더불어 깨우침에 대한 감사의 인사를 전했습니다.

교육감과의 대화를 마지막으로 공식적인 연수 일정은 끝이 났지만, 정리와 반성을 위해서 준비위원들의 협의회가 있었습니다. 고생했다는 형식적인 인사와 더불어 간단한 소감을 말하는 시간을 가졌는데, 말만 하고 제 역할을 제대로 하지 못한 분이 또 남탓을 합니다. 준비에 전혀 도움을 주지도 않았고 도움도 되지 않았으면서, 본인이 준비를 다 한 것처럼 이야기를 합니다. 또 다른 토의와 토론에 전문성이 있다는 분은 바쁘다고 일찍 귀가까지 한 상태였습니다.

색다른 경험을 했습니다.

자칭 전문가인 것처럼 행동하는 가짜 전문가들의 낯두꺼움을 보았습니다. 말과 행동이 전혀 다른 가짜 전문가들을 보았습니다.

지원하는 역할만 묵묵히 하는 것이 만만해 보였는지 조심성도 없이 대하는 태도를 보이기에 리더십 강사 자격증을 이야기하니 슬그머니 말꼬리를 흐렸습니다. 약자에게 강하고 강자에게 약한 간사한 가짜 전문가로밖에 보이지 않았습니다.

학생들을 위하고 동료를 위하고 교육을 위한다는 말만 앞세워서 사리사욕을 챙기는 가짜 전문가를 보았습니다.

언론매체마다 가짜 전문가들이 판치고 있습니다.

돈을 벌기 위해서 검증되지 않고 임의로 편집된 괴팍스러운 정보로 대중을 현혹합니다. 가짜 전문가들이 연구하고 조사한 것은 하나도 없습니다. 전문직 지위나 인기를 등에 업고 더 높은 인기나 더 많은 돈을 벌기 위하여 전문가 행세를 합니다. 많은 사람들이 현혹되어 정신적 물질적 피해를 입지만 가짜 전문가는 돈과 인기를 챙깁니다.

교육에도 가짜 전문가들이 판을 치기 시작했습니다. 말과 행동이 일치하지 않는 가짜 전문가들을 경계해야 합니다. 선동을 일삼고 책임질 부분이 있으면 슬그머니 피하는 가짜 전문가들을 멀리해야 합니다. 교육의 발전과 성장보다 개인의 욕심에 눈이 먼 가짜 전문가들을 외면해야 합니다.

가짜 교육 전문가인 당신이 선생님이라고 생각한다면 당신의 이기를 위해서 대중을 현혹하기보다 곁에 있는 학생들과 동료에게 능력을 먼저 인정받기 바랍니다. 그리고 진짜 교육 전문가는 가짜 교육 전문가들에게 현혹되지 않고 묵묵히 내일의 수업을 준비하는 보통의 선생님입니다. 전문가로서의 자부심을 가집시다. 파이팅!

직원여행 왜 가는 거야?

상조회격인 직원친화(목)회가 있습니다. 목적은 교직원들의 친화와 상호부조입니다. 그래서 친화를 위한 직원여행과 경조사 참여가 가장 큰 사업입니다. 경조사 참여는 정해진 회칙에 의거하여 집행하면 별 어려움이 없습니다. 하지만 직원여행은 늘 논란이 됩니다. 실시와 미실시, 기간 결정, 장소 선정, 참여 정도, 경비 지출의 범위 등 힘든 일이 한두 가지가 아닙니다. 그중에서 가장 어려운 것이 기간 결정과 참여 정도입니다. 학교 분위기와 교직원들의 연령대에 따라 요구가 다르기 때문에 다수를 충족시키는 것이 여간 어려운 일이 아닙니다.

하지만 왜 이런 어려움을 무릅쓰고 직원여행을 가야 할까요? 직원여행이 어떤 가치가 있을까요? 안 가면 안 되는 것일까요?

행복한 학교에서 생활하고 싶은 것은 모든 선생님들의 꿈입니다. 그리고 행복한 학교의 근본은 이해와 배려의 인간관계입니다. 그리고 이해는 구성원들이 처한 물리적 심리적 환경을 얼마만큼 알고 있느냐에 따라 달라집니다. 배려의 마음은 이러한 이해를 바탕으로 생깁니다.

그래서 행복한 학교의 시작은 구성원을 얼마만큼 아는가에 달려 있습니다. 하지만 아쉽게도 지금의 학교에서는 동료를 알 만큼의 여유를 갖기가 힘듭니다. 외모와 공식적인 협의회에서 하는 말투, 소문 등이 고작입니다. 그리고 이것으로 좋은 동료와 나쁜 동료로 선을 긋습니다. 그래서 좋은 동료에게는 초긍정적으로 이해하며 나쁜 동료에게는 초부정적으로 이해합니다. 좋은 동료의 그릇된 행동에 올바른 피드백보다 무조건 감싸기와 심지어 나쁜 동료에게서 원인을 찾습니다. 그러면서 본인은 행복한 학교를 위해서 노력하고 있는데 나쁜 동료들 때문에 학교 분위기가 이상하다고 주장합니다.

나쁜 동료에 대해서는 너무나 가혹합니다. 모든 행동에 거침없이 비난합니다. 그러면서 정상적인 피드백—조언이나 충고—과 공개적인 토론은 회피합니다. 나쁜 동료를 비난하고 힐난함으로써 본인을 부각시키려고 합니다.

눈에 보이는 정보, 다른 동료에게 들은 정보만으로 좋은 동료와 나쁜 동료로 선을 그은 것이 지워지지 않습니다. 그러나 선을 지우고 나쁜 동료에 대한 새로운 정보를 받아들여야 이해의 싹을 틔울 수 있습니다.

그 선을 지우는 행위가 직원여행을 비롯한 모든 구성원이 참여하는 친화행사입니다. 동질감과 공감 능력을 회복하는 좋은 방법이 같은 버스를 타고 여행을 하는 것이라고 합니다. 물론 마음껏, 간섭 없이, 평등하게 이야기할 수 있는 안정된 환경이어야 합니다. 소수를 위한, 관리자를 위한 공간이 안정적이라고 말할 수 없습니다. 권력을 가진 관리자는 이런 공간이 아니더라도 학교 자체가 안정적입니다. 따라서 관리자에 대한 정보는 구성원들이 너무나 많이 알고 있습니다. 하지만 관리자는 구성원들의 바른 정보 알기에 너무 인색합니다. 그래서 관리자는 구성원들이 편안하게 이야기할 수 있는 안정적인 공간을 제공하고 구성원들의 이야기에 귀를 기울이고 공감하는 경청의 자세를 유지해야 합니다.

같은 공간에서 오랫동안 생활하면 동료에 대한 새로운 면이 서서히 보이기 시작합니다. 나쁜 동료의 따뜻한 면을 발견하기도 합니다. 나쁜 동료가 처한 환경이 이해되기 시작합니다. 처음에는 발견만 하다가 피드백-조언이나 공감-이 조심스럽게 시작됩니다. 어느 시점에서 함께 웃고 있는 '우리'를 발견하게 됩니다.

섭섭한 이야기가 시작됩니다. 습관적이고 맹목적인 언행이 다른 동료에게는 큰 아픔이 된 것을 압니다. 큰 아픔을 겪은 동료도 악의가 없었음에 마음을 풉니다.

새로운 '나'를 발견하기 시작합니다. 동료의 이야기에 공감하는 나를 발견합니다. 피드백을 하고 있는 나를 발견합니다. 이야기를 이끌고 있는 진행자인 나를 발견합니다. 숫기 없는 내가 많은 동료들 앞에서 우렁차게 건배 제의하는 용기를 가진 것에 놀랍니다. 내가 알지 못한 새로운 재능을 알려주고 일깨워 주며 지지해 주는 동료가 있다는 것에 뿌듯한 소속감을 느낍니다.

형식보다는 많은 참여를 이끌어야 합니다. 소수가 참여하는 해외여행, 소수가 참여하는 며칠보다 전체가 참여하는 짧지만 편안하고 안정된 시간이 서로를 이해하고 배려하는 긴 시간을 만들어 냅니다.

적극적으로 참여해야 합니다. 구성원들을 이해할 수 있는 시간입니다. '나'를 바로 알릴 수 있는 시간입니다. '나'의 새로운 재능을 발견할 수 있는 시간입니다.

선을 그은 나쁜 동료가 있다면, 그 동료 때문에 학교생활이 불편하다면 '나' 역시 그 동료에게는 나쁜 동료임과 동시에 불편한 존재임을 알아야 합니다.

학교의 어느 구석진 불안한 공간에서 동료를 비난하기보다 편안하

고 안정된 공간에서 이해와 배려가 싹트기를 소망합니다. 직원여행을
비롯한 친화행사가 필요한 이유입니다.

안정되고 편안한 시간과 공간을 만드는 선생님이 되겠습니다.

이간질보다는 협상을

생각할 때마다 아찔합니다.

처음 발령을 받으니 여러 가지 모임에 참여하라는 강제적인 권유가
여기저기에서 시작되었습니다. 보통 발령 지역을 기반으로 하는 배구
를 비롯한 운동모임이나 친목모임이 주였지만, 출신학교 모임도 있었
습니다. 모임에 참여하니 많은 선배 선생님들의 여러 가지 조언도 있
었지만 타 모임에 속한 선배 선생님들에 대한 이런저런 이야기도 있었
습니다. 학교생활에 대한 사리분별력이 많이 부족했기에 선배 선생님
들의 이야기가 전부 옳고, 선배 선생님들이 평가하는 다른 선생님들
에 대한 생각도 동일시하였습니다.

몇 년이 지난 후—그래도 경력이 얼마 안 된 시기—에 동문 모임에서
비난하던 어떤 선배 선생님과 근무하게 되었습니다. 회식을 마친 어
느 날, 그분과 단둘이 있게 되었을 때 그 동안 들은 이야기를 스스럼
없이 하게 되었습니다. 노발대발하였습니다. 그리고 많이 격앙된 상
태에서 여러 가지 이야기를 해 주었습니다. 술이 취한 상태였지만 정
신이 번쩍 들었습니다. 그리고 한 방향에서만 바라본 것이 너무나 부

끄러웠습니다. 진심으로 사과드리고 용서를 받았지만, 지금도 잊히지 않는 응어리로 한쪽 가슴에 자리 잡고 있습니다. 그리고 지금은 그분을 인간관계와 자기계발에 대한 멘토로 생각하고 있습니다.

넘치는 유머와 위트로 분위기를 고조시키는 선생님이 있습니다. 그런데 그분은 전 교직원이 있는 모임에서는 그런 역할을 하지 못합니다. 선생님들끼리 모여 있는 자리에서 주로 관리자를 비난하는 유머와 위트를 발휘합니다. 특히, 관리자에 대한 평가가 좋지 않은 학교일수록 그분은 우상화가 되어 '신'의 반열에 오릅니다. 그분이 하는 이야기의 대부분은 '선생님들의 힘든 점을 관리자에게 건의를 했는데 전혀 받아들여지지 않는 것에 대한 불만', '옛날에 전교조 활동을 제일 열심히 했는데 전교조가 정치적인 성향을 띄는 바람에 탈퇴하게 되었다는 자기변명', '음담패설을 비롯한 잡다한 유머를 어색하지 않게 각색한 이야기' 등입니다.

그런데 희한한 것은 관리자들이 그분을 싫어하지 않는 다는 것입니다. 오히려 그분을 치켜세우는 태도를 보입니다. 하지만 관리자가 치켜세우는 그분에 대한 능력과 학교 구성원들이 생각하는 그분의 능력을 동일시하는 오류로 인하여 관리자나 학교 구성원들은 그분을 전혀 의심하지 않습니다. 그리고 그분은 자신의 근무평점을 비롯한 각종 가산점을 챙기고 홀연히 학교를 떠납니다.

전자의 이야기에서는 동문 선배 선생님들이 이간질을 한 것이고, 후자의 경우는 그분이 이간질을 한 것입니다. 하지만 전자는 이간질의 영향력이 개인에만 머물지만, 후자는 복합적이고 다양한 관계로 얽힌 학교 공동체에 영향력을 끼칩니다. 그리고 전자는 개인의 책임감 있는 태도에 의해 회복이 가능하지만, 후자는 학교 공동체를 파멸-대표적인 것이 학교 구성원 대부분이 다른 학교로 옮기는 것-로 몰아서 회복하는 데 많은 시간과 감정을 지불해야 합니다. 물론 회복되는 동안 그 피해는 아이들의 몫입니다. 이간질을 경계해야 되는 이유입니다.

이간질을 극복하는 방법은 협상입니다.

협상의 목적은 개인의 욕심이나 욕망 충족이 아니라, '개인 대 개인', '개인 대 다', '다 대 다' 관계에서 서로 상생하기 위한 현명한 선택입니다. 이간질이 특정한 개인의 욕심을 채우기 위해 분열시키는 것이라면, 협상은 서로가 상생하기 위해 의견을 공유하고 토의하고 토론하는 소통의 공동체 문화를 지향합니다.

이간질꾼은 상생보다 자신의 능력을 과시하거나 자신의 인기에 집착하여 검증할 수 없는 과거의 무용담에 흥분하지만, 정작 현실의 문제에 대해서는 '좋은 것이 좋은 것'이라며 회피합니다. 하지만 자신의 이익이 걸린 문제라면 뛰어난 선동가적 자질로 구성원들을 현혹하여 그 목적을 취하기도 합니다.

그러나 협상의 기술을 발휘하면 어느 정도 극복할 수 있습니다.

먼저 문제나 갈등상황의 본질을 파악하십시오. 문제나 갈등이 발생한 원인을 찾으십시오. 원인이 욕심과 욕망, 치부로 의심된다면 단호하게 묻고 판단하여 사실이라면 대화를 단절하십시오. 그래야 동조되지 않습니다. 하지만 발전과 성숙을 위한 제안이라면 상생을 위해 허용되는 울타리-서로가 손해를 보지 않는 한계점-를 먼저 설정하십시오. 그리고 실천 위주의 현실적인 전략을 모색하고 실천하십시오.

꽃샘추위가 있어서 얼어붙은 대지를 녹이는 촉촉한 봄비와 꽃눈과 잎눈을 깨우는 봄바람의 봄이 더욱 빛나듯이, 문제와 갈등을 협상의 지혜로 해결한다면 정말 행복한 학교가 되지 않을까요?

꽃샘추위가 닥친 을미년 삼월의 어느 날, 나른한 봄날을 기다리며 이간질보다는 협상이 일상화된 학교를 꿈꾸어 봅니다.

이제 그만할 때가 되지 않았습니까?

업무가 많다고 투덜대는 선생님이 있었습니다. 관리자에게 수시로 자신의 업무가 많다고 생색을 낸 덕분에 중요하고 비중이 높은 업무가 후배 선생님에게 넘어갔습니다. 그리고 어떻게 관리자를 꼬셨는지 직원협의회 시간에 관리자가 직접 한 선생님에게 업무가 편중되어 있어서 분산했다고 친절한 변명까지 했습니다.

후배 선생님이 넘겨받은 업무는 많은 의견수렴과 협의회를 통하여 결정해야 될 것이 많은 업무여서 그런 짧은 경력의 선생님이 하기에는 역부족인 것이어서 많은 어려움을 겪었습니다. 그러나 그 업무를 넘긴 선생님은 자신이 그 업무를 추진하는 것처럼 행동하였고, 심지어 후배 선생님의 노력으로 잘 추진된 결과를 자신이 한 것처럼 말하고 다녔습니다. 그러면서 학교 내에서는 후배 선생님이 고생했다고 칭찬하는 척은 했습니다.

관리자도 미안한 생각이 들었는지 이번에는 후배 선생님이 업무가 많다고 틈만 나면 강조해서 다른 선생님들을 불편하게 하는 것은 물론 후배 선생님을 난처하게 만들었습니다.

시간이 흘러 학교폭력예방에 기여한 선생님에게 주어지는 가산점 평정을 하게 되었는데 후배 선생님보다 훨씬 낮은 학년을 맡은 그 선생님, 교내 순시 한 번 하지 않은 그 선생님, 골마루를 뛰어다니는 아이들 지도 한 번 하지 않은 그 선생님, 아이들 인솔 제대로 하지 않은 그 선생님이 평가위원이 되어, 후배 선생님에게는 중요하지만 자신에게는 큰 영향력을 발휘하지 못하는 가산점을 자신에게 주었습니다. 입만 열면 후배 선생님이 고생한다고 강조한 관리자는 침묵을 지켰습니다.

이제 선배 선생님이 후배 선생님 이용하는 비열한 형태 그만할 때가 되지 않았습니까?

조그마한 자신의 욕심 챙기겠다고 뒷거래와 근거 없는 비방으로 학교 전체의 분위기를 흐리는 미꾸라지 같은 선배 선생님, 사라질 때가 되지 않았습니까?

작은 탐욕에 무너져 미꾸라지 같은 선생님에게 현혹되는 관리자, 이제 사라질 때가 되지 않았습니까?

한 지역의 선생님들 행사에 참여하게 되었습니다.

늘 그러하듯 팀을 나누어 배구를 하고 협의회를 갖는 순서로 되어 있었는데, 배구를 하는 중간에 어이가 없어서 실소를 금치 못하는 사건이 발생했습니다. 보통의 경우는 경기에 이기고 싶어도 팀원들의 몸 상태와 객관적인 전력이 파악되면 무리 없는 범위에서 최선을 다하면서 상배방과 팀을 배려하는 경기를 합니다. 그런데 제가 속한 팀의 관리자는 유독 승부에 병적으로 집착하고 칭찬보다는 비난을, 격려와 배려보다는 몰상식과 집착으로 일관하는 것이었습니다. 당연히 경기가 쉽게 풀리지 않았습니다. 그래서 중간에 작전 타임을 한 후 파이팅을 하는데, 그 관리자 분이 삐져서 참여하지 않는 것이었습니다. 순간 너무 당황했습니다. 그런데 더 당황한 것은 그 관리자와 같은 학교에 근무하는 젊은 남자 선생님이 파이팅을 하기 위해 모여 있는 전체 팀원들을 관리자에게로 안내한 후, 관리자에게는 우는 아이 달래듯이 하는 것이었습니다. 그러자 그 관리자는 마지못해 파이팅에 참여하는 것이었습니다.

대외 행사에서 이런 모습을 보였다면 교내에서는 어떤 모습일지 뻔하지 않습니까?

학교는 관리자 비위 맞추는 곳이 아닙니다. 자기 뜻대로 안 되다고 삐지고, 달려주지 않으면 선생님을 줄기차게 괴롭히는 관리자 이제 사라질 때가 되지 않았습니까?

정상적인 건의보다 한 순간을 모면하기 위하여 아부와 딸랑이 짓하는 선생님, 사라질 때가 되지 않았습니까?

선생님들보다 많은 경험과 지혜를 가진 분들이 관리자입니다. 따라서 선생님들의 의견이 잘못되었거나 수정을 하고 싶다면 경험과 연륜에서 얻은 지혜로 대화와 설득이 우선되어야 하지 않을까요?

선생님들도 아부와 딸랑이 짓보다 정중하게 예의를 갖춘 품위로 의견을 전달하고 설득해야 되지 않을까요?

배구와 협의회를 마친 후 저녁식사 자리가 있다고 하였지만, 선약이 있어서 양해를 구하고 먼저 일어섰습니다. 카풀을 하는 선생님을 만나기 위하여 주차장으로 이동하고 있는데, 어떤 여자 선생님이 난처한 목소리로 통화를 하고 있었습니다. 목소리가 제법 크고 애처로워서 듣게 되었는데, 같은 학교의 선배 여자 선생님이 젊은 여자 선생님을 회식자리에 데리고 가기 위한 전화였습니다. 무슨 죄를 지은 듯이 이런저런 핑계를 대며 거부하는 선생님을 보면서 많이 달라졌다고는 하지만 여전히 남아있는 인습에 화가 치밀어 올랐습니다.

선생님 시절에 출세를 위하여 원하지 않는 자리까지 참석하신 관리자 분들이 아닙니까? 그럴 때마다 정말 사라져야 할 인습이라고 되뇌지 않았습니까?

후배들을 원하지 않는 회식자리에 끌어내는 선배 선생님들! 젊은 시절에 많이 당해 보셨잖아요? 그때마다 선배 되면 절대 하지 않을 것이라고 다짐하지 않았습니까?

학교의 민주화는 세월이 지난다고, 제도가 바뀐다고 이루어지지 않습니다.

내 자신이 학교의 민주화를 갈망해야 됩니다. 그래서 먼저 실천해야 가능합니다.

그리고 학교는 아이들을 교육하는 곳입니다. 개인의 출세가 목적이 아닙니다. 승진이나 포상, 인센티브는 아이들을 전문성을 가지고 열정적으로 가르칠 때 오는 부산물입니다.

부산물을 위하여 열정을 엉뚱한 곳에 쏟는 짓! 이제 그만할 때가 되지 않았습니까?

나는 아무것도 바라지 않는다.

나는 아무것도 두려워하지 않는다.

나는 지유다.

-니코스 카잔차키스

교육을 주제로 한 강의는
신중해야 합니다

선생님인 강사가 우리나라 교육의 잘못을 지적하면서 예를 든 강의 내용입니다.

체육시간에 너무 더워서 운동장의 나무그늘 아래에 아이들을 앉혀놓고 운동장 한 바퀴를 제일 먼저 돌아오는 3명의 아이에게 아이스크림을 사주겠다고 했답니다. 선생님은 아이들 모두 끝까지 최선을 다해서 한 바퀴를 도는 아이들을 예상했는데 달린 지 얼마 지나지 않아서 제일 앞서가는 3명을 제외하고는 쉽게 포기하더라는 것입니다.

그러면서 현재 우리나라의 교육이 앞서가는 일부 아이들만을 위한 교육이다라는 것을 강조하면서 뒤처지는 아이들에 대한 배려가 있어야 된다고 주장했습니다.

적절하지 못한 사례에 당황했지만, 우리나라의 교육 문제에 대한 관점이 다르다는 생각이 많이 들어 반론을 포기하고 글로 생각을 정리하는 것이 낫겠다고 생각했습니다.

우선 날씨가 더워서 그늘에 앉혀 놓은 아이들에게 편안하게 아이스크림 하나씩 사주면 되는 것이고, 만약 돈이 아깝다면 그냥 시원한 그늘에 앉혀 놓으면 됩니다. 선생님의 생각만으로 더운 날씨에 아이들을 뛰게 만드는 것은 선생님의 자질을 의심해야 됩니다. 아마 대한민국에 이런 선생님 안 계실 것입니다. 인용된 사례는 교육제도의 문제를 선생님의 교육방법의 문제로 전환시켜 우리나라 교육문제의 원인이 선생님들 때문이라는 것으로 잘못 전달될 가능성이 큽니다.

두 번째는 애초부터 불공정한 경기였습니다. 아이들마다 운동 능력이 다르고, 신체의 변화 정도가 다르고, 보상으로 주어진 아이스크림에 대한 호감도가 다른 아이들입니다. 그래서 출발하기 전에 이미 결과가 정해진 경기였습니다. 뒤처지는 아이를 만들어 놓고 배려하자는 것보다 애초에 뒤처지는 아이가 안 생기도록 하는 교육이 더 바람직하지 않을까요?

간혹 강의를 듣다보면 사실을 왜곡하여 전달하는 경우를 종종 봅니다. 강의의 내용을 좀 더 효율적으로 전달하기 위한 것이라고 생각은 합니다. 그렇지만 강의를 듣는 사람들에게 오해를 불러오는 왜곡된 사례는 또 다른 피해를 낳습니다. 특히 청중이 강의자와 동일한 직업군이 아닐 때에는 여과 없이 일반적인 사실로 쉽게 받아들입니다.

강의 내용을 효과적으로 전달하고 싶다면 검증된 진실들, 특수한 사례보다 객관적인 사례들을 찾기 위해 노력하는 것이 더 바람직할 것입니다. 개념 없는 달리기의 예보다 아이들의 능력에 맞는 다양한 교육활동으로 성공한 사례나, 개념 없는 달리기와 같은 교육제도에 의한 피해의 사례가 더 적절했을 것입니다.

지난주에도 설명회를 다녀왔습니다. 강사가 극단적인 이분법으로 강의를 하는 모습에 듣는 사람들은 많은 반감을 샀습니다. 강의 내용은 아이러니컬하게도 학교문화를 바꾸어 아이들을 잘 가르쳐보자는 내용이었는데, 본인과 생각이 다른 사람을 끌어안지를 못하고 배척하는 사람이 어떻게 학교문화를 바꾸어서 행복한 학교를 만들 수 있겠습니까?

　교육을 잘하자는 취지로 강의를 하시는 분들이라면 자신으로 인해서 우리 교육을 더 회의적으로 보게 하지 않는지? 반감을 사서 역효과를 가져 오지 않는지 신중히 생각해 보시기 바랍니다.

　인기를 위해서 교육이라는 나무에 상처를 주는 것보다, 바람에 쉽게 흔들리지 않는 뿌리 깊은 나무로 성장하도록 좋은 거름을 주는 훌륭한 강사들이 많이 나오기를 기대합니다.

　그리고 저는 자아도취되어 시간을 지키지 않는 강사보다 계획되고 절제된 강의로 시간을 잘 지켜주는 강사를 더 좋아합니다.

도취된 선생님보다
행복한 선생님이 되십시오

사탕을 비롯한 물질적인 것을 보상의 수단으로 제공하는 것에 대한 교육적 가치와 부작용에 대해서는 나중에 인센티브의 폐해에 대해 이야기할 때 자세하게 다루기로 하자.

그렇지만 물질적인 보상과 열정을 구별하지 못하여, 물질적인 보상을 열정으로 착각하고, 물질적인 보상이 따르지 않는 열정을 비꼬는 현실에 대해서는 냉철한 이성적 판단이 필요합니다.

도취陶醉의 사전적 의미는 '어떤 대상에 취한 듯 빠져들어 헤어나지 못함'이고, 행복幸福의 사전적 의미는 '생활에서 기쁨과 만족감을 느껴 흐뭇한 상태'를 말한다. 쉽게 구별하자면 도취는 어떤 것을 잊거나 회피하기 위하여 빠져들어 헤어나지 못하는 것이고 행복은 기쁨과 만족이 일상인 것을 말합니다.

아이들을 가르치는 것을 비롯한 선생님의 학교생활도 도취와 행복의 관점으로 바라본다면 인센티브와 열정을 쉽게 구별할 수 있을 것입니다. 아이들을 가르친 보람은 아이들이 배움을 즐거워하는 것입니다. 그래서 선생님들은 교수법을 비롯한 교육학을 공부했고, 더불어 새롭고 효과적인 다양한 교육방법에 열광하여, 배움이 즐거운 아이들을 만들고자 노력합니다. 그런데 어떤 선생님들은 아이들의 배우는 기쁨이 아닌 자신이 아이에게 쏟는 정성을 최고로 생각하는 경향이 있습니다. 더 안타까운 것은 학습부진이나 생활지도에 문제가 발생하여 동료 선생님이나 관리자가 도움을 주고자 하면, 도움을 주는 방법은 아이들이 싫어하기 때문에 자신의 방법이 최고라는 것을 되풀이하는 것입니다. 배움이 즐거운 아이들이 목적이 아니라, 선생님의 만족을 위하여 아이들을 가르치고 있는 것입니다. 그래서 선생님은 아이들의 즐거운 표정에 민감하게 반응합니다. 선생님이 제공하는 인센티브에 아이들이 즐거워하지 않으면, 실망으로 아이들을 비난함과 동시에 더 강력하고 자극적인 인센티브가 필요하다고 생각합니다. 아이들도 서서히 인센티브를 얻기 위해 주어진 미션을 의무적으로 수행하게 됩니다. 배움이 즐거운 것이 아니라 미션을 통하여 인센티브를 얻는 것이 목적이 되어버린 아이들을 만든 것입니다. 이런 아이들은 습관적으로 '이것 하고 나면 선생님이 우리에게 뭐 해줄 것이냐?'라고 반문합니다.

배우기를 두려워하거나 싫어하는 아이들을 온갖 다양한 방법을 동원하여 배움이 즐겁도록 돕는 것이 선생님의 열정이고 이 열정을 통해 선생님은 행복을 느낍니다. 만약 열정에서 행복을 느끼지 못한다면 직업을 잘못 선택한 것은 아닐까요?

배움이 즐거운 아이들을 만드는 방법을 두려워하고 회피하고, 인기 있는 선생님으로 남기 위해 아이들에게 쏟는 자기만의 정성과 인센티브 제공에 집착하는 것은, 배움의 즐거움을 인식하게 하기 위한 교육방법에 대한 두려움을 잊기 위한 자기도취입니다. 항상 열정이 가득하여 일상이 행복한 학교는 없습니다. 그러나 열정적인 선생님들이 도취되거나 도취된 선생님을 위한 백신과 치료제임은 분명합니다.

행복한 선생님이 되십시오. 더불어 행복한 선생님이 열정이라는 동력이 떨어져 도취되는 일이 없도록 격려와 배려, 용기를 북돋아 주십시오.

학교에 가기 싫은 선생님들을 위하여

어느 조사기관에서 가장 행복했을 때를 조사했다고 합니다. 세대별, 환경에 때라 개인적인 차이는 있었지만, 여행, 수다, 취미생활, 섹스, 동호회 활동, 맛있는 음식 등이 공통적이었습니다.

그런데 하루일과의 대부분을 차지하는 직장생활은 애석하게도 순위에 없었습니다. 이처럼 모든 직장인들에게 직장은 행복한 공간이 아닙니다. 당연히 선생님들에게 학교도 행복으로 가득 찬 공간은 아닙니다. 그러나 생각하고 마음먹기에 따라 행복한 학교생활을 할 수 있습니다.

교직경력 6년차에 접어들었을 때 아주 악랄한 관리자를 만났습니다. 현재라면 그분은 신문의 사회면을 장식했을 것입니다. 아침에 눈을 뜨면 학교 가기가 정말 싫었습니다. 그러던 어느 출근길에 신호대기를 하고 있었습니다. 그날도 관리자 때문에 스트레스 받을 생각을 하니 가슴이 쿵쾅거리고 심장이 벌렁거렸습니다. 그리고 온갖 공상이 머릿속을 가득 채웠습니다. 그때 관리자가 아무리 악랄해도 '나를 죽이기야 하겠나?'라는 생각이 스쳤습니다. 그 순간 모든 것이 편안해졌습니다. 그리고 '왜 내게 도움도 되지 않는 관리자의 말과 행동에 그토록 과민반응을 했을까?' 그리고 '학교생활 중에 관리자를 만나는 일은 극히 일부인데 왜 전부라고 인식하며 괴로워하고 갈등했을까?'를 생각하니 허탈하고 쓸쓸한 미소가 지어졌습니다.

이처럼 학교 가기 싫은 이유의 대부분은 학교에서 있을 부정적인 일을 떠올리기 때문입니다. 닥치지도 않은 막연한 부정적인 공상이 즐거움을 주는 여러 가지 일을 잊게 하고 즐거움을 감소시키기 때문입니다.

따라서 부정적이고 싫은 일을 떠올리기보다 학교에서 즐거움을 주는 여러 가지 일을 반복적으로 떠올리고, 나아가 즐거운 일을 실천하기 위한 구체적인 계획을 수립하여 실천하는 모습을 상상해 보십시오. 한결 마음이 평온해 질 것입니다. 그리고 부지불식간에 떠오르는 부정적인 생각과 걱정거리는 실제로는 일어나지 않으니 붙잡지 말고 강물처럼 자꾸 흘려 보내십시오. 몇 번의 연습만으로도 효과가 있을 것입니다.

긍정보다 부정에 민감하게 반응하는 것은 진화과정에서 얻은 인간의 본성입니다. 선생님만 그런 것이 아니라 모든 사람이 그렇습니다. 그래서 부정은 흘리고 긍정은 반복적인 연습이 필요합니다.

당신은 좋은 선생님입니까?

  교무실에서 어느 관리자에 대한 이야기를 하고 있었습니다. 할 말은 있지만 말하지 않는 선생님, 남에게 들은 이야기를 하는 선생님, 직접 겪은 이야기를 하는 선생님 등 다양한 의견이 나왔습니다. 그 중에서도 '좋은 사람'이라는 것이 어떤 사람인지에 대해 생각해 볼만한 이야기 거리를 제공한 분이 있었습니다.

  그분의 주장대로라면 업무나 자기가 맡은 역할을 대충 해도 너그럽게 이해하는 선생님, 잘못한 행위를 한 경우에도 웃으며 아무 일도 일어나지 않은 것처럼 넘어가 주는 선생님, 비도덕적인 행위로 학교나 동료에게 피해를 주는 동료에 대해서도 감싸고 넘어가는 선생님은 다 좋은 선생님이라는 것입니다.

  그러나 그 반대의 비도덕적인 행위에 대해서 시정을 요구하는 선생님, 상생의 학교 분위기를 망치는 이기적인 선생님을 돕지 않고 그 선생님에게만 똑같이 이기적으로 대하는 선생님, 비도덕적이고 비양심적인 것에 분노하는 선생님, 경력이 쌓여도 업무능력이 부족하거나 등한시하여 시행착오를 예사로 하는 학교 구성원에게 시정을 요구하는 선생님은 나쁜 선생님인 것입니다.

  좋은 선생님과 나쁜 선생님의 기준이 건전한 학교의 성장과 발전에 있는 것이 아니라. 성장과 발전을 저해하는 요인을 묵인하고 문제를 제기하지 않는 것이 되어서는 안 됩니다.

  반대로 학교 구성원들의 건의와 수정을 요구받는 입장이라면 잘못을 지적당했다는 감정적인 대응보다, 미처 생각하지 못한 일임을 인정하고 수용하면 되는 것입니다.

선생님은 완벽하지 않아서 종종 실수를 합니다. 그래서 그 실수도 자신의 한 부분입니다. 동료 선생님이나 학교 구성원이 그 실수를 지적한다면 실수한 자신을 기분 좋게 포용하십시오. 그러면 실수를 지적한 분도 수용한 분도 좋은 선생님이 되는 것입니다.

실수와 잘못을 덮기 위하여 동료를 나쁜 선생님으로 만들지 않으면 좋겠습니다.

나이에 따라 성격은 변하지 않는다

선생님 시절에는 좋은 분이었는데 관리자가 되고 나면 이상할 정도로 바뀌는 분들을 자주 봅니다. 그래서 선생님들은 농담 반 진담 반으로 교감자격연수에서 사람이 바뀌는 마법의 약물을 주는 것이 아니냐고 비꼬기도 합니다. 그리고 또 어떤 분들은 나이가 들면 다 그렇게 변한다고 이야기를 합니다.

그러나 이것은 마법의 약물과 나이의 문제가 아니라, 선택과 결정의 순간에 인간이 본능적으로 행하는 오류와 타고난 성격의 문제입니다.

사람의 성격은 타고난다고 합니다. 그래서 후천적으로 고쳐지는 것이 아니라 경험에서 오는 지혜, 생존적 본능, 모방 등에 의해서 상황에 따라 선택의 관점이 달라지는 것이라고 합니다.

예를 들면 자기주장과 고집이 센 분이 선생님이 되었습니다. 그리고 초임 시절에는 주장을 강하게 펼치지만 세월이 지나면서 다소 부드러워집니다. 이를 지켜본 동료들은 나이가 드니 변했다고 이야기를 합니다. 그러나 이런 분이 관리자가 되면 다소 주장이 강한 분으로 변합니다. 이것은 초임 시절에 주장을 강하게 펼쳤더니 자신에게 별 도움이 되지 않고 오히려 반감을 가지는 분들에 의해 위기감을 느껴서 타고난 성격을 숨기고 다수의 뜻을 따르는 체하는 것입니다. 그러다가 권력을 가진 관리자의 위치에 오르면 다시 본래의 성격으로 회귀하는 것입니다.

그리고 자신은 다른 사람보다 평균 이상의 능력을 가졌다는 착각이 더해지면 최악의 관리자가 되는 것입니다. 사람은 누구나 다른 사람보다 낫다는 자존감을 가지고 있습니다. 그리고 이 자존감은 사람에게 꼭 필요한 요소입니다. 그러나 자신이 성장하고 발전하는 동안 다른 사람들은 과거에 머물러 있다는 '추억효과'와 높은 지위와 권력이 지혜라고 착각하는 자만심은 다른 사람의 자존감에 상처만 남깁니다.

개성이 강한 선생님은 관리자도 되지 마라는 의미는 아닙니다. 오히려 주장과 개성이 강한 선생님이 창의적인 문제해결력이 더 뛰어날 수 있습니다. 그래서 어떤 선생님들과 교육관료들은 이런 선생님과 관리자를 더 높이 평가하는 경우도 있습니다. 그러나 선생님과 관리자는 어떤 특정한 선생님들이나 그룹과의 관계가 중요한 것이 아니라 학교의 발전과 성장에 도움이 되어야 하는 것입니다.

그래서 고집이 세고 자기 주장이 강하거나 개성이 있는 선생님이라면 성격을 바꾸려고 노력할 것이 아니라, 자신의 성격을 있는 그대로 수용하고 주변의 반응과 평가에 대해서 거부하기보다 인정하면 마음의 여유와 함께 자존감도 상승합니다.

그리고 성격을 감추기 위한 위선적인 행동, 성격 자체를 바꾸기 위한 지나친 자기 절제, 나의 행동에 대한 주변의 반응과 눈치 보기에 신경 쓰지 말고 품위 있는 언행과 소통능력을 함양하는 것이 더 효과적입니다.

나쁜 성격 또한 없습니다. 성격을 바르게 표현하지 못하는 것이 문제입니다.

성격이 급하다고 고함을 지르고 욕설을 해야 합니까?

표현하지 않고 내 마음을 알아주기를 바라는 것이 내성적인 성격의 미덕입니까?

남을 무시하고 배려하지 못하는 것이 성격의 문제입니까?

인정, 품위 있는 언행, 공감과 소통능력만 있으면 성격이 문제를 일으키지 않습니다.

같은 동료에 대해 바라보는
시선이 다른 이유는?

관리자 한 분 때문에 무척 힘든 시기가 있었습니다. 업무능력이 없는 것이 아니라 회식 자리에서의 폭언과 비인격적인 대우, 협의회 시간의 막말 퍼레이드는 선생님들의 혈압을 올리는 데 부족함이 없었습니다.

같은 지역에서 근무하는 선후배들과의 친목자리에서 관리자에게 그동안 당한 것들을 중심으로 하소연을 했습니다. 그런데 이 이야기를 듣고 있던 선배가 참 좋은 관리자인데 왜 그렇게 미워하냐고 하면서 나에게 문제가 있다는 식으로 이야기를 돌렸습니다. 그래서 나만 그런 것도 아니고 같이 근무하는 모든 선생님들이 정도의 차이는 있지만 싫어한다고 이야기를 했지만 마음으로는 그 선배가 그런 이야기를 하는 것이 이해가 되지 않았습니다.

연수회에서 선생님으로서 정말 존경하고 싶은 분을 만났습니다. 제가 찾던 이상적인 선생님이었습니다. 그래서 그분의 강의가 열리면 빠지지 않고 청중이 되었습니다.

그분의 강의가 있던 어느 날 그분이 근무하는 학교 선생님을 알게 되었습니다. 그래서 제가 저런 분과 같이 근무하게 되어서 정말 행복하겠다고 이야기를 했습니다. 그런데 그 선생님의 반응은 흔히 말하는 '썩소(썩은 미소)'만 짓고 별 반응이 없었습니다. 그래서 재차 그분에게 받은 감동적인 이야기를 시작했지만 가벼운 호응 정도였습니다. 그리고 헤어지면서 '기회가 되면 그분과 같이 근무해 보세요. 좋을 것입니다.'라는 말을 하는데 내용과는 반대의 뉘앙스였습니다. 그래서 그분과 개인적인 감정이 있는 것이 아닌지를 의심했습니다.

인간은 진화과정에서 자신보다 능력이 뛰어난 사람을 모방하는 습관을 가지게 되었습니다. 심지어 부정적인 영향을 끼치는 것까지 자신도 모르게 모방한다는 보고서도 있습니다. 그래서 주변에 자신보다 권력이 있거나 영향력의 범위가 넓은 사람을 보면 닮고 싶은 생각이 들고 자신도 모르게 따라하게 됩니다.

특히, 자신이 동경하는 대상을 만났을 때는 더 쉽게 존경심이 생기고 더 빨리 모방하게 됩니다. 그러나 내면적인 생각과 감정, 현실적이고 구체적인 상태를 알게 되면 다른 생각을 가지게 됩니다.

폭언을 비롯해 비인간적인 형태를 보이는 관리자를 다른 학교에 근무하는 선배가 다른 생각을 가지게 된 것은 그 관리자는 업무능력보다 인간적인 면이 문제가 되었는데, 그 선배는 그 관리자를 만나는 곳이 주로 술자리였습니다. 술자리에서 관리자는 남들이 고민하는 문제를 풍부한 인맥으로 쉽게 해결해 주고, 비용도 본인이 지불하는 등의 여러 가지 화끈한 행동은 관리자의 로망으로 생각하기에는 모자람이 없었습니다. 그런 자리에서 만난 선생님들은 그 관리자를 업무능력이 뛰어나고 교원들의 고민을 쉽게 해결해 주는 사람으로 생각하게 된 것입니다.

그런데 같이 근무하는 선생님들은 업무를 해결하는 과정에서 그분이 하는 폭언과 비인간적인 대우를 싫어했기 때문에 그분의 객관적인 능력이 희석된 것입니다.

제가 존경하게 된 그분도 강의를 통해서는 열정적이고 멋지게 생활하는 선생님이었지만, 같은 학교의 동료들은 그분의 강의출장으로 인한 공백을 책임져야 했고, 출장을 쉽고 자주 나가기 위해서 학교 분위기와 맞지 않은 관리자와 지나친 우호적인 관계, 수업보다는 강의에 치중하는 모습 등을 보았기 때문에 그분에 대해서 호의적이지 않았던 것입니다.

살아가면서 남의 이야기를 하지 않고 살 수 없습니다. 스트레스를 풀기 위해서 뒷담화도 필요합니다. 그러나 나와 생각이 다르다고 하여 언짢아하거나 새로운 갈등을 만들 필요가 없습니다. 뒷담화 주인공의 생각과 감정상태, 구체적으로 처한 현실 등에 대해서 너무 잘 알고 있는 것과 그렇지 않은 것의 차이일 뿐입니다.

하지만 뒷담화와 엇갈린 반응의 주인공이 되는 것은 좋은 일이 아닙니다. 본인의 욕심을 채우기 위해서 동료의 희생이 필요하다면 인간적인 양해와 보답하려는 동료애를 먼저 보여주는 것이 도리입니다.

혹시 엇갈린 반응의 주인공이 되어 있지 않습니까?

똑같이 하면 바뀝니다

수업은 뒷전이고 아이들에게는 인기관리만 하지만, 학부모에게는 페스탈로치처럼 행동하는 선생님이 있습니다.

든든한 경제적인 배경으로 학교와 동료를 우습게 생각하며 돈으로 모든 것을 해결하려는 선생님이 있습니다.

열심히 수업 준비하는 동료와 후배에게 격려보다는 힘 빠지는 말로 사기를 떨어뜨리는 선생님이 있습니다.

생활지도를 전혀 하지 않아서 다른 반에 피해를 주면서도, 아이들을 사랑으로 가르쳐야 한다며 생활지도하는 선생님을 폄하하는 선생님이 있습니다.

열정적인 수업은 외면하고 학습결과를 아이들에게 전가하는 선생님이 있습니다.

동료가 아무리 바쁜 일이 있어도 도와주지 않는 선생님이 있습니다.

상처받는 말을 예사로 하지만 사과할 줄 모르는 선생님이 있습니다.

자기에게는 아무런 가치가 없는 것을 절대 양보하지 않는 선생님이 있습니다.

노력은 하지 않고 동료나 후배의 성과를 가로채기만 잘하는 선생님이 있습니다.

능력 있는 동료를 칭찬보다는 시기하고 모함하는 선생님이 있습니다.

동료의 단점을 들추어서 자신의 뛰어남을 앞세우는 선생님이 있습니다.

인센티브가 주어지는 일에만 전력투구하는 선생님이 있습니다.

자기가 알고 있는 것이 진리여서 모든 것을 자기중심적으로 하는 선생님이 있습니다.

자신의 능력을 간과하고 욕심으로 업무를 맡아 학교를 힘들게 하는 선생님이 있습니다.

모든 상황을 자신의 욕심을 채우기에 맞추는 선생님이 있습니다.

관리자 앞에서는 관리자를 가장 지지하지만 돌아서면 가장 비난자로 변하는 선생님이 있습니다.

관리자에게 진실이 아닌 자기만의 사실로 이간질시키는 선생님이 있습니다.

자신의 성과를 과장하고 확대하여 각종 인센티브를 요구하다가 뜻대로 안되면 동료를 비롯한 관리자의 품성과 능력을 비난하는 선생님이 있습니다.

행복한 학교를 가로막는 선생님들의 이야기입니다. 물론 많지는 않습니다. 그러나 학교 구성원 중에 한 분이라도 이런 분이 있으면 전체가 힘들다는 것입니다. 그 이유는 대부분의 선생님들은 '똥이 무서워서 피하나 더러워서 피하지'라는 마음으로 학교의 행복을 방해하는 선생님들과 거리만 둘 뿐 특별한 행동을 취하지 않기 때문입니다. 괜히 대응했다가 '나만 손해 본다'는 의미도 포함되어 있습니다. 이러는 동안에 학교의 분위기는 엉망이 되고 그 선생님들은 자신의 욕심을 차곡차곡 잘 채워갑니다. 시간이 지나면서 '혼자 착한 척하면 손해 본다.'는 마음을 가지는 선생님이 하나 둘씩 생깁니다. 학교는 점점 친절과 희생이 사라진 불신의 학교로 변합니다.

차단해야 합니다. 생명체만 유전되는 것이 아니라 문화도 유전이 됩니다. 선생님들이 초등학교에 다닐 때와 지금의 학교를 비교해 보십시오. 죽지 않고 끈질기게 살아남은 인습이 있습니다. 자신만의 욕심을 앞세우고 학교의 행복을 방해하는 선생님들이 유전시킨 결과입니다.

유전을 차단해야 합니다. 확산을 막아야 합니다. 방법은 행복한 학교를 방해하는 선생님들과 똑같이 하는 것입니다. '눈에는 눈 이에는 이'라는 전략을 사용하는 것입니다.

동료가 나에게 거짓말로 이간질하면 똑같이 거짓말로 이간질합니다.

자기 욕심만 채우는 동료가 있으면 욕심 채우는 일을 도와주지 않고 똑같이 욕심을 냅니다.

학부모에게 페스탈로치인 척하는 선생님이 있다면 같이 페스탈로치인 척합니다. 오히려 더 많은 것을 자랑합니다.

앞에 없는 동료나 관리자를 비난하면 '선생님이 없을 때 똑같이 비난할 수 있다.'라고 말합니다.

주의해야 될 점이 있습니다. 학교의 행복을 방해하는 선생님에게만 그 선생님이 하는 대로 되받아치기해야 합니다. 그렇지 않은 선생님들의 의도하지 않은 단순한 실수는 이해하고 너그럽게 넘겨야 합니다.

그리고 되받아치기는 학교 전체의 행복을 위해서만 사용해야 합니다. 개인적인 앙갚음으로 사용한다면 오히려 더 동료와 학교를 힘들게 합니다.

그리고 가장 좋은 방법은 학교의 행복을 방해하는 꾼들을 되받아치기보다 학교의 행복을 위해 동료에게 친절을 베풀고 희생하는 선한 선생님들과 똑같이 하십시오. 그렇게 하면 학교의 행복을 추구하는 선한 유전자가 확산되고 유전되어 지금보다 더 행복한 학교를 후배들에게 물려줄 수 있을 것입니다.

학교의 행복을 위해 좋은 유전자만 남깁시다.

동료를 적으로 만들지 맙시다

관리자가 회식자리를 좋아하는 것과 선생님들이 회식자리를 싫어하는 이유는 간단합니다. 관리자는 분위기가 좋고, 선생님은 그런 분위기가 싫은 것입니다. 그러면 분위기를 그렇게 만드는 분들은 누구일까요?

교육청에서 회의가 있었습니다. 담당하시는 장학사가 공문 해석을 잘못하여 엉뚱한 방향으로 회의가 진행되었습니다. 그러자 용기 있는 선생님이 공문 해석이 잘못된 것을 지적하면서 방향을 바꾸어야 된다고 이야기했습니다. 장학사의 얼굴과 분위기가 순간적으로 굳었습니다. 그런데, 한 선생님이 장학사의 공문 해석이 맞고 선생님이 지적한 부분이 틀렸다고 장학사를 두둔하였습니다. 참석한 선생님들이 웅성거리기 시작했습니다. 결과는 그 선생님이 잘못 지적한 것처럼 끝나고, 참석한 선생님들은 며칠 뒤 장학사의 잘못된 해석 때문에 업무를 두 번 해야 했습니다.

장학사를 두둔한 그 선생님이 정말 장학사의 실수를 몰랐을까요?

다음 학년도의 학교육과정을 수립하는 워크샵을 가졌습니다. 많은 다양한 이야기가 왔다갔다 했습니다. 그러던 중에 관리자가 우리 학교의 실정과는 맞지 않는 특별한 프로그램을 적용해 보고 싶다고 제안을 했습니다. 아무도 말이 없었습니다. 그러자 회의를 주관하는 연구부장이 우리 학교의 사정을 이야기하며 올해 희망을 하는 몇 학년만 시범적으로 운용해 보고 다음해에 실시하는 것이 어떻겠냐는 제안을 했습니다. 그러자 다른 한 선생님이 대한민국의 학교는 모두가 똑같지 뭐가 다르냐? 다른 학교에서 했다면 우리 학교도 가능하다는 이야기를 하며 전면적으로 실시할 것을 주장하여 실시하게 되었습니다.

일 년 내내 실정에 맞지 않는 프로그램 적용한다고 선생님들이 너무 힘들었고, 긍정적인 효과보다는 부정적인 효과가 더 많았습니다. 여전히 선생님들은 그 탓을 관리자보다 융통성 있게 적용하지 못한다는 이유로 연구부장을 탓했습니다.

회식자리에서 습관적으로 정치적인 이야기를 하는 분이 있습니다. 이야기만 하는 것이 아니라, 자기와 뜻이 같지 않은 이야기를 하면 무조건 근거 없는 이야기라고 하고, 사실이 아니라고 하며 우깁니다. 객관적으로 드러난 사실까지 본인이 믿는 정치적인 색깔이 옳다고 우깁니다. 심지어 공무원의 정치적 중립을 훼손하는 파격적인 이야기와 형법적인 책임을 져야 하는 과감한 이야기도 서슴없이 합니다.

한 선생님이 노골적으로 거부하고 반대합니다. 회식 분위기가 두 사람의 이야기로 전개되고, 이렇게 전개되는 회식을 모두 싫어는 하지만 거부하는 표현을 하지 않고 오히려 그분을 옹호하는 이야기로 흥을 더 돋우는 역할을 하는 선생님이 있습니다.

다음날 들려오는 이야기는 그분보다는 그 선생님의 고집으로 회식 분위기가 엉망으로 변한다고 그 선생님에게 모든 책임을 돌립니다. 다음 회식부터 그 선생님이 반박을 하지 않고 그 자리를 피했습니다. 그 다음부터는 어떻게 되었겠습니까?

분명히 위계질서는 있어야 합니다. 학교 구성원은 관리자를 존경하고 그 권위를 인정해야 하며, 관리자는 학교 구성원에게 공정해야 하며, 넓은 아량으로 품을 수 있어야 합니다. 이러한 위계가 깨어지면 혼란으로 학교는 더 이상 교육을 하는 공간이 되지 못합니다.

그러나 이 위계가 어느 한쪽으로 치우치면 문제가 생깁니다. 흔히 '아부'라고 하며 관리자나 권력자에게는 무한 신뢰를 보내고 동료인 선생님은 철저하게 무시하는 경우입니다. 그런데 더 큰 문제는 아부가 아부로 끝나는 것이 아니라 학교의 전반적인 교육활동에 영향을 미치는 것입니다. 특히, 중요한 선택과 결정을 할 때 작동하면 학교는 엄청난 부작용에 시달리는 것입니다.

관리자의 권위를 인정하고 존중하는 것은 관리자의 품위에 손상을 주면 안 된다는 것입니다. 의견을 제시할 때는 정중하게, 반대 의견이 있으면 객관적으로 조리있게, 외부로부터 품위에 손상을 입을 일이 발생하면 적극적으로 옹호하고 돕는 것입니다.

선생님들도 동료로서의 역할을 해야 합니다. 동료 선생님의 이야기가 맞다면 동조하고 지원해야 합니다. 무조건 관리자를 옹호하는 것은 삼가야 합니다. 그리고 선생님마다 신념이 있습니다. 뚜렷한 교육적 철학이나 가치관이 있는 분들도 많습니다. 아무리 관리자라 하더라도 그런 분들의 신념이나 교육적 철학, 가치관이 무조건 잘못되었다고 나무라거나 평가절하하는 것은 큰 상처를 남깁니다. 그리고 그런 분들도 뚜렷한 소신이 있기에 평가절하 받는 것을 원하지 않습니다.

그리고 민감한 시사적인 이야기나 가치관이 다를 수 있는 이야기가 주제가 된다면 결과는 이미 정해져 있습니다. 그 이유는 사람마다 좋아하는 것들에 대한 성향이 다르고, 그 성향에 따라 이미 마음속에 결정을 지어 놓은 상태에서 모든 사실을 자기가 결정한 것에 유리하도록 해석하고 주장하기 때문입니다. 당연히 대화가 평행선을 달릴 수밖에 없습니다. 그 자리가 회식자리라면 서로 간에 큰소리가 날 수도 있을 것입니다. 어느 한쪽의 잘못이 아니라 그럴 수밖에 없는 이야기 거리로 대화가 시작된 것이 잘못입니다.

그래서 분위기가 안 좋아진 다음에 누구의 잘못을 따질 것이 아니라 처음부터 그런 이야기가 주제로 안 되게 하면 됩니다. 어느 한쪽에서 그런 이야기를 꺼내면 지금 분위기와 맞지 않으니 우리와 직접적인 연관이 있는 이야기로 전환하자고 제안하거나, 그분이 잘 알고 있는 분야나 관심을 가지고 있는 분야에 관해 질문을 하여 분위기를 바꾸는 것도 좋은 방법이 됩니다.

함께 지내는 선생님을 진정한 동료라고 생각한다면 그 선생님의 생각과 주장이 옳으면 맞장구를 쳐주는 것이 옳다고 생각합니다. 자존심을 세우기 위해서, 사심을 채우기 위해서, 아부하기 위해서, 경직될 분위기가 싫어서 그 선생님의 의견이나 주장을 묵살하거나 옳지 않다고 하는 것은 동료라고 생각 안 하는 것과 같습니다. 그리고 그런 선택에 따른 책임도 나에게 있는 것이므로 그 선생님을 탓하면 안 됩니다.

오랫동안 몸에 익은 관습이기에 바꾸기가 힘들 것입니다.

동료 선생님의 이야기에 고개 끄덕여 주고, 공식적인 자리에서 동료의 이야기가 옳다면 '동의한다'는 말 한 마디가 변화의 시작이 될 것입니다.

동료를 적으로 만들지 맙시다.

이기고 지는 게임이 아닙니다!

대학 친구들을 만났습니다. 학교에서 교무부장을 비롯한 중요한 직책을 맡고 있는 처지라 자연스럽게 대화 주제도 학교와 관련된 이야기들이 오고 갔습니다. 그 중에서도 요즘 후배들이 우리들이 선배를 대했던 것과 차이가 많이 나고 예의가 없다는 등의 이야기와 어떤 선생님은 사사건건 반대하고, 어떤 선생님은 결정된 사항을 따르지 않아서 제대로 알려주면 자존심을 상하게 한다고 불만을 토로한다는 것들이 주요 내용이었습니다. 인간관계가 너무 힘들다는 내용들이었습니다.

공감하는 내용들이었습니다. 그러나 개선 방안이 없는 불만으로만 대화가 마무리 되는 것이 아쉬워서 조심스럽게 이야기를 시작했습니다.

학교에서 인간관계를 맺기 어려운 두 부류가 있습니다. 한 부류는 의사결정을 하는 협의회나 회의에서는 아무 말도 하지 않다가 뒤돌아서서 무조건 불만을 토로합니다. 더욱 힘든 것은 자신이 맡은 일을 제대로 하지 않아 관리자나 동료가 제대로 할 것을 요구하면 자존심에 상처를 입었다고 감정적으로 대응을 합니다. 더 나아가 자신이 동료들에게 한 무례한 행동에 대해서는 자신의 입장에서는 너무나 당연하게 생각하는 것입니다.

그래서 대부분의 관리자나 동료는 그 사람이 웬만한 비교육적인 언행을 해도 묵인하고 넘어가는 것이 일반적입니다. 그런데 이러한 언행이 관리자나 동료가 모른 체하고 넘어가서 끝날 일이 있는 반면 자칫 잘못하면 학교 전체나 교육계에 큰 어려움을 줄 가능성이 있는 일들일 경우에는 솔직하게 말하고 더 이상 확산되지 않도록 저지해야 합니다.

아이들에게 상습적으로 고함을 지르고 폭언에 가까운 말로 아이들을 지도하는 선생님이 있습니다. 지금까지는 별 탈 없이 넘어갔습니다. 그런데 어느 날 한 아이에게 인격모독에 가까운 일을 공개적인 장소에서 시켰습니다. 내용을 알면 그 선생님의 의도는 이해할 수 있지만 현재의 사회 분위기에는 반하는 아슬아슬한 수준이었습니다. 이 모든 것을 관리자와 동료들이 보았습니다. 그런데 수근거릴 뿐 그 선생님을 만류하는 분은 없었습니다. 말을 해도 잘 듣지 않고 자기변명만 하고 그 과정에서 마음에 상처만 입는다는 것이 이유였습니다. 다행히 이번에도 아무 일 없이 잘(?) 넘어갔습니다. 관리자와 동료들도 여느 때와 같이 뒤돌아서서 그 선생님을 비난만 하였습니다.

관리자와 동료들은 마음의 상처를 받기 싫어서 그 상황을 회피하였습니다. 만약에 이 문제가 사건화되었다면 어떤 결과가 초래되었을까요? 물론 그 선생님이 가장 많은 책임을 져야 할 것입니다. 그러나 사건의 해결 과정에서 학교는 얼마나 사회로부터 지탄을 받겠습니까? 선생님들의 능력과 신뢰는 얼마나 상처를 받겠습니까? 결국 피해를 입는 것은 학교와 선생님이고 나아가 우리나라 전체 교육계입니다.

나를 보호하기 위해서 동료의 잘못된 언행을 묵인하는 것은 결국 내가 속한 학교와 교육계의 신뢰를 떨어뜨리는 것입니다. 내 마음의 상처로, 기분 나쁨의 문제는 물처럼 흘려보내고 학교와 교육계에 상처를 입히는 장애물은 거시적인 마음의 그물로 걸어 내어야 합니다. 솔직하고 과감하게 말해야 합니다.

두 번째 부류는 관리자와 동료들의 생각과 다른 생각으로 업무의 효율성을 떨어뜨리는 사람들입니다. 다르게 표현하면 업무의 효율성을 떨어뜨리기보다는 다른 생각으로 교육활동이나 업무를 지연시킵니다.

예년과 같이 현장체험학습을 계획하고 발표를 했습니다. 연례행사라는 마음으로 다른 동료들은 수긍하고 받아들이는데, 이왕 하는 현장체험행사라면 좀 더 교육적인 의미를 부여하여 생소한 방향을 제시합니다.

학교행사가 끝난 후에 선생님들이 피곤하다고 교무부장님이 관리자분들께 건의하여 아이들이 모두 귀가하면 평소보다 좀 일찍 퇴근할 수 있도록 배려(?)하였습니다. 그런데 한 선생님이 조퇴로 결재를 득한 후에 퇴근하자고 합니다. 다른 분들은 무슨 일이 생기지도 않을 텐데 굳이 그렇게 할 필요가 있냐고 불만입니다. 그러나 그 선생님의 생각은 조퇴가 법적으로 보장되어 있고, 만약에 복무감사가 오더라도 책임질 일이 없다는 것입니다.

평소에 수업시간 엄수와 기초기본을 강조하는 관리자가 자신의 교육철학을 추진하기 위하여 정상적인 교육과정에 지장을 초래하는 무리한 계획을 세워서 추진하려고 합니다. 유독 한 선생님이 평소 관리자의 강조사항과 어긋나고 학생들의 학습권을 침해한다고 방과후나 토요휴업일을 이용하는 것이 좋겠다는 의견을 제시합니다. 그러나 다른 선생님들은 정상적인 수업하기도 벅찬데 방과후나 토요일까지 학생들을 지도하는 것에 부정적인 입장입니다.

방해하는 것처럼 보입니다. 그러나 내용을 살펴보면 무조건적인 방해가 아니라 다른 방향에서 접근하는 차단자입니다. 상당히 객관적인 근거를 가지고 주장하기 때문에 반박할 수 있는 여지가 부족하고 그렇게 해야만 되는 경우도 있습니다. 감정적인 대응에서 벗어난 최악의 경우를 생각하여 수용할 필요가 있는 것은 수용해야 합니다. 특히 복무에 관련된 내용이라면 법적으로 책임질 일이 없도록 하는 것이 옳습니다.

생각의 차이라면 실행가능성을 차단자와 함께 고민해야 합니다. 여러 가지 환경과 여건을 고려해야 합니다. 고려하는 과정에 차단자를 반드시 참여시켜 적극적으로 말하고 설득시킬 기회를 제공해야 합니다. 여건과 환경이 충분하고 구성원들이 설득을 당했다면(?) 과감하게 차단자에게 적극적으로 추진할 수 있는 주도자로서의 역할을 부여하는 것도 좋은 방법입니다.

그리고 여건과 환경, 구성원들의 합의가 이루어지지 않는 실현가능성이 부족한 차단자의 주장에 대해서는 자극적인 언행으로 감정적인 패배감을 안기기보다 새로운 접근에 대해서 생각할 기회를 준 것에 대한 배려와 위로의 말이 필요합니다. 그리고 차단자가 받아들인다면 동료와 함께 하는 역할을 부여하는 것이 좋습니다.

학교에서 이루어지는 관리자와 동료, 동료와 동료의 관계는 이기고 지는 게임이 아닙니다. 생각이 다르기 때문에 말과 행동이 다를 수 있습니다. 내가 상대방의 마음을 모르듯이 상대방도 내 마음을 모르기 때문에 나와 같은 언행을 할 것이라고 기대를 하는 것은 무리입니다. 내가 한 말이 상처가 되기도 하고 상대방의 농담에 상처를 입기도 합니다. 그래서 그러한 상황을 만들려 하지 않고 회피하려고 합니다.

문제가 될 소지를 안고 있는 동료로부터 자신을 보호하기 위해 피하려 하지 말고 거시적인 안목으로 진솔하게 말해서 문제의 확산을 차단해야 합니다. 그 과정에서 자존심이 상하고 마음에 상처를 입더라도 동료에게 진 것이 아닙니다.

자신의 주장이 실현가능성이 부족하면 동료의 의견을 수용하고 지지하십시오. 결코 지는 것이 아닙니다.

자신의 의견과 다른 차단자의 의견이 옳다면 과감하게 수용하고 지지해 주십시오. 지지한다고 지는 것이 아닙니다.

관리자가 자신의 의견에 반하는 선생님의 의견을 수용한다고 지는 것이 아닙니다. 합리적이고 존경받는 관리자가 되는 것입니다.

완벽한 사람은 없습니다. 서로에게 상처를 주고 받습니다. 지나치게 자기를 보호하려는 마음은 결국 학교와 자신을 힘들게 합니다. 진솔하고 과감하게 말하고 수용하는 우리가 되어 행복한 학교를 만듭시다.

신의信義, 신의信疑, 신의宸意

'신의信義: 믿음과 의리'
'신의信疑: 믿음과 의심'
'신의宸意: 임금의 뜻'

　그냥 좋아하는 부장선생님이 있었습니다. 그분은 어떤 결정을 내리기 전에 항상 의견을 물었습니다. 처음에는 성심성의껏 나의 생각을 이야기했습니다. 그런데 결정은 달랐습니다. 다른 사람의 의견을 많이 반영한 듯 보였습니다. 생각의 차이가 있으니 그럴 수 있다고 생각했습니다. 어느 날 그분과 심리적인 충돌이 일어났습니다. 다수결로 결정할 수 없는 사실과 정보에 근거해 객관적인 자료로 판단해야 할 사안이 있었습니다. 관련 규정과 법, 비슷한 사례에 근거하여 의견을 제시했습니다. 역시나 이번에도 다른 결정을 내렸습니다. 그런데 문제가 된 것은 결정의 근거가 자신이 좋아하는 그룹의 의견을 근거 없이 받아들인다는 것이 문제였습니다. 관리자가 부장선생님들의 결정을 번복하여 현명한 판단을 내려 잘 해결되었지만 그 부장선생님에 대해서 믿음과 의심의 '신의信疑'가 생겼습니다.

　동학년 협의회 시간에 부장선생님께서 내년에 연구학교 추진에 대한 선생님들의 의견을 모아오라고 관리자분들이 말씀하셨다고 했습니다. 그래서 허심탄회하게 선생님들의 의견을 제시했습니다. 퇴근길에 부장선생님을 만났는데 기분이 좋아 보이지 않았습니다. 그 이유를 물으니 연구학교에 대한 관리자 분들의 생각과 선생님들의 생각의 차이가 너무 커서 야단을 맞았다는 것입니다. 쉽게 표현하면 관리자는 연구학교를 추진하고 싶은데 대부분의 선생님들이 여러 가지 이유를 들어 반대했다는 것입니다. 그러면서 부장선생님의 말씀이 처음부터 연구학교를 추진하려고 하는데 선생님들을 설득시키라고 하는 것이 옳지 않느냐고 했습니다. 관리자분들은 선생님들이 '신의辰義'를 알기를 바랐던 모양입니다.

선생님들의 의견에 관계없이 국가정책과 관리자의 철학에 의하여 결정하고 추진해야 될 일이 있습니다. 그러나 결정 후에 선생님들에게 '신의辰義'를 기대하는 것보다 있는 그대로를 설명하고 설득하는 노력이 필요합니다. 무조건 나를 따르라고 강요하면 독선적이라는 수식어와 함께 심각한 부작용에 부딪힌 외형적인 실적만 남길 뿐입니다.

믿음을 주는 결정자는 과정의 공정성에 달려 있습니다. 형식적인 의견 모으기가 아닌 구성원들의 하찮은 의견에도 반응하고 공감하는 진정성 있는 태도에 믿음을 갖습니다. 이 믿음이 서로 간에 쌓이면 의리가 생깁니다. 의리는 권력이 있다고 생기는 것이 아닙니다. 오랫동안 믿음이 쌓여야 생기는 것입니다.

학교교육과정 수립, 학교평가, 학부모 공개 수업에 학부모의 설문지가 필요합니다. 그런데 간혹 엉뚱하거나 학교의 사정과 전혀 다른 설문에 답한 경우가 있습니다. 학교에서는 자녀가 다니는 학교인데 사정을 너무 모른다거나 지역에 있는 학교를 폄하해서 좋은 일이 없을 텐데 속 좁은 학부모라고 야속해 합니다. 다른 말로 이야기하면 학교의 교육활동에 긍정적인 반응으로 의리를 지켜주면 좋은데 그렇지 못함에 대한 야속합니다.

그런데 학부모가 의리를 지킬 정도의 학교에 대한 믿음이 쌓여있는지를 생각해야 합니다. 학교교육과정 수립을 위한 학부모의 설문지에 얼마만큼 민감하게 반응하여 반영했는지? 교육과정 설명회에 학부모, 학생, 지역민의 요구를 학교교육과정에 어떻게 반영했는지를 진정성 있게 설명했는지? 반영하지 못한 이유도 제대로 설명했는지? 설명하는 방법이 학부모의 눈높이와 같은지? 학교의 교육활동이 정기적으로 실질적으로 학부모에게 전달되는지? 아이들의 작은 다툼과 상처에 학부모의 입장에서 대처했는지? 교육활동에 대한 사전설명이 충분했는지? 학생평가의 결과에 대한 전달과 피드백이 적절한지? 학교폭력에 어느 정도 대처하고 있는지? 자녀의 학교생활에 대한 객관적인 정보가 제대로 전달되고 있는지?-중요한 문제로 자녀가 학교에서 갈등이 생긴 이후에 학교생활이 충실하지 못했다는 내용을 학부모에게 전달하면 믿지 않습니다. 그래서 사소한 다툼과 특이사항이 발생할 때마다 학부모에게 알리는 것이 중요합니다.-등에 대하여 냉정하게 판단해 보면 학부모의 입장보다 학교의 입장이 우선이었던 것이 대부분입니다. 학교 교육활동에 관심이 있는 몇몇 분을 제외하면 학교에 대한 의리를 지킬 정도의 믿음은 없는 것입니다. 그래도 아직까지 긍정적인 평가를 해주는 것은 믿음에 의한 의리가 아니라 인정에 의한 것입니다.

아이들은 종종 선생님이 없는 곳에서 선생님을 욕합니다. 그러다가 선생님이 나타나면 놀라서 어쩔 줄을 몰라 합니다. 혹시나 듣지 않았을까 하는 마음에 노심초사합니다. 대부분의 선생님은 듣고도 모른 척합니다. 상대방이 없는 곳에서 욕하고 험담하는 것은 인간의 본성이고 대부분은 악의적이지 않기 때문에 문제가 되는 것은 아닙니다. 그러나 요즘은 선생님이 없는 곳이 아닌 전 세계인이 다 보는 SNS를 비롯한 사이버 공간에 자기들만의 언어로 선생님의 욕으로 도배를 하고 있습니다. 이유는 선생님의 권위와 함께 믿음도 무너졌기 때문입니다. 그냥 지식을 전달하는 사람으로 전락하고 말았습니다. 전달하는 방법이 마음에 들지 않으면 원색적으로 욕합니다. 반대로 유명한 학원강사에게는 성적을 올려준다는 믿음을 가지고 있습니다. 학부모도 마찬가지입니다. 그러나 실제로는 학교수업에 불성실한 학생이 학원 수강에 충실하다는 보장도 없을뿐더러 성적향상이 학원수강의 효과라고만 판단할 수 있는 근거도 부족합니다. 그래서 순수하게 학원수강의 효과를 보는 경우는 소수입니다. 그러나 그 믿음은 예전에 학교와 선생님들이 가졌던 권위와 유사합니다. 아이의 상태와 이득을 따져보지 않고, 옛날의 학교가 관습적으로 누렸던 권위와 같이 안 보내면 불안한 사회 분위기에 편승한 것일 수도 있습니다.

아이들에게 믿음을 찾는 방법은 의외로 단순합니다. 아이들의 말에 귀를 열고 오랫동안 듣는 것입니다. 학급이나 학교의 교육활동에 아이들의 의견을 적극적으로 반영하는 것입니다. 그래서 학교가 선생님이 아이들의 의견에 귀를 기울이고 있다는 것을 체감할 수 있도록 해야 합니다. 자치활동에서 건의사항, 일회성의 이벤트적인 교육활동으로 아이들의 의견에 귀를 기울이는 것이 아니라 자유롭게 의견을 말할 수 있는 분위기를 만들어야 합니다. 무조건 말하라가 아니라 올바르게 전달하는 방법도 가르쳐야 합니다. 이야기하면 들어줄게가 아닌 하고 싶은 이야기를 바른 방법으로 전달하는 것이 당연시되는 분위기가 되도록 해야 합니다. 그래서 학교 교육활동에 믿음이 쌓이도록 하는 것입니다.

아주 유능한 변호사에 의하여 실제보다 5년이나 짧은 형을 구형받은 죄수와 일반적인 변호사에 의하여 실제보다 2년이나 많은 구형을 받은 죄수에게 자신의 변호사를 신뢰하는지를 물었습니다. 그런데 결과는 의외였습니다. 2년이나 구형을 많이 받은 죄수가, 5년씩이나 형을 짧게 구형받도록 한 죄수가 자신의 변호사를 신뢰하는 것보다 더 신뢰한다는 것이었습니다. 그 이유는 유능한 변호사는 형을 짧게 받기 위하여 필요한 내용만을 죄수에게 질문했지만 일반적인 변호사는 자신의 무능을 알기에 죄수에게 많은 정보를 얻기 위하여 죄수가 하는 말을 모두 들었기 때문입니다.

아이들이 선생님을 다시 믿게 하기 위해서는 아이들의 건전한 생각이 교육활동에 실제적으로 반영되어 체감할 수 있도록 하고, 아이들의 이야기를 많이 들어주는 것입니다. 아이들은 학교 선생님과 학원 강사에게 요구하는 것이 다릅니다. 그래서 성적만을 향상시키는 교육정책은 학부모와 일부 교육관료들은 환영할 수 있겠지만 빼앗긴 믿음은 되찾을 수 없습니다. 선생님에 대한 믿음이 없기에 권위를 인정하는 의리도 기대하기 힘듭니다.

선생님과 학생, 학부모가 학교의 테두리 안에 있습니다. 그러나 각자 생각하고 있는 것은 다릅니다. '말하지 않아도 알아요'와 같은 '신의 宸意'가 통하려면 오랫동안 사귀어 사랑하는 사이여야 가능합니다. 그러나 아쉽게도 학교는 그렇지 못합니다. 그래서 자신의 의견을 적극적으로 표현하고 설명하고 설득하는 과정이 있어야 합니다.

의사결정의 절차에 진정성이 없고 형식에만 치우친다면 믿음과 의심이 공존하는 '신의信疑'만 있을 뿐 믿음은 사라집니다.

서로의 생각에 귀를 기울이고 생각을 건전하게 공유할 수 있는 분위기와 서로의 의견을 경청하여 공감하는 절차로 선택과 결정을 한다면 믿음과 의리가 공존하는 '신의信義'가 생길 것입니다. 이러한 '신의信義'가 학교를 행복하게 만들고 학교와 선생님의 권위를 되찾는 특효약이 될 것입니다.

지렁이와 공작

스포츠 강사를 하는 후배가 선생님들보다 학교생활을 더 열심히 하는데, 처우를 비교하면 선생님들보다 터무니없이 모자란다는 하소연을 하였습니다.

교무보조를 하는 분이 같은 회계직에 있는 분들과 임금을 비롯한 처우를 비교하니, 자신이 너무나 부당한 대우를 받고 있다는 불만을 관리자에게 토로하였습니다.

어떤 선생님은 관리자가 선생님들보다 하는 일에 비하여 많은 혜택을 누리고 있다며 그 권한을 줄여야 한다고 주장합니다.

어떤 관리자는 다른 직종과 비교하면 선생님들이 하는 일에 비하여 많은 혜택을 누리고 있다며 선생님들에게 부당한 요구를 하기도 합니다.

지렁이는 땅속에서 열심히 자기 일을 묵묵히 할 때가 가장 아름답습니다. 땅속에서 묵묵히 일하는 자신을 알리기 위하여 땅위로 올라오는 순간부터 고통이 따르고, 빨리 땅속으로 들어가지 않으면 그 생명을 다합니다.

　공작은 꼬리깃을 펼쳤을 때가 훨씬 아름답습니다. 그러나 항상 꼬리깃을 펼치지 않기 때문에 꼬리깃을 펼쳤을 때가 더 아름답습니다. 그리고 공작이 꼬리깃을 펼치는 것은 상대방을 위협하거나 윽박질러 피해를 주려는 것이 아닌, 자신이 가진 매력을 발산하여 상대가 호감을 갖도록 하는 행위입니다.

　선생님을 비롯한 많은 분들이 학교에 계십니다. 각자 맡은 역할이 다릅니다. 지렁이와 같이 각자의 영역에서 최선을 다할 때 그 모습이 아름답습니다. 영역과 하는 일이 다른 것을 자의적인 정보로 단순하게 비교하여 상대방을 비난하거나 폄하하여 자신의 가치를 높이려는 것은 지렁이가 땅위로 올라오는 것과 같습니다.

　나의 뛰어남과 우월함은 다른 사람이 인정해 줄 때 가치가 있습니다. 나의 우월함과 뛰어남을 자랑하기 전에 공작의 꼬리깃을 펼치게 하는 상대가 있듯이, 내가 먼저 다른 사람의 뛰어남과 우월함을 인정하여 그 사람이 자신의 역량을 최대한으로 발현하도록 돕는 것이 가치있고 아름다운 모습입니다.

　지렁이와 같이 각자의 영역에서 묵묵히 일하고, 공작의 꼬리깃을 펼치게 하는 상대가 있듯이 다른 영역에서 일하는 동료의 가치를 인정하고 칭찬하며 격려하는 학교 구성원들이 많아질수록 지금보다 더 행복한 학교가 될 것입니다.

술자리에서 결정과 선택을 하지 맙시다

초임시절에 나름의 심각한 고민이 있어 선배 선생님에게 털어 놓았습니다. 그런데 그 선배는 내 이야기를 다 듣기도 전에 '나도 초임시절에 다 겪어봐서 아는데 시간이 지나면 다 해결이 될 테니 걱정하지 마라'라고 했습니다. 더 이상 말을 이어갈 수 없었고, 두 번 다시 그 선배에게는 고민을 털어놓지 않았습니다.

'옛날에 다 해봐서 아는데'를 습관적으로 하는 선생님이 있습니다. 교무회의나 기타 협의회를 한창 하고 있으면 모든 것을 안다는 식으로 옛날에 다 해봐서 아는데 그렇게 하면 안 되고 이렇게 하면 된다고 합니다. 다른 선생님의 의견을 무시하고 자신의 경험이나 간접적으로 체득한 경험으로 결정지으려는 그 선생님이 의사결정에 개입하는 것을 다른 선생님들은 싫어합니다.

사실과 다르게 동료들에 관한 내용을 본인의 짐작으로 소문 내는 선생님이 있습니다. 그 선생님에게 그렇게 하지 말라고 이야기하면 당당하게 '보통의 경우에 그런 말과 행동을 하면 그런 뜻이 있는 것이 아니냐?'고 반문을 합니다. 그분 때문에 다른 선생님들도 쓸데없는 오해를 사는 일이 잦아졌고 낭패를 당하는 일도 생겼습니다. 그 선생님과 함께 근무하는 것을 부담스러워합니다.

교육과정 수립을 위한 워크샵에서 장미빛 계획을 잘 세우는 선생님이 있습니다. 그러나 계획을 수정하거나 아예 포기해야 되는 상황이 많습니다. 실천이 잘 되지 않는 것입니다. 실제 교육활동이 이루어질 시기와 상황을 고려하여 계획을 수립해야 되는데, 그 선생님은 항상 협의를 하는 시기와 상황을 기준으로 계획을 수립합니다. 그래서 계획과 실천이 맞지 않는 교육과정이 수립됩니다. 선생님들은 불만입니다. 그러나 그 선생님의 영향력이 더 커서 변화가 없습니다.

함께 식사를 하고 있는데 관리자가 이만 정리하고 일어나자고 합니다. 다른 선생님들은 한창 식사를 하고 있거나 식사량이 아쉬운데 황당하다는 표정입니다. 식사 전에 학교에 찾아온 손님 때문에 관리자는 간단하게 식사를 하고 와서 본인이 배가 불렀기 때문에 다른 선생님들도 배가 부를 것이라고 착각한 것입니다.

어떤 관리자는 식당에서 메뉴를 정할 때 다른 선생님들의 의견을 듣지 않고 항상 본인이 정합니다. 나름대로 음식에 대해 전문성이 있고, 그 식당의 음식을 누구보다 잘 안다는 생각으로 그렇게 하지만 다른 선생님들은 불만입니다. 선생님을 위하는 관리자의 마음은 이해하지만 체질이나 몸의 상태에 따라 먹고 싶은 것이 다른 것을 이해 못하는 것이 아쉽습니다.

'어떤 상황에서 내가 가지는 마음과 생각이 남들도 같을 것이다. 지금 가진 기분과 상황이 어떤 일을 해야 될 시기와 같을 것이다.'와 같은 생각으로 의사결정을 하는 것을 '투사投射 편향'이라고 합니다.

흔히 아이들이 '선생님은 우리 마음도 모르시고 결정하신다.'와 같은 불만을 토로하는 것도 투사편향에 빠져서 잘못된 결정을 한 것입니다. 선생님은 아이들을 위한다는 생각으로 결정했지만 아이들은 그렇게 생각하지 않는 것입니다. 무조건 아이들이 좋아하는 것으로 결정하라는 뜻이 아니라 아이들의 입장에서 생각하고 아이들의 의견이 반영되도록 결정하라는 것입니다.

반대 의미로 역지사지易地思之를 떠올릴 수도 있지만, 타인을 배려하지 못한다는 의미보다 남도 나와 같은 생각을 할 것이라는 짐작으로 결정하는 것으로, 결정하는 당신은 남을 충분히 배려한다고 착각하는 것입니다.

출세를 하려면 회식에 빠짐없이 참석하고, 특히 관리자와 함께하는 술자리는 꼭 참석하라는 이야기를 많이 합니다. 실제로 그렇게 하는 사람이 그렇지 않은 사람보다 출세를 먼저 하는 듯한 느낌을 갖게 합니다. 특히, 선택의 기로에서 결정을 해야 되는 사안이 있을 경우에는 술자리를 같이 하면 거의 모든 일이 술술 풀립니다. 술술 풀리는 이유는 투사편향이 가장 심한 상태가 술에 취한 상태이기 때문입니다. 약물에 취한 뇌는 현재와 미래를 구분하지 못합니다. 현재의 생각으로 미래를 결정합니다. 공상의 논리로 안 되는 것이 없기 때문에 쉽게 결정을 합니다. 이것을 잘 아는 사람일수록 술자리를 이용하여 사욕을 취하고자 합니다. 만약에 술자리 이야기의 주제가 결정을 내려야 하는 것과 약속을 해야 되는 것이라면 술을 먹기 전에 회피해야 됩니다. 자신이 없다면 자리를 박차는 것이 좋습니다. 그렇게 하지 못한다면 결정하고 약속한 것을 지키기 위해 많은 희생을 치러야 할 것입니다. 그리고 더 안타까운 것은 투사편향에 의한 잘못된 결정이 술자리에 없었던 사람에게 피해를 주는 경우가 종종 있다는 것입니다.

술자리는 마음이 맞지 않는 동료와 관리자를 적당히 욕하면서 스트레스 푸는 것으로 만족해야 합니다. 관리자도 마음에 안 드는 교직원과 당신에게 스트레스 주는 교육관료들 욕하면서 스트레스 푸는 것으로 만족해야 합니다.

투사편향과 남을 배려하는 것은 다릅니다.

투사편향은 논리적인 사고에 의한 이성적인 결정과 판단이 아닙니다.

배려한 결정과 선택에 기대만큼의 반응이 없으면 투사편향에 빠진 것이 아닌지 생각해 보십시오.

교육활동이 자주 수정되고 변한다는 반응이 있다면 투사편향에 빠지지 않았는지 생각해 보십시오.

주변에 술로 해결하려는 동료들이 많으면 나의 결정과 선택이 투사편향적이지 않은지 의심해 보십시오.

열정적으로 아이들을 가르치지만 반응이 무의미하다면 투사편향에 빠졌을 가능성이 높습니다.

투사편향에서 벗어나는 가장 효과적인 방법은 다름과 차이를 바탕으로 변화되는 상황을 고려하여 예측하는 유연한 사고에 의한 결정과 선택입니다.

부정+(긍정×5)=0

습관적으로 어려운 것을 회피하는 선생님이 있습니다. 전 선생님들이 참여해야만 가능한 교육활동이 있습니다. 내실 있게 운영하기 위해서는 업무를 분장해야 합니다. 그런데 이런 핑계 저런 핑계로 얌체같이 빠지는 선생님에게 업무를 하라고 하면 '원래부터 그런 것을 못한다고 합니다.' 한두 번 당하다 보면 '선생님이 해야 할 것을 원래부터 못하는 사람이 어떻게 선생님을 하는지?'라는 속마음을 품고 업무에서 제외시키게 됩니다. 동료 선생님의 마음에도 그 선생님은 '원래 그런 선생님'으로 남습니다.

자기가 당연히 해야 될 교육활동을 동료 선생님이 대신 해주기를 바라면서 일부러 늦게 하고, 자신의 온갖 개인사를 장황하게 늘어놓는 선생님이 있습니다. 그리고 관리자와 업무협의를 할 때면 관리자 옆에서 협의 내용과 동떨어진 아부와 아첨성 발언으로 환심을 사려고 합니다. 동료 선생님에게 '그런 선생님'으로 기억됩니다.

동료 선생님과 관리자가 없는 곳에서는 아이들에게 온갖 비교육적인 언행을 하면서 공개적인 교육활동에서는 아이들을 끔찍하게 사랑하는 천사와 같은 선생님이 됩니다. 동료 선생님에게 '헛웃음만 나게 하는 그런 선생님'으로 기억됩니다.

세월이 흘러 '그런 선생님들'이 수석선생님나 교무부장을 해야 하거나 때로는 그런 방식으로 관리자가 되었습니다. 연수나 세미나, 뒤늦게 접한 인간관계나 리더십 관련 책들을 통해서 배운 얇은 지식으로 '그런 사람'의 이미지에서 탈피하려고 합니다. 다른 사람은 모를 것이라는 자만심으로 동료 선생님을 계몽하기 시작합니다. 온갖 SNS에 좋은 말로 도배를 합니다. 그런데 그 선생님을 '그런 선생님'으로 기억하고 있는 선생님들은 그 진실성을 의심합니다. 따르지 않습니다. 리더십이 발휘되지 못합니다.

부정적인 이미지를 없애려면 다섯 배의 노력이 필요하다고 합니다. 연예인들이 잘못을 하면 잠정적으로 방송 중단을 선언합니다. 국민들이 용서할 때까지 자숙의 시간을 갖겠다는 것입니다. 그런데 연예인에 따라서 충분한 자숙의 시간을 가졌음에도 상반된 반응을 보일 때가 있습니다. 어떤 연예인은 쉽게 용서가 되어 성공적으로 컴백하고, 어떤 연예인은 많은 시간이 지났음에도 쉽게 용서가 되지 않습니다. 그 이유는 다섯 배의 차이입니다. 고의성이 없이 어쩌다가 잘못을 한 연예인, 사회 통념적으로 일반화된 잘못은 다섯 배의 시간이 짧습니다. 그런데 사회적인 통념을 깨는 큰 잘못, 고의성이 있는 잘못, 특혜 등은 다섯 배의 시간이 아주 깁니다. 다른 잘못보다 국민들이 받은 충격이 커서 희석시키기 위한 다섯 배의 시간이 아주 깁니다. 그래서 그와 더불어 봉사활동, 기부 등과 같은 특별한 긍정적인 활동을 하지 않으면 쉽게 용서가 되지 않는 것입니다.

학교도 마찬가지입니다. '그런 선생님'이 '선생님'의 이미지를 얻기 위해서는 다른 사람에게 심어 준 부정적인 부분에 대한 다섯 배의 노력이 필요합니다. 일 년 동안 '그런 선생님'이었다면 오년동안 동료 선생님에게 좋은 이미지를 남겨야 합니다. 자신의 욕심을 채우기 위해 다섯 번 동료 선생님을 기만했다면 스물다섯 번의 봉사와 선행이 있어야 합니다.

몰라서 못했다는 변명은 다른 동료에게 통하지 않습니다. '그런 선생님'이 한 잘못을 다른 선생님들은 하지 않았습니다. 그렇다고 미리 배운 것도 아닙니다. 왜냐하면 그것은 남과 더불어 살기 위해서 필요한 최소한의 상식이기 때문입니다.

순간적인 이득을 얻기 위해서, 동료 선생님보다 조금 편하기 위해서, 자신의 능력보다 과한 욕심을 채우기 위해서 동료 선생님에게 심어준 부정적인 이미지를 극복하기 위해서는 엄청난 노력이 필요합니다. SNS에 좋은 글 많이 남긴다고 해결되지 않습니다.

가장 좋은 방법은 상식적인 행동으로 부정적인 이미지 만들지 않는 것입니다.

작은 틀과 큰 틀, 어느 것이 우선인가?

체육부장이 운동회를 하기 위하여 각 학년별 프로그램의 내용과 수, 학부모 참여 프로그램의 내용과 수, 특별 프로그램의 내용과 수, 준비하는 동안의 업무와 당일 업무 분장에 대한 내용으로 협의회를 시작하였습니다.

학년 수준을 고려한 프로그램 선정과 다른 학년과의 중복 회피, 담당자 선정, 연습 장소와 일정을 협의한 후 학부모와 학교 특성을 고려한 특별 프로그램의 담당자 선정과 내용, 장소와 일정 등에 대하여 순조롭게 진행되었고, 준비과정에서의 업무는 체육부장을 중심으로 연관성이 있는 선생님들이 맡기로 하였으며, 당일 업무분장도 효율적으로 정해져서 협의회를 마치려고 하였습니다.

그런데 한 선생님이 맡은 업무를 살펴보니 업무를 맡은 가지 수가 어떤 선생님은 많은 반면, 어떤 선생님은 상대적으로 적다는 것입니다. 그래서 그것이 왜 문제가 되느냐고 물으니, 학교운영위원회 심의를 위한 계획서나 운동회 당일 프로그램 안내장에 담당자가 표시되면 학부모가 그것을 보고 선생님의 능력을 평가한다는 것이었습니다. 그래서 체육부장이 운동회라는 큰 틀에서 업무의 효율성과 알차고 효과적인 운영을 위한 것으로 이해하면 좋겠다고 했지만, 설득이 되지 않아서 운영위원회 심의를 위한 계획서와 당일 프로그램 안내장의 담당자 란을 없애기로 결정을 하였습니다.

교육활동을 마치고 홍보를 위하여 홈페이지에 사진을 탑재하기로 하였습니다. 그런데 어느 분이 탑재되는 사진의 수가 학년별로 같아야 된다고 주장하여, 어느 학년은 제대로 홍보를 할 수가 없었습니다.

학교행사를 마치고, 홍보 담당자가 행사의 내용이 잘 드러난 학년의 사진으로 보도자료를 제출하였는데, 그것이 기사로 실렸습니다. 모든 선생님이 좋아하는데, 어느 선생님이 왜 하필 그 학년의 사진이 기사로 실렸는지 궁금하다며 담당자를 곤란하게 합니다.

극단적인 사례라고 생각할 수도 있습니다. 그러나 실제로 겪은 일이며, 이와 비슷한 일들이 많이 일어나는 학교는 협의회가 교육활동의 목적과 취지를 살리는 것보다, 업무를 모든 선생님에게 골고루 분산시키는 데 주안점을 두고 있습니다. 당연히 교육활동의 질적인 변화는 없고 연례행사 하나를 마친 것이 전부입니다. 작은 틀을 강조하다

보니 큰 틀의 성장과 발전이 저해되는 것입니다.

학교에서 이루어지는 모든 교육활동을 작은 틀과 큰 틀의 관점으로 바라보면 어느 한 틀을 선택해야 합니다. 어느 틀을 선택하는 것이 효과적일까요?

어느 틀을 선택했을 때 결과가 미치는 범위로 판단하는 것이 옳다고 봅니다. 예를 들면 작은 틀을 선택했을 때, 그 결과가 특정한 개인에게만 유리하고 조직(학교)과 다른 구성원에게는 부정적인 영향을 끼친다면 잘못된 선택이라고 생각합니다. 운동회에서 업무분장에만 신경을 쓰고 내용을 등한시한다면 큰 틀인 운동회의 결과를 학부모가 평가했을 때 예년과 별반 차이가 없고 오히려 후퇴했다고 생각한다면 잘못된 선택인 것입니다.

그리고 지나치게 큰 틀만을 강조하는 분들도 있습니다. 그분들의 논리는 우리학교가 힘들더라도 그 혜택은 지역교육청과 도교육청에 도움이 되니 우리 학교가 희생해도 된다는 것입니다. 그러나 희생한 작은 틀인 학교와 구성원들에게 돌아오는 긍정적인 결과는 없고, 특정한 구성원에게만 유효하다면 잘못된 선택인 것입니다. 따라서 꼭 필요한 큰 틀이라면 희생되는 작은 틀에 대한 배려와 보상을 포함해야 합니다. 가장 이상적인 학교는 큰 틀인 학교의 성장 및 발전과 더불어 작은 틀인 구성원들의 성장과 발전이 동시에 이루어지는 것입니다. 큰 틀의 방향이 작은 틀의 무조건적인 희생을 강요하고, 작은 틀을 지나치게 강조하여 큰 틀의 성장과 발전을 저해한다면 독선과 사리사욕만 남습니다.

합리적인 선택으로 모든 학교가 행복하면 좋겠습니다.

경험보다 신뢰가 우선입니다

특정한 영역에 뛰어난 능력과 학생 지도 실적을 가진 선생님이 있습니다. 이 선생님을 아는 분들은 하나같이 대단한 능력을 가졌다고 치켜세웁니다. 그런데 함께 교육활동을 하는 것은 대부분 싫어합니다. 다음은 싫어하는 이유들입니다.

'계획을 수립할 때에는 실현 가능성이 거의 없을 정도의 장밋빛 청사진을 제시합니다. 그래서 구성원들이 실현에 문제가 있으니 수정하자고 하면 교육자의 사명과 책무성을 강조하며 불쾌감을 준다고 합니다. 그래서 장밋빛 계획을 수용하여 운영을 하면 예견된 여러 가지 어려운 문제가 발생하는데, 정작 본인은 발을 뺀다고 합니다. 선생님들이 수립한 계획이니 끝까지 책임지라는 식이랍니다. 많은 시행착오와 선생님들의 노력으로 어려움을 극복하고 나면, 이 모든 공로가 본인이 계획을 잘 세워서 이룩한 결과라고 생색을 낸다고 합니다.'

'아이들에게 열정적으로 가르치는 것은 선생님의 당연한 의무라서, 아이들이 필요로 하는 교육활동이라면 시간과 장소의 제약을 극복하는 것이 선생님의 능력이고, 그렇지 못하면 선생님으로서 자격이 없다고 비난하면서 정작 본인은 그렇게 행동하지 않는다고 합니다.'

'자신의 능력을 순수하게 아이들을 위하여 지도한다고 하지만 결과는 항상 자신의 욕심 채우기라고 합니다.'

사람은 문화적으로 나를 도와줄 사람을 도와주도록 진화해 왔습니다. 즉 이기적인 사람을 신뢰하지 않도록 진화해 왔습니다. 아무리 많은 경험을 가진 지혜로운 사람이라도 신뢰가 없으면, 그 경험은 가치를 잃어버립니다. 아무리 뛰어난 능력을 가졌더라도 신뢰가 없으면 무용지물입니다. 종종 경험 많고 능력 있는 관리자가 성공하지 못하는 경우도 신뢰가 없기 때문입니다.

지혜로운 경험을 확산시키고 행복한 학교를 만들기 위해서는 신뢰가 우선입니다.

그 신뢰는 아주 사소함에서 쌓입니다.

당신의 이기심을 동료 선생님이 모를까요? 아니면 믿어 주는 척하는 것일까요?

당신에게도 필요하지만 나에게 더 필요한 것

경력이 쌓일수록 선생님에게 요구하는 조건들이 증가하는 것 같습니다. 법적으로 정해져 있지는 않지만 아이들의 행복, 선생님의 성장, 학교의 발전을 위한 조건들입니다. 그리고 학교의 의사결정이 민주화되고 다양한 분들이 함께 근무하게 되면서 학교문화도 바뀌고 있습니다. 원만하고 성숙한 학교문화 정착을 위해서 더 필요한 조건이기도 합니다. 또한 제가 갖추어야 할 조건이기도 합니다.

수업은 선생님의 의무이자 권리입니다. 다른 선생님들과 비교할 때 자신만이 수업을 열심히 한다고 생각하면 안 됩니다. 자신이 수업을 정말 잘한다면 동료 선생님보다 수업장학과 공개수업에 적극적으로 참여하고. 그 노하우도 공유해야 합니다.

교원평가나 근무평점을 산정할 때에 업무의 경중을 반영시키는 것에 본인만 수업을 잘하고, 다른 선생님은 업무만 잘하고 수업을 못하는 것처럼 생각하면 안 됩니다. 그런 논리가 정당화되려면 수업관련 업무를 맡고, 다른 선생님보다 수업전문가의 역량을 더 잘, 더 많이 발휘해야 됩니다.

선생님은 수업 말고도 아이들의 알찬 교육활동을 위해 해야 할 업무들이 있습니다. 이런 업무를 열심히 잘하는 것도 선생님의 역량입니다. 아이들을 잘 가르치기 위해 필요한 업무와 수업 모두에 열정을 가진 선생님이 많아지면 좋겠습니다. 그리고 그런 선생님을 인정해 주는 선생님이 되면 좋겠습니다.

사회의 변화에 민감하게 반응하고 대처해야 합니다.

학교를 바라보는 사회의 시각, 선생님을 바라보는 사람들의 생각이 빠르게 바뀌고 있고, 요구하는 것도 많아지고 있습니다. 바람직한 변화와 정당한 요구는 구체적이고 체계적으로 습득하여 반영하고, 부당한 요구와 선생님의 권위에 대한 의도적인 도전, 학습권 침해에 대해서는 단호하게 대처하는 능력을 길러야 합니다.

다양성을 인정하고 존중하는 선생님이 되면 좋겠습니다.

학생들을 가르치는 일은 같지만 가르치는 방법은 다양합니다. 수업을 지원하기 위한 업무도 다양합니다. 그래서 다양성을 인정하고 존중해야 학교의 성장과 발전이 이루어집니다. 당신은 당신을 인정하고 존중하는 눈에 보이지 않는 많은 동료의 지원과 도움으로 원만하게 학교생활을 하고 있습니다. 따라서 동료의 다양성을 존중하고 배려하는 것이 지혜로운 학교생활을 위해 필요합니다.

솔직해야 합니다.

자신의 생각을 거짓 없이 표현해야 합니다. 자신의 생각을 숨긴 체 동료를 이용하는 것은 불신을 조장하여 학교조직을 무너뜨립니다.

자신의 욕심을 위해 '교육'이라는 단어를 남용하면 안 됩니다. 꼭 필요한 욕심이라면 솔직하게 표현하고 설득하여 동료의 동정을 얻는 것이 더 현명한 방법입니다.

허물을 숨기기 위해 '융통성'과 '창의성'을 남용하면 안 됩니다. 인간으로서, 공무원으로서, 선생님으로서 지켜야 할 기본과 원칙이 있습니다. 이 기본과 원칙을 무너뜨리는 것을 '융통성'과 '창의성'으로 합리화한다면 도덕성과 품위의 추락으로 이어질 것입니다. 기본과 원칙을 무시한 사소한 것들이 결정적인 걸림돌이 될 수도 있음을 깨달아야 합니다.

위, 아래보다 좌, 우의 균형을 중요하게 생각해야 합니다.

의사결정에 있어 관리자의 의견에 무조건 동의하고, 선후배를 강조하고, 지나치게 경력과 나이를 중요시하는 것보다, 현명한 동료의 의견, 경험에 의해 얻은 관리자와 고경력 선생님의 지혜로운 의견, 참신하고 창의적인 의견에 적극적으로 수용하는 좌, 우의 균형 잡힌 태도가 필요합니다.

학생들을 지도하여 성취감을 맛보면 좋겠습니다.

특별한 분야에 관심과 능력이 있는 학생들을 지도하여 각종 경시대회에 출전해 보십시오. 그리고 꼭 입상해 보십시오. 준비하는 과정에서 많은 시련과 좌절이 있을 것입니다. 실패도 할 것입니다. 그러나 입상을 하고 나면 그 성취감은 이루 말할 수 없습니다. 시련과 좌절, 실패를 통해서 전문성이 길러졌음을 느낄 것입니다. 인적 네트워크도 구성되었을 것입니다. 이 전문성과 인적 네트워크가 당신을 한 단계 더 업그레이드시킬 것입니다. 잊지 말아야 할 것은, 입상만을 위한 욕심보다, 아이들의 능력 향상을 위한 방향이어야 합니다.

당당함이 필요합니다.

무조건적인 아부와 복종이 미덕이고, 자신의 생각을 상황에 맞게 주장하는 것을 건방지다고 생각하는 것은 처세술입니다. 본인의 처세술을 강요하면 안 됩니다.

성숙된 학교 문화를 위해서 상황에 맞게 당당하게 생각을 표현할 수 있어야 합니다. 그런 동료를 지지해 주어야 합니다.

선생님으로서 책임지는 당당한 자세가 필요합니다. 본의 아닌 잘못에 대해서는 아이들과 학부모에게 적극적으로 해명하고 책임지는 당당함이 필요합니다. 아이들과 학부모는 잘못을 변명으로 정당화하고 선생님의 지위로 책임을 회피하는 것에 분노합니다.

이러한 당당함이 쌓이면 관리자가 되어도 선생님과 학부모의 충돌을 잘 조정할 수 있습니다.

연대가 필요합니다.

학교에서 일어나는 여러 가지 사건들은 이제 학교의 힘만으로는 해결하기 힘듭니다. 지역 사회의 문화 행사에 적극적으로 참여하고, 지역의 걱정거리에 동조하고 도움을 주어서, 학교에서 일어나는 문제를 긍정적인 시각으로 바라보도록 해야 합니다.

동호회 활동을 통해 인적 네트워크를 확장해야 합니다. 선생님이 해결 못하는 일, 학교가 해결 못하는 일 의외로 쉽게 해결하는 사람들이 있습니다. 사회와 학교의 충돌에 중재자 역할을 잘하는 사람들이 있습니다. 그 사람들은 당신과 시간과 장소를 공유하는 사람들 속에 있습니다.

복잡하고 다양할수록 기본적인 도리가 중요합니다.

추측성 악담으로 동료를 모함하면 안 됩니다.

동료를 무시하면 동료도 당신을 무시합니다. 다만, 당신이 어리석어서 느끼지 못할 뿐입니다.

당신의 부족함을 동료가 채우고 있습니다. 항상 동료를 배려하는 마음이 필요합니다.

친할수록 품위 있고 격조 있는 말을 사용해야 합니다. 당신의 말에 반응이 없다면 어떤 말을 했는지 살펴보십시오.

함께 식사하는 것을 반기지 않고, 동료가 빨리 식사를 한다면, 당신의 식사예절을 점검해 보십시오.

자신에게는 문제가 되지 않지만 동료에게는 상처가 되는 언행을 삼가십시오.

저는 식사할 때 마주 앉은 사람이 제 발을 건드리는 것을 몹시 불쾌해 합니다.

누구나 생각하고 느끼지만 잘 안 되는 것입니다. 그러나 내가 실천한다면 변화는 이미 시작되었습니다. 나에게 더 필요한 것을 다른 사람―아이들, 동료 선생님, 관리자, 아내, 남편―에게만 요구하고 있지 않았습니까? 지금 시작합시다.

현명하게 결정하기

방학기간을 이용하여 선생님 워크샵이 계획되어 있었습니다. 교장 선생님께서 이번 워크샵의 계획, 추진, 결과, 분석, 적용에 관한 모든 사항은 선생님들끼리 협의하여 결정하면 좋겠다고 했습니다. 선생님 들은 너무나 좋아했습니다. 그리고 협의를 하기 시작했습니다.

우선 날짜부터 정하기로 했습니다. 그런데 몇 시간이 지나도 정해 지지 않았습니다. 일주일이 지나도 결정되지 않았습니다. 날짜를 정 하지 못하니 장소를 비롯한 세부계획 수립도 곤란했습니다.

이때 어떤 선생님이 말하였습니다.

"차라리 교장선생님께 정해 주라고 합시다. 교장선생님이 정해 주실 때에는 다소 불만이 있어도 잘 추진되었는데, 우리가 정하려고 하니 여간 어려운 것이 아닙니다. 선생님들과 협의하지 않고, 교장선생님 혼자서 결정하고 추진한다고 불만을 토로했지만, 오히려 그것이 더 현명한 것 같습니다."라고 했습니다.

순간 화가 났습니다.

오랫동안 불만을 가진 사항을 이제 우리가 현명하게 결정하여 추진 하면 되는데, 그 과정이 힘들고 자기 뜻대로 안 된다고, 독단과 독선 적인 의사결정을 현명하다고 말하는 것이 너무나 부끄러웠습니다. 한 편으로 아이들에게는 토의와 토론 방법에 대해서 열심히 가르치고 있 지만, 상명하달식 의사결정이 팽배한 학교에 살고 있는 현실을 감안 하면 이해가 되기도 했습니다.

어떻게 결정하는 것이 현명할까요?

가장 먼저 생각해야 할 것이 효율적인 계획으로 최상의 목적을 달성하도록 결정하는 것입니다. 그런데 그 목적보다 개인의 욕심을 우선시하는 선생님들이 방해를 많이 합니다. 겉으로는 학교의 성장과 발전을 위하는 것처럼 보이지만, 속내는 개인의 욕심을 챙기기 위한 결정을 하려고 하는 것입니다. 그리고 자신의 목적을 이루기 위해, 다른 사람의 정상적이고 합리적인 의견을 배척하고, 상대방을 감정적인 말로 자극하여 분위기를 흐리게 합니다.

이런 분들에게는 냉정하게 대처해야 합니다. 선생님의 직업적인 특성상 '좋은 게 좋다.'는 논리로 묵인하거나 더 나아가 암묵적인 동의를 해 줍니다. 그리고 독단과 독선적인 관리자에게 하는 것과 같이 뒤돌아서서 자기 욕심만 차린다고 욕합니다. 이제 뒤에서 욕하지 말고 의사결정 할 때 당당하게 찬, 반 의사를 분명하게 표현해야 합니다. 그리고 자신의 생각과 일치하는 동료의 의견에 적극적인 공감을 표현해야 합니다. 그래서 합리적인 다수의 생각이 결정되도록 해야 합니다.

두 번째는 이중적인 생각과 태도를 버려야 합니다.

특히, 의견을 모으는 선생님이라면 더욱 그렇게 해야 합니다. 아주 어렵게 합리적이고 현명한 결정을 했는데, 관리자에게 전달하는 과정에서 자신의 욕심을 첨가하는 경우가 있습니다. 또는 특정한 선생님의 생각을 첨가하여 전달하는 경우가 있습니다. 관리자는 그것이 선생님들의 생각으로 판단하여 실행하도록 합니다. 선생님들은 황당해합니다. 형식만 갖추고 결국 관리자의 뜻대로 한다고 불평을 합니다. 그리고 다음부터는 시간이 아까우니 선생님들의 의견 수렴하지 말라고 합니다. 그리고 더욱 중요한 것은 이런 불평을 아무도 관리자에게 제대로 전달하지 않기 때문에 관리자는 그 불평을 전혀 모르고 오히려 민주적으로 잘하고 있다고 생각합니다.

반대의 경우도 있습니다. 실제로 관리자가 모든 결정을 내려놓고 형식적으로 선생님들의 의견을 수렴하는 척만 하는 것입니다. 결과를 뻔히 알고 있기 때문에 선생님들은 의견을 제시하지 않습니다. 그러면 관리자는 때를 놓치지 않고 자신의 생각대로 결정하고 실행하도록 합니다.

전자의 경우에는 의견을 전달한 선생님에게 왜 그렇게 바뀌었는지 확인을 해야 합니다. 변명으로 일관한다면 관리자에게 직접 확인해도 되겠는지를 물어야 합니다. 후자의 경우에는 실행과정에서 발생하는 불합리한 일에 대해서 선생님들이 해결하기보다 관리자가 해결방안을 제시하도록 유도해야 합니다. 그래서 혼자서 결정한 일에 허점이 있다는 것을 알도록 해야 합니다.

세 번째는 효과적인 질문으로 상대방의 의사를 정확하게 파악해야 합니다. 제시한 내용과 다르게 상대방이 이해하는 경우가 있습니다. 똑같은 의견을 반복해서 강조하기보다, 상대방에게 왜 그렇게 이해했는지를 물어 보십시오. 그러면 오해한 부분을 알 수 있습니다.

그리고 상대방의 의견에 의문점이 있거나 이해가 힘들다면 어렵게 돌려서 묻지 말고, 그 부분을 솔직하게 물어 보십시오. 간단하게 해결됩니다. 그리고 체면상 묻지를 못하는 선생님에게는 선생님이 해결자가 되는 것입니다. 주의해야 할 점은 솔직하고 직접적인 질문과 상대방의 감정을 자극하는 질문과는 구별되어야 합니다.

관리자의 역할과 성격이 변하면서 관리자의 전유물이었던 결정 권한이 선생님들에게 많이 이양되고 있습니다. 개인적인 욕심, 이중적인 생각과 태도를 버리고, 효과적인 질문으로 상대방의 의견을 정확하게 이해하면 합리적이고 효율적인 결정이 가능할 것입니다. 아울러 관리자가 결정한다고 무조건 독단과 독선적인 것은 아닙니다. 선생님들의 의견을 충분히 수렴하고, 오랜 경험과 교훈으로 쌓은 지혜로 현명한 결정을 내리는 분들도 많습니다. 그래서 결정 과정에서 어려움이 있다면 지혜로운 관리자에게 도움을 요청하는 것도 방법이라고 생각합니다.

모난 돌이 됩시다

'모난 돌이 정 맞는다.'라는 속담이 있습니다. 세상을 둥글둥글하게 살아라는 뜻이겠지요? 또, 지금까지 우리는 둥글둥글한 사람이 되라는 교육을 받아왔습니다. 간혹 입바른 소리나 다른 의견을 제시하면 그냥 넘어가면 될 것을 왜 화를 자초하느냐고 나무라기도 합니다. 때로는 뾰족한 성격만 고치면 나무랄 데가 없는데 왜 그렇게 하지 못하느냐고 따끔한 충고를 하기도 합니다. 어떤 사람은 그 사람의 능력과 뾰족한 성격을 동일시하여 능력발휘의 기회까지 박탈하기도 합니다.

결국 뾰족한 사람은 둥근 사람이 되기로 결심합니다. 아니면 끝까지 뾰족해지기로 합니다.

전자의 경우는 둥근 사람들로부터 이제 철이 들었다고, 사람이 변

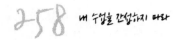

했다고 칭찬을 듣습니다. 그러나 사람의 본성은 변하지 않기에 정작 뾰족한 본인은 둥근 척하는 것이 괴롭습니다. 주장하고 싶고, 변화시키고 싶은 것이 있어도 참아야 합니다. 그런 자신이 싫습니다. 그렇다고 아주 둥글게 변하여 남보다 앞서 구르지도 못합니다. 어정쩡한 자신이 밉습니다.

후자의 경우는 자신의 능력과 뾰족함을 구분하지 못하여 능력 발휘 기회를 스스로 놓치는 경우가 종종 있습니다. 그래서 능력 발휘 기회를 잡지 못한 자신을 탓하기보다 주위의 둥근 비겁한 동료들(?)을 비난하면서 학교생활을 합니다. 주위의 동료들은 표현을 하지 못하지만 그 사람을 그저 불평불만이 많은 능력 없는 선생님으로만 생각합니다.

학교조직에 쉽게 동화되지 못한 뾰족한 사람의 잘못이 크겠지요? 하지만 지금은 세상이 달라졌습니다. 성격의 뾰족함과 능력의 뾰족함을 구분할 줄 알아야 합니다.

지금은 지식정보화 사회입니다. 특히, 선택과 결정을 바르고 빠르게 해야 되는 시대입니다. 학교도 예외가 아닙니다. 예전에는 학생들을 가르치는 교수법과 업무가 다양하지 못했습니다. 그래서 아무 업무나 맡겨도 불평불만 없이 추진하는 것을 미덕으로 삼았습니다. 학년이나 업무에 불만을 제기하면 '선생님이 아무 학년이나 업무 맡아도 해야 되지? 못한다는 것은 능력이 없음을 스스로 인정하는 것이 아니냐?'고 몰아갔습니다. 아직까지 이런 분위기가 남아있는 것 또한 사실입니다.

절친한 후배의 친구가 영화를 이용한 수업에 관한 책을 썼다고 하여 읽어 보았습니다. 참 좋은 교수법이라 생각하였습니다. 후배에게 초등학교 1, 2학년을 배정한다면 자신의 능력을 제대로 발휘하겠습니까?

연구기획을 잘하는 선배가 있었습니다. 그런데 이 분은 체육수업은 잘 하지만, 교기를 비롯한 전문적인 체육지도에는 능력이 아주 부족합니다. 이런 분에게 체육업무를 배정한다면 어떻게 되겠습니까?

정보 관련, 상담 관련 업무도 점점 세분화되어 가고 있습니다.

예전의 교무회의는 상명하달식이었습니다. 관리자의 지시에 다른 의견을 제시하는 것은 큰 법을 어기는 행위와 같은 것으로 받아들여졌던 시기도 있었습니다. 그리고 아직까지 그러한 분위가 많이 남아 있습니다. 교무회의에서 스스럼없이 의견을 제시하기가 힘듭니다. 당당하게 자신의 의견을 주장하면 활발한 토의와 토론이 되는 것이 아니라 뾰족한 사람으로 낙인을 찍어 버립니다. 학교에서 이루어지는 협의회가 형식은 민주적으로 변했지만, 사람은 민주적으로 변하지 않았기 때문입니다.

존경을 받는 리더들은 자신의 주변에 자신과 다른 의견을 제시하는 동료를 둔다고 합니다. 자신의 생각이 잘못될 수 있음을 인정하고 조직을 더 나은 방향으로 이끌기 위함이라고 합니다.

이제 학교는 뾰족함을 키워야 합니다. 원은 아주 많은 뾰족한 원호들로 이루어져 있습니다. 내부의 많은 뾰족한 원호들 때문에 빈틈이 없습니다. 탄탄합니다. 그러나 원의 내부를 둥근 것들로 채워보십시오. 빈틈이 많이 생깁니다.

학교조직도 조직의 중심으로 많은 뾰족함들이 모여 있어야 합니다.

뾰족함이 중심을 찾기 위해 서로를 찔러 갈등이 생길 수도 있고, 시간이 필요할 수도 있습니다. 그렇다고 내부를 둥근 것들로 채워보십시오. 서로 잘 부딪히려 하지도 않고, 부딪히는 일도 없고, 부딪혀도 상처를 잘 남기지 않습니다. 그러나 빈틈이 많아서 외부에서 충격을 가하면 쉽게 흩어져 버립니다. 모래탑에 물을 부으면 무너지는 것과 같습니다.

선생님의 능력을 뾰족하게 만들고 발휘할 수 있는 분위기 만들어야 합니다.

구성원 누구나 자신의 의견을 제시하여 토론하고 토의할 수 있는 분위기를 만들어야 합니다.

관리자라면 뾰족한 것들이 서로 찌르지 않게 조직의 중심을 잘 찾아갈 수 있도록 조정해 주어야 합니다.

선생님이라면 생산적인 뾰족한 능력자가 되어야 합니다. 그리고 뾰족한 동료를 인정해야 합니다.

모난 돌, 정으로 치지 맙시다.

많은 선생님이 학교에 있습니다

어제 저녁에 초등학교 스포츠강사를 하는 아주 친한 후배를 만났습니다. 자연스럽게 스포츠강사와 초등학교 선생님에 대한 여러 가지 이야기를 나누게 되었습니다. 그 후배의 주장은 국가에서 초등학교 학생들의 체력이 중요한데, 초등학교에 여자 선생님의 비율이 높아서 체육수업이 제대로 이루어지지 않았기 때문에 스포츠강사 제도를 도입하였다고 했습니다(여자 선생님들을 폄하하기 위한 목적이 아닌 맥락으로 이해해 주시기 바랍니다).

그래서 왜 그런 주장을 하느냐고 물으니 스포츠강사협의회(?)에 가면 집행부나 정치권에 있는 분들이 스포츠강사를 정규선생님으로 전환할 가능성이 있다고 하는데, 학교로 돌아와서 이런 이야기를 하면 스포츠강사는 체육수업을 보조하는 역할이고, 임용고사를 치러서 임용된 것이 아니기 때문에 그렇게 될 가능성이 거의 없다고 하면서 반대를 많이 한다고 합니다. 흔히 말해서 '아무나 선생을 할 수 있는 것은 아니다'라는 논리를 내세워서 반대한다고 했습니다.

그러나 대부분의 스포츠강사들은 체육수업의 보조 역할로 채용되었지만 실제로 체육수업을 하는 경우가 많고, 학교 교기를 비롯한 다양한 체육지도를 하고 있으며, 심한 경우는 선생님의 업무까지도 하는 경우가 있어서 정규선생님으로의 전환을 주장한다고 합니다. 그리고 아무 조건 없는 임용을 주장하는 것이 아니라 보건선생님과 영양선생님과 같은 방법으로 하면 될 것이라고 합니다. 그런 부당한 요구에 공동으로 대응하면 될 것이 아니냐고 물으니, 한 학교에 한 명이 배치되고 계약직이기 때문에 쉽지 않다고 했습니다.

그래서 비정규직 노동자들의 부당한 대우와 그분들이 주장하는 정규직화에 대해서 물었더니, 요즘처럼 경제가 좋지 않은 상황에서는 무리하게 정규직으로 전환되면 회사가 힘들어져 지금의 비정규직 자리도 없어져서 모두의 손해라고 합니다. 그래서 지금 후배가 처한 현실과 비정규직 노동자들이 처한 현실이 뭐가 다르냐고 물었습니다.

그리고 스포츠강사들의 자격과 교직의 전문성을 운운하며 정규선생님으로의 전환을 반대하는 선생님들의 이중성을 인정하며, 자격과 전문성의 문제를 지적하려면 지금도 수업을 맡기면 안 되는 것 또한 인정한다고 했습니다.

이어서 다른 비정규직 노동자들에게는 우리나라의 경제와 회사의 재정을 걱정하며 정규직화를 반대하는 주장을 하는 후배(스포츠강사)가 정규선생님이 되려면 국민들의 세금이 더 필요하고 이로 인해 힘들어 할 국민들을 알고 있으면서 정규선생님으로의 전환 주장을 하면 안 되는 것이고, 정규직과 같은 일을 시키며 부당한 대우를 하는 것을 비난하는 선생님(학교 관리자 포함)이 스포츠강사에게 부당한 요구를 하는 것 또한 아니라고 했습니다.

그리고 국민에게 도움이 되지 않는 국책 사업을 하지 않거나 중단하면 재원은 충분이 가능할 것이라는 등과 같은 일반적인 이야기들이 오고 갔습니다.

스포츠강사의 채용 목적은 초등학교 체육수업 보조입니다. 더 발전적으로 생각하면 학생들에게 질 높은 체육수업을 제공하기 위한 것입니다. 선생님들의 역할도 스포츠강사와 함께 질 높은 체육수업을 학생들에게 제공하는 것입니다. 목적이 같은 것입니다. 서로 이해하고 협력하여 질 높은 체육수업을 제공하도록 노력해야 하며, 이 과정에서 스포츠강사에 대한 부당한 대우가 있으면 개선을 위해 공동으로 노력해야 합니다. 그리고 부득이하게 스포츠강사의 고유 임무 외에 다른 역할을 맡기려면 충분한 동의를 구함과 동시에 마땅한 대우도 해야 합니다.

교무실과 행정실로 나뉘어져 있던 학교에 방과후, 영어원어민, 학교회계직, 인턴선생님 등과 같이 특별한 목적을 수행하기 위해 채용된 선생님들이 많아졌습니다. 목적에 따라 받는 임금도 다르고 근무여건도 다릅니다. 그분들이 보는 정규선생님에 대한 생각도 천차만별이고, 정규선생님들도 그분들을 대하는 태도가 천차만별입니다. 이로인해 갈등도 생기고 있습니다. 대부분의 갈등은 국가의 애매(?)한 정책이 원인인데, 개인과 개인을 넘어 집단과 집단으로 확산되는 추세입니다. 해결은 개인적인 사과와 갈등 과정에 생긴 손해에 대한 배상으로 마무리되지만 감정의 골은 깊게 파여 마음속에 잠복해 있습니다.

학교에 근무하는 모든 선생님들은 역할이 다르고 역할에 따른 채용 조건과 대우가 다를 뿐 학생들에게 질 높은 교육을 제공하기 위한 목적은 같습니다. 그 목적을 생각한다면 나에게는 관대하고 남에게는 엄격한 잣대, 내가 하면 로맨스고 남이 하면 불륜으로 보는 시각, 남에게는 국가의 장래가 중요하고 나에게는 개인의 행복이 우선인 이중성을 걷어낸다면 서로 맞장구치는 공감으로 갈등을 해결할 수 있을 것입니다.

학교에 있는 나와 다른 조건의 선생님들은 적이 아닙니다. 나와 목

적이 같습니다. 맞장구를 치며 공감하여 학생들에게 질 높은 교육을
제공합시다. 조그만 배려와 위로가 행복한 학교를 만들 것입니다.

너 때문에 피곤하면,
나 때문에 즐거워야 한다

'하는 일 없이 바쁘다.'

'하는 일은 똑같은 것 같은데 왜 이렇게 피곤하지?'

'바빠서 정신이 없는데, 뭘 했는지 물어오면 특별히 할 말이 없다.'

'학교일 때문에 바빠서 퇴근 후에도 여유가 없다. 그런데 정작 집에
와서 뭘 해야 될지 모르겠다.'

'특별하게 스트레스를 받는 일도 없는데 학교 가기가 싫다.'

이와 같은 비슷한 경험들 가지고 있을 것입니다. 그리고 특별한 대
처도 원인도 찾지 않고 '세월이 약이겠지요' 하는 심정으로 생활했을
것이고, 생활하고 있을 것입니다.

왜 그럴까요?

우리 뇌는 주변의 분위기에 쉽게 동화되고 전염되는 특징을 가지고
있다고 합니다. 인간이 만물의 영장이 된 것도 우리의 뇌가 다수의 의
견과 결정에 따랐고, 힘 있는 사람의 눈치를 보면서 진화해 온 결과라
고 합니다. 그래서 습관적으로 너무나 쉽게 주변의 분위기에 전염되
고, 권력자의 눈치를 본다고 합니다. 남들이 '예'라고 할 때 '아니오'라

고 말하는 용기가 힘든 것도 이 때문이라고 합니다.

즐겁게 학교에 출근했는데 관리자 인상이 좋지 않으면 하루 종일 기분이 좋지 않습니다.

부장선생님이 바쁘다고 이리 뛰고 저리 뛰면 동료 선생님도 저절로 바빠집니다.

동료 선생님이 신경질적이고 짜증을 잘 내면 같이 변해 갑니다.

가르치는 학생이 의욕이 없으면 같이 무기력해지면서 짜증이 납니다.

연구학교나 특별과제를 맡은 학교는 열심히(?) 하는 몇 명의 선생님 때문에 평소와 같은 생활인데도 여유가 없어집니다. 이 모두가 내 의지와는 관계없이 주변 분위기에 전염되고 동화되어 진화해 온 뇌의 영향이라고 합니다.

듣기만 했는데도 피곤한 회의 또한 열정적으로 참여한 동료의 뇌에 전염되었기 때문입니다.

그래서 조금은 행복하고 즐거운 학교를 만들기 위해서는 지루하고 피곤함을 전염시키지 말고, 밝게 웃는 얼굴, 생기발랄한 행동, 따뜻하게 위로하며 용기 주는 목소리, 덜 바쁜 척하는 겸손으로 동료의 뇌를 행복하게 만드는 전염병을 확산시키면 됩니다. 다른 사람 때문에 피곤했다면 내가 즐거움을 주는 사람이 되면 됩니다.

너 때문에 피곤했다면, 나 때문에 즐거운 학교를 만들어 보십시오. 당신의 의도적인 작은 실천이 학교를 즐겁게 합니다.

우월한 존재는 타인이 만듭니다

일 잘하고, 기획력 있고, 아는 것 많은 형님이 있습니다. 그분을 아는 관리자는 모두 그 형님을 우월한 존재로 생각합니다. 옆에서 보면 샘이 날 정도로 칭찬 일색입니다. 그래서 한 때에는 그 형님의 그런 모습이 싫어서, 지금 생각하면 아찔한 말도 서슴없이 했습니다. 하지만 지금은 그 형님을 존경합니다. 관리자로부터 우월한 존재로 인정받기 위해 노력하고 희생한 것을 잘 알기 때문입니다.

형님의 노하우를 본받기 위해 유심히 살펴보았습니다. 보통의 경우에는 능력으로 먼저 인정을 받으려고 합니다. 그러나 그 형님은 인간관계에 먼저 초점을 맞추는 것 같았습니다. 관리자의 심성에 관계없이 긍정적인 관계를 맺으려고 노력했습니다. 처음에는 아부 잘하고 입에 발린 소릴 잘하는 것으로 착각했습니다. 그러나 그 형님의 인간관계 맺기 노하우는 잘 듣는 것과 감정적인 쟁점이 되는 주제에서 빨리 벗어나는 수완이었습니다. 관리자가 정치에 대해서 이야기를 시작하면 그냥 가만히 듣고 있다가 현재 학교가 처한 현실과 공통되는 부분이 보이면 바로 이야기 주제를 전환시켜 모임에 참석한 동료가 대화에 참여하도록 하는 능력이 뛰어났습니다.

나는 그렇게 잘 하지 못합니다. 보통의 관리자는 보수적입니다. 나는 나름대로 진보입니다. 그래서 관리자가 정치 이야기를 하면 맞대응을 합니다. 특히, 전교조 이야기나 대통령에 관해 보수언론이 떠벌리는 이야기를 재탕하는 관리자와 대립각을 세웁니다. 나름대로 공부를 많이 했기 때문에 웬만한 관리자는 논리적으로 나를 이기지 못합니다. 어쩔 줄 몰라 하는 관리자를 보면서 속으로 고소함을 느낍니다. 그러나 그 고소함이 나의 능력을 가리는 역할을 훌륭하게 수행하여 그 관리자는 나를 우월하게 생각하지 않습니다. 아예 기회를 주지 않습니다.

긍정적인 인간관계를 맺은 그 형님이 관리자의 의견을 무조건 동조하는 것이 아닙니다. 관리자는 자신의 이야기를 잘 듣는 그 형님을 신뢰합니다. 그래서 학교의 중요 직책이나 업무, 나아가 외부의 주요 교육현안 문제 해결에 적극적으로 추천하여 능력을 발휘하도록 합니다. 그리고 그 형님은 그런 과정에서 자신과 동료가 가진 의견을 반영하기 위해 노력하고 실제로 반영하여 합리적인 변화의 바람을 일으키고 있습니다.

긍정적인 인간관계를 먼저 맺어 신뢰를 쌓은 후에 능력을 발휘하여 우월한 존재가 된 것입니다.

아는 후배가 있습니다. 관리자와 인간관계를 잘 맺어 승진하기 위한 점수를 잘 모아서 잘 관리하고 있습니다. 그러나 관리자와 동료들은 그를 우월하다고 생각하지 않습니다. 단지 승진에 혈안이 되어 주위를 돌보지 못하는 그저 그런 선생님으로 봅니다. 그러나 그 후배는 그렇게 모은 점수가 능력이고, 그 점수에 의해 만들어진 지위가 능력이라고 생각하는 듯했습니다. 그래서 후배들에게 틈만 나면 자신의 노하우를 전하려고 노력합니다. 관리자가 자신을 이용하는 것을 착각하여 능력을 인정한다며 우월함을 자랑합니다. 그러나 아무도 그 우월함에 동조하지 않습니다.

이 후배에게는 형님이 가지고 있는 타인 존중과 도덕성이 결여되어

 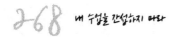

있습니다. 그리고 선생님의 능력에 대한 잘못된 시각에 사로잡혀 동료의 능력을 제대로 판단하지 못하는 어리석음까지 갖추고(?) 있어 아무도 그를 인정하지 않습니다. 심지어 자신이 우월한 존재라고 믿어주던 관리자도 상황이 바뀌면 그를 떠납니다.

우월한 존재가 된다는 것은 관리자나 동료에게 능력을 인정받는다는 뜻입니다.

그래서 긍정적인 인간관계 맺기와 선생님으로서의 올바른 가치관, 도덕적인 판단 능력과 타인 배려, 열정과 겸손으로 동료나 관리자로부터 자신의 능력을 인정받는 것이 우월한 존재가 되는 올바른 방법입니다.

우월한 존재는 내가 만드는 것이 아니라 타인에 의해 만들어집니다.

작은 실천이 불가능을
가능으로 만듭니다

정말 감동적인 영화 '더 임파서블'을 아내와 같이 보았습니다. 꽤 재미있는 영화들도 많았는데, 아내의 선택이 탁월했습니다.

영화에서 자신의 생명이 위태로운 상황에서도 도와 달라고 소리치는 아이를 외면하지 못하는 엄마와 이를 반대하는 아들의 갈등에서는 우리 사회의 문제점을 지적하는 것 같아 씁쓸한 마음이 들었습니다. 그리고 아이의 잘못된 생각을 바로잡아 주기 위해 꾸준히 설득하고 행동으로 보여주는 엄마의 작은 실천이 불가능할 것 같은 상황을 가능으로 만들었습니다.

많은 사람이 개인주의를 넘어 이기주의화 되어 가는 아이들의 심성을 가정교육 특히, 엄마의 지나친 보호와 간섭 때문이라고 말합니다. 그러나 가정교육의 문제점을 지적하고 매스컴을 통하여 바른 부모상을 강조하지만 우리나라의 현실을 감안하면 큰 실효성이 없는 것 같습니다.

그렇다고 이대로 방관하고 있을 수 없지 않습니까? 그래서 학교에서 작은 실천이 중요하다고 생각합니다. 수업 시간 지키기, 우측통행, 친구와 다른 학급에 방해를 주는 행동 안 하기, 수돗물 아껴 쓰기, 불필요한 전등 끄기, 잃어버린 물건 찾아주기, 자기 물건에 이름 쓰기, 신호등 지키기, 싸우지 않기, 어려운 친구 돕기 등과 같은 것은 당연히 실천해야 하는 것들입니다. 그러나 그냥 지나치기는 쉬워도 실천하는 것은 결코 쉬운 일이 아닙니다. 실천하지 않는다고 책임을 묻는 것도 아닙니다. 또 함부로 나무랄 수도 없는 것이 요즘의 학교입니다.

그러나 선생님의 꾸준한 잔소리와 확인하는 질문으로 습관화시키려고 노력한다면 변화가 생길 수 있습니다. 한 사람이 지난 흔적은 없지만 여러 사람이 지나가면 길이 생긴다고 했습니다.

요즘 들어 학부모가 고경력의 선생님을 바라보는 시각이 조금씩 바뀌는 것을 느낍니다. 나이가 많다고 싫어만 했는데 요즘 학교폭력을 대처하는 과정에서 그분들의 생활지도 노하우가 필요함을 느낀다고 합니다. 그리고 학생 관련 문제가 발생했을 경우에 매뉴얼대로 처리를 하는 것이 일반화되어 가는 현실에서 고경력 선생님들이 가능하면 학생에게 피해를 가지 않기 위해 중재하고 노력하는 모습을 통해 이제야 인정받는 듯합니다.

그분들의 학생 생활지도 노하우를 보면 끊임없는 잔소리와 확인하는 질문입니다. 그동안 학생들과 학부모들은 그 잔소리가 듣기 싫다고 꺼려했지만 그 잔소리 덕분에 학생들은 바른 심성을 가지게 되었고, 우리 사회를 지탱하는 힘이 되었습니다. 끊임없는 잔소리로 작은 것을 실천하도록 습관화시킨 그분들의 노력으로 현재의 우리나라가 있습니다.

그런데 학교에서 그 잔소리가 점점 사라지고 있습니다. 학생들의 바른 습관이 제대로 형성되지 못하고 있습니다. 사회를 탓하고, 누구를 탓하기 전에 작은 것들을 실천할 수 있는 잔소리와 확인하는 질문을 끊임없이 던지는 선생님들이 많아지면 좋겠습니다.

'오늘도 우측통행을 잘 실천하자!'

'몸이 아픈 ○○○를 도와줄 친구가 없을까?'

'수돗물 잘 잠갔니?'

'늦지 않도록 하자!'

'○○○가 준비물을 잃어버렸다고 하니 함께 찾아보자!'

'내일 준비물 잘 확인했니?'

'일요일 봉사활동 잊지 않았지?'

'부모님 말씀 잘 듣고 있니?

'힘든 일 있으면 선생님께 알려주면 도와줄게!' 등과 같은 잔소리와 확인하는 질문을 실천하는 선생님이 되어 봅시다.

작은 실천이 불가능한 것을 가능한 것으로 바꾸리라고 확신합니다.

주도권을 양보하자

얼마 전에 후배가 나에게 하소연을 하였습니다. 보고서를 작성하기 위해서 협의회를 하는데, 한 선생님이 협의회의 방향과 다른 문제 제기를 계속 하더라고 합니다. 계속 참고 있다가 '그러면 문제만 제기하지 말고 제기하는 문제에 대한 해결책을 이야기하세요?'라고 하니 별말이 없었다고 합니다. 그 일이 있은 후 얼마 뒤에 우연히 SNS에서 문제를 제기한 선생님의 글을 읽었습니다. 그 선생님의 글은 문제를 제기하는 사람의 의견을 반영하지 않고 불만으로만 생각하는 것이 너무 슬프다는 내용이었습니다.

문득, 초임 시절이 떠올랐습니다. 그때에 제 별명이 '투덜이'였다고 합니다. 학교의 교무회의와 기타 협의회에서 불평과 불만을 토로하는 것을 본 선배 선생님들이 명명했다고 하더군요. 사실 아내와 결혼을 한 후 아내가 알려주어서 알게 되었습니다. 나의 그런 행동에 대해서 충고나 조언을 해주는 분들도 없었고, 불평과 불만을 제기한다는 생각보다 좀 바꾸어 보자는 의견을 강하게 표현하고 있다는 생각을 했을 뿐이었습니다. 그리고 그 당시 이러한 문제를 PC통신에 올리면 돌아오는 답변의 대부분은 '참아라', '하루 아침에 바뀌지 않는다.', '더러워서 피한다.'와 같은 것이었습니다. 이런 답변을 계속 들으니 '왜, 불합리한 것을 바꾸지 못하지?' 하는 생각이 나를 지배하게 되었고, 학교의 여러 회의와 협의회에서 '투덜이'로 비춰진 것 같았습니다.

아마 지금 후배와 그 선생님이 가지고 있는 갈등이 나의 초임에 가지고 있었던 갈등과 같다고 봅니다. 그래서 처음에는 후배에게 그 선생님의 이야기를 충분히 들어주고, 협의회의 목적을 충분히 설명하고 문제제기보다는 목적에 맞는 의견을 제시해 달라고 협조를 구하는 것이 좋겠다고는 조언을 해주었습니다. 그렇게 해도 변화가 없다면 무시하라는 이야기도 덧붙였습니다.

한참 시간이 지난 뒤에 나의 조언이 옳은 방법이 아님을 깨달았습니다. 초임 시절에 나는 내 이야기를 들어주지 않고 인정하려 하지 않는 것이 싫었습니다. 그 당시에 선배들과 자주 언쟁을 했던 말이 '네 말이 맞기는 한데, 그렇게 하기에는 좀 힘들다.'는 것에 대해 '그러면 옳은 방향으로 나아가야지 회피하는 것은 맞습니까?'로 되묻는 것이었습니다.

아마 지금 문제를 제기하고 있는 선생님도 거의 같은 마음이라고 생각합니다. 그리고 그 당시와 똑같은 선배가 되어서도 안 된다고 생각합니다. 그래서 후배에게 협의회의 주도권을 그 선생님에게 넘기도록 조언하기로 했습니다.

다른 안건으로 협의회를 할 때 그 선생님이 똑같은 방법으로 문제를 제기하면 과감하게 '저보다 이 부분에 대해서 좋은 생각을 많이 가지고 있고, 고민도 많이 해 본 듯하니 진행을 선생님이 하는 것이 어떻겠습니까?'라고 권하는 것도 좋은 방법이라고 생각합니다. 중요한 것은 부정적인 의도로 받아들이지 않도록 진정성 있게 질문하는 것이 중요할 것 같습니다. 자칫하면 비꼬는 듯한 뉘앙스를 줄 수 있기 때문입니다.

학교의 문화가 변화가 없다고 불평을 하면서 초임시절의 선배와 같은 행동을 한다면 무슨 의미가 있겠습니까? 이기려는 생각과 자존심보다 상황에 따라 주도권을 양보하는 것이 학교 문화의 변화에 보탬이 된다고 생각합니다.

아름다운 3%의 도전자가 되기를 바랍니다

요즘 술자리에서 친구들과 후배들을 만나면 신규 선생님에 대한 이야기를 많이 합니다. 좋은 내용보다는 안 좋은 이야기들이 많습니다. '벌써부터 승진을 염두에 두고 승진 점수 모으기에 혈안이 되어 있다.'

'서로 협력할 줄 모르는 지극히 개인주의적인 사고를 가지고 있다.'

'교육보다는 돈에 더 관심이 많은 것 같다.'

'예의가 없다.'

그런데 그런 이야기를 하는 나를 포함한 친구들, 후배들 모두가 신규 선생님 시절에 듣던 이야기들이 아닙니까? 지금 생각해 보면 '정말 예의 없이 용감했던 시절이었구나!'라고 생각합니다. 그리고 한편으로 '뭘 모르던 철없던 시절이었으니, 고의성이 없으니까?' 하면서 위로합니다. 그래도 아찔하고 위험했던 실수들에 대해서는 머리를 흔들며 자책하기도 합니다. 그리고 그분들을 다시 만나면 정중하게 사과하고 싶은 생각도 가집니다.

그러면 그때와 지금의 신규선생님과의 차이점은 무엇일까요?

승진에 대한 관심도의 차이인 것 같습니다. 나의 신규 선생님 시절보다 승진에 대한 관심과 승진을 하려는 선생님 수가 많이 늘어났음을 피부로 느낍니다. 1정 연수만 하더라도 100점을 받기 위해 신혼의 선생님이 기숙사 생활까지 주저하지 않는 실정이라고 하니 승진에 대한 열망이 대단하지 않습니까?

승진 점수에 대해 물어오는 후배에게 '초등학교에서 교장이 차지하는 비율이 얼마라고 생각하니?'라고 되물은 적이 있습니다. 답을 하지 못했습니다. 아예 생각을 해보지 않았다고 합니다. 2009년을 기준으로 하면 3%가 조금 넘습니다. 97%가 평선생님으로 퇴임을 하는 것입니다. 인구의 자연감소 등에 의해서 학교의 분교와 폐교 등으로 교장이 될 확률은 더 낮아질 가능성이 충분합니다.

아내에게 이 이야기를 했더니 아니라고 합니다. 승진하는 선생님 수가 훨씬 많게 느껴진다고 합니다. 아마 다른 분들도 그렇게 생각할 것입니다. 그러나 그것은 느낌일 뿐입니다. 학교에서 교장이 차지하는 비중이 높아서 우리 뇌가 선생님보다 교장의 말과 행동에 초점을 맞추고 있기 때문에 그렇게 느낄 뿐입니다. 지금 근무하는 학교에 교장이 많은지? 선생님이 많은지만 생각해도 금방 답이 나올 것입니다.

3%에 도전하는 초등학교 선생님들! 대단하지 않습니까?

그래서 3%에 도전하는 선생님들에게 부탁을 합니다. 나의 주변에 아이들을 희생시키고, 동료 선생님들에게 많은 피해 끼쳐서 승진한 분들이 있습니다. 그리고 이 분들의 특징은 승진하기 위해서 앞만 보고 달려왔기 때문에 관리자(교감, 교장)가 가져야 될 기본적인 소양과 리더십이 부족합니다. 그래서 어떤 관리자는 자신의 업적을 쌓기 위해서 여전히 아이들의 희생을 강요하고, 자신이 승진하기 위해 한 것처럼 모든 선생님들이 자기의 의견에 찬성하기를 바라고 떠받들기를 원합니다. 간혹 관리자가 되어서 소양과 리더십을 쌓기 위해 노력하는 분이 있지만 이 분들 역시 근본적인 마음의 변화는 없기 때문에 '들어 주는 척, 위하는 척'만 하다가 자신의 생각에 동조하지 않으면 어느 순간 '버럭 버럭' 고함을 지르거나 '삐져서' 학교를 불편하게 합니다.

승진을 하려는 것은 죄도 아니고 잘못도 아닙니다. 승진만을 목표로 삼고 좋은 관리자가 되려는 준비가 부족한 것이 문제입니다. 관리자는 선생님들의 업무를 제대로 파악하고 어려움이 있으면 도와주고 위로해 주어야 합니다. 그런데 힘든 학교업무를 회피하고 온갖 핑계로 학교업무를 피해가는 선생님이 관리자가 되면 어떻게 되겠습니까?

아이들을 희생시키고 승진한 관리자가 수업장학을 잘 할 수 있습니까? 수석선생님 제도를 반대하는 상당수의 관리자는 수업장학에 대한 약점이 있기 때문에 자신의 영향력이 줄어드는 것에 대한 걱정 때문일 것이라고 추측합니다.

승진하기 위해서 관리자의 뜻에 무조건 찬성하고 동조한 선생님이 관리자가 되면 선생님들의 의견을 제대로 수용할 수 있겠습니까?

남을 배려하지 않고 대인관계가 원만하지 못한 선생님이 관리자가 되면 학교문제를 원만하게 해결하기 위해 교육공동체와의 관계를 지속적으로 잘 유지할 수 있을까요?

좋은 관리자가 되기 위해서는 꾸준한 노력과 오랜 시간이 필요합니다. 3%에 도전하는 과정 속에서 아이들을 먼저 생각하고, 봉사하고 희생하고, 남을 배려하고, 때로는 분노할 줄 안다면 가능할 것입니다.

아름다운 3%의 도전자가 되기를 진심으로 바랍니다.

쇠고기 할아버지와 교육적 보상

개그콘서트에서 쇠고기 할아버지가 인기 있었던 시절이 있었습니다. 쇠고기를 먹기 위하여 열심히 노력했는데 먹어봐야 별것 없고 또 먹기 위해서 열심히 일한다는 내용으로, 자아실현의 꿈은 사라지고 물질로 가득 찬 현대인의 비애를 꼬집고 있습니다.

이 개그를 보면서 아이들에게 이루어지고 있는 교육적 보상 문제를 생각해 보았습니다.

요즘 학교, 학원, 가정에서 흔히 볼 수 있는 상황입니다.

방과후학교 강사가 출석을 잘 했다고, 과제를 잘 해결했다고 아이들에게 초콜릿이나 막대사탕을 선물로 줍니다.

학원에서 학교 시험 잘 보았다고 과자파티를 합니다.

일제고사, 중간고사, 기말고사 잘 보았다고 부모님이 피자, 치킨을 아이들에게 사줍니다.

요즘은 더 나아가 숙제나 시험을 앞두고 아이들이 먼저 부모님이나 선생님에게 이번 시험 잘 보면 무엇을 해 줄 것인가를 묻습니다.

교육적 보상에는 외적인 보상과 내적인 보상이 있습니다. 외적인 보상은 교육적 효과를 높이기 위해서 물질적으로 이루어지는 것을 말하고, 내적인 보상은 교육활동을 한 후 아이들이 얻는 성취감을 말합니다. 그리고 외적인 보상은 내적인 보상을 얻기 어려운 아이들을 위해서 미끼로 사용하는 것이 올바른 방법입니다. 그러나 요즘은 단기적인 교육적 효과만을 얻기 위하여 외적인 보상에 너무 치우쳐 있다는 것이 문제입니다. 더 큰 문제는 교과공부를 넘어 독서, 생활지도, 인성교육 등의 모든 분야에서 만연해 있다는 것입니다.

이번 시험 잘 보면 우리에게 무엇을 해 줄 것인가를 묻는 아이에게 '공부를 잘하면 네가 좋은 거니? 내가 좋은 거니?'라고 물으니 선뜻 대답을 못하고 머뭇거립니다. 자아실현을 위한 교육활동이 선생님과 부모님을 위한 것으로 잘못 각인돼 있는 것입니다. 그리고 내적인 보상으로 아이들의 마음을 움직일 수 없기 때문에 외적인 보상의 크기가 계속 커지고 있습니다. 즉 계속적인 물질 공급이 아이들의 교육을 책임지고 있는 것입니다.

내적인 보상이 이루어져야 배우는 성취감을 맛볼 수 있고, 성취감이 배우는 즐거움을 주고, 배우는 즐거움이 쌓이면 아이들을 행복하게 만드는데, 무척 아쉬운 현실입니다.

서열화를 부추기는 교육제도와 과다한 입시경쟁과 그에 따른 사교육이 아이들의 행복을 앗아가는 것이 사실입니다. 그러나 잘못된 교육적 보상 때문에 아이들이 배우는 기쁨을 느끼지 못하는 것이 감춰진 더 큰 문제가 아니겠습니까?

쇠고기 사 먹는 것이 공부하는 이유가 되지 않도록 합시다.

왜 선생님인가요?

아침 일찍 출근하여 교무실이나 동학년 협의회실에서 차 한잔하면서 어제 저녁의 드라마 이야기, 일상적인 이야기로 시간을 보내다가 1교시가 되어서 교실로 들어가는 선생님.

왜 일찍 출근하셨나요?

수업시간에 '지난 시간에 무엇을 배웠어?'라기보다 '어디까지 배웠어?'라고 질문하는 선생님.

설마 진짜 몰라서 하는 질문 아니겠죠?

아이들의 잘못된 행동을 고쳐주기 위한 지도보다 '요즘, 아이들 왜 저래?' 하고 불평하는 선생님.

당신의 직업이 무엇인지 잊은 것은 아니겠죠?

당신이 제대로 안내하지 않아 생긴 잘못을 아이들에게 전가시키는 선생님.

아이들 가슴에 당신이 어떤 선생님으로 남겼습니까?

온전하지 못한 가정에서 자란 아이들에게 더 관심을 가져야 되는 선생님.

적당히 협상하고 있지 않습니까?

그러면서 그 아이들의 문제를 사회가 해결해야 될 문제라고 열변을 토하지 않습니까?

학교도 사회인데…….

왜 선생님인가요?

아침에 일어나 되뇌입니다.

내가 선생이라는 것을…….

잘하는 분야에 집중하는 것이 교육 경쟁력입니다

다른 학교로 전근을 갔습니다. 전입선생님 환영회에서 선생님 소개를 하는데, 'ㅇㅇㅇ선생님은 우리 학교에서 제일 파워가 있는 분입니다. 교장선생님도 꼼짝을 못합니다.'라고 했습니다. 처음에는 오해를 하여 '통제가 안 되는 꼴통선생님'이라고 생각하여 피하였습니다. 그런데 알고 보니 그 선생님은 국악 분야의 대가였습니다. 일반 전문가보다 월등한 능력을 가진 분이었습니다.

대회에 대비하거나 학생들의 전문 분야 능력 향상을 위하여 한시적으로 코치를 고용하는 일이 있는데, 자주 문제가 되는 것이 선생님들보다 능력이 뛰어나다 하여 말썽을 피우는 경우입니다. 그러나 이 선생님의 경우에는 전혀 문제가 되지 않았습니다. 왜냐하면 국악 분야에서 선생님이 지역에 미치는 영향력이 커서 선생님에게 잘못 보였다가는 코치가 손해를 보기 때문입니다.

물론 학생들도 열정적으로 가르치니 관리자가 간섭할 필요가 없습니다. 만약에 이 분이 관리자의 길을 걸었다면 국악 분야의 전문가 되었을까요? 그리고 지금과 같은 존경을 받았을까요?

얼마 전에 같이 근무하는 선배가 눈물을 보인 적이 있었습니다. 그 이유를 물어보니 예전에 같은 학교에서 평선생님으로 근무하던 분이 교장의 자격으로 학생들을 잘 부탁한다고 교육원에 인사차 방문하였는데, 현재 선생님인 자기와 비교해 보니 순간 초라하게 느껴지더라는 것입니다. 특정 분야에 능력이 대단하여 일반인을 제자로 둘 정도인데 다소 의외라고 생각했습니다.

아무리 능력이 뛰어나다 하여도 평선생님으로 가지는 서운함이 많다고 하였습니다. 특히, 학생과 학부모로부터 단순히 나이 때문에 받는 스트레스가 제일 심하다고 합니다.

'선배가 교장이 빨리 되었다고 하면 현재의 능력을 갖추었겠습니까?'

'선배가 교장이 빨리 되었다면 현재와 같이 좋아하는 봉사활동을

할 수 있겠습니까?'

'선배가 교장이 빨리 되었다면 많은 제자들을 가르칠 수 있었겠습니까?'

'선배는 정해진 길로 아주 훌륭하게 잘 가는 것 같습니다. 힘내십시오.'

이렇게 위로해 드렸지만 큰 도움이 되지 않은 것 같았습니다.

학생들을 잘 가르치는 것은 물론이고 전문 분야에서 탁월한 능력을 발휘하는 선생님이 종종 있습니다. 그런데 이 분들이 어느 시점에 가면 대부분 관리자의 길로 빠져버려서 그 능력이 사장되어 버립니다. 더욱 안타까운 것은 이 분들이 관리자가 되어서 존경을 받지 못하고 비난을 받을 때입니다. 물론 변함없이 잘 하시는 분들도 있습니다.

관리자도 아무나 하는 것은 아닙니다. 관리자의 능력도 전문 분야입니다. 법으로 정해진 형식적인 자격이야 갖출 수 있겠지만 관리자가 되어 그 책임을 다하여 존경받는 경우는 아주 귀합니다. 교육부가 경력이 많은 평선생님을 푸대접하고 퇴출 대상인 것처럼 전 국민에게 홍보하는 것이 두려워 관리자가 되라고 강요하는 것 또한 관리자의 전문 능력을 무시하는 것입니다.

수영을 잘하는 오리에게 달리기를 강요한다면 물갈퀴가 찢어져 수영조차도 하지 못합니다. 물갈퀴를 잘 관리하고 발달시켜 수영을 잘하는 훌륭한 오리가 되도록 하는 학교 풍토가 만들어지면 전문가로 구성된 우리나라의 교육 경쟁력이 높아지지 않을까요?

그리고 그 시작이 내 옆에 계신 선생님들의 능력부터 인정하는 것이면 더욱 좋겠습니다.

나는 멘토에 대해서 냉정한가?

보통 신규 선생님들이 학교에 발령에 받아 오면 세대차이가 거의 없는 선배 선생님이 있습니다. 그리고 나이 차이가 있는 선배 선생님들보다 이들과 더 대화를 많이 하고 많은 생활을 같이 합니다. 그리고 닮아 갑니다. 선배 선생님이 자연스럽게 멘토가 된 것입니다.

그러나 멘토인 선배 선생님이 선생님으로서 갖추어야 할 바른 심성과 업무 능력을 가지고 있지 않다면 상황이 달라집니다. 특히, 선배 선생님이 교직에 대해서 부정적인 생각이나 그릇된 가치관을 가지고 있다면 더욱 심각해집니다. 대학생활을 갓 마친 초임 선생님에게 학교는 완전히 다른 세상입니다. '수업만 하면 될 것이다'는 환상은 일주일 만에 깨지고, 천사 같다고 생각하던 아이들에 대한 기대는 나도 모르게 골칫덩어리로 생각되어지고……

무엇을 어떻게 풀어 나갈지를 모르는 상황입니다. 이때 선배 선생님의 말 한마디가 약과 독이 될 수 있습니다.

돈에 민감한 선생님이 있었습니다. 물론 자신이 손해 보는 일을 하지 않는 선생님이었습니다. 자신의 생각이 옳다고 판단되면 아무에게나 자기주장을 스스럼없이 하는 선생님이었습니다. 이 선생님도 첫 부임지에서 멘토를 잘못 만난 것이 문제였다고 보입니다. 그리고 이 선생님이 후배 선생님의 멘토가 되었다는 것이 더 큰 문제였습니다. 다른 학교로 전근을 갔지만 꾸준히 연락을 하고 있었고 후배 선생님의 학교생활에 대한 다양한 멘토 역할을 하고 있었습니다. 한번은 잘못된 부분을 지적하며 당신의 멘토 생각이 잘못되었으니 멘토와 같은 생각과 행동을 하지 않기를 바란다는 메시지를 전달했습니다. 그 뒤 조금씩 행동들의 변화가 있었습니다.

그러나 근본적인 변화는 생기지 않았습니다. 오히려 기분 좋은 소리와 그 상황에 맞는 적당한 농담으로 자신이 생각하는 방향으로 끌고 갔습니다. 그러더니 학기말이 다 되어 학교를 옮기는 시점에서는 원래대로 돌아가 버렸습니다. 자신이 위기에 빠졌을 때 어떻게 대처하는지도 그 멘토에게 배웠고 똑같이 행동했습니다.

이 선생님의 자연스러운 멘토가 된 선배 선생님의 교직생활에 대한 주변의 평가는 좋지 않습니다. 조금만 객관적인 시각으로 보았다면 좀 더 존경받는 선생님이 되었을 텐데, 자신의 멘토에 대해서 냉정하지 못한 결과로 자신만 편한 학교생활을 하게 되었습니다.

신규 선생님일수록 학교는 어려운 곳입니다. 그러나 이 어려운 곳에서 평생을 생활해야 합니다. 하지만 어려운 시기를 슬기롭게 극복하면 천사 같은 아이들과 행복한 학교생활을 할 수 있는 시기도 옵니다. 현재 나의 멘토가 어려움을 슬기롭게 극복하는 선약을 처방하는지, 당장의 이익만을 추구하는 독약을 처방하는지를 멘토의 주변 반응으로 냉정하게 판단하기 바랍니다.

힘든 선생님을 위하여!

학교를 움직이는 실질적인 주체인 선생님들이 많이 힘듭니다. 다양한 방과후 학교 운영, 토요 프로그램 운영, 학력에 대한 지나치게 높은 기대, 돌봄교실 운영, 학교폭력을 비롯한 생활지도의 어려움, 지나친 실적주의 등으로 선생님들이 힘듭니다. 그나마 힘들어도 선생님에 대한 권위가 있어서 버틸 수 있었지만 이제는 이것마저도 박탈당하고 있습니다.

학교에 출근하면 화장실에 갈 시간도 없을 정도로 바쁩니다. 어떤 선생님은 방광염에 걸렸습니다. 또 어떤 선생님은 학부모와 학생의 도전에 힘들어 하시다가 정신과 치료를 받기도 했습니다. 심지어 동학년 선생님끼리 협의회 할 시간도 없습니다. 그러면 수업 때문에 그럴까요? 아닙니다. 본연의 수업보다는 사회에서 무리하게 요구하는 것들을 교육당국이 걸러내지 못하고 있기 때문입니다. 또 관리자의 지나친 욕심과 실적주의 때문이기도 합니다.

선생님들이 수업보다는 사회의 요구와 실적주의를 떠받치는 행정 담당자가 된 듯합니다.

학교에는 다양하고 많은 분들이 근무합니다. 선생님은 이런 다양하고 많은 분들의 수당 지급을 비롯한 관리와 감독을 하고 있습니다. 뿌리박힌 신자유주의 교육정책 때문에 실적 중심의 학교평가를 받습니다. 모든 교육활동에 보도자료를 내는 것은 기본으로 자리잡았습니다. 휴무일이나 공휴일에 학생들을 인솔하여 각종 대회에 참가해야 합니다. 교육적인 목적으로 참가하는 것보다 실적을 내기 위해서 이상한(?) 단체에서 돈을 벌 수단으로 개최하는 대회에 참가하고 있습니다. 학교특색 사업을 한다고 도시의 학교에서 벼를 심고 있습니다. 학생교육을 위해서 벼를 심을 수 있습니다. 그런데 도시에서 성장한 선생님은 벼를 심고 관리할 수가 없습니다. 할 수 없이 전문가에게 배워야 합니다. 가을의 어느 날 신문에는 벼를 심은 학교가 학생들이 아주 알찬 체험활동을 한 것처럼 포장되어 보도됩니다. 사실 그 벼는 교재연구 할 시간에 벼를 가꾸기 위해 노력한 선생님의 땀과 스트레스입니다. 아이들은 단순히 벼가 자라나는 것을 꽃구경 하듯이 본 것 뿐입니다.

교육부도 선생님이 힘들어 함을 아는 것 같습니다. 그래서 무리한 정책을 내놓을 때마다 승진에 필요한 가산점을 제시합니다. 마치 대한민국의 모든 선생님들이 승진에만 목을 매달고 있다고 느끼는 모양입니다. 그것도 그냥 주지 않습니다. 경쟁을 시킵니다. 대표적인 것이 학교폭력 우수 교원에게 주는 가산점 0.1입니다. 단위학교 선생님의 40%에게만 준다고 합니다. 정말 희한한 발상 아닙니까? 학교폭력을 비롯한 생활지도는 선생님의 고유 업무입니다. 나머지 60%의 선생님은 학교폭력 지도 안 해도 된다는 뜻입니까? 교육부가 학교를, 선생님을 분열시키고 학교를 황폐화시키고 있습니다. 그 외에 선생님들에게 주어지는 많은 인센티브도 이런 식입니다. 오죽하면 교육부가 없으면 교육이 더 잘되겠다고 하겠습니까?

이렇게 힘든 선생님들을 위하여 학교 외부에서 위로가 될 만한 제도와 정책을 제시하지 않을 것입니다. 그래서 단위학교에서 그 힘듦을 해결할 수 있는 방법을 찾아야 될 때가 온 듯합니다.

먼저 예측 가능한 교육활동이 이루어져야 합니다. 만들어 가는 교육과정을 들어 보셨을 것입니다. 그 의미는 좋습니다. 그러나 다르게 생각하면 교육활동이 언제든지 바뀔 수 있다는 것을 의미합니다. 물론, 모든 교육활동은 상황에 맞게 융통성 있게 적용이 되어야 합니다. 그런데 어느 정도 예측이 가능해야 합니다. 갑자기 임시회의가 있다고 교무회의를 소집합니다. 임시회의라는 말 자체도 싫은데, 그 회의에서 관리자가 다른 학교에서 하는 활동을 하라고 합니다. 난감합니다. 회식도 그날 알려주면 여러 가지 곤란한 문제가 생겨서 힘든데, 하물며 새로운 교육활동을 지시하면 모든 것들을 재조정해야 됩니다. 너무 힘듭니다.

사람은 예측 가능한 것에는 쉽게 적응을 합니다. 처음에 힘든 것들도 주기적으로 반복되면 덜 힘들어집니다. 예측이 가능하기 때문입니다. 그래서 각종 위원회 및 회의도 정해놓고 규칙적으로 개최하면 하기 싫은 회의도 면역성이 생겨 덜 힘들어집니다. 회의 내용도 미리 알려준다면 더 좋겠죠?

보통 월요일에 실시하는 교무회의 별로 좋아하지 않습니다. 원인은 예측 가능하지 않은 일들이 다루어지기 때문입니다. 회의 내용을 미리 알려주고 예측 못한 업무 지시 없이 빨리 마치면 묘한 희열감을 느낍니다.

학교의 교육과정은 워크샵을 통해 결정됩니다. 운영하다가 개선해야 될 점이 생기면 학년말 워크샵을 통하여 새롭게 구성하여 다음해에 적용하면 됩니다. 즉흥적으로 새로운 교육활동을 지시하는 것은 융통성을 잘못 이해한 것입니다. 융통성은 그 목적을 보다 효과적으로 달성할 수 있도록 상황과 환경에 맞게 변화를 주는 것입니다. 즉흥적이고 예측 불가능한 것은 융통성이 아닙니다.

두 번째는 과감한 포기가 필요합니다. 벼에 대한 체험활동의 가장 효과적인 방법은 가까운 벼 농가와 계약을 하여 학생들이 주기적으로 체험을 할 수 있도록 하는 것이 좋습니다. 여건이 허락하지 않으면 학교 부지에 작은 논을 만들어 체험할 수 있도록 해야 됩니다. 이것도 안 되면 포기해야 됩니다. 체험활동의 목적은 꽃구경이 아니기 때문입니다. 만약 벼 재배가 학생 체험활동이 목적이 아니라 홍보용이라면 선생님에게 업무 맡기면 안 되겠죠?

휴무일이나 공휴일에 학생을 인솔하여 대회에 참가하는 것도 교육적인 대회만 참여하고 홍보를 위한 입상이 목적이라면 포기해야 됩니다. 홍보 목적보다는 참가경비, 출장비, 안전사고 등에 따르는 지출이 더 큽니다. 그리고 공휴일은 선생님에게는 재충전의 기회이자 가족과 함께하는 시간입니다. 소중한 시간을 홍보목적의 비교육적인 대회에 소모하기에는 너무 아깝습니다.

선생님들의 방과후학교, 토요 휴무일 프로그램 참가도 특별한 이유가 없다면 포기해야 됩니다. 도시와 먼 거리에 있는 학교는 강사를 구하지 못해 선생님들이 부득이하게 참여합니다. 이런 경우를 제외하고는 포기해야 합니다. 일자리 창출과 전문 예체능 영역은 외부 전문강사가 지도하는 것이 옳다고 봅니다. 선생님이 더 잘 가르칠 수 있다는 뜻은 좋지만, 불필요한 오해를 낳습니다.

세 번째는 주 1회 정도 힘듦을 풀 수 있는 시간이 있어야 합니다. 선생님들의 힘듦을 이해하는 관리자라면 많은 선생님들이 모여서 수다를 떨 수 있는 시간을 주어야 합니다. 선생님들이 원한다면 방과후에 수다를 떨 수 있는 기회도 제공해야 합니다. 수다는 정신적인 힘듦을 해결하는 좋은 보약입니다.

정신적인 힘듦을 육체적인 활동으로 해결할 수도 있습니다. 수요일마다 하는 교직원체육연수에 배구만 하지 말고, 다양한 종목으로 교직원의 참여를 유도해야 합니다. 피곤하다고 불참하는 선생님들도 적극적으로 참여해 보십시오. 서로 얼굴 보며 웃고 소리 지르다 보면 힘듦이 풀립니다. 자연스러운 동료장학도 이루어집니다. 적극적인 참여를 권장합니다.

네 번째는 관리자와 동료 선생님의 적극적인 지지가 필요합니다. 힘들다는 이야기에 맞장구를 쳐주고, 학생과 학부모 사이에서 갈등하는 선생님이 있으면 도움의 손길을 내밀어야 합니다. 흔히 교직집단을 뭉쳐는 있지만 외부의 작은 충격에 쉽게 무너지고 작은 틈에 물만 부으면 뭉쳐지지 않는 모래알 집단으로 표현합니다. 그러나 이제는 충격이 가해지거나 선생님의 권위에 도전하는 일에 적극적으로 참여하여 같이 해결하려는 콘크리트와 같은 집단이 되어야 합니다. 학부모와 갈등이 생기면 '좋은 게 좋은 것이다.'식으로 해결하면 안 됩니다. 정확하게 해결해야 합니다. 선생님이나 학교의 책임이 있다면 책임을 져야 합니다. 법의 도움이 필요하면 교육청이나 교원단체의 변호사에게 도움을 요청해야 합니다. 당당하게 정의를 쫓는 선생님들이 많아지면 그 힘듦도 줄어듭니다.

다섯 번째는 선생님에게 주어진 책무를 다해야 됩니다. 복무도 정확하게 해야 합니다. 아이들을 잘 가르쳐야 합니다. 선생님의 품위도 유지해야 합니다. 책무를 다할 때 힘듦을 주장할 수 있고, 해결할 수 있는 방안이 생기며, 주위의 지지도 얻을 수 있습니다. 힘들 때일수록 기본에 충실하면 의외의 보람으로 힘듦을 해결할 수 있습니다.

많은 이유로 선생님들이 힘듭니다. 그 힘듦의 해결도 선생님만이 할 수 있습니다.

선생님의 참여와 실천이 해결책입니다.

따뜻한 격려의 말로 시작해 보십시오.

제 4장

관리자, 선생님!

계급의 본성 VS 학교의 본성

방학을 앞둔 시점에서 또 갈등이 시작되었습니다. 방학 중 선생님들의 근무에 대한 상반된 논리의 대립입니다. 이번에는 제법 신문에 보도까지 되면서 '방학에 근무하기 싫어하는 선생님에게 월급을 주지 마라!' 등과 같은 곱상한 댓글부터 원색적인 비난의 댓글까지 등장합니다. 교육부는 법외노조 전교조의 단체교섭 결과를 유보하라는 공문까지 내려 보내고, 교총은 방학 중 선생님의 근무 유무는 교육감과 전교조의 교섭대상이 아닌 학교장의 고유 권한이라고 주장합니다.

교육부, 전교조, 교총에서 근거로 자기 쪽에 유리한 법령을 제시하지만 모두 허점을 가지고 있어 상호 허점을 찌르는 싸움만 하고 있습니다. 그런데 이 싸움이 학교의 성장과 발전을 위한 성장통이면 건전하다고 할 수 있지만, 지금의 것은 선생님, 관리자, 교육부, 전교조, 교총의 계급 본성을 드러내는 갈등입니다.

방학 중 선생님의 근무에 대해 오해하고 있는 국민들을 위해 '방학에 대한 바른 이해가 필요합니다.'를 통해 밝혔으니 참고가 되면 좋겠습니다.

그리고 전교조와 다수의 선생님들이 방학 중 근무를 할 수 없다는 주장은 학교장이 당직성 명령처럼 근무조를 편성하여 근무하도록 하는 것에 대한 반발입니다. 더불어 근무조가 해야 할 일을 살펴보면 학교 보안업무, 행정업무 처리, 생활지도(교외)가 주요 내용입니다. 학생들을 지도하는 일과 관련성이 없고 이미 다른 부서에서 하고 있는 일입니다. 그나마 관련성이 높은 생활지도의 경우는 학생들이 학교에 없고, 교외 생활지도를 하려면 근무조 선생님 1~2명으로는 할 수 없으며 생활부나 인성부에서 경찰과 연계하여 정기적으로 하고 있습니다. 요즘은 경찰에서 학교 주변 순찰을 적극적으로 하고 있습니다. 무엇보다 선생님들의 단독 교외 생활지도는 업주와 다른 학교 학생들과의 갈등 유발과 사회 폭력의 심각성으로 지도하는 선생님이 폭력의 피해에 노출되는 위험한 상황이 발생할 수 있어 형식적일 수밖에 없습니다. 농산어촌 학교의 경우는 교외 생활지도 자체가 무의미합니다.

물론 방학 중 학생들이 참여하는 학교 교육활동에는 당연히 지도 선생님을 비롯한 많은 선생님들이 함께 참여하고 있습니다. 방학 중 근무를 불합리하다고 주장하는 것이 방학 중 학생들의 교육활동에 참여하지 않겠다는 뜻으로 이해하는 것은 다른 주장을 하는 단체나 이를 대변하는 보수 언론의 이간질에 불과합니다. 정말 큰 오해입니다.

관리자를 대변하는 교총과 많은 관리자의 주장은 방학 중에 돌봄교실을 비롯한 방과후 학교가 운영되는데 이를 관리하기 위해 근무조 편성이 당연하다는 것입니다. 그런데 돌봄교실과 방과후학교의 운영은 지침과 계약서에 담당 강사가 모든 책임을 지도록 되어 있습니다. 돌봄교실과 방과후학교 담당 강사가 책임 지고 해야 할 일입니다. 만약에 이를 잘 이행하지 않는다면 계약자인 관리자가 이행을 촉구해야 하며 관리 감독을 철저히 해야 합니다. 선생님이 방학 중에 근무하며 이들 강사를 보조하라는 것은 강사가 제 역할을 하지 못하는 것을 인정하는 것으로 계약 해지 사유가 되는 것입니다. 당연히 관리자는 계약을 해지하고 책임감과 능력이 우수한 다른 강사와 다시 계약해야 하는 것입니다. 만약에 다른 강사를 구할 수 없다면 선생님들이 대신

할 수밖에 없습니다. 선생님들 입장에서도 의무적으로 출근하여 외부 강사 업무를 보조하는 것보다 차라리 학생들을 직접 지도하는 것이 더 나을 것입니다.

대부분의 학교의 교감, 교장선생님들도 방학 중에는 번갈아 출근을 합니다. 두 분이 번갈아 근무하니 선생님들의 방학 중 근무가 부러울 수도 있습니다. 하지만 선생님과 교감, 교장의 역할이 다르지 않습니까? 어느 도의 교육감이 교장선생님도 수업을 해야 한다고 주장할 때 교총을 비롯한 많은 교장선생님들이 선생님과 관리자의 역할이 다르다는 역할론을 주장하셨습니다. 이 역할론에 의해 당연히 방학 중 근무도 선생님과 관리자가 달라야 되지 않겠습니까? 이것이 관리자의 책무가 아니겠습니까? 이런 책무를 선생님의 책무와 비교하여 시샘하듯이 하는 것은 관리자로서의 자질이 없다는 것을 우회적으로 보여주는 것이 아닐까요?

당직성 근무조를 싫어하는 선생님들의 가장 큰 심리적 이유는 관리자의 출근과 점심 해결 책임입니다. 농산어촌으로 갈수록 이런 심리적 이유가 크게 작용합니다. 운전을 잘하고 다니다가 교장이 되고 나면 선생님을 운전수로 착각하는 분들이 있습니다. 특히 근평이 꼭 필요한 교무 선생님이 있으면 노골적으로 개인비서로 생각합니다. 교장끼리 저녁에 술 마시다가 어느 학교 교무 선생님이 먼저 나오는 내기로 술값을 결정짓고 심지어 나온 교무 선생님에게 술값을 지불하도록 하는 짓도 서슴지 않습니다. 교무 선생님이 거부하면 다음 날 학교에서 '근평이 필요 없는 모양입니다.' 등으로 협박하는 사례도 빈번합니다.

평소에는 교무 선생님이 교장을 태우고 다니다가 방학이 되면 근무조의 선생님이 교장을 태우고 다녀야 합니다. 점심도 해결해 주어야 합니다. 이것이 관리자가 근무조 편성을 버리지 못하는 가장 큰 이유입니다(많은 관리자는 자가 운전을 하거나 점심 부담을 지우지 않습니다. 오히려 출근한 학교 구성원들에게 인심을 베푸는 경우가 더 많습니다. 이 글의 주장은 방학 중 근무조 편성을 버리지 못하는 관리자들에게만 해당됩니다).

현재도 포함되어 있는지 모르겠지만 학교장 청렴도와 학교장 평가에 출퇴근 방법과 학교 구성원들에게 식사를 제공받는지에 대한 내용을 첨가하면 좋겠습니다.

선생님들이 방학에 출근하지 않는다고 학교업무나 교육활동을 하지 않는다고 생각하는 관리자는 없습니다. 주 5일제의 전면 실시로 짧아진 방학기간 동안 각종 의무 연수, 공문 처리, 상담활동, 전문성 신장을 위한 직무연수, 건강 검진, 학생들이 참여하는 교육활동 인솔 등으로 선생님 본연의 업무를 다하고 있음을 알고 있습니다. 만약에 모른다면 정말 관리자로서의 자질이 없음을 인정하는 것과 같습니다. 그래서 많은 관리자가 학교 구성원들과 협의하여 지혜롭게 방학 중 학교 경영을 잘 하고 있습니다.

그리고 관리자도 선생님을 거친 분들입니다. 선생님들이 진정으로 해야 될 일과 고충을 알고 있습니다. 이것 역시 모른다면 승진에만 눈이 어두워서 제대로 된 선생 역할을 하지 않은 것입니다. 그래서 많은 관리자는 선생님들이 교육활동에 매진하도록 돕지만, 승진만을 목표로 한 관리자는 많은 선생님들이 자신처럼 하는 줄 알고 믿지 못하며 더 나아가 자신의 권위를 유지하기 위해 온갖 불필요한 행정 업무를 지어내어서 강요합니다. 선생님들을 학생들에게서 분리하는 학교 경영을 하는 것입니다. 방학 중 근무도 선생님을 제대로 한 관리자는 현명하게 처리하지만 선생님을 제대로 하지 않는 관리자는 어리석음을 드러냅니다.

방학 중 근무가 갈등이 될 수 없습니다. 지도해야 될 학생들이 학교에 있으면 당연히 선생님은 근무해야 합니다. 가르치는 전문성을 쌓기 위한 활동이 학교에서 이루어진다면 당연히 선생님은 근무해야 합니다.

교육부는 전교조를 비롯한 진보 교육감을 견제하기 위한 수단으로 방학 중 선생님의 근무를 이용하여 국민적 갈등으로 촉발시켜서는 안 됩니다. 시급하게 해결해야 될 교육적 문제들도 많은데 방학 중 선생님들의 근무 유무가 이에 해당이나 되는 것입니까?

교육감은 방학 중 근무조 편성을 지양하고 학교 구성원의 합의에 의해 운영하라는 공문과 더불어 방학 중 근무조 편성의 유무와 이에 따른 추상적이고 막연한 근거가 아닌, 구체적이고 합당한 근거를 파악하여 사실 여부를 확인하는 절차를 갖는다면 학교의 일방적인 당직성 근무조 편성은 상당 부분 해소될 것이라 생각됩니다.

전교조와 교총도 허점을 찌르는 싸움을 반복하여 대단하지도 않은 방학 중 선생님들의 근무가 국민들의 교육 불신으로 이어지지 않도록 해야 합니다. 관리자와 선생님들의 갈등을 중재하고 발전적인 방향을 모색하는 권위 있는 교육전문 단체가 되면 좋겠습니다.

학교장의 역할이 중요하다고 생각합니다. 근무조가 필요하다면 학교 구성원들의 합의를 이끌어 내는 리더십을 발휘해야 합니다. 선생님이 학생들을 잘 가르치기 위한 전문성이 필요하듯 관리자는 학교를 잘 경영하고 관리하기 위한 전문성, 리더십이 필요합니다. 근무조에 대한 논란도 학교장의 올바른 리더십으로 해결되면 좋겠습니다.

방학 중 근무조 편성에 관한 논란은 학교의 본성인 학생들의 성장과 발전의 관점으로 바라보면 쉽게 해결됩니다. 정치적 이용, 도전과 방어, 권력유지, 권위주의, 자존심을 내세운 계급의 본성으로 바라보지 않기를 바랍니다.

그리고 학교의 본성 중심에 선생님들이 늘 있으면 좋겠습니다. 주어지는 수동적인 학교 본성이 아니라 선생님들의 적극적인 참여와 실천에 의해 학교의 본성이 늘 최우선으로 선택되면 좋겠습니다.

우리는 선생님입니다

회식자리에서 술만 마시면 폭언과 성희롱성 발언으로 분위기를 망치는 분이 있었습니다. 심할 경우에는 간접적인 폭력을 행사하는 경우도 있었습니다. 회식자리가 정해지면 동료 선생님을 비롯한 학교 구성원들은 이 분이 '참가하느냐', '참가하면 술을 마시느냐'입니다. 이 분이 술을 마시는 날이면 모두 눈치껏 빠져나가 버리고, 이 분을 모시는(?)는 분들만 남아서 온갖 언사를 다 받아주면서 귀가 시킵니다.

어느 날 도저히 참을 수 없는 상황이 발생하여 정식으로 반론을 제기하였더니 온갖 과장된 행동과 말로 협박을 하면서 분위기를 공포로 몰아넣었습니다. 주변에 있는 분들이 데리고 나가서 상황은 마무리 되었습니다. 이 일이 있은 후로 이 분은 회식자리에도 잘 참여하지 않았고, 참여해도 여러 가지 이유로 술을 마시지 않고 일찍 귀가하였습니다.

시간이 지난 뒤에 자연스럽게 이 분과 같은 행동을 하는 주변인들에 대한 이야기를 할 기회가 있었습니다. 공통된 이야기는 불합리하고 안타깝지만 피하는 것이 상책이고 어쩔 수가 없다는 얘기와, 일반 회사는 이것보다 더한 일도 있는데 그나마 우리는 선생이라서 다행이라는 것이었습니다. 괜히 나서서 불이익을 받을 필요가 없다는 것도 덧붙였습니다.

공식적인 자리에서 말을 함부로 하는 분을 만난 적이 꽤 있습니다.

관리자와 선생님의 관계이지만 서로 배려하고 존중해야 할 최소한의 선은 지켜야 하는데 지위를 내세워 막하는 분들입니다. 동료 선생님들에게 도움을 요청하면 '원래 그분의 성격은 그렇지 않으니 참고 넘기라.'라고 이야기합니다. 더 나아가 '괜히 분란을 만들어 학교 분위기 어지럽히지 말라.'고 충고까지 합니다. 관리자니까 선생이 이해하는 것이 맞다는 논리입니다. 전형적인 주종관계, 요즘 말하는 갑을 관계입니다.

정도의 차이는 있지만 다 경험이 있을 것입니다. 겪은 후에 느끼는 절망감과 분노도 공감할 것입니다. 동료나 선배 선생님들의 미온적인 태도에 더 화가 났을 것입니다. 그리고 다짐합니다. '나는 절대 저런 인간 되지 않을 것이다.'

학교–특히 초등학교–에는 이상한 해결방법이 있습니다. 관리자와 갈등이 생기면 피해를 입은 선생님이 먼저 사과해야 마무리가 된다는 것입니다. 피해를 입은 선생님이 버티고(?) 있으면 주변의 동료나 선배 선생님들이 온갖 회유를 합니다. 다 겪어봤는데 '좋은 것이 좋다.'는 식입니다. 누구에게 다 좋은 것이 좋은지 뻔한데도 말입니다.

하지만 상식적으로 절망감과 분노를 겪었다면, '나는 절대 저런 인간 되지 않겠다.'고 다짐했다면 최소한 '아무 도움이 되지 못해 미안하다.'라고 말하는 것이 도리가 아닐까요? 그리고 '같은 인간'이 되지 않을 것이라고 다짐했다면 바르게 해결하려는 것이 옳지 않을까요?

또 다른 이상한 해결법이 있습니다. 학교의 인습과 모순을 다른 직장의 상명하달식의 관료화된 문화에 비교해 좋은 직업의 혜택을 누리고 있으니 웬만한 것은 참고 넘기라는 것입니다. 창의적이고 생산성이 높은 어떤 회사가 관료화되어 있습니까? 과거에 부귀영화를 누리던 상명하달식의 회사가 경쟁에서 이기기 위해 직원들의 창의성 발현에 얼마나 힘을 쏟고 있습니까? 수직문화를 수평문화로 만들기 위해서 얼마나 노력하고 있습니까?

대한민국에서 최고의 지성을 자랑하는 인재가 학교에 몰려 있습니다. 이 인재들을 자신의 제국을 건설하기 위한 방패로, 자신의 지성에 손만 드는 거수기 역할로 전락시킬 것인지? 창의적이고 수평적인 학교문화 조성으로 인재들의 지성을 발현시켜 학교의 성장과 발전을 도모할 것인지 심각하게 고민해야 합니다.

또 학교의 성장과 발전을 도모하고 싶은 지성과 열정이 있는 선생님이라면 지금 학교의 문화에 만족하면 안 됩니다. '나는 절대 저런 인간 되지 않을 것이다.'라고 다짐한 분들이 지금도 관리자가 되고 있습니다. 그 다짐이 행동으로 실현되고 있다고 느껴집니까? 지성이 퇴보되지 않는 열정이 식지 않는 선생님들의 부단한 노력이 절실합니다.

지난주에 학교업무경감에 대한 여러 조치사항과 전교조 경남지부와 맺은 교섭내용이 공문으로 왔습니다. 이런 공문은 매일 와도 좋겠다는 희열을 느끼는 순간이었습니다. 그래서 동료 선생님과 후배 선생님에게 이야기를 했더니 '그렇게 될 것이라고 기대합니까?'라는 반응이 돌아왔습니다. 희망이 절망이 되는 순간이었습니다. 업무중심의 사고방식, 수직문화에 도배된 관료주의, '지위가 능력이다.'라고 생각하는 잘못된 승진문화, 실적위주의 학교경영 등을 걷어 내는 것이 쉽지 않음을 깨닫는 순간이기도 했습니다.

하지만 실천하렵니다. 동료와 후배 선생님들과 함께 노력하여 가슴 한구석에 자리 잡고 있었던 행복한 학교를 현실 속에 그리렵니다. 아이들의 성장과 발전을 위해 노력하는 진정한 선생님의 길로 돌아가렵니다. 미약하지만 선생님들이 대한민국 최고의 지성과 열정을 되찾을 때까지 꾸준히 마주보며 대화하렵니다. 용기가 없다는 채찍보다는 용기를 갖도록 격려하렵니다. 그리고 지금 실천하렵니다.

우리는 대한민국 최고의 지성과 열정을 가진 자랑스러운 선생님입니다.

믿으십시오,
하지만 검증도 하십시오

오랫동안 어떤 교과교육연구회의 회원과 임원으로 활동한 경험이 있습니다. 그 연구회에 가입하게 된 동기는 대학 때 관련 활동을 했기 때문에, 좀 더 연구하여 아이들을 가르치는 데 효과적으로 활용하기 위함이었습니다.

잘 아는 선배 선생님과, 흔히 말하는 그 지역에서 능력이 있다는 선생님들이 이미 회원이나 임원으로 활동하고 있었습니다. 그래서 그분들과 함께 하는 연구회활동을 상상하니 어깨에 힘이 제법 들어갔습니다. 경력도 얼마 안 되었기 때문에 이것저것 가리지 않고 많은 일들을 했습니다. 칭찬을 하는 분도 계셨고, 시기와 질투를 하는 분도 계셨습니다. 그리고 아주 젊은 나이에 연구회의 실질적인 중요한 일들을 하게 되었습니다. 도교육청에 소속된 연구회가 아니라 교육부가 인정한 연구회여서 연구대회도 전국단위였고, 직무연수도 꾸준히 추진하였기 때문에 각 시군에 지부를 둘 정도로 급성장하였습니다.

물론 연구회를 위해 해야 될 일도 많아졌습니다. 연구대회와 연수회 때문에 시간과 경제적인 지출이 많았지만, 자부심과 풍부한 인간관계가 수입이었기에 별 문제로 생각하지 않았습니다.

그러나 시간이 흐르면서 회원들의 탈퇴와 임원들의 분열이 시작되었습니다. 제도 변화에 따른 연구의 가치 하락과 한 임원의 독단과 부도덕에 대한 반감이 한계점을 넘었고, 이런 소문으로 인해 신입회원의 수가 급감한 것이 원인이었습니다. 극복할 수 있는 방안도 있었지만,

한 임원의 권한 내려놓기의 거부와 폐쇄적이고 상명하달식의 임원회의 고집을 버리지 못했기에, 지금은 전성기의 향수에 목말라하는 회원들로 구성된 이름뿐인 조그마한 연구회로 남아 있습니다.

학교도 유사한 경우가 많습니다. 특정한 시기에 열정적인 관리자와 학교 구성원들이 의기투합하여 아이들과 학교 구성원들이 행복한 학교를 만들어 가고 있었습니다. 그냥 분위기가 좋아서 생활하기 편안한 학교가 아니라, 아이들을 위하여 전문성과 열정을 쏟는 학교를 만들어 가고 있었습니다. 그래서 새로 부임한 선생님들은 초기에 적응이 힘들어 학교생활이 너무 힘들다고 불평을 하지만 이내 평온함을 되찾습니다. 그리고 관리자도 처음에는 자신의 꿈을 실현하기 위하여 이런저런 교육활동을 펼치지만, 이내 자신의 꿈과 학교 구성원들의 꿈이 같음을 알고 동반자적 관계를 유지하며 학교와 학교 구성원들의 성장과 발전을 적극적으로 돕습니다.

그러나 어느 날 새로운 관리자가 부임하여 기존의 틀을 모두 깨 버립니다. 자신의 뜻을 펼치기 위하여 학교 구성원들에게 개별적으로 접근하여 당근을 제시합니다. 그리고 당근에 현혹된 구성원과 그렇지 못한 구성원으로 편을 가르고 갈등을 부추겨 공든 탑을 무너뜨리고, 다수의 학교 구성원들을 떠나게 만들며, 근무하고 싶지 않은 1순위에 그 이름을 올립니다.

리더들의 잘못이 가장 크지만 구성원들의 잘못이 직접적인 원인입니다.

자격이 부족한데도 회장과 결탁하여 연구점수와 연수점수를 받기 위해 연구회의 틀을 깨뜨리고, 관리자의 당근에 넘어가 학교의 틀을 깨뜨린 것은 일부 구성원들입니다. 회장과 관리자가 의도적으로 접근하여 당근을 제시하는데 넘어가지 않을 사람이 누가 있냐고 항변을 할 수 있지만, 잘못된 판단과 선택, 태도에 대한 책임은 면하기 어렵습니다.

먼저 믿어보십시오. 그리고 검증도 하십시오.

리더들을 신뢰하지 말라는 뜻이 아닙니다. 그러나 의심이 생긴다면 검증도 하라는 것입니다.

리더의 제의가 들어오면 통찰의 시선으로 살펴야 합니다. 목적이 무엇인지?, 방법이 옳은지?, 조직의 성장과 발전을 위한 것인지?, 왜 나에게 이런 제의를 하는 것인지?, 나의 능력보다 나에게 딸린 부수적인 것이 필요한 것인지?, 동료들에게 미칠 영향은 무엇인지? 등을 따져 보아야 합니다.

그래서 순수하지 못하다면 품위를 유지하며 당당하게 거절해야 합니다. 관리자와 다른 인생관과 가치관을 가진 것은 잘못이 아닙니다. 자신의 인생관과 가치관을 정중하게 전달하여 자존감과 자긍심과 더불어 삶에 대한 자신감을 보여 주십시오.

걱정하지 마십시오.

리더가 보복(?)할 수 있는 것 의외로 없습니다.

인사위원회를 거쳐 인사를 하게 되어 있습니다. 정당한 사유 없이 감정적인 인사에 피해를 입었다면 냉정하고 냉철하게 이의를 제기하십시오. 해결되지 않으면 상부기관에 민원도 제기하십시오. 나머지는 감정적인 해결을 시도한 리더가 책임을 지게 됩니다. 의연하게 행동하십시오. 단, 객관적인 시각으로 바라보는 제 3자가 있다면 미리 의논하는 것도 좋은 해결방법이 될 수 있고. 민원을 제기하기 전에 리더에게 알려주면 대부분 원만하게 해결됩니다. 그리고 해결이 되고 나면 적당한 말로 감정적인 보상을 하는 것도 좋습니다.

한번 이런 과정을 겪고 나면 쉽게 해코지(?)를 하지 못합니다. 그리고 유사한 문제로 시간과 감정을 낭비하는 일도 줄어들 것입니다.

반대로 잘못된 선택과 판단, 태도는 엄청난 시간 허비와 경제적인 부담, 불편한 감정지출을 초래하여 학교생활의 멍에가 될 것입니다. 자신의 이미지는 타인에 의해 형성되고, 그것을 바꾸려면 몇 십 배의 노력이 필요합니다. 애초에 좋은 이미지를 남기는 것이 정말 중요합니다.

인사 시기입니다.

좋은 학년 좋은 업무를 얻기 위해서 자존감과 자긍심을 버리면서까지 구걸하지 마십시오. 많은 사람들이 예의라고 합니다. 하지만 불편한 감정만 지불하는 아부와 아첨일 뿐입니다. 그리고 아부와 아첨에 쉽게 넘어가는 리더는 좀처럼 없습니다. 만약에 넘어온다면 틀림없이 당신에게 바라는 무언가가 있을 것입니다.

믿으십시오. 하지만 검증도 하십시오. 모두에게 행복한 학교를 위하여!

돌직구의 위력은 컨트롤입니다

경력 2~3년의 초임시절에 PC통신 천리안에 선생님동호회가 있었습니다. 그 당시에 PC통신은 지금의 스마트폰 이상의 신선하고 획기적인 기술을 기반으로 한 문화 창조 공간이었습니다. 그리고 오프라인의 인간관계를 온라인으로 옮기는 것을 두려워하지 않은 많은 선생님들의 해방구였습니다.

저도 학교의 여러 가지 불합리한 점과 관리자의 터무니없는 횡포를 주저 없이 말하여 선생님들의 공감을 얻기도 했습니다. 그런데 어느 날 비교적 가까운 거리에 있는 선생님이 댓글로 '투덜이'이라고 비판을 하였습니다. 그래서 무조건 비판을 가하는 '투덜이'가 아니라 학교의 잘못된 문화를 개선하고자 하는 노력하는 '실천가'라고 항변을 했더니, '투덜이'와 '실천가'의 차이가 무엇이냐고 되물었습니다. 지금 자세한 기억은 할 수 없지만 실천가는 무조건 비판하고 불평만 하는 단계를 넘어서, 객관적 사실을 바탕으로 다수에게 불이익을 주는 학교 문화를 개선하고자 솔선수범하는 것이라고 답변을 한 것 같습니다.

만약에 '돌직구의 위력은 컨트롤이다.'라는 문장을 빨리 접했더라면 좀 더 효과적으로 답변을 했을 것이라는 아쉬움이 남습니다.

얼마 전에 후배들과 술자리를 하게 되었습니다. 이런저런 이야기가 오가다가 그 자리에 없던 한 후배의 무용담이 화제가 되었습니다. 그 후배는 자신의 몸이 피곤하거나 수업이 하기 싫으면 수업시간에 아이들과 잠을 자거나 그냥 재미있게 논다는 것입니다. 그래서 그 학교의 관리자는 어떤 조치를 취하는지 물었더니, 그 후배의 성격이 보통이 아니라서 '똥이 겁이 나서 피하는 것이 아니라 더러워서 피한다'는 생각으로 그냥 묵인한다고 했습니다.

그런데 나의 짐작과는 다르게 그 후배의 그런 태도가 아주 훌륭한 일을 한 영웅들의 무용담처럼 전파되는 것이었습니다. 물론 경력이 얼마 되지 않은 선생님들이라 가치관이 많이 다르다고는 하지만 '이것은 아니다.'라는 마음으로 충고를 했습니다.

자신의 편리를 위해서 억지 부리고 경우에 어긋나는 행동을 하는 것이 당참일까?

무조건적으로 관리자의 조언이나 충고에 격앙되게 반응하여 관리자를 난처하게 하는 것이 패기일까?

아이들이 좋아하고 아이들을 위한다는 핑계로 무계획적이고 즉흥적으로 교육하는 것이 열정일까?

어떤 조직이나 사회에도 불합리한 문화가 존재하기 마련입니다. 그러나 불합리한 문화에 대한 개념 정의가 옳아야 합니다. 흔히 '내 스타일'이 아니라고 불합리하다고 판단하거나, 조직이나 사회의 발전이 아닌 개인의 사리사욕을 채우기 위해 불합리하다라고 정의한다면, 오히려 자신이 불합리한 문화를 양산하고 있다는 것을 깨달아야 합니다.

내가 싫은 것을 거부하기 위해서, 사리사욕을 채우기 위해 즉흥적이고 무계획적으로 억지를 부리고 격앙되게 반응하는 것은 열정과 패기가 아닌 무개념의 행동일 뿐입니다.

돌직구의 위력이 빛나려면 컨트롤이 되어야 하듯이 자신의 행동이 패기와 열정으로 인정받으려면 다수에게 불이익을 주는 생활양식, 변화를 방해하는 오해와 모함, 습관화된 냉소주의, 모난 돌이 정 맞는다는 보신주의에 일침을 가하는 용기 있는 행동이 필요합니다.

모두가 열정적이고 패기 있는 교육운동가와 실천가가 될 필요는 없습니다. 그러나 컨트롤이 정확한 돌직구를 장착한 선생님에게 냉소와 조롱보다, 용기와 격려로 착한 문화가 생산되도록 노력하는 선생님은 되어야 합니다. 최소한 컨트롤이 안 된 돌직구를 가진 선생님을 묵인하거나 치켜세우는 학교문화를 생산하는 선생님은 되지 말아야 합니다.

–페이스북과 트위트의 '돌직구의 위력은 컨트롤입니다'라는 지인의 글을 읽고

관리자의 칭찬은 선생님을 열정적으로 만듭니다

스웨덴에서 3,000명 이상의 직장인을 대상으로 실시한 연구에 따르면 주변인들 중 가장 불만스러운 사람이 상사라고 생각하는 사람들의 경우 심각한 심장질환에 걸릴 위험이 24%나 더 높다는 결과가 나왔다. 그리고 그런 상사와 4년 이상 함께 일한 경험이 있는 사람들은 그 위험의 39%나 더 높았다.

우리가 지금까지 조사해 온 근로자들 중 업무 몰입도가 가장 낮았던 집단은 직장상사가 직원들에게 관심을 잘 기울이지 않는 경우가 많았다. 상사가 당신을 무시할 경우 일부로 업무에 몰두하지 않거나 직업에 대한 부정적인 감정에 휩싸일 가능성이 40%다. 상사가 최소한의 관심을 기울인다면 비록 그 관심이 당

신의 약점에 맞춘 것이라 해도, 의도적으로 업무에 몰두하지 않을 가능성은 22%로 낮아진다. 하지만 상사가 주로 부하직원의 강점에 관심을 가져줄 경우에는 일부러 업무에 몰두하지 않게 될 확률은 고작 1%, 즉 100분의 1 수준이다.

-웰빙파인더(톰 래스, 짐 하터 지음/성기홍 옮김/위너스 북) 중에서

우리나라의 교육이 성장하고 발전하기 위해서는 교실이 성장하고 발전해야 합니다. 교실의 성장과 발전을 위해서는 선생님들의 열정이 있어야 합니다. 선생님들의 열정을 이끌어 내는 것은 관리자의 능력입니다. 그 능력은 자신의 아집보다 선생님들의 의견에 귀를 기울이고, 그들의 강점에 칭찬을 아끼지 않으면 됩니다.

선생님들의 생명을 위협하는 관리자보다 선생님들이 열정적으로 아이들을 가르치게 만들어 학교에 생명력을 불어넣는 관리자가 많이 나오면 좋겠습니다. 그리고 관리자(학교구성원)로부터 심한 스트레스를 받고 있다면 과감하게 학교를 옮기십시오. 그것이 선생님의 생명을 지키는 방법입니다.

방해, 방관, 배려

어느 날 후배가 몹시 격앙된 목소리로 퇴근길에 술 한잔하자고 해서 약속장소로 갔습니다. 자리에 앉자마자 이야기를 뱉어내기 시작했습니다. 논리도 없고 체계도 없는 이야기였지만 대충 짐작을 해보니 후배가 추진하는 업무에 관리자가 수정해서 추진하라고 지시를 내렸는데, 그 내용이 학교의 실정과 시대에 뒤떨어져서 부끄럽더라는 것입니다. 그래서 관리자에게 좀 더 자세히 설명하고 원래 계획대로 했으면 좋겠다고 했더니, 단호하게 본인이 수정한 계획대로 실시할 것을 요구하더라는 것입니다. 그 뒤 몇 번 대화를 시도했지만 이해보다는 고집으로 일관하여 결국 수정한 계획대로 실시했는데, 학생들과 선생님들의 온갖 원망은 후배가 들었다는 것입니다.

초임에 가까운 선생님이 업무추진에 서툴러 관리자에게 도움을 요청했더니 '알아서 하라!'는 말만 되풀이하여 주변의 동료와 선배 선생님의 도움을 받아 겨우 마쳤더니, '수고했다.'는 말보다 업무의 본질을 외면하고 형식적이고 외형적인 아쉬운 부분을 지적하더라는 것입니다.

방해하는 관리자형이 있습니다. 이 분들은 나름대로 학교의 발전과 성장을 위해서 노력하는 유형입니다. 그러나 선생님 시절에 다양한 경험과 전문성을 갖추지 못했거나 시대의 변화에 맞는 유연한 사고와 전문성을 갖추지 못하여 그릇된 선택과 결정으로 학교의 성장과 발전을 방해하는 역할을 하는 것입니다. 더 나아가면 선생님들의 다양한 의견에 지나치게 민감하게 반응하여 선생님들에게 받아쓰기만 하도록 강요하기도 합니다. 그래서 선생님들은 활발한 토의와 토론으로 창의적인 결정을 하지 못하고, 관리자의 지시와 요구에 따르게 됩니다. 결국 학교는 성장보다는 후퇴의 길을 걷고, 선생님들은 배려하는 관리자가 있는 학교로 떠나게 되며, 그 피해는 학생들의 몫으로 남습니다.

방관하는 관리자 역시 업무능력과 리더십이 부족하지만 원만한 인간관계 형성을 위하여 방관하는 스타일로 너무 방관만 하면 능력 없다는 소리를 들을까봐 내용에 대한 조언과 지원보다는 형식적인 부분을 지적하여 자신의 체면을 세우려고 합니다. 교무회의나 협의회시간에도 지나치게 형식에 치우친 이야기를 많이 하여 토의와 토론의 장이 되어야 할 시간을 지루하게 만듭니다.

선생님들도 창의적인 다양한 교육활동을 기획하기보다 보여주기 위한 형식적인 교육활동에 치중함으로써 피해 역시 학생들의 몫으로 남습니다.

배려하는 관리자는 조언과 지원을 아끼지 않는 관리자입니다. 다양한 경험과 전문성을 바탕으로 신명나는 교육활동을 구현합니다. 자신의 능력과 한계를 알기 때문에 무조건적인 간섭과 통제가 아니라, 선생님의 능력을 인정하고 행정적인 지원을 함으로써 교육적 효과를 극대화시킵니다. 때로는 인기위주의 리더십이 아닌 과감한 리더십을 발휘하여 성장과 발전의 방향을 제시해 주기도 합니다.

관리자를 꿈꾸는 선생님이라면 누구나 배려하는 관리자가 되기를 원하실 것입니다. 그러나 불행하게도 그렇지 못한 것이 현실이며, 더 불행한 것은 방해하고 방관하는 관리자가 스스로는 배려하는 관리자라로 착각하고 있다는 것입니다.

관리자가 되기 위해서는 제도에서 요구하는 조건을 갖추어야 합니다. 그러나 학교의 성장과 발전을 돕는 관리자가 되기 위해서는 제도적인 조건으로는 부족합니다. 제도적인 조건은 자격증을 획득하기 조건일 뿐입니다.

학교의 성장과 발전을 돕는 배려하는 관리자를 꿈꾼다면 다양한 학교업무를 심도 있게 고민하여 창의적으로 해결하여 조언할 수 있는 능력을 기르십시오!

다양한 연수와 연구 활동으로 학생지도에 전문성을 갖추십시오!

상생의 리더십과 상호존중의 인간관계 형성을 위하여 노력하십시오!

학교 구성원의 이야기에 귀를 기울여 소통하고 공감하십시오!

사회변화에 민감하게 반응하여 참여와 수용을 실천하십시오!

개인적인 명예보다 학교의 성장과 발전을 먼저 생각하십시오!

배려하는 관리자가 많은 학교를 상상해 봅니다.

배가 산으로 가는 이유?

흔히 똑똑한 사람들이 모이면 일이 더 잘 안 된다는 의미로 '사공이 많으면 배가 산으로 간다.'는 속담을 인용합니다. 그런데 상식적으로 생각하면 똑똑하고 현명한 사람들이 많으면 일이 더 효율적으로 잘 처리되어야 하는데 왜 그렇지 못할까요?

유능하고 능력 있고 관리자로서의 매력이 넘치는 분이 계셨습니다. 상황에 맞는 언행으로 즐거움과 교훈을 주는 분이었습니다. 그런데 이 분에게 스트레스를 받는 친구가 있었습니다. 그 친구의 말은 워크샵이나 세미나를 할 경우에 장소부터 일정까지 시나리오를 작성하도록 하고, 그 계획에 의거 진행하도록 한다는 것입니다. 진행 과정에서 선생님들의 웬만한 의견은 받아들이지 않고 소신껏 진행한다는 것입니다. 그렇다고 경우에 어긋나는 것이 아니니 딱히 나쁘게만 볼 수 없고, 결과도 모두를 만족시키지는 못하지만 원래의 목적은 달성한다는 것입니다.

그러나 친구를 비롯한 동료선생님들의 생각은 달랐습니다. 계획 단계나 진행 과정에 선생님들의 의견을 좀 더 반영해주면 더 나은 결과를 얻을 수 있는데, 왜 고집을 피우는지 알 수가 없다는 것입니다.

시간이 흘러 다른 관리자가 부임하셨습니다. 그분은 교육활동의 대부분을 선생님들이 결정하도록 하셨습니다. 선생님들이 좋아했습니다. 그런데 기대와는 달리 쉽게 의사결정이 나지 않았고, 진행 과정도 계획과 다르게 변경되는 경우가 종종 생겨서 불만이 많아지기 시작했습니다.

결정적으로 워크샵을 가다가 장소가 변경되는 경우가 발생했는데, 더 큰 일은 변경된 장소를 구성원들 모두에게 알려주지 않아서, 일부는 원래 장소로, 일부는 변경된 장소로 가게 되었습니다. 관리자부터 평소에 불만이 많았던 선생님들의 분노가 폭발했습니다. 장소가 변경된 이유와 변경된 정보가 공유되지 못한 부분에 대한 불만이 쏟아지기 시작했습니다. 그러나 책임지는 분들은 없고 변명하기에 바빴습니다. 다행히 관리자가 책임 추궁보다는 향후 추진계획에 초점을 맞추어서 원만하게 해결은 되었지만 그 여파는 서로의 불신으로 남았습니다.

전자의 관리자는 의사결정권을 선생님들에게 주면 결정을 하는 데 시간이 많이 걸리고, 진행 과정에서 불협화음이 많이 생겨 원래의 목적을 달성하기 힘들다는 것을 예견하고 있었습니다.

후자의 관리자는 관리자의 독선적인 결정보다 구성원들의 의견을 존중하고, 결과에 대한 책임보다 해결에 초점을 두는 분이었습니다. 조직(학교)을 이끌어 가는 관점의 차이이기 때문에 옳고 그름을 논하기는 힘듭니다.

그러나 우리(선생님)는 깨달아야 합니다. 일방적인 의사결정을 하는 관리자를 만나면 그 부당함에 불만을 가지고, 의사결정권을 선생님에게 주면 더 잘할 수 있을 것이라고 생각을 했습니다. 그리고 의사결정권을 선생님에게 준 관리자를 만나면, 생각과는 달리 의사결정에서 선생님들이 불협화음을 만들었고, 이를 책임지고 원만하게 해결하려는 태도보다 변명하기에 급급했습니다. 그러면서 이전의 관리자가 훨씬 나았다고 이야기를 합니다.

얼마나 위선적입니까?

우리(선생님)가 현명하게 의사결정을 하지 못한 것은, 교육활동의 목적보다 개인적인 감정과 사욕을 앞세웠기 때문에 의사결정에 시간이 많이 소모되었고, 운영 과정에도 자신만의 편의를 우선했기 때문에 변경과 변동이 발생했으며, 이에 불만을 품은 동료(선생님)가 인정하지 못하면서 전체적으로 공유되지 못했기 때문입니다.

어떤 분은 이러한 현상을 보고 개성이 강해서 생긴 일이라고 합니다. 그러나 개성보다 전체를 보지 못하고, 개인적인 감정 조절 실패와 사적인 이득을 먼저 생각했기 때문에 동료를 설득하는 힘을 잃은 것이 원인입니다.

배가 산으로 가는 이유는 현명한 사공이 많아서가 아니라, 사적인 욕심과 개인적인 감정을 조절하지 못하는 사공이 많기 때문입니다. 사리사욕을 앞세운 잘못된 의사결정을 모면하는 수단으로 옛날의 관리자를 그리워하면 안 될 것 같습니다.

개인의 욕심보다 남을 먼저 배려하고, 교육활동 본래의 목적을 먼저 생각하는 현명한 사공이 되어 학교(교육)에 닥치는 험난한 폭풍우를 함께 헤쳐 나가면 좋겠습니다.

경력 UP, 전문성 DOWN

지금은 관리자가 된 분이 명예퇴직을 한 친구 이야기를 하면서 선생님의 전문성을 몰라주는 현실을 안타까워하는 이야기를 들었습니다. 생활지도, 학습지도, 학교 갈등 문제 해결 등은 책을 통한 지식보다, 현실과 부딪혀서 쌓아온 지혜가 더 필요합니다. 경력이 쌓일수록 이론과 경험에서 얻은 교훈이 결합되어 지혜로운 선생님이 되는 것입니다. 이런 지혜가 많은 선생님이 더 높은 전문성을 가졌다고 말할 수 있습니다.

그런데 학부모들은 그렇게 생각하지 않는 것 같습니다. 그래서 일정한 나이가 되면 관리자가 되기 위해서 엄청난 노력을 하는 것 같습니다. 그리고 그 과정 속에서 비교육적인 상황도 종종 발생하기도 합니다. 그러나 더 큰 문제는 승진에 너무 많은 시간을 투자하고, 너무 많은 생각과 의식을 승진에 집중하고 있기에, 학교에서 이루어지는 모든 상황을 승진의 관점으로 바라보고 해결하려 하기에 지혜를 쌓을 시간을 갖지 못한다는 것입니다.

술자리에서 어떤 스타일의 관리자가 가장 힘드냐를 가지고 난상토론이 있었습니다. 사사건건 간섭을 하는 관리자, 형식만 민주적이고 모든 결정을 본인이 하는 관리자, 쉴 틈 없이 업무를 만들어 내는 관리자, 비인격인 발언을 하는 관리자, 공평하지 못한 관리자 등을 꼽았습니다. 그러나 이 모두를 제치고 대상을 수상한 관리자는 '관리자가 되어서 책을 읽기 시작하는 관리자'라고 했습니다. 그 이유는 승진하기 위해서 노력만 했기에 학습지도, 생활지도, 업무 등에 관한 지혜가 없어서, 책을 통해 얻은 지식만으로 관리자의 역할을 하다 보니 현실과 너무 괴리가 생겨 힘들다는 것입니다. 그리고 책대로 되지 않으면, 본인의 지혜롭지 못함을 인정하지 않고 선생님들이 능력이 없다고 불만을 토로한다고 합니다.

어떤 관리자는 학교 외관을 아주 잘 꾸미는 관리자가 있습니다. 그래서 이 분이 가는 학교마다 온갖 식물들로 화단을 새롭게 꾸밉니다.

어떤 관리자는 아이들과 선생님들을 동원하여 텃밭 가꾸기에 정성을 다합니다. 교육과정에 포함시켜 학습으로 접근하는 것이 아니라 본인이 좋아하기 때문에 또는 홍보를 하기 위해서 다른 교육활동까지 방해를 합니다.

이 밖에도 목부작, 석부작을 잘하는 관리자, 난을 잘 키우는 관리자, 산을 아주 좋아하는 관리자, 배구를 좋아하는 관리자 등은 많습니다.

그러나 선생님들은 학교에서 발생하는 여러 갈등을 원만하게 해결해 주는 관리자, 상황을 객관적인 시각으로 바라보고 문제를 해결하는 관리자, 정치적인 바람으로부터 학교를 보호하는 관리자, 아이들의 교육을 우선적으로 생각하는 관리자, 선생님이 수업을 잘하도록 격려하는 관리자, 부적격한 선생님에게 따끔하게 충고하는 관리자, 선생님과 학부모의 갈등을 원만하게 해결할 수 있도록 도와주는 관리자, 비인격적인 모독보다는 배려와 존중을 실천하는 지혜로운 관리자를 원합니다.

승진을 하지 말라는 것이 아닙니다. 승진을 하지 않으면 전문성이 쌓인다는 것도 아닙니다. 흔히 말하는 때를 놓치지 말라는 것입니다.

특정한 능력을 습득할 수 있는 시기인 임계기가 있듯이, 교직에도 지혜를 쌓을 시기가 있습니다. 이 시기를 놓치면 아무리 경력이 높아도 전문성은 신장되지 못합니다.

지혜를 쌓기 위해서 선생님에게 필요한 것을 찾아보십시오. 그래서 선생님이 원하는 관리자가 되십시오. 그리고 학부모와 다른 선생님들로부터 존경받는 훌륭한 평선생님도 되십시오.

경력이 높다고 전문성이 떨어진다는 편견을 지울 분은 당신밖에 없습니다.

잘 모셔야(?) 합니다(Ⅰ)

교감으로 승진하는 선배를 축하하는 자리가 있었습니다. 그 선배는 본인이 싫어하는 교감과 같은 관리자가 안 될 것이라고 다짐하며 좋은 자리를 만들어줘서 고맙다고 하였습니다. 이어서 학교에서 일어나는 많은 이야기들이 오고 갑니다. 그 중에서 한 후배가 고민을 털어놓았습니다.

그 후배는 시골의 작은 학교에 근무합니다. 그 학교의 관리자는 학교 사택(관사)에서 생활하고 있다고 합니다. 사택에 사는 것이 학교와 가까워서 좋다고 생각할지 모르지만 가족이 이사를 하지 않으면 모든 것을 혼자서 해결해야 됩니다. 특히, 연세가 있는 남자 관리자의 경우는 많이 불편합니다. 그나마 학생들이 학교에 있을 때에는 점심이라도 학교급식으로 해결하지만 방학이면 살기 힘듭니다. 그래서 시골학교의 사택에 홀로 사시는 남자 관리자를 독거노인(?)이라고 농담조로 이야기하기도 합니다.

이런 상황을 아는 후배가 관리자와 같이 식사 대접을 하기도 하고 얻어먹기도 하며 방학을 보냈다고 합니다. 그런데 '벌써부터 젊은 놈이 관리자에게 잘 보여서 출세하려고 한다.'는 이야기를 종종 듣는다고 합니다. 어떤 동료 선생님은 노골적으로 이런 소문을 내고 있다고 합니다. 학교생활하기가 참 난처하다고 합니다. 특히 관리자에게 어떻게 하는 것이 옳은 것인지 모르겠다고 합니다.

비슷한 경험이 있습니다. 저 역시 시골학교에서 근무하게 되었는데, 관리자 혼자서 사택에서 숙식을 해결하고 계셨습니다. 그 당시 저는 좀 먼 거리지만 출퇴근을 하고 있었고 관리자와도 같은 지역에서 살고 있었습니다. 그래서 제가 먼저 제 차로 모시고 다니겠다고 이야기를 하니 극구 사양을 하셨습니다. 그래서 일단 몇 번 타보시고 불편하면 그때 알아서 하시라고 했습니다. 그리고 시골이라 집을 구하지 못한 신규 선생님 두 명도 함께 타고 다녔습니다. 물론 교통비도 받았습니다. 그런데 몇 달이 지난 뒤에 이상한 소문이 나기 시작했습니다. 제가 출세하기 위해서 관리자의 운전기사 역할을 한다는 것이었습니다. 그 당시에 저는 관리자에게 잘 보여서 근무평점을 잘 받아도 아무 소용이 없는 상황이었고, 주변의 동료 선생님들도 이런 나의 처지를 잘 알고 있었는데도 말입니다. 참 난감했습니다.

학교에 처음 발령을 받았을 때부터 관리자와 선생님은 같은 울타리에 있어도 남인 것 같은 분위기였습니다. 왜 그런지도 생각해 볼 겨를

이 없었습니다. 그래서 관리자가 되는 것이 부끄럽기도 했고, 관리자가 되려고 욕심 부리는 동료나 친구들을 보면서 저런 노력으로 아이들을 위하거나 자기계발을 하는 것이 훨씬 행복할 것이라고 생각했습니다. 지금도 그 생각에는 변함이 없습니다. 그래서 주변에서는 '강한 사람'으로 통하기도 하지만, 내 의도와는 다르게 오해를 사는 일도 많습니다. 또 학교의 갈등 상황에서도 제 생각을 밝히는 편이고, 관리자에게도 건의할 내용을 논리적으로 설명합니다. 어떨 때에는 정곡을 찌르는 말로 당황스럽게 하기도 합니다.

그래서 리더십 공부를 하면서 부드러워지기 위해 나름대로 노력을 했습니다. 그러나 나의 본심을 숨기고 남의 옷을 입고 있는 듯한 불편함을 많이 느꼈습니다. 그리고 갈등 상황에서 원칙적인 의견을 전달하기보다 분위기에 따라 타협하는 듯하여 '강한 사람'으로 돌아오기로 했습니다.

그 대신 다짐을 하였습니다.

'의견 충돌로 관리자와 갈등이 있더라도 절대 언성을 높이지 않겠다.'

'관리자를 비롯한 동료와 갈등이 있을 때 아무리 화가 나도 절대 욕설을 비롯한 폭력을 사용하지 않겠다.'

'나의 의견도 절대적이지 않다. 수용은 상대방이 하는 것이다.'

'나의 주장이 옳다면 치밀하고 논리적인 방법을 찾아 설득을 시도한다.'

초등학교 교장이 직업만족도가 가장 높은 것으로 조사되었습니다. 신문으로 이 소식을 접한 대부분의 초등학교 선생님들은 어떤 생각을 했을까요? 아마 대부분은 한숨을 쉬며 '그래 참 좋은 직업이지? 학교에서 절대적인 권력을 휘두르며 자기가 하고 싶은 대로 다 하는 직업이 세상에 또 어디 있을까?'일 것입니다.

그런데 교장선생님의 생각은 다릅니다. 옛날과 비교하면 관리자 하기 정말 힘들다고 합니다. '조그만 실수라도 하면 선생들이 홈페이지에 올리고, 학부모들의 요구는 날로 많아지고, 교육청의 지시도 많아지고……' 힘들어서 교장 하기 힘들다고 합니다. 그렇게 원하던 교장이 되었지만 소신 있게 학교 운영하기가 힘들다는 것입니다.

제가 꿈꾸는 관리자입니다. 또한 대부분의 선생님들이 관리자에게 바라는 것들입니다.

'선생님들의 의견을 존중하겠다.'

'갈등 상황에서 개인의 욕심보다 교육을 먼저 생각하겠다.'

'선생님들의 의견을 수용하는 것이 지는 것이 아니라 멋있는 관리자가 되는 것이다.'

'일방적인 강요보다 시간이 걸리더라도 설득을 먼저 하겠다.'

'아이들과 학부모 앞에서 망신주지 않겠다.'

'어려움에 처해 있는 선생님에게 먼저 손을 내밀겠다.'

저의 다짐과 제가 꿈꾸는 관리자가 만나면 정말 좋은 학교 되겠죠?

우리의 뇌는 쉽게 모방한다고 합니다. 특히 영향력이 있는 사람을 모방하는 속도는 더 빠르다고 합니다. 그래서 건강한 가정에 건강한 자녀가 많고, 문제 가정에 문제 아이들이 많다고 합니다. 부모가 나쁜 행동을 하면서 아이에게 따라하지 말라고 해도 이미 아이의 뇌는 부모의 행동을 모방했기에 부모와 똑같은 행동을 하는 것이라고 합니다. 다그치는 것보다 평소 모범을 보이는 것이 아이에게 훨씬 도움이 되는 것입니다.

학교도 똑같습니다. 교직 경력이 20년이 되었지만 학교문화는 달라진 것이 별로 없습니다. 이것도 뇌의 모방성 때문입니다. 내가 관리자가 되면 학교를 좋은 방향으로 변화시키겠다고 다짐하지만 막상 관리자가 되면 별 차이가 없는 것도 선생님 시절에 훌륭한 관리자가 없었기 때문입니다. 달리 이야기하면 선생님 시절에 본받고 싶지 않은 관리자를 원망하고 거부하는 과정에서 뇌가 모방을 했기 때문입니다.

반대로 훌륭한 관리자는 선생님 시절에 훌륭한 관리자와 학교생활을 많이 했기 때문입니다. 그렇지 않다면 끝없는 노력과 열정으로 노력한 결과입니다.

관리자와 밥 같이 먹었다고, 관리자와 카풀을 했다고 오해하지 않는 학교 만들려면 건전한 학교 문화를 모방시켜야 합니다. 선생님은 관리자를 존중하고 잘 모셔야(?) 합니다. 관리자도 선생님을 소모품이 아닌 동반자적인 사랑으로 대해야 합니다. 그래야 좋은 학교를 만들 수 있습니다.

좋은 학교는 저절로 만들어지지 않습니다. 절대 남이 만들어 주지 않습니다. 작은 나의 좋은 변화가 좋은 학교를 남기는 것입니다.

잘 모셔야(?) 합니다(Ⅱ)

지금은 관리자로 승진하신 분이 겪은 이야기입니다. 여름방학을 마치고 전 직원 워크샵을 갔다고 합니다. 1일차 워크샵을 마치고 회식을 하러 갔는데 교직원들이 관리자를 모시는(?) 데 소홀했나 봅니다. 어느 순간 관리자가 숙소로 먼저 들어가고 없더랍니다. 그래서 피곤해서 숙소에 들어간 줄 알고 노래방까지 갔다가 숙소를 들어갔다고 합니다.

그런데 다음날 관리자가 숙소에서 나오지 않더라고 합니다. 어제 저녁 회식의 서운함을 드러내며 누워서 아침식사를 거부하더랍니다. 왜 기분이 언짢은지에 대한 언급도 하지 않고 막무가내였다고 합니다. 연구부장은 2일차 일정을 진행해야 하는데 난감해서 어쩔 줄을 모르고 있는데, 교무부장이 전교직원을 데리고 교장 숙소에 가서 무릎을 꿇고 빌자고 했답니다. 대부분의 교직원은 황당하면서도 그렇게 했다고 합니다. 지금 관리자가 되신 이 분은 이것은 아니다 싶어 혼자 거부했다고 합니다.

다른 교직원들은 아무 이유도 모르고 용서를 받은 후에 다음 일정을 진행했다고 합니다. 교무부장선생님이 관리자를 잘 모신 것일까요?

관리자가 포함된 회식자리에 가면 그분 때문에 정신이 없습니다. 관리자 수저를 비롯해 온갖 반찬을 관리자 앞에 갖다 놓으면서 다른 사람을 언짢게 하고, 다른 사람에게까지 자기만의 룰(?)을 지키도록 분위기를 조장합니다. 대부분의 관리자는 이런 상황을 불편해 합니다. 과연 이 분은 관리자를 잘 모시는 것일까요?

관리자가 새로운 학교에 부임했습니다. 기존에 있던 교감선생님과 교무부장이 학교의 현황과 지역사회와의 관계를 설명하며 각 기관에 인사를 하자고 했습니다. 그런데 거부했습니다. 본인 스타일대로 할 테니 걱정하지 말라고 합니다. 그러면서 교무부장이 각 기관을 방문하여 관리자가 바뀌었다고 안내하라고 합니다. 고민 끝에 교무부장은 다시 관리자에게 학교와 지역사회와의 관계를 설명하면서 인사의 필요성을 설명했습니다. 며칠 뒤에 무사히 인사가 이루어졌습니다. 관리자의 뜻을 거역하고 인사를 하게 한 것은 잘못 모신 것일까요?

요즘 학교 관리자를 CEO란 의미로 자리매김하려는 경향이 강합니다. 그래서 관리자의 연수 주제에 직접적으로 'CEO' 표현을 넣기도 하고, 주제에 표현이 안 되어 있더라도 내용상 CEO의 의미를 포함하고 있는 경우가 많습니다. 그런데 궁금합니다. 학교 관리자가 진정으로 CEO 개념을 원하는 것인지, 아니면 옛날의 관리자를 상상하면서 입에 발린 소리처럼 CEO의 철학을 갖기를 원하는지……

그리고 CEO의 의미라면 '모신다'는 용어는 적당하지 않은 것 같습니다. '모시다'의 사전적인 의미는 '웃어른이나 존경하는 사람을 가까이에서 받들다.'입니다. 또, 'CEO(chief executive officer)'의 뜻은 경영 최고 책임자란 뜻입니다. MS의 빌게이츠, 삼성전자의 윤종용부회장, LG전자의 김쌍수부회장 등과 같은 분들이 이에 해당됩니다. 오너와는 명백히 구별됩니다.

경영을 잘못하면 주주에 의해서 그 자리에서 물러나는 자리가 CEO입니다. 그리고 CEO는 고객이 아닙니다. 그런데 학교 관리자는 다릅니다. CEO라는 철학을 갖기를 원하지만 실상은 오너의 개념을 갖기를 원합니다. 그래서 학교의 문화가 바뀌지 않는 것 같습니다. 승진을 하기 위해 필요한 근무평점은 관리자가 가지고 있습니다. 아무리 아이들을 잘 가르치고 주어진 업무 열심히 하더라도 관리자가 근무평점 주지 않으면 승진하기 힘듭니다. CEO의 개념을 가지고 있다면 아이들 잘 가르치고 주어진 업무 열심히 한 선생님이 근무평점 잘 받아야 합니다. 그런데 그렇지 않다는 것을 선생님들은 잘 알고 있습니다. 그래서 선생님들도 학교 관리자를 CEO라고 생각하지 않습니다.

변하면 좋겠습니다. CEO라는 의미의 관리자라고 생각한다면 사전적인 의미의 존경받는 사람이 되면 좋겠습니다. 그리고 진정으로 CEO와 같은 관리자가 되고 싶은 선생님이라면 현재의 관리자를 잘 모시면 좋겠습니다.

관리자는 고객이 아닙니다

건설 회사의 고객이 자신의 집을 알아서 잘 리모델링해 달라고 했답니다. 그래서 건설회사의 직원은 자신의 전문성을 발휘하여 예쁘게 집을 리모델링했다고 합니다. 흡족해 하는 고객의 얼굴을 떠올리며 완성된 집을 고객에게 보여주었다고 합니다. 그런데 그 고객은 애써 실망하는 표정을 감추며 전체적으로 자기가 선호하는 색깔이 아니라고 하더랍니다. 회사로 들어 온 직원은 선배에게 자신이 억울하게 겪은 일을 전하면서 무엇이 문제였는지를 물었더니 공사를 시작하기 전에 자신의 생각을 고객에게 확인하는 질문이 빠졌다고 하더랍니다.

즉 '지붕은 주위의 환경을 고려해서 빨간색으로 하고자 합니다. 고객님의 생각
은 어떻습니까?'와 같은 확인하는 질문 단계가 빠져서 고생한 만큼의 보람이 없
었다는 것입니다.

-원하는 것을 이끌어 내는 질문의 기술(키도 카즈토시 지음 /허영희 옮김)

학교에서 업무를 추진하면서 어려움을 겪는 것 중의 하나가 관리자
의 생각을 읽는 것입니다. 다행히 관리자가 업무 담당선생님에게 자신
의 생각을 미리 전하면 아주 좋겠지만 '담당선생님이 알아서 추진하
세요.'라고 해서 계획을 세워서 결재를 올리면 '왜 물어보지도 않고 마
음대로 추진합니까?'라며 언짢아합니다. 담당선생님은 다소 당황스럽
습니다. 이와 같은 상황에서 결재를 올리기 전에 관리자에게 확인하
는 질문을 하면 원활하게 추진될 수 있겠죠?

그러나 다른 생각을 했습니다.

학교의 고객은 학생들입니다. 넓은 의미로 학부모도 포함되겠죠?
선생님과 관리자는 고객이 아닙니다. 그래서 관리자가 고객처럼 행동
하는 것은 학교생활을 피곤하게 만들 뿐 학교의 성장과 발전에 별 도
움이 되지 않는다고 생각합니다. 선생님이 관리자에게 확인하는 질문
을 하기 전에 자신의 의사를 확실하게 전달하면 업무를 추진하는 선
생님은 한결 수월할 것 같습니다. 관리자와 선생님은 고객인 학생의
교육 만족도를 높이기 위해 공동으로 노력하는 역할입니다. 학생의
만족도를 높이기 위한 교육활동이 관리자의 만족도를 높이기 위한
방향으로 나아가는 것도 관리자가 고객이라고 착각하는 경우입니다.

학생의 교육 만족도를 높이기 위해 관리자와 선생님이 공동으로 노

력하는 학교 문화가 정착되면 좋겠습니다. 고객처럼 행동하는 관리자가 아니면 더욱 좋겠습니다.

달콤함에 빠지면?

달콤함에 빠지는 경우가 종종 있습니다. 처음에는 모두 사소합니다. 그러나 사소한 달콤함에 빠지면 헤어나기가 어렵습니다. 이미 단맛에 중독이 되었기 때문입니다.

좋은 관리자라고 불리는 분들 중에는 자신의 목적을 달성하기 위하여 교직원의 근무를 느슨하게 풀어주는 경우가 있습니다. 그 목적을 모르는 교직원들은 '좋은 것이 좋다'는 식으로 편함을 추구합니다. 아무런 문제의식을 느끼지 못합니다. 오히려 이 문제를 지적하는 동료를 융통성이 없다고 질타합니다. 시간이 지나면서 이 편안함이 관리자의 무기가 되어 교직원들에게 향합니다. 이미 달콤함에 길들여진 교직원은 관리자의 욕심에 동의하지 않을 수 없습니다. 후회해도 때는 이미 늦었습니다.

학교회의를 하기 싫어합니다. 그래서 종이문서로 대신하고 회의를 한 것처럼 합니다. 집단적인 사고로 아주 중요한 문제를 해결해야 될 경우가 있습니다. 담당자는 회의를 하자고 알립니다. 동료들이 담당자에게 대충 알아서 보고하라고 합니다. 시간이 지난 뒤 교육지원청의 공문 하나에 학교에 난리가 났습니다. 도대체 누가 이런 일을 할 수 있냐는 것입니다. 막무가내로 교육지원청과 관리자를 비난합니다. 그러나 그것은 담당자가 대충 알아서 결정한 일이었습니다.

중요한 업무를 수행하는 부장이 있습니다. 그 부장은 동료들에게 부담감을 주지 않기 위해서 편한 동료나 후배들에게만 그 업무를 공동으로 수행하도록 합니다. 다른 동료들은 전혀 알지 못합니다. 오히려 공유되고 공감되지 못함을 비난하는 동료와 편안하다고 하는 동료들을 보면서 모두를 만족시킬 수 없다고 자조합니다. 시간이 지나고 나면 자신의 입장을 모두 이해할 것이라고 착각에 빠집니다. 그래서 자신의 말을 잘 듣는 동료와 후배들과 편안하게 업무를 추진하는 것에서 빠져 나오지 못합니다. 행정적으로는 업무가 잘 추진됩니다. 그러나 학생들에게 잘 파급되지 않습니다. 왜냐하면 학생들에게 적용시키는 것은 담임선생님입니다. 그런데 담임은 그 업무를 공유하고 공감하지 못했기 때문에 정확하게 이해도 못했고 의욕도 떨어졌기 때문입니다.

학교의 업무는 학생들의 교육활동을 지원하는 것입니다. 즉 학생들을 변화시키기 위한 것입니다. 공유와 공감되지 못한 업무는 그 효과를 기대하기 힘듭니다. 연구학교나 주요 업무를 추진하는 학교의 선생님들이 가장 싫어하는 것이 산출물(실적물) 만드는 것입니다. 그러나 공유와 공감으로 학생들의 교육활동에 잘 적용하면 산출물은 저절로 만들어지는 것을 알고 있음에도 업무의 효율화라는 이름으로 이루어지는 달콤함에서 벗어나지 못하기 때문에 변화가 없습니다.

오늘도 그 부장은 자신의 마음을 몰라주는 다른 동료들이 야속합니다.

사소한 시작의 달콤함은 미미한 단맛입니다. 그 단맛을 느끼지 못해도 아무런 문제가 없습니다. 오히려 느끼지 못하는 것이 더 도움을 줄 때가 많습니다.

건강을 위하여 산을 오릅니다. 평안함을 유혹하는 아주 사소한 작은 지름길들이 눈에 들어옵니다.

건강을 위하여 온 산에서 당신은 아주 작은 지름길로 들어가렵니까?

대아大我 리더십이 좋다

동서양의 혼란기에 나타난 두 사람. 공자와 마키아벨리.

공자는 눈앞의 사소하거나 사사로운 이익에 현혹되지 않고, 옳고 그름을 잘 판단하여 도모하는 군자리더십을 이야기했고, 마키아벨리는 '나라를 지키려면 때로는 배신도 해야 하고, 때로는 잔인해져야 한다. 인간성을 포기해야 할 때도, 신앙조차 잠시 잊어버려야 할 때도 있다. 군주에게 가장 중요한 일이 무엇인가? 나라를 지키고 번영시키는 일이다.'라고 했다.

공자는 이후 천 년 넘게 동양의 사상을 지배했고, 마키아벨리는 근대정치학의 문을 열었다고 평가받는다.

군자 리더십을 현대의 기업 컨설팅에 적용시킨 학자가 있다. 홍콩 차이니즈대학교의 핑핑푸 교수다. 핑핑풍 교수는 '이익을 손에만 쥐고 있으면 당신(리더)를 떠날 것입니다. 하지만 이익을 다른 사람과 나눈다면 사람들의 마음을 한곳에 모을 수 있다'고 말했다. 또한 리더는 정의를 가장 중요하게 여기고, 왜 리더가 되었는지 그 목적을 정확하게 알아야 한다고 강조했다. 그가 말하는 '대아大我 리더십'의 핵심논리는 크게 세 가지입니다.

첫째, 리더는 이익보다 정의를 중요하게 여겨야 한다.

둘째, 리더의 가치관과 행동이 일치해야 한다.

셋째, 리더의 가치관은 구성원들에게 영향을 미친다.

핑핑푸 교수는 이 세 주장을 통합해 '리더가 군자의 본을 보이면 팔로어인 직원들 역시 그 가치를 공유하게 된다'고 정리했다.

-행복의 리더십/이재혁, KBS스페셜제작팀 지음/서승범 정리

선생님들이 원하는 관리자 리더십도 공자의 리더십과 마키아벨리의 리더십으로 나뉘는 것 같습니다.

공자의 리더십을 선호하는 선생님은 '관리자는 다른 사람의 모범이 되어야 한다. 선생님과 학생들에게는 모범을 강조하면서 본인의 행동이 그렇지 못하다면 선생님과 학생들이 그를 따를 것인가?'라고 합니다.

반면 마키아벨리의 리더십을 선호하는 선생님은 '관리자는 모든 일을 결정하고 판단하여 학교를 잘 이끌어 가야 한다. 그렇게 하기 위해서는 때로는 비도덕적이고 상식에서 벗어나는 행동을 할 수 있다'라고 합니다.

관리자가 마키아벨리의 리더십을 선호하는 것이 싫습니다. 왜냐하면 학교는 국가나 기업이 아니라 건전한 민주시민을 양성하는 곳입니다. 정의롭지 못하고 언행이 일치하지 않는 학교에서 어떻게 건전한 민주시민이 양성될 수 있겠습니까?

그리고 '소수의 희생을 강요하더라도 그것이 전체를 위한 것이라면 정의다'라고 학습된다면 우리사회가 어떻게 되겠습니까?

간혹 이런 동료 선생님이 있습니다.

'관리자라면 그럴 수 있지?'

'그런 맛에 관리자 하는 것 아니냐?'

'그런 희망에 관리자 되려는 것 아니냐?'

'관리자와 선생님이 같냐?'

'극단적으로 네가 관리자 해봐라!'

이와 같은 것도 마키아벨리의 군주론이라고 할 수 있을까요? 마키아벨리는 최소한 나라를 지키기 위해서 군주론을 폈습니다. 개인의 이익을 위해서, 권력을 휘두르기 위해서, 뜻이 맞지 않은 동료를 괴롭히기 위한 것과는 확연히 다릅니다. 교육의 발전을 위하고 학교의 성장을 위한 불가피한 군주론이라면 어느 정도 이해가 되지만 사사로움을 위한 권력 남용은 안 됩니다.

학교는 국가도 아니고 기업도 아닙니다. 정치를 하는 곳도 이윤을 남기기 위한 곳도 아닙니다. 공감으로 소통하여 사람의 마음을 움직이는 곳입니다. 오늘날 학교를 정치하는 곳으로 착각하고, 경제논리를 앞세워 마키아벨리형 리더십을 발휘하는 관리자를 능력 있는 관리자라고 하는 것이 안타깝습니다.

내 수업을 간섭하지 마라

경청만이 능사가 아니다

요즘은 경청이 대세입니다. 연수회마다 모든 강사가 하는 말이 경청입니다. 남의 말을 잘 듣자는 것입니다. 그래서 다들 남의 말을 잘 듣습니다. 아니 들으려고 노력을 하는 것 같습니다. 그런데 듣기만 하는 것만이 경청일까요?

한번쯤 경험이 있을 것입니다.

학교행사를 하기 위해서 관리자가 선생님들의 의견을 묻습니다. 선생님들이 의견을 모아서 전달했더니 무시해 버리고 본인의 의지대로 합니다.

학교에서 흔히 있는 일입니다.

어떤 주제를 던져놓고 선생님들의 의견을 묻습니다. 순진한 선생님이 용감하게 이야기를 합니다. 관리자는 그대로 듣고 있습니다. 그러나 결론은 이미 관리자의 마음속에 있습니다. 화가 납니다 애초에 묻지를 말던지……

이런 경험이 많을 것입니다.

학생들에게 건의사항이나 의견을 듣고자 솔직하게 눈치 보지 말고 이야기하라고 합니다. 선생님은 잘 듣고 난 뒤 학생들의 의견에 방어하는 이야기만 늘어놓습니다. 경청을 한 것입니까?

이런 분들도 보았을 것입니다.

학교 관리자가 바뀌었습니다. 오시자마자 '자기 스타일'대로 학교를 확 바꿉니다. 기존에 있던 선생님이 학교의 사정과 불가피함을 건의해도 듣기만 하고 결국 자기 고집대로 합니다. 바꾼 대부분의 것이 몇

달을 못가고 원래대로 돌아갑니다. 쓸데없이 예산만 낭비한 것입니다. 이 또한 경청일까요?

착각하는 경우가 많습니다. 남의 이야기를 듣는 것은 경청이고, 그 이야기에 적극적으로 동참하며 참여하는 것은 올바른 경청이 아니라 끼어드는 것이라는 합니다. 그래서 이야기할 때 과묵하게 가만히 있는 것을 미덕이라고 생각하는 경향이 강합니다. 특히 연령 차이가 나면 더욱 그렇습니다.

경청을 왜 하는가?

서로 공감하기 위해서 하는 것입니다. 즉 소통하기 위한 것이 경청입니다. 공감이 없는 경청은 단방향의 불통입니다. 앞에서 언급한 경우가 공감이 없는 경청. 곧 불통입니다.

경청을 잘하는 사람은 다른 사람의 의견에 적극적으로 참여하는 사람이고, 자신의 이야기에 적극적으로 동참하도록 하는 사람입니다. 그래야만 경청을 통해 공감이 일어나고 쌍방향의 소통이 이루어집니다.

학교가 공감이 있는 경청으로 쌍방향의 소통이 자유롭게 이루어지면 정말 좋겠습니다.

나는 어디에 해당될까?

듣는 척만 하는 사람인가?

듣기만 하고 무시하는 사람인가?

듣고 싶은 것만 듣는 사람인가?

다른 사람과 생각을 적극적으로 공유하고 공감을 불러일으키는 사람인가?

관리자의 버럭병과 낮은 자존감

일주일에 1~2회 전 교직원을 대상으로 교무실에서 실시하는 교무회의를 떠올려 봅시다. 관리자의 버럭버럭 고함을 치는 장면이 먼저 떠오릅니다. 선생님들의 이유도 들어보지 않고 교육활동 결과만을 가지고 버럭버럭입니다. 그리고 학부모의 민원에 대해서도 바르게 대처하기 위한 방법을 협의하기보다는 민원을 발생시킨 동료를 비난하기에 바쁩니다. 그러나 대부분의 민원은 학부모들이 자기 아이만을 위한 것이거나 오해에서 비롯된 것들이 많습니다. 선생님들도 교무회의를 마치고 나면 화가 치밉니다. 교무회의를 통해 해결된 것은 아무것도 없습니다.

사람은 모두 존중받기를 원하고 남이 알아주기를 원합니다. 학교에서 존중받는 것이 무엇이겠습니까? 어떤 결정을 내리려는 부문에 참여하게 하고 의견을 존중하는 것이 아니겠습니까? 학교를 구성하는 부품이 아닌 주체로서 인간적으로 대해주는 것이 아니겠습니까?

요즘에는 동학년끼리 협의하거나 부서별 협의하여 처리해야 하는 업무가 많습니다. 그래서 선생님들끼리 차 한잔하면서 모여 있는 경우가 있습니다. 그런데 어떤 관리자는 이렇게 모여 있는 꼴을 못 봅니다. 심하면 동학년 연구실을 다른 용도로 변경해 버리고 교무실에서 협의하라는 분들도 있습니다.

자존감이 부족하여 선생님들끼리 모여 있으면 자기를 욕한다고 생각하는 것입니다. 그런다고 선생님들이 못난 관리자 욕할 공간 하나 없겠습니까? 관리자란 자리는 욕을 더 많이 먹는 자리 아닙니까? 학교에 여유 공간이 있다면 시원하게 선생님들을 위한 공간을 만드는 것이 관리자의 장점을 부각시키는 방법이 아닐까요?

관리자와의 회식이 왜 싫은가?

친한 친구와 또는 그다지 친하지도 않은데 공짜로 식사하고, 공짜로 술 한잔하고, 공짜로 노래방이나 스크린골프에 데려가는 것을 싫어하는 사람은 별로 없을 것입니다. 물론 전제 조건은 별로 바쁘지가 않을 때입니다. 그러나 관리자와 회식을 같이 하자고 하면 많은 선생님들이 썩 좋아하지는 않습니다. 더욱이 관리자와 같은 상에 앉을 때에는 더욱 그렇습니다.

좋아하는 조선시대의 윤휴라는 대학자가 있습니다. 그분은 '백성은 교화의 대상이 아니라, 자신 이외의 천하다.' 비록 자기는 양반이지만 자신과 백성 사이에는 계급적 차별이 없다고 했습니다. 즉 상대방의 가치관과 의견을 존중합니다. 조선의 사회에서 이런 가치관을 가진 양반들이 몇이나 되었을까요?

이런 측면에서 볼 때 선생님들이 회식을 피하는 것은 회식이 싫은 것이 아니라 함께하는 관리자가 싫은 것입니다. 즉 회식자리에서 관리자의 일방적인 생각 강요, 의견이 다른 선생님에 대한 인격적인 모독과 뭘 모른다는 식으로 몰아가는 자기주도형 여론 몰이, 자기 생각 위주의 결론 짓기, 자기 위주의 2차 장소 정하기 등이 싫은 것입니다.

특히, 가입된 단체가 다르다고 정치적인 이야기로 극단적인 모욕감을 준다든지, 자기의 선생님 시절의-호랑이 담배 피우던 시대-이야기를 꺼내 현재의 선생님 생활과 비교하며 면박을 주는 행위는 회식 자리를 피하게 하는 주요 원인입니다.

회식 자리는 스트레스와 애로점을 서로 공유하며 용기와 격려를 주는 자리이지 누구의 일방적인 생각을 강요하는 자리가 아닙니다. 회식자리를 왜 업무의 연장으로 생각합니까? 관리자가 일방적으로 주도해서 일방적으로 몰고 가라고 하는 것이 아니라, 학교에서 하기 힘든 이야기를 서로 공유하며 학교의 성장과 발전을 위한 자리이기 때문입니다. 이를 착각하여 회식이 업무의 연장이라고 하니 관리자 마음대로 하는 것으로 오해하는 듯합니다.

관리자가 마음대로 행동하는 자리는 자신과 뜻을 같이 하는 사람들의 모임, 즉 사조직입니다. 자신의 생각을 강요하는 회식에 참여하지 않는 선생님을 업무능력이 떨어지고 책무감이 없다고 비판하는 것은 자기의 사조직에 왜 참여하지 않느냐고 나무라는 것과 똑같습니다.

진정으로 선생님들이 회식자리에 많이 참여하기를 바라고, 자신도 선생님들과 함께 즐겁게 회식을 즐기려면 조선의 대학자 윤휴처럼 상대방의 가치를 존중하는 관리자, 의견을 결정하는 관리자 보다 의견을 존중하는 관리자, 선생님들의 이야기를 오해하지 말고 있는 그대로 들어 주는 관리자가 되면 됩니다.

관리자와의 회식이 왜 싫은가?의 답처럼 행동하는 당신이 아니기를 바랍니다.

하이테크보다 하이터치

선생님들은 종종 교육개혁을 국가나 국민들이 외칠 때마다 쓰라림을 많이 느낍니다. 개혁의 대상이 제도나 국가 정책, 교육과정이 아니라 인적쇄신, 즉 선생님들을 대상으로 하는 것이 많기 때문입니다.

흔히, '교육의 질은 선생님의 질을 넘지 못한다'는 말을 잘 인용합니다.

그러나 선생님의 질이 제도나 국가의 정책, 교육과정에 의해 원천봉쇄가 되어 그 능력을 발휘하지 못한다면, 또는 선생님마다 가지고 있는 저마다의 능력을 적재적소에서 발휘하지 못하게 한다면 그 또한 문제가 아니겠습니까?

교육계에서 관리자가 되고 나면 교육의 모든 분야에 전문가가 된 것인 양 착각에 빠져 기존의 틀을 깨려는 시도를 많이 합니다. 내세우는 논리로는 현행 시스템이 지식정보화 시대에 맞지 않아 비효율적이기 때문에 교육법이나 법규를 내세워 그분야의 작은 잘못된 부분을 과장 확대 해석하여 해당 분야가 마치 심각한 교육적 문제를 안고 있다고 주변에 알리기 시작합니다. 그렇게 하면서 인적쇄신을 하기 시작합니다. 특히, 승진 점수에 필요한 가산점이 있는 경우에는 자기 주변의 편협된 시각만을 가지고 기존 시스템에서 열과 성의를 다하는 선생님들 모두가 문제 선생님인 양 치부하여 마음의 상처를 남깁니다.

그러나 가장 큰 문제는 이 과정에서 오랫동안 그분야에서 전문가로 활동한 질적으로 높은 수준의 선생님을 내몰고 자격도 제대로 갖추지 못한 시행착오를 반복하여 교육적 후퇴를 가져올 가짜 교육자로 대체해버린다는 것입니다.

오랫동안 영재교육원에서 영재성이 있는 학생들을 가르쳐 왔습니다. 학생들을 가르치는 일이 힘든 것이 아니라, 매주 토요일과 방학에 사명감이나 봉사정신으로 내 역할을 다하는데도 강의료와 승진 점수가 탐이 나서 하는 것처럼 매도되는 경우가 종종 있습니다. 대부분의 경우는 상대방이 몰라서 하는 소리라고 넘어갑니다. 그러나 참을 수 없는 것은 담당 장학사나 교육장이 바뀌면 항상 거론하는 것이 영재원 강사들에 대한 인적쇄신입니다. 내세우는 논리는 영재원의 질적 제고라고 말은 하지만 퇴출되는 강사보다 새로 선발되는 강사의 질은 형편없습니다. 심지어 영재교육 프로그램 개발은 물론 분석도 하지 못하는 가짜 강사가 많습니다. 퇴출된 강사가 남기고 간 강의안을 그대로 답습하는 경우가 대부분입니다. 독자적인 자기의 강의안을 가지고 있는 강사는 드뭅니다. 이런 가짜 강사가 영재원의 질 제고에 무슨 도움이 되겠습니까?

질적 쇄신을 꾀하고 싶다면 기존의 시스템에서 강사들이 어떻게 하면 수업을 잘 할 수 있도록 할 것인지? 선생님의 질 향상을 위하여 어떤 방안이 좋은지? 그동안의 노력에 대한 따뜻한 말 한 마디가 더 효과적일 것입니다.

해당 분야의 본질을 모르고 편협된 주변의 시각에 동조한 무지한 관리자가 잘못된 방향으로 쇄신을 꾀하면 그 결과는 질적 후퇴로 이어지고 질적으로 우수한 많은 선생님들은 자기의 능력을 제대로 발휘하지 못하고 타의에 의해서 마음의 상처만 안고 떠납니다.

진정한 교육관료라면 제도나 시스템의 개선에 노력한다는 이름하에 이루어지는 인적쇄신보다는 선생님의 감성을 자극하는 하이터치 리더십을 발휘하여 선생님들이 신명나게 자기 능력을 발휘하도록 하는 것이 더 현명하다고 생각할 것입니다.

아무리 좋은 교육제도, 정책, 교육과정도 선생님들에 의해 완성되는 것입니다. 선생님의 질 향상을 위한다고 마음의 상처만 남기는 교육관료보다 신명나게 의욕적으로 교육활동을 할 수 있도록 감성리더십을 발휘하는 리더가 많이 나오면 좋겠습니다.

선생님은 학교를 떠나는 것이 아니다

교원 인사 관련 서류 준비와 작성으로 한창 바쁜 시기입니다. 어떤 학교 관리자는 떠나려는 훌륭한 선생님을 회유하려고 감언이설로 꼬시기(?)도 하고, 인사서류를 제출했다가 옮기지 못하면 괘씸죄에 걸려서 내년이 더 힘들어진다는 농담성 반협박을 하기도 합니다. 옛날에는 교통이 불편하여 학교 분위기가 마음에 들지 않더라도, 관리자가 힘들게 하더라도 감내하는 경우가 많았지만 지금은 교통이 발달하여 일부 지역을 제외하면 이동거리가 학교를 옮기는 큰 원인은 되지 못합니다.

근래에 학교 이동은 자기 성장과 관리자와의 마찰, 학교 분위기 등이 좌우합니다. 그 중에서도 관리자와의 마찰이 크게 차지합니다. 흔히 선생님의 이동을 보면 그 학교 관리자의 리더십을 알 수 있다는 것이 공공연한 이야기입니다. 즉 관리자가 싫어서 학교를 떠납니다.

어떤 관리자들은 '선생님 잡아두자고 교육의 본질을 버리고 인기 위주로 학교를 운영해야 하느냐?'고 묻습니다. 물론 그렇지 않습니다. 교육의 본질을 추구하는 관리자를 떠나는 선생님은 소수에 불과합니다. 오히려 시간이 지날수록 훌륭한 선생님들이 모입니다.

대다수의 선생님들은 편안함을 추구하기 위해 학교를 선택하지 않습니다.

교육에 대한 자기의 열정을 알아주고, 자신의 능력개발에 도움이 되고, 자신의 의견을 존중해 주는 학교를 선택합니다. 따라서 선생님이 학교를 떠나는 진짜 이유는 일방적인 회식 강요, 인사(?) 강요, 편애에 따른 업무 및 학년 배정, 관리자의 취미생활 강요 등 관리자의 기분을 만족시키기 위한 아주 사소한 것들과 성장을 두려워하는 분위기만 좋은 학교입니다.

십여 년 전에 회식자리에서 성추행성 발언과 행동을 일삼고 비정규직원을 괴롭히는 교감과 근무한 적이 있습니다. 그 교감의 지론은 '이가 없으면 잇몸으로 하면 된다. 내가 보기 싫은 사람은 떠나라!'였습니다. 많은 사람들이 떠났습니다. 몇 년이 지난 후에 다른 일로 그 학교를 방문한 적이 있었습니다. 다행히 그 교감이 떠난 후에 원만한 교장선생님이 부임하여 학교 환경을 많이 바꾸어 놓았지만 그 교감에 의한 학교 이미지 때문인지 다른 학교와 비교해 보았을 때 큰 성장이 없었습니다.

또 다른 경우는 사람 좋기로 소문난 교장선생님과 근무한 적이 있었습니다. 항상 선생님들의 의견을 존중하고 선생님이 제시한 의견에 대해서는 별 다른 반대를 하지 않았습니다. 그러나 그분의 주위에는 학교와 구성원의 성장과 발전보다는 학교 분위기만 좋으면 된다는 분들이 많았습니다. 그런 결과로 학년배정과 업무배정을 위한 뚜렷한 학교규칙도 없고 그나마 있는 경우에도 잘 지켜지지 않아 그때그때의 분위기에 따라 결정되었습니다. 당연히 불만을 가진 선생님들이 증가하였고, 성장과 발전을 위한 시도를 장려하거나 독려하는 분위기도 없었습니다. 성장과 변화를 원하는 선생님들이 그 학교에 남아 있었을까요?

홀륭한 관리자는 학교 구성원이 동의하지 않더라도 학교와 그 구성원의 성장에 도움이 된다는 확고한 신념이 있으면 내면의 결정으로 학교를 이끌어야 합니다. 이 과정에서 전체의 동의를 얻지 못해 곤란한 경우도 있을 것입니다. 하지만 결과에 대해서는 관리자의 결정이 옳았음을 수긍할 것입니다. 즉 홀륭한 선생님을 모으는 관리자가 될 것입니다.

학생들을 가르치는 사람들은 학생들과 가장 가까이 있는 선생님들입니다. 개인적인 탐욕이 가득하고 변화와 성장을 두려워하는 관리자가 있는 학교의 선생님들은 홀륭한 리더십과 성장과 변화를 추구하는 관리자가 있는 학교로 떠납니다.

그 피해자는 누구일까요?

진정으로 학교를 떠나야 할 사람은 누구일까요?

우리는 운동장에
굴러다니는 낙엽과 같아요

우리나라의 교장을 왕에 비유하여 제왕적인 권력을 가졌다고 합니다. 실제로 모든 결정 권한은 학교장이 가지고 있습니다. 학교운영위원회도 심의 기구이지 의사결정 기구가 아니기 때문에 학교장의 책임을 막아주는 바람막이 같은 기구에 불과합니다. 그렇기 때문에 학교장은 학교운영위원회와 마찰을 피하려고 부당한 요구를 수용하여 교직원의 불만을 살 때가 종종 있습니다. 그러면 학교만 권한이 교장에게 집중되어 있을까요? 아닙니다. 웬만한 조직은 거의 대부분 그 기관을 대표하는 리더에게 결정 권한이 있습니다. 그런데 왜 유독 학교만 학교장의 권한을 왕에 비유하면서까지 부정적으로 생각하며 교육 발전의 걸림돌로 생각할까요?

어린이날을 기념하는 체육대회를 실시한 적이 있었습니다. 체육대회를 준비하고 있는데 교장선생님이 '교무부장! 체육대회 마치고 무슨 계획 있나?' 하기에 '아닙니다. 별다른 계획은 없고, 아마 선생님들은 피곤해서 쉬기를 원할 것입니다.'라고 대답한 후에 '교장선생님은 다른 계획이 있습니까?' 하고 물으니, 학생들 귀가 조치하고 전 교직원이 등산을 가자고 하셨습니다. 체육대회를 준비하는 과정에서 별다른 이야기가 없었기에 참 난처했습니다. 그래서 선생님들께 그대로 전달했습니다. 당연히 싫어하는 기색이 역력했습니다. 체육대회 정리를 하는데 너무 피곤했습니다. 이렇게 피곤한데 다른 선생님들은 오죽하겠냐 싶어서 선생님들에게 등산 갈 수 있겠는지를 물어보니 모두 피곤해서 쉬면 좋겠다고 하였습니다.

그래서 교장선생님에게 건의를 했습니다. '나를 비롯한 선생님들이 너무 피곤해서 그냥 쉬면 좋겠다고 합니다. 등산은 다음에 가는 것이 좋겠습니다.' 했더니, 인상을 찡그리면서 '그러면 그렇게 하지 뭐!' 하는 것이었습니다. 그래서 '참 잘 되었다.'고 생각하면서 선생님들에게 전달했습니다. 여기까지만 좋았습니다. 교장선생님이 선생님들 점심 먹는데 가서 '요즘 선생님들은 체력이 약한 저질 체력이라느니, 옛날에는 하루 종일 체육대회를 해도 피곤해 하지도 않았다'는 등 불편한 말들을 했습니다.

이 말을 들은 선생님들이 할 수 없이 등산을 가기로 결정을 한 후에, 중간에서 조정을 한 나의 눈치를 본다고 이러지도 저리지도 못하고 있었습니다. 선생님들께 나는 괜찮으니 어떻게 할 것인지를 물으니, '할 수 없이 가야 되겠다'고 해서, 교장선생님께 등산을 가자고 이야기를 하고 실행에 옮겼습니다.

산행을 하는 중간에 한 선생님에게, '가기 싫으면 끝까지 가기 싫다고 이야기 하지? 왜 피곤함을 무릅쓰고 기분 나쁘게 등산을 하느냐'고 하니 '우리는 운동장에 굴러다니는 낙엽과 같은 존재예요. 바람이 부는 대로 움직이는 힘없는 존재입니다.' 라는 것이었습니다.

이것이 학교의 문화입니다. 학교장은 독선적으로 결정하고, 선생님은 참고 넘기고 하는 상명하달식의 전형적인 문화입니다. 이 잘못된 문화가 지금의 제왕적 교장을 낳았습니다. 대통령도 어떤 결정을 하기 전에 비서진을 비롯한 전문가 그룹과 상의를 합니다. 그러나 학교는 논의하는 척은 하지만 진정으로 잘 받아들이지 않습니다. 오히려 관리자의 뜻을 관철하기 위한 형식적인 절차로만 생각합니다. 그러면서 자기보다 민주적인 절차로 의견을 수렴하는 교장은 없을 것이라고 떠벌리고 다닙니다.

한편으로는 선생님들에게도 책임이 있습니다. 교육적으로 올바르지 않은 부분과 학교의 발전에 도움이 되지 않는 부분 등에 대해서는 자신의 주장을 펼쳐야 합니다. 단, 예의를 갖추어 논리적으로 표현하는 것은 잊지 말아야 합니다. 나하고 의견이 맞지 않는다 하여 감정적으로 대처해서도 안 됩니다. 사실만을 가지고 냉정하게 판단한 후 자신의 주장을 전달해야 합니다. 미리 판단하여 '내 뜻을 이야기해 봐야 받아주지 않겠지' 하는 태도는 버려야 합니다. 말을 안 하기 때문에 관리자가 다양한 의견을 수렴 못할 수도 있습니다. 힘들지만 작은 선생님의 실천이 제왕적인 교장을 낳지 않습니다.

선생님은 힘없는 낙엽이 되면 안 됩니다. 낙엽을 움직이는 작은 바람이 되어야 합니다. 특히, 이제 막 교직생활을 시작하는 신규 선생님은 더욱 그렇습니다. 당신의 모든 학교생활이 학교문화입니다. 내가 변해야 학교가 변하고 교육이 변합니다.

제 5장

선생님, 학교!

불필요한 장부 OUT! 열정 UP!

여름방학 동안에 교실과 골마루 바닥 공사가 전면적으로 실시됩니다. 그래서 교실에 있는 물건을 정리하여 옮기는 기초 작업을 선생님들이 하고 있습니다. 우리 교실도 어제부터 기초 작업을 하고 있는데 이번 기회에 텔레비전 뒤쪽에 자리 잡고 있는 낡은 캐비닛을 치우기로 했습니다. 캐비닛 안에 어떤 물건이 있을지 정말 궁금하였습니다. 잘 안 돌아가는 손잡이를 돌려서 당기니 듣기 싫은 소음과 녹이 떨어지더니 간신히 열렸습니다.

도서대장, 도서대출대장, 기자재 관리대장 등 예전의 장부들이 들어 있었습니다. 혹시 필요한 장부인가 싶어서 차근차근 넘겨보니 전산화가 다 되어 있어서 필요가 없는 것들이었습니다. 그런데 전산화가 완료되어 수기장부가 필요 없었던 최근까지 기록되어 있었고 학교장 결재까지 되어 있었습니다. 전산으로 등록한 후 출력하여 또 학교장의 결재를 받은 것입니다.

그 당시가 상상이 되었습니다. 쓸데없는 장부 폐기하지 못하고 강요하는 관리자를 얼마나 원망했겠습니까? 물론 불필요한 장부임을 관리자에게 충분히 설명했는지는 알 수 없습니다. 설명했는데도 변화가 없었다면 관리자와 심리적인 갈등이 얼마나 심했겠습니까? 또 이런 심리 때문에 관리자의 장점도 미워 보였을 것입니다.

이렇게 갈등을 유발하며 신줏단지처럼 모셔 온 장부를 오늘 폐기합니다. 쓸데없이 갈등만 유발한 장부를 버렸습니다. 그동안 이 장부는 갈등만 유발했습니다. 아이들을 위해 열정을 쏟아야 할 시간만 가로챘습니다. 하지만 아직까지 쓸데없는 장부를 강요하는 관행이 남아 있습니다. 법적 근거를 떠나 이미 전산화가 되어, 할 필요가 없는 것들입니다. 전산화되어 있어 검색하면 쉽게 해결되는데 종이에 적게 하는 것들입니다. 시간이 지나면 수명을 다하여 버려야 할 것을 종이에 적고 있는 것들입니다. 모양만 달리한 똑같은 것을 이중 삼중으로 하고 있는 것들입니다. 아무 의미도 없는 것을 관리자의 고집과 편의를 위한 것들입니다.

쓸데없는 장부는 장부 자체의 쓸데없는 가치에만 머무는 것이 아니라 소모적인 갈등을 초래하여 학교 구성원들의 마음을 뾰족하게 합니다. 이 뾰족한 마음이 서로를 찔러 상처를 냅니다. 쓸데없는 장부의 부작용입니다. 쓸데없는 장부가 학교의 올바른 성장과 발전을 위해 필요한, 배려하고 협력하는 문화를 방해합니다. 아이들에게 열정을 쏟아야 할 선생님을 쓸데없는 장부가 빼앗아 갑니다.

쓸데없는 장부로 갈등을 유발하는 것보다 선생님들이 아이들에게 열정을 쏟을 수 있는 관리자 리더십을 발휘하면 좋겠습니다. 그리고 선생님들도 쓸데없는 장부의 불필요함을 관리자에게 적극적으로 설명하는 것을 주저하지 않았으면 좋겠습니다.

불필요한 장부 OUT! 열정 UP!

지조를 버리고 남을 도울 수 없습니다

맹자에 지조를 버리고 남을 도울 수 없다고 했습니다. 한 순간의 위기를 넘기기 위해서, 편안함과 회피를 위하여 원리와 원칙을 저버리면 문제를 해결하거나 도와주는 것이 아니라 오히려 분란만 일으킨다는 뜻입니다.

학교에 있는 분들 중에서 당연히 해야 될 일을 하지 않는 경우가 있습니다. 선생님이 수업을 하지 않는 것이 해당되고, 행정실에서 교육지원 활동을 하지 않는 것이 해당되고, 관리자가 올바른 선택과 조정, 관리를 못하는 경우가 해당됩니다.

어느 누군가가 선생님에게 수업을 하지 못하게 한다면 좋아해야 될 일일까요? 그리고 선생님이 수업을 하지 않고 있는데, 관리자가 침묵하는 것이 옳은 일일까요?

행정실에 있는 분들에게 학교시설 관리와 회계에 관련된 일을 못하게 하면 좋아해야 할까요? 그리고 관리자가 당연히 행정실에서 해야 될 일을 선생님이 하고 있는 것을 알았다면 침묵하는 것이 옳은 일일까요?

학교에서 해결되지 않는 부분이 있어 교육지원청이나 도교육청에 문의를 합니다. 담당 장학사가 규정에 있는 대로 알려줘야 할까요? 아니면 친분관계를 고려하여 자의적으로 해석한 것을 알려줘야 할까요?

누군가의 잘못을 지적하는 일이 쉬운 일은 아닙니다. 하지만 자신의 위치가 그렇다면 과감하게 지적해야 합니다. 지적에 망설임이 없어야 하고 해를 끼치기 위해 지적하는 것이 아니라 수고스럽더라도 당연한 일이며 그렇게 실천하는 것이 인정받고 존중받는 일임을 논리적으로 설명하고 설득하는 데 과감해야 합니다.

가장 좋은 것은 애초에 지조를 지키는 것입니다.

원리와 원칙대로 시작하면 갈등이 생기지 않습니다. 누군가를 일시적으로 이용하기 위해서 특혜를 주면 반드시 어느 누군가의 불만이 생깁니다. 누군가의 입장을 대변하기 시작하면 뇌물에 대한 오해가 생깁니다. 편애의 관점으로 중재를 시작하면 더 큰 갈등을 일으킵니다. 그래서 지조를 지키지 않으면 더 큰 화만 부르고 결코 남을 돕지 못합니다.

지조를 어긴 사람에게 도움을 받은 사람도 마찬가지입니다.

한순간의 안락함, 한순간의 명예, 한순간의 인정을 받기 위하여 지조를 버리면 미움과 질타가 영원할 것입니다. 지조를 버린 짧은 한순간이 반복되면 아예 지조를 망각합니다. 그래서 누군가가 일깨워주려고 노력하면 본인의 일이 아니라고 항변합니다. 그 항변이 동료에게는 어처구니가 없는 말로 들립니다. 누구 하나 귀를 기울이지 않습니다.

학교의 많은 갈등이 지조(원리와 원칙)와 관련되어 있습니다.

어느 누군가에 의해 버려진 지조는 현명한 리더가 나타날 때까지 두고두고 학교 구성원들을 괴롭힙니다.

작은 사익을 위하여, 사소한 편안함을 위하여 지조를 저버리고 있지 않은지 돌아보는 우리가 되면 좋겠습니다.

행복한 학교는 자존감이 만듭니다

신규 선생님 두 분이 학교생활에 대해서 조언을 듣고 싶다고 만남을 청했습니다. 먼저 조언을 구해온 것이 너무 기분이 좋았고, 학교 구성원들이 행복한 학교 문화를 만드는 데 조그마한 바람을 일으키고 싶은 마음이 간절하기 때문에 이런 기회를 갖고 싶었습니다. 그래서 학교 구성원들과 대화하기를 주저하지 않고, 형식을 내세우지 않는 다양한 대화방식으로 행복한 학교 문화 만들기를 실천하려고 노력하고 있습니다. 하지만 이런 마음과는 다르게 여러 가지 사정이 생겨서 미루다가 힘들게 만나게 되었습니다.

신규 선생님들이 하는 이야기는 가히 충격적이었습니다.

'선생님들끼리 교실에서 만나지 마라.'

'모르거나 궁금한 것이 있으면 선생님들끼리 이야기하지 말고, 나에게 물어보라.'

'몰라서 물어보면 그것도 모르면서 선생을 하느냐?'

'한 달에 한 번 술을 같이 먹자.'

'학부모와 술 먹는 자리에 동석시키기.'

'술값 내는 것으로 학부모와 실랑이 벌이기.'

'운동장 패인 곳 삽으로 메우게 하기.'

'업무는 집에 가서 하는 것이라고 주장하기.' 등등.

한 관리자가 신규 선생님들에게 시키는 일이라고 합니다. 이런 상황을 견디지 못한 신규 선생님은 임용고사를 다시 볼 생각까지 하고 있었습니다.

선배 선생님에게 도움을 요청했더니, '괜히 나서서 찍히기 싫다.', '다른 학교에서도 다 그렇게 한다.', '너희들 같이 일 못하는 신규 선생님들 처음 봤다.' 등으로 구석으로 더 몰아세운다고 합니다. 이 이야기가 신규 선생님들만의 주장인지를 알아보기 위해 다른 선생님들에게 물어보니 더 충격적인 이야기도 했습니다. 개인의 인권과 법적인 문제로 번질 우려가 있어서 밝히지는 않겠습니다.

선생님이 어떤 일을 해야 되는지를 모르겠다고 했습니다. '엄친아'처럼 근거 없이 비교당하는 것에 마음에 상처를 너무 받는다고 했습니다. 이것이 모든 학교생활인지를 물었습니다. 어떻게 극복해야 되는지도 함께 물었습니다.

그 관리자에 대한 대처는 참고 견디기보다 예의를 갖춘 품의 있는 태도로 냉정하게 요구하고 당당하게 주장할 것을 조언했습니다. 절대로 목소리를 높이거나 욕설을 하거나 위압감을 주는 행동을 하지 말 것을 강조했습니다. 그리고 이렇게 한다고 고쳐질 관리자가 아니기 때문에 변화에 대한 욕심을 버리고 그 관리자와 생각이 다름을 분명히 밝히는 데 만족하라고 했습니다. 학교 선생님들끼리 자주 모여서 의견을 공유하고, 동료 선생님의 용기에 적극적인 지지 의사를 밝히고, 맛있는 음식과 재미있는 이야기를 함께하며 악한 사람에게 받은 상처와 스트레스를 선한 사람들을 통해 치유할 수 있도록 했습니다. 특히, 제일 중요한 것은 이러한 활동을 남이 먼저 해주기를 바라지 말고, 심장이 쿵쾅거리고 살이 떨리는 일이겠지만 작은 것부터 실천하여 다른 동료와 용기를 나누는 것이라고 했습니다.

마무리하며 다른 사람에게 존경을 받는 두 가지 조건은 열정과 전문성인데, 선생님에게는 아이들에 대한 열정과 가르치는 것에 대한 전문성이 있어야 함을 강조하여 선생님으로서의 동력을 잃지 않기를 바랐습니다.

헤어지고 집으로 오는 길이 무척 힘들었습니다.

며칠 뒤 스승의 날에 친한 친구와 동네 막걸리 집에서 자축을 했습니다.

친구가 마음이 좀 상해 있었습니다. 업무에 대한 불만과 후배 선생님과 교감에 대한 불만이었습니다. 학년 초에 경력에 맞지 않은 업무를 준 것에 다소 불만이 있었지만 꿋꿋이 처리해 나가고 있었는데, 이번 일은 선생님 전체에 해당되는 일이라서 선생님들의 의견을 반영하여 처리했다고 합니다. 그런데 교무를 하는 후배 선생님과 교장선생님이 이것을 묵살하고, 심지어 담당자의 의견도 묻지 않고 엉뚱한 방향으로 추진하더랍니다. 그래서 교감에게 따졌는데, 처음에는 왜 자기가 따지는지도 알지 못하더랍니다. 결국 퇴근 무렵에 교감이 사과하여 해결되었다고 합니다.

이 일을 겪으면서 후배 선생님의 '반말 같은 말투와 건성으로 듣고 무시하는 말투', '담당자를 무시하는 교장선생님의 일방적인 업무 처리', '경력에 맞지 않는 업무 배정' 등에 너무 자존심이 상한다고 했습니다. 그러면서 원로 선생님들이 학교를 떠나면서 왜 꼭 승진하라고 이야기하는지를 알겠더랍니다.

물론 학교의 업무에는 경중이 없습니다. 아이들을 가르치는 일에도 경중이 없습니다. 하지만 경력이 높은 선생님들의 지혜가 필요한 업무가 있습니다. 그리고 선택과 판단을 해야 할 때 많은 경험으로 얻은 지혜로운 선생님의 의견이 필요할 때가 있습니다. 그리고 특정한 분야에 전문가적인 자질을 가진 경력이 많은 선생님의 조언이 필요할 때가 있습니다. 하지만 보통의 관리자와 후배 선생님은 이런 분들의 의견을 듣지 않습니다. 심지어 의견을 제시해도 무시하거나 덜 전문적인 학교 외부 사람들의 의견에 귀를 기울입니다. 그리고 업무와 가르치는 일도 하기 싫은 존재로 예단하여 참여와 소통의 경로도 차단해 버립니다. 이렇게 하는 것이 예우라고 착각합니다. 이 과정에서 경력이 높은 선생님은 상처를 받습니다.

형식적인 '존칭'을 사용한다고 존중하고 예우하는 것이 아닙니다. 교육활동에서 배제시키는 것이 배려하는 것이 아닙니다. 능력과 지혜를 빌리는 일을 주저하지 않는 것이 이분들의 자존감을 높이는 일입니다.

학교에는 두 개의 방이 있습니다. 교무실과 행정실입니다. 방은 두 개이지만 교장실이라는 방 아래에 있습니다. 교장선생님이 방 두 개에 속한 구성원들을 관리한다는 뜻입니다. 그리고 행정실은 아이들의 교육활동을 지원하는 행정적인 업무를 맡는 것입니다. 그래서 교무실의 선생이 아이들을 잘 가르치는 것이 당연하듯, 행정실의 실장과 주무관 역시 교육활동을 지원하는 행정 업무를 해야 되는 것이 당연합니다. 그리고 각자 전문성을 요구하는 영역이 다릅니다. 그리고 이 전문성을 서로 존중하고, 필요한 경우 대화로 소통하면 충돌이 일어나지 않습니다. 오히려 시너지 효과로 학교가 탄탄해집니다.

하지만 '자기애'가 학교 업무에 영향을 미치는 분들이 있습니다. '자기애'는 자기 자신의 행위나 특질에 부당하게 큰 가치를 부여하는 사람의 성격인데, 다른 사람이 자신을 조금 치켜세워주면 금방 행복감에 젖어들지만, 다른 의견을 제시하거나 잘못을 지적하면 앞뒤를 가리지 않고 공격하는 성향을 보입니다.

경력이 높아지니 행정실의 업무도 많이 알게 되었습니다. 저절로 알게 된 것도 많고, 선생이 해야 될 일이 아닌데 우리나라의 교육정책 잘못과 관리자의 무능력으로 어쩔 수 없이 알게 된 것도 많습니다. 때로는 행정실과의 마찰에 의하여 시시비비를 가리기 위해서 알게 된 것도 있습니다. 하지만 행정실장과 주무관들에게 먼저 아는 척을 하지 않습니다. 그리고 그분들이 간혹 실수를 하더라도 심각한 것이 아니면 따지지도 않습니다. 몰라서 넘어가는 것이 아니라 배려하고 존중하는 차원입니다. 그리고 행정실에서 당연히 해야 될 일도 부탁하는 형식으로 요구합니다. 이것 역시 서로가 행복하기 위해서입니다. 그리고 보통의 경우에는 행정실에서도 똑같이 배려와 존중의 반응을 보입니다. 그래서 교무실과 행정실이 친근해지고 이로 인해 학교가 행복합니다.

그런데 아닌 경우도 있습니다. '자기애'가 강한 사람은 잘 대해주면 잘해주는 것이 아니라, 잘 대해줘도 자기가 기분이 나쁘면 잘해준 사람들에게도 무차별 공격을 합니다. 자기의 실수를 전혀 인지하지 못합니다. 당연히 자기의 이런 행동에 대해서 사과할 줄도 모릅니다. 황당합니다. 행정실에서 행정실의 업무를 잘해서 존중받으려는 것이 아니라, 교장실과 동등하다고 착각하여 선생에게 행정업무를 전가시키고 군림하려 합니다. 교장실이 제 역할을 못할 때 더욱 그렇습니다. 사소한 것에도 교무실과 행정실의 갈등이 반복됩니다. 행복한 학교와는 거리가 점점 멀어집니다.

행복한 학교에 꼭 필요한 자존감이 상실되고 있습니다.

> '자존감'은 자기 스스로를 존중하는 마음입니다. 자신에 대한 긍정적인 마인드
> 입니다. 상황에 따라 변하지 않는 자신에 대한 믿음이고, 실패와 성공을 객관적
> 으로 받아들일 수 있는 능력입니다. 나의 가치에 대한 긍정적인 신념이며 자신
> 에 대한 신뢰입니다. 스스로 자신을 인정할 줄도 알고 용서할 줄도 알며 실패와
> 어려움 속에서도 포기하지 않고 자아 발전을 위해 꾸준한 노력을 투자하는 힘
> 입니다.
>
> ─『교실 속 자존감』, 조세핀 김 지음, 2014년, 비전과리더십)

자존감이 상실된 자리에 정체성의 부재, 비교당하는 자존심, 갈등을 유발하는 자기애가 대신 그 자리를 차지하고 있습니다. 치유하지 않는다면 날카로움이 서로를 찔러 고통이 영속되는 학교생활이 될 것입니다.

선생님으로서 정체성을 잃고 있다면 목표가 있는 아이들과의 교육 활동으로 자긍심을 맛보시기 바랍니다. 아이들과 함께 노력하여 달성할 수 있는 목표를 달성하기 위해 노력하다 보면 작은 자긍심을 맛볼 수 있습니다. 비록 자긍심이 업적에 대한 순간의 성취감이지만 차곡차곡 쌓인다면 가르치는 기쁨에서 선생님의 정체성과 자존감을 회복할 수 있습니다.

자존심이 강한 사람도 자존심의 상처를 자주 입게 되면 자존감을 상실하게 됩니다. 의미 없는 비교, 무례함, 지위에 의한 간섭, 잘못된

배려에 의한 배제와 무시, 검증되지 않은 선입견에 의한 예단 등에 의해 자존심에 상처를 주는 행위는 중단되어야 합니다.

자기애가 강한 사람은 '나는 완벽하지 않다.', '고맙습니다. 감사합니다.'라는 말을 머릿속에서 항상 꺼낼 수 있도록 준비해야 합니다. 자기가 실수한 부분, 몰랐던 부분에 대해서 기분이 나쁘더라도 '나는 완벽하지 않다. 다른 사람도 나와 똑같이 실수한다.'라고 되뇌고, 지적한 사람에게는 실제 마음은 그렇지 않더라도 자동적으로 '고맙습니다. 감사합니다.'라는 말을 먼저 하면, 지적한 사람이 오히려 더 오해 없이 받아줘서 고마워합니다. 상처를 주는 사람에서 치유하는 사람으로 서서히 변화됨을 느낄 것입니다. 하지만 상대방이 당신과 똑같이 자기애가 강한 사람이라면 시간이 많이 걸린다는 것도 명심해야 합니다.

자존감이 상실된 학교에서 행복을 찾기는 힘듭니다. 자존감을 높이는 노력들이 꼭 필요한 이유입니다.

방학에 대한 바른 이해가 필요합니다

해마다 방학을 앞두고 방학의 존폐 유무에 대한 논란과 사회적 약자에 대한 배려가 부족하다는 이야기가 되풀이됩니다. 올해도 학년말 방학(흔히 봄방학)을 앞두고 어김없이 논란이 일고 있습니다. 그리고 방학이 있기 때문에 선생님들이 특권을 누린다는 전통적인 인식이 팽배해 있는 것도 사실입니다. 심한 경우에는 선생을 하는 것이 죄를 짓는 듯한 기분을 가질 때가 있습니다. 그래서 방학에 대한 바른 이해를 바탕으로 아이들이 행복한 방학을 만드는 데 함께 노력하면 좋겠습니다.

'방학은 선생들 놀라고 있다.'

'방학 때는 선생들 월급 주면 안 된다.'

'방학 때 선생은 논다.'

'냉난방 시설이 잘 되어 있는데 방학이 왜 필요한지 모르겠다.'

'방학 때 아이들이 집에 있으니 밥해 주는 것이 너무 귀찮다.'

'방학 때 아이들이 집에 있으니 공부를 안 하는 것 같아 불안하다.'

'맞벌이를 하기 때문에 방학 때 아이들과 놀아주어야 하는데 그렇지 못해 괜히 아이들에게 미안해진다. 방학을 없애면 좋겠다.'

'방학 때 사교육비가 너무 많이 든다.'

'맞벌이라 방학 때 아이들만 집에 두려니 불안하다.'

'방학기간에 아이들의 탈선이 우려된다.'

'방학기간 동안 저소득층에 대한 배려가 없다. 굶는 아이가 많다.'

'학년말방학(봄방학)은 담임이 없어서 상담활동이 안 된다.'

'이상과 같은 말들은 방학과 관련해서 선생님들이 가장 많이 듣는 말들입니다. 심한 경우에는 방학은 선생님들 때문에 만들어졌다는 분위기로 만들어 가서 죄를 지은 듯한 분위기로 내몰릴 때도 있습니다. 대부분이 방학이 불편하다는 것입니다. 이 불편한 방학의 근거와 목적에 대해 알아보겠습니다.

우리나라는 초·중등교육법시행령 제47조(휴업일 등) ① 법 제24조 제3항의 규정에 의한 학교의 휴업일은 학교의 장이 매 학년도가 시작되기 전에 법 제31조제1항의 규정에 의한 학교운영위원회의 심의를 거쳐 정하되, 관공서의 공휴일 및 여름·겨울 휴가가 포함되어야 한다. 〈개정 2001.3.2〉로 규정되어 있습니다.

그리고 방학을 하는 목적은 시대의 흐름, 국가의 교육정책, 도교육청 교육시책, 학교의 특성에 따라 조금씩 변화는 있지만 본래의 목적은 계속되는 학업에서 벗어나 선생님과 학생이 휴식을 취하면서 심신을 전환하며, 다음 학기의 학업을 위한 준비를 하는 데 있습니다. 또한 냉·난방시설이 제대로 갖추어져 있지 못한 상태에서는 더운 여름과 추운 겨울은 학교에서 수업을 실시하기가 사실상 곤란하여 더위와 추위도 방학의 중요한 한 요인이 되었지만 냉·난방시설이 잘 갖추어진 현재도 학교 유지비가 상부기관의 별도의 지원이 아닌 학교예산에서 지출되기 때문에 충분한 냉·난방을 할 수 없어 아직도 문제가 됩니다. 그리고 요즘은 방학 본래의 목적보다 입시준비 기간, 어학연수 기간, 보충·심화 학습 기간 등으로 활용되어 사실상 수업의 연장 기능을 하고 있습니다.

특히, 비교적 방학이 자유롭던 초등학교의 경우에도 국가수준의 학업성취도의 결과가 시·도 간의 순위와 학교 간의 순위를 공개하면서 정규 교육과정에 포함되지 않는 방학기간을 이용하여 보충·심화반을 운영하기 때문에 실제적인 학생들의 방학기간 과거에 비해 많이 짧아졌습니다. 전인교육과 학생들의 개성을 존중한다는 교육 본래의 목적과는 많이 동떨어져 있습니다.

그리고 방학기간 역시 초·중등 교육법시행령 제45조(수업일수) ① 법 제24조제3항에 따른 학교의 수업일수는 다음 각 호의 기준에 따라 학교의 장이 정한다. 다만, 학교의 장은 천재지변, 연구학교의 운영 또는 제105조에 따른 자율학교의 운영 등 교육과정의 운영상 필요한 경우에는 다음 각 호의 기준의 10분의 1의 범위에서 수업일수를 줄일 수 있으며, 이 경우 다음 학년도 개시 30일 전까지 관할청에 보고하여야 한다.

1. 초등학교·중학교·고등학교·고등기술학교 및 특수학교(유치부를 제외한다)

가. 주 5일 수업을 실시하지 아니하는 경우: 매 학년 220일 이상

나. 주 5일 수업을 월 2회 실시하는 경우: 매 학년 205일 이상

다. 주 5일 수업을 전면 실시하는 경우: 매 학년 190일 이상

2. 공민학교 및 고등공민학교: 매 학년 170일 이상

② 초등학교·중학교·고등학교 및 특수학교의 장은 제1항제1호 나목 또는 다목의 기준에 따라 주 5일 수업을 실시하는 경우에 수업일수를 정하려면 법 제31조제1항에 따른 학교운영위원회의 심의 또는 자문을 거쳐야 한다.

따라서 현재 주 5일 수업을 전면적으로 실시하고 있기 때문에 수업일수를 연간 190일 이상만 하면 됩니다. 그리고 학기를 나누는 것도 초·중등교육법시행령 제44조(학기) ① 법 제24조제3항의 규정에 의한 학교의 학기는 매 학년도를 두 학기로 나누되, 제1학기는 3월 1일부터 학교의 수업일수·휴업일 및 교육과정 운영을 고려하여 학교의 장이 정한 날까지, 제2학기는 제1학기 종료일 다음 날부터 다음 해 2월말일까지로 한다. 〈개정 2004.2.17, 2010.6.29〉에 근거하여 나뉩니다.

따라서 방학기간은 초·중등교육법시행령 44조와 45조에 근거로 3

월 1일부터 다음해 2월말까지의 기간을 이등분하여 190일을 빼면 방학일수가 되는데, 오해하면 안 되는 것이 190일은 토, 일을 포함한 공휴일은 모두 제외된 순수하게 학교에서 공부하는 일수를 의미합니다. 예를 들면 일주일 동안 공휴일이 1일 있다면 공휴일, 토요일, 일요일이 빠진 4일이 수업일수가 됩니다. 그리고 전국적으로 방학일수가 같지만 차이가 나는 것은 지역과 학교의 특성에 따라 방학의 시작과 끝은 44조에 근거하여 학교장이 자율적으로 할 수 있기 때문입니다. 그래서 학교에 따라서 여름방학이 길고 겨울방학이 짧을 수도 있고, 그 반대의 경우도 있으며, 봄방학의 기간도 얼마든지 조절이 가능하나 봄방학 동안에 교원들의 인사이동이 이루어집니다. 따라서 봄방학을 없애면 아이들은 학교에서 공부하는 것처럼 보이겠지만 실제로는 제대로 된 수업을 받을 수 없습니다.

선생님의 특전처럼 여겨지는 방학기간 중 선생님의 복무에 대해서 알아보겠습니다. 방학기간 중 선생님의 복무는 "교육공무원법 제41조(연수기관 및 근무 장소 외에서의 연수) 교원은 수업에 지장을 주지 아니하는 범위에서 소속 기관의 장의 승인을 받아 연수기관이나 근무 장소 외의 시설 또는 장소에서 연수를 받을 수 있다.전문개정 2011.9.30."를 그 근거로 하여 학교장의 승인을 받아 학교 외 다른 장소에서 연수를 받고 있습니다.

물론 선생님은 방학이 있기 때문에 연가보상비를 지급받지 않습니다. 그리고 특별한 상황이 없는 한 학기 중에 선생님들은 연가를 거의 사용하지 못합니다. 그렇다고 학기 중에 연가를 내는 것이 죄를 짓는 불법은 아닙니다. 다만 선생님의 양심상 특별한 일이 아니면 연가를 사용하지 않고, 방학 중에 가족여행이나 기타 필요에 의해 연가를 사용하는 것이 관례처럼 되어 있습니다. 41조 연수도 2012학년도 교육과학기술부의 공문에 의거 철저하게 관리되고 있는 상황입니다. 흔히 수업에 지장이 없더라도 41조로 승인받아 휴가처럼 사용하는 것은 엄격하게 금하고 있고 복무감사도 엄격하게 실시하고 있습니다.

법적인 문제를 떠나 무엇보다 중요한 것은 예전과 달리 선생님들에게 방학이 편하지 않습니다. 의무적으로 받아야 하는 연수, 다음 학기 준비를 위한 각종 계획 수립, 방과후학교 운영, 보충·심화반 운영, 종일 돌봄교실 운영, 교기를 비롯한 체육지도, 학교폭력을 비롯한 각종 생활지도 등 오히려 방학이 더 바빠졌고, 주 5일 수업제 전면 실시로 기간도 짧아졌습니다. 따라서 방학동안 선생님들은 놀면서 월급을 받는다는 생각에는 동의할 수가 없습니다.

다만 문제가 되는 것은 모 국회의원이 제기한 방학기간 동안 실시하는 각종 수업에 대한 수당은 문제의 소지가 있습니다. 월급을 받고 있는 상황에서 정상 근무시간에 수업을 한다고 수당을 더 받는 것은 법률적으로 확실한 검토가 필요하다고 봅니다. 여기서 또 오해를 하지 말아야 될 것은 이 수당을 선생님들이 만든 것이 아니라 교과부나 도교육청이 교육정책을 현장에 빨리 뿌리내리기 위해서 당근으로 던진 것입니다. 이것 때문에 현장에도 보이지 않는 갈등이 있습니다. 예를 들면 사교육을 줄인다는 명분으로 실시하고 있는 보충수업의 경우도 입시와 관련된 특정 과목에 한정되어 있기 때문에 모든 선생님이 수당을 받는 것이 아닙니다. 또 지역과 학교의 사정에 따라 다소 차이는 있지만 고학년 선생님은 수업을 하고 있는데, 저학년 선생님은 수업이 일찍 마쳤다는 이유로 보충수업이나 온종일학교, 돌봄교실을 운영하여 수당을 받는 경우도 있습니다.

　그러나 같은 국회의원이 제기한 방학은 그 법적 근거가 없다는 주장은 옳지 않습니다.

　지금까지는 방학의 근거와 목적, 선생님의 복무, 방학 중 선생님이 하는 역할 등에 대해서 법을 비롯해 비교적 객관적-선생님이기 때문에 양심상 객관적이라고 표현할 수가 없습니다.-으로 살펴보았습니다. 그러나 방학의 가장 큰 문제는 소외계층과 맞벌이 가정의 아이들에 대한 배려가 부족하다는 것입니다. 물론 방학 동안 급식 지원도 하고 방과후학교, 종일 돌봄학교 등을 운영하여 그 불편함을 해소하려하지만 질적인 면에서 만족할 수준이 아니라고 판단됩니다. 그리고 교원의 인사를 2월과 9월이 아닌 여름방학과 겨울방학에 실시될 수 있도록 법을 개선하면 학기제도 현행 3월 1일부터 다음해의 2월말이 아닌, 1월 1일부터 12월 31일로 법적으로 조정이 가능할 것입니다. 자연스럽게 2월의 폐단도 없어질 것입니다.

　그 본래의 목적을 생각한다면 방학은 필요합니다. 다만 불편한 것은 방학 때문에 정말 불편한 계층에 대한 배려가 부족하고, 현실성에 맞게 법과 제도가 개선되지 않는다는 것입니다. 그리고 고루하지만 가장 근본적인 원인은 아이들의 꿈을 빼앗는 지나친 입시중심의 교육제도일 것입니다.

　아이들을 꿈꾸게 하는 방학을 만드는 데 힘을 모으면 좋겠습니다.

직원체육 연수에 참여해야 하는 이유

특별한 일이 없으면 매주 수요일 오후는 직원체육 연수가 있는 날입니다. 체육연수라기보다 배구하는 날입니다. 그래서 배구에 큰 관심이 없거나 친화력이 부족한 선생님은 이 날이 고역입니다. 참가하려니 재미가 없고, 불참하려니 마음이 괴롭습니다.

대학 다닐 때는 배구를 잘하지 못했습니다. 처음 발령을 받은 학교에서 교장선생님이 젊은 남자 선생님은 배구를 잘해야 된다고 연수를 많이 시켰습니다. 그 덕에 지금은 배구 못한다는 소리는 듣지 않습니다. 하지만 수요일 직원체육이 싫을 때가 있습니다. 여러 가지 업무 때문에 바쁜데, 꼭 직원체육 연수해야 한답니다. 안 나오면 팀 구성이 안 된다고 난리입니다. 할 수 없이 참가하지만 마음은 불편합니다.

어떤 학교는 참여하려는 분들이 많아서 적절하게 팀을 구성하기가 힘듭니다. 직원체육을 담당하는 선생님은 팀을 적정하게 구성하는 것이 가장 큰 고역입니다. 이 팀이 유리하니, 저 팀이 유리하니 아주 난리입니다.

또 어떤 학교는 관리자를 비롯한 몇몇 선생님들만 열성이고 나머지는 고역입니다. 또 자기 팀이 지기라도 하면 온갖 울분을 토하는 관리자도 있습니다. 난감합니다. 즐거워야 할 시간이 고통의 시간이 됩니다.

그래서 어떤 학교는 배구와 다른 종목으로 나누어 실시하기도 하지만, 복무규정 때문에 학교 내에서 할 수 있는 종목이 많지 않아서 그다지 큰 효과는 없습니다.

어떤 관리자는 직원체육 연수만 잘 되면 다른 교육활동도 잘 된다고 강조합니다. 물론 모두가 즐기는 직원체육 연수이면 틀린 말도 아닙니다. 그러나 모두를 만족시키지 못하는 그들만의 체육연수가 문제입니다.

그래도 참여해야 할까요? 예, 그래도 참여해야 합니다.

사람들은 그 사람의 인품과 능력보다 그 사람의 이미지를 먼저 기억합니다. 그리고 그 이미지로 평가하는 것이 대부분입니다.

정말 노력하고 열심히 하는 후배가 있었습니다. 그런데 어느 날 술자리에서 그 학교 선생님이 그 후배를 비난하는 것이었습니다. 이유는 직원체육 연수에 참가하지 않는 것이며, 참가하더라도 건성으로 참가하고 만다는 것입니다. 어떨 때에는 짜증까지 낸다는 것입니다. 아주 인성이 나쁘다고 했습니다. 또 그 후배의 특별한 능력과 결부시키면서 자기 잘났으면 얼마나 잘났기에 그런 행동을 하느냐는 것이었습니다.

직원체육 연수에 참가해야 하는 이유는 이미지 관리입니다. 친화회 행사나 학교 회식도 마찬가지입니다. 피하지 못할 사정이 없다면 참가하는 것이 자신의 긍정적인 이미지를 높이는 방법입니다. 적극적으로 참여하여 마음이 불편한 것들도 털어 내고, 직원체육 연수의 방향이 잘못되었다면 서서히 변화시키면 됩니다. 아니면 그 자체를 즐기면 됩니다. 그래서 배구는 잘 못하지만 남과 어울릴 줄 아는 선생님, 적극적으로 참여하는 선생님, 남을 도울 줄 아는 선생님, 남을 배려하는 선생님이라는 이미지를 심어주면 됩니다. 덤으로 맥주 한잔 하면서 자기가 처한 현실을 이야기한다면 다음에 빠지더라도 이해를 할 것입니다. 남을 위해서 참석하는 것이 아니라 자기를 위해 참여하는 것입니다.

한동안 직원체육 연수가 싫어서 많은 스트레스를 받았습니다. 그것 때문에 많은 오해와 과소평가를 받았습니다. 그때의 나의 이미지로 아직까지 나를 판단하는 분들도 많습니다.

그래서 지금은 즐겁게 참여하고 있습니다.

경계선이 갈등을 만듭니다

이 업무가 내 업무인지 아닌지? 분명히 다른 사람의 업무 같은데……, 말을 하려고 하니 업무 하기 싫은 사람으로 보이는 것은 싫고, 내가 하자고 하니 뭔가 아닌 듯하고. 한번쯤은 경험해 봤을 것입니다.

아침에 즐겁게 출근하였는데 김 주무관이 따라와서 이것저것 이야기를 하는데 납득이 가지 않았습니다. 내 업무가 아님에도 행정실의 전문 인력이 없어 내가 도와주고 있었는데 이제는 아예 내 업무라고 넘기는 것이었습니다. 차근차근 설명을 했습니다. 그래도 잘 이해를 하지 못했습니다. 그러더니 나보고 지원과장(행정실장)에게 가서 지금까지 내가 한 이야기를 해달라는 것이었습니다. 그래서 그것은 내가 할 이야기가 아니라 관리자가 해야 될 부분이라고 이야기를 했습니다.

관리자가 어중간하게 업무배정을 한 것 때문에 담당자가 낭패를 당한 것입니다. 더 화가 나는 것은 이렇게 업무배정을 한 관리자는 제 3자가 되어 있습니다.

선생님과 교육행정직, 선생님과 선생님의 갈등 중에 상당 부분을 차지하는 것이 경계선에 있는 일들입니다. 새 학년도를 맞이하기 전에 업무분장을 합니다. 그런데 사회의 변화로 새로운 업무들이 학교로 유입되었는데도 업무분장은 그대로입니다. 그리고 새로 생긴 업무를 기존의 업무에 대충 끼워 넣습니다. 이러하다 보니 새로운 업무의 대부분이 명확하게 구분이 안 되고 여러 부분에 걸치게 됩니다. 경계선상의 일들이 생기게 되는 것입니다.

학급을 경영하는 선생님도 학생들에게 경계선상의 역할을 줄여야 합니다.

지나치게 청소구역을 세분화하면 경계선이 그만큼 늘어납니다. 청소가 되지 않는 곳이 생기고 전체를 보는 관점보다 부분만 보는 아이로 길러집니다. 사고의 폭도 좁아집니다. 남의 탓을 하게 만듭니다. 원인을 제공한 선생님은 요즘 아이들의 인성이 문제라고 하소연합니다.

과제 해결을 위해 경쟁의 경계를 만들기보다 전체가 상호협력으로 문제를 해결하도록 하는 것이 더 효과적입니다.

현명한 리더는 갈등을 조장하지 않습니다. 업무분장에 문제가 있다면 과감하게 수정해야 합니다. 현재의 개인별로 되어 있는 업무를 팀 단위로 개편하고 팀장인 업무부장이 문제를 해결할 수 있도록 권한을 부여해야 합니다. 형식적인 전결 규정보다 실질적으로 팀을 이끌 수 있는 권한을 부여해야 합니다.

학교는 아이들을 잘 가르치기 위한 곳입니다. 업무는 부수적인 것입니다. 그렇다고 부정할 수도 없는 것이 현실입니다. 경계선 상의 업무만이라도 현명하게 해결되면 아이들에게 도움이 될 것입니다.

아이들에게도 경계선으로 경쟁을 강요하기보다 통섭과 융합으로 문제를 해결하도록 하는 것이 더 바람직할 것입니다.

우리는 창의성에 대해 잘 모른다

퇴근길을 즐겁게 하는 프로그램이 있습니다. '최유라 조영남의 지금은 라디오시대'입니다. 애청자의 사연들이 나의 삶이고 우리들의 삶이라 공감하는 부분이 참 많아서 때로는 눈물이 나도록 우습고, 때로는 눈물이 나도록 슬프기도 합니다. 사연들 중에는 학교 관련 내용과 학창시절의 추억들이 많은 비중을 차지하는 것도 즐겨 듣는 이유입니다.

그러나 사연들 중에는 애청자들에게 오해를 심어주는 내용도 있습니다. 몇 주 전에도 습관적으로 〈지금은 라디오 시대〉를 들으며 퇴근하고 있었습니다. 이날도 어김없이 초등학교 1학년을 둔 선생님의 사연이 '웃음이 묻어나는 편지'에서 소개되고 있었습니다. 내용은 엉뚱함이 있는 자녀가 초등학교에 입학하여 겪는 좌충우돌의 성장스토리였습니다. 그런데 소개되는 내용은 엉뚱함이었는데 사연을 보낸 그분은 창의성이 있는 아이를 학교가 제대로 받아주지 못한다는 내용이었습니다. 예를 들면 '놀이동산에서 줄을 서지 않으면 어떻게 될까요?' 와 같은 질문에 다른 아이들은 '다쳐요!, 질서를 안 지키면 서로 불편해요!'와 같이 교과서적으로 대답을 한 반면, 자기 아이는 '할머니(?) 에게 엉덩이를 맞아요!' 등으로 대답을 해서 야단을 맞거나 시험에서 틀려서 손해를 본다는 것이었습니다. 그래서 그분은 학교가 아직 자기 아이와 같은 창의성이 풍부한 아이들을 받아줄 준비가 안 되어 있어 안타깝다고 했습니다.

10여 년 전 학교에 창의성 교육 바람이 일기 시작할 때 거의 모든 강사들이 예를 드는 것이 '곤충을 세 부분으로 나누면 어떻게 될까요?'였습니다. 정답은 '머리, 가슴, 배입니다.' 그러나 강사는 '죽는다'로 대답하는 아이가 창의성이 있다는 것이었습니다. 그래서 학교는 이와 같은 아이를 길러야 한다고 주창하였습니다. 과연 '죽는다'라고 대답하는 아이가 창의성이 있을까요?

창의성은 엉뚱함과 장난기와 인기성 발언과는 구별되어야 합니다. 창의성에 대한 공통적인 정의는 '생산적이고 새로운 것을 만들어내는 생각을 포함한 능력'이라고 할 수 있습니다. 곤충을 세 부분으로 자르면 '죽는다'와 질서를 지키지 않으면 '할머니에게 혼난다'로 대답하는 아이는 엉뚱한 것이지 창의적인 것이 아닙니다. '죽는다'로 대답한 아이는 질문의 내용을 제대로 파악하지 못하는 독해력이 떨어지는 아이이고, '할머니에게 혼난다'로 대답한 아이는 깊이 생각하지 못하는 아이입니다. 전자의 아이에게 왜 '죽는다'라고 대답했니?, 후자의 경우에는 '왜 할머니에게 혼나니?'라고 물으면 금방 제대로 된 답이 나옵니다.

그리고 우려스러운 것은 이와 같은 전문성이 요구되는 의미를 단순하게 대중의 보편적인 논리에 접목시키면 아주 곤란한 문제가 생깁니다. 위와 같은 사연을 접한 국민들은 창의성을 어떻게 생각할까? 맞다고 맞장구를 치는 사람들이 많을 것입니다. 그 맞장구를 치는 사람은 학교가 창의성 교육과는 거리가 멀다고 인식할 것입니다. 아울러 자기 아이의 엉뚱함을 창의성으로 둔갑시켜 특별대우를 해달라거나 선생님의 정상적인 교육활동을 '왜 선생님은 아이의 창의적인 행동을 제대로 이해하지 못하냐?'고 할 것입니다. 심지어 선생님의 자격까지 거론할 것입니다. 이미 그렇게 변하되고 있다고 개인적으로 판단하고 있습니다.

학교에만 한정된 것이 아닙니다. 병원, 법원, 시청, 은행, 경찰서, 증권사 등의 민원 제기나 분쟁의 원인 중 상당수가 전문적인 내용을 대중적으로 해석한 것에서 비롯된다고 생각합니다. 또한 사건의 확산을 방지하기 위해서 민원을 제기한 분이나 분쟁을 야기한 분의 의견을 긍정도 부정도 하지 않는 범위에서 마무리를 짓고 있습니다. 심지어 같은 직장에 근무를 하면서도 전문적인 영역에 대한 해석이 달라 분쟁의 원인이 되기도 합니다.

선생님은 아이들을 가르치는 전문가입니다. 즉 학생들에게 학습을 일으키는 전문가입니다. 전문가는 전문지식을 대중에게 쉽게 전달할 수 있는 능력은 가지고 있어야 되지만, 대중성에 편성한 인기영합적인 말과 행동은 자제해야 합니다. 그리고 우리나라의 언론의 힘은 대단합니다. 그 대단한 힘을 잘못 사용하면 많은 사람들이 상처 받음을 예상하여 전문성이 있는 부분을 다룰 때에는 대중들이 오해하지 않도록 각별한 배려가 필요합니다.

그리고 학교는 엉뚱함을 길러주는 곳이 아니라 '새롭고 생산적인 것을 만들어 내는 생각을 포함한 능력'을 길러주는 곳입니다. 그리고 이 창의성은 저절로 생기는 것이 아니라 많은 노력이 필요합니다. 그 노력이 학교에서 일어나고 있습니다. 하지만 쉽고 편한 것이 없듯이 창의성 또한 쉽고 편하게 이루어지지 않습니다. '엉뚱함'과 '창의성'을 구분하고, 창의성은 교육에 의해서 이루어지고 지속적인 노력이 필요하다는 것을 알면 좋겠습니다. 더 나아가 자기의 아이나 주변의 아이의 엉뚱함을 창의성으로 둔갑시키지 않기를 바랍니다.

두 학교 이야기

중소 도시의 신개발 지역에 두 학교가 나란히 있습니다. 그 중 한 학교에서 근무하게 되었습니다. 남들에게는 촌지가 많은 학교, 인사를 잘해야 되는 학교, 편하게 놀 수 있는 학교, 학부모의 교육열이 높은 학교 등으로 각인되어 있습니다. 그러나 애석하게도 그 학교의 구성원들은 이 도시에서 제일 좋은 '일번지 학교'라는 강한 자부심을 가지고 있습니다.

1. 관리자
교장선생님은 인품과 덕망이 높고 학교 경영 능력이 뛰어난 분이다.

그런데 퇴임을 앞두고 교감에게 권한을 많이 위임한 상태이다.

의사 결정 시 행정실의 입장을 대변하는 경우가 종종 있어 선생님들로부터 불만을 사는 경우도 있다.

복수 교감으로 한 분은 퇴임을 앞두고 있으며 실제적인 업무는 다른 한 분이 하고 있다.

특정 관리자에게 인사를 해야 원하는 학년과 업무를 배정받는다는 소문이 무성하다.

학부모가 학반이나 동학년에 간식을 제공하는 것을 알고도 묵인한다. 주변의 빵집과 떡집은 이 학교를 위해서 존재한다고 소문이 날 정도이다.

구성원의 발전과 성장에 관심이 부족하다

그러나 학구가 좋은 '일번지 학교'라고 선생님들에게 강조를 자주 한다.

2. 선생님

경력이 무척 높다.

경력이 높은 분들이 저학년을 계속하고 있다.

몇 년째 이 학교에 근무함에도 상대적으로 경력이 적다고 고학년을 몇 년째 담당하고 있고, 업무도 많다. 그래서 불만도 많다.

구성원의 성비 불균형이 심하다.

부장선생님의 임명 규정이 모호하다.

부장선생님의 능력과 리더십이 부족하여 부장업무를 부원들에게 떠넘기는 경우가 많아 불만이 많다.

연구학교를 운영하는데도 젊은 층과 남선생님의 유입이 적고, 높은 경력의 선생님이 선호한다.

촌지를 받는 선생님이 많다는 소문이 무성하다.

연구대회 및 경연대회 참여도와 입상실적이 현저히 떨어진다.

학생 지도 실적이 떨어진다.

'학력이 최우선이다'라는 생각이 강하다.

'일번지 학교'에 근무한다는 자부심이 강하다.

3. 학부모

학력이 높은 편이다.

전문직 종사자가 많다.

교육열이 매우 높으나 자기 아이만을 위한 것이다.

학교와 선생님에 대한 불만이 많다. 특히, 경력이 높은 여선생님이 많고, 간접적으로 촌지를 요구하는 선생님이 많다고 생각한다.

학력지향적이다.

예체능 대회에 자기 자녀가 학교대표로 나가는 경우 끝까지 반대한다.

학교의 명예보다 자녀의 명예를 더 높게 생각한다.

4. 학생

개인주의 성향이 강하다.

부모에게 많이 의존적이다.

학력이 아주 높다.

희생정신과 봉사정신이 아주 낮다.

선생님을 무시하는 언행을 자주 한다.

요구가 많고 책임을 다하지 않는다.

질서의식이 부족하다.

애교심이 부족하다.

5. 분위기

의사결정 시 관리자의 권한이 절대적이다.

관리자의 결정에 이의를 제기하는 선생님을 못마땅하게 생각한다.

학생들의 인성지도와 생활지도에 소극적이다.

학부모의 눈치를 많이 본다.

발전을 위한 새로운 시도를 싫어한다.

사회의 변화에 둔감하다.

편안하게 학교생활를 할 수 있는 반면 발전적인 노력을 하지 않는다.

일과 중에 동학년 연구실에서 과할 정도의 간식을 먹는 것을 즐긴다.

구성원의 단합이 잘 이루어지지 않는다.

이 학교 옆에 비슷한 규모의 다른 학교가 있습니다. 관리자는 흔히 능력이 있다는 분이 오지만 욕심이 많아 구성원들로부터 불만을 사는 경우도 있습니다. 경력이 낮은 젊은 선생님의 비율이 높고, 연구학교를 하지 않음에도 저경력의 남선생님의 유입이 많습니다. 이 학교이 특징은 이렇습니다.

학년과 업무배정에 큰 불만이 없다.

각종 선생님 연구대회와 학생지도 실적이 높다.

촌지를 비롯한 동학년 간식 등의 학교 반입이 금지되어 있다.

선생님 단합이 잘된다.

학생들의 생활지도가 비교적 잘 되어 있어 실내가 정숙하다.

스스로 '일번지 학교'라고 말하지 않는다.

학구가 비슷한 곳에 있는 두 학교가 이렇게 차이나는 원인이 무엇일까요? '원칙'입니다.

한 학교는 학교 내규가 있어도 형식에 불과합니다. 특정 관리자에 의해서 학내 인사가 이루어집니다. 그래서 그 학교의 근무 경력, 연구 실적, 학생지도 실적이 높아도 원하는 학년과 업무를 할 수 없습니다. 본인이 원하고 잘하는 분야에 열중해야 성장과 발전이 있는데, 싫어하는 분야를 계속하니 의욕 없이 불만을 가지고 세월만 보내게 되는 것입니다.

다른 학교는 학교 내규에 의해서 인사가 이루어집니다. 아무리 좋은 '빽'을 가진 분이 전입을 와도 일정한 학교 경력과 실적이 있어야 본인이 원하는 학년과 업무를 배정 받을 수 있습니다. 당연히 의욕 넘치는 선생님들의 유입이 많겠죠? 학교의 교육력이 높아지겠죠?

'관리자의 결단'입니다.

촌지에 대한 민원제기와 학부모의 동학년 간식 제공에 대한 부당함을 역설해도 관리자는 묵인합니다. 1교시 시작 전 방과후 학교의 프로그램의 병폐를 여러 번 건의해도 묵인합니다. 오히려 방과후 강사의 의견을 존중하는 경우가 많습니다.

혼히 '문제선생님'에 대한 적절한 대처와 강한 메시지를 전달하지 못합니다.

동학년 협의회와 부장협의회를 좋은 식당(?)에서 자주 합니다. 회의 내용과 결과는 일반 선생님들에게는 비공개이며 비용은 참여한 선생님과 부장이 부담합니다. 개선을 건의해도 묵살합니다.

다른 학교는 촌지와 학부모의 동학년 간식 제공을 관리자가 공식적으로 금지하고 있습니다. 심지어 화분과 꽃 선물도 관리자가 돌려보냅니다. 학부모가 심하다고 할 정도로 철두철미하게 지켜집니다.

어느 학교가 진정한 의미의 '일번지 학교'입니까?

제6장

교육, 교육 정책!

옛 문헌의 학교제도 비판과 개혁

이천(정이) 선생이 학교제도를 상세히 살펴보고 다음과 같이 말했다.

"대체로 학교는 서로 예의를 앞세우는 곳인데도, 달마다 시험을 치러 경쟁시키는 것은 결코 학생들을 가르치고 키우는 방법이 아니다. 매월 치르는 시험을 폐지하고 과제물을 내는 것으로 대체해야 한다. 그래서 과제물을 제대로 내지 못하는 사람이 있으면 학관이 불러서 가르쳐야 하고, 다시는 성적의 높고 낮음을 고정시켜서는 안 된다. 존현당을 세워 천하의 덕망 있는 선비들을 맞아들이며, 국학에 입학하는 정원을 줄여 이익으로 유혹하는 종래의 폐단을 없애야 한다. 또 번잡한 행정상의 문서를 생략해 교관들이 맡은 교육 본연의 임무에 충실하도록 하고 몸가짐을 바르게 가지도록 독려해 교화가 제대로 이뤄지도록 해야 한다. 그리고 대빈재와 이사재를 설치하며, 천하의 선비들이 국학을 구경할 수 있도록 관광법을 제정해야 한다."

이와 같은 내용들이 수십 조항이나 되었다.(이정전서)

-소학/주희, 유청지 엮음/윤호창 옮김/홍익출판사

지금과 어쩜 이렇게 닮았을까요? 교육제도의 병폐는 예나 지금이나 근본적인 차이는 없나 봅니다. 그리고 문제점을 알면서도 제대로 된 해결책을 제시하지 못하고 기득권 유지와 특정 계층에 유리한 정책으로 일관하는 것도 비슷하나 봅니다.

즉흥적이고 급진적으로 추진하여 새로운 폐단을 만드는 정책보다 근본적인 문제를 치유하는 정책을 펼치면 좋겠습니다.

더디더라도 제대로 추진하면 좋겠습니다.

선생님에게 근심과 걱정이란?

항상 짧은(?) 여름방학을 마치고 개학이 시작되었습니다. 설렘과 근심과 걱정이 교차한다는 선생님들이 많습니다. 선배 선생님도, 동료도, 후배 선생님도 개학에 대한 감정은 비슷한 것 같습니다. 하지만 예전에 비하여 설렘보다 근심과 걱정이 더 많은 듯합니다. 그리고 근심과 걱정이 아이들을 잘 가르치려는 욕심에서 발현된 것이 아니라 교권 추락, 과도한 행정업무, 제멋대로 변하는 교육정책, 비민주적인 학교의 의사결정, 학교 구성원들 간의 공감과 소통 부재, 승진에 대한 부담 등에서 기인하고 있습니다. 그리고 더 안타까운 것은 아무리 근심하고 걱정해도 바람직한 방향으로 잘 해결되지 않고, 아이들을 잘 가르치기 위한 근심과 걱정은 줄어들고 있다는 사실입니다.

서울의 어느 고등학교에서 음란 만화 수준의 성추행 사건이 있었습니다. 교육기관과 언론에서 비민주적인 학교문화와 승진제도의 역기능을 원인으로 거론하고 있습니다. 더 나아가 EBS에서는 요즘 젊은 선생님들이 승진에만 눈이 어두워 승진가산점을 얻는 방법에 대한 근심과 걱정이 앞서서 비민주적인 학교문화에 대한 개선 의지와 아이들을 잘 가르쳐 보겠다는 근심과 걱정이 상당히 부족하다는 진단도 내렸습니다. 이런 논리가 성립하려면 대한민국 대부분의 학교는 성추행이 만연해야 하며 승진가산점을 얻기 위해서 혈투가 벌어져 민원과 고소와 고발이 난무해야 합니다.

실제로 다른 직업생활을 하다가 늦게 선생을 시작한 고등학교 친구가 있는데 사적인 모임에서 심심찮게 학교에서 불륜이 많고, 근무평점을 받기 위하여 성 접대를 하고, 관리자는 이를 악용하여 선생님을 성추행하는 것이 예사라고 떠들고 다닙니다. 어떤 경우에는 이 친구와 친한 친구가 실제 학교가 그렇냐고 물어오기도 합니다. 21년 조금 넘게 교사를 하고 있지만 일본 포르노를 많이 본 사람들의 창작물일 뿐입니다. 물론 어느 조직이나 비주류의 비정상적인 사람들이 존재하듯 학교에도 간혹 있습니다. 그러나 이것이 당연한 것으로 받아들여지는 일은 절대 없습니다.

현재의 학교문화와 승진제도가 문제가 없다는 것이 아니라 좀 더 정확한 진단이 필요하다는 것입니다. 선생님은 아이들의 올바른 성장과 발전을 위해 늘 근심하고 걱정해야 합니다. 학교는 선생님들이 아이들을 위해 근심과 걱정을 마음껏 할 수 있는 공간이어야 합니다. 더 나아가 배려, 협력, 소통으로 근심과 걱정을 바른 방향으로 해결할 수 있는 환경을 제공해야 합니다.

그런데 교육정책은 선생님들을 아이들과 분리시키고 있습니다. 아이들을 위해 근심과 걱정을 많이 하는 선생님에게 승진의 멍에를 자꾸 씌우려 합니다. 그래서 아이들에 대한 걱정보다 승진을 위해 근심과 걱정을 많이 하도록 강요합니다. 더 심각한 것은 이런 논리가 학교를 지배하는 통치이념으로 고착되어 가고 있다는 것입니다. 다수의 선생님들이 부당하다고 생각은 하지만 '큰 강물을 막지 못한다', '모난 돌이 정 맞는다'는 헤게모니에 순응하고 있습니다.

행정업무 경감도 선생님의 근심과 걱정으로 바라볼 필요가 있습니다. 아이들을 위해 필요한 업무는 선생님이 하지 말아야 할 행정업무가 아닙니다. 그런데 혼동하는 관리자와 선생님들이 있습니다. 동창회 업무, 교육단체 업무, 방과후학교 강사 계약과 수당 챙겨주는 업무, 선생님이 학교 방역하는 업무, 학교재산 관리 및 보안 업무 등은 선생님은 관리자의 눈치를 살피고 관리자는 행정실의 눈치를 보느라고 해결하지 못하면서 정작 아이들에게 필요한 업무는 편의적으로 통합하고 융합하여 줄이려 합니다. 선생님이 하지 말아야 할 행정업무를 과감하게 없애기 위해 체계적으로 통합하고 융합하려는 근심과 걱정이 앞서면 좋겠습니다. 교육부와 도교육청도 말만 하지 말고 선생님들이 피부에 느낄 수 있는 현장 밀착형 정책으로 답해 주면 좋겠습니다.

교육부가 초등학교 담임선생님에게 승진가산점을 부여하겠다는 발표를 했습니다. 초등학교 아이들에게 열정적이고 지혜로운 담임선생님이 절대적으로 필요하다는 논리입니다. 옳습니다. 하지만 현재 초등학교는 대부분이 담임선생님입니다. 그리고 교과전담선생님, 업무경감을 위한 선생님 등도 전체적인 학교의 균형을 위해 필요한 선생님들입니다. 아이들에게 모두 필요한 선생님입니다. 이런 상황을 제대로 파악하지 못하고 모든 면에서 불필요한 학교폭력승진가산점에 이어 또다시 담임승진가산점을 부여하겠다는 것은 선생님들에게 아이들을 위한 근심과 걱정을 하도록 하기보다 직책이나 보직으로 승진가산점을 획득하기 위한 근심과 걱정을 하라는 것과 무엇이 다릅니까?

교육부가 학교 현장을 제대로 파악하고 있는지가 의문입니다.

개학을 두려워하는 선생님이 많은 어떤 학교, 충격적인 성추행과 성폭력으로 얼룩진 어떤 학교, 승진만을 위해 근심과 걱정을 하는 선생님과 이를 장려하는 관리자가 있는 학교, 학교폭력을 은폐하려는 어떤 학교, 교직원의 비리가 발생하는 학교 등은 현행 제도의 모순으로만 불거진 것들이 아닙니다.

　선생님들에게 아이들을 위해 걱정과 근심을 할 수 있는 학교 환경을 만들어 주지 않고 관심과 걱정을 엉뚱한 곳으로 유도하는 어떤 학교의 문화에 잘못이 있습니다.

　학교 문화는 관리자를 포함한 선배 선생님들의 작은 말과 행동에서 출발합니다. 후배 선생님에게 동료 선생님에게 엉뚱한 근심과 걱정을 하게 하는 말보다 아이들을 위해 근심과 걱정을 할 수 있는 말을 자주 건네면 좋겠습니다.

　교육부와 도교육청도 아이들을 위해 근심하고 걱정하는 선생님들을 위한 인센티브를 제공하는 정책을 펼치면 좋겠습니다. 그것이 꼭 승진가산점이 아니면 어떻습니까?

　그리고 현실에 안주하고 편안함만 찾으면서 아이들을 위하는 척, 걱정하는 척, 흉내만 내는 가짜 선생님이 아닌 정말로 아이들의 성장과 발전을 위해 근심하고 걱정하는 참 선생이 되도록 함께 노력하면 좋겠습니다.

　실천하겠습니다.

우리는 관심과 협력을 위한 존재입니다

다수의 아이들이 대회에 출전하기 위하여 학교에서 비교적 먼 거리를 이동해야 될 일이 생겼습니다. 시내버스를 타고 가려니 안전사고 위험과 시간이 많이 걸리는 애로사항이 있어서 관리자에게 조언을 구하니, 학교 선생님들의 자가용으로 수송하라고 했습니다. 선생님들 자가용으로 수송하다가 사고가 나면 어떻게 책임질 수 있는지를 되물으니 '그렇게만 생각하면 학교 일을 못한다.'고 하면서 화를 내더라는 것입니다. 어이가 없어서 예산을 다시 살펴보니 대외행사 참여를 위한 수송비가 있어서 관리자와 일부러 의논도 하지 않고 바로 결재를 올렸다고 합니다.

관리자가 행정실장과 함께 교장실로 불러서 내려가니 행정실장에게 아이들을 택시에 태울 수 있느냐고 묻더랍니다. 행정실장은 아이들이 택시를 타는 것도 가능하지만 택시 타는 금액에 조금 더하면 버스를 임차할 수 있으며, 아이들 관리와 안전 및 지도의 편리성 면에서도 버스를 임차하는 것이 좋겠다고 하더랍니다.

대회가 끝날 때까지 안전하게 다닌다고 했습니다.

반대의 경우도 있습니다. 선생님이 아이들을 지도한다고 여러 가지 경비를 청구하면 행정실에서 무조건 안 된다고 합니다. 이유를 물어보면 그렇게 해 본 적이 없다는 것입니다. 그리고 이렇게 하는 것이 행정실의 바른 역할이라고 착각을 합니다.

학년말에 다음 학년의 계획 수립을 위한 워크샵을 합니다. 개선해야 될 것에 대한 협의를 시작하면 다양하고 많은 의견들이 터져 나오다가 시간이 지나면서 어려움이 있지만 원래대로 하는 것이 좋겠다는 방향으로 의견이 모아집니다. 다음 학년에도 똑같은 불편이 반복됩니다.

업무 잘한다고 관리자들 사이에 소문난 선생님들이 있습니다. 관리자의 비위 잘 맞춰 가며 행정업무 잘 처리합니다. 하지만 아이들을 교묘하게 옥박지르고 대충 가르칩니다. 학부모가 항의를 하면 그런 일이 없다며 아이들이 오해를 한다고 발뺌을 합니다. 학부모도 아이들 말밖에는 아무런 근거가 없으니 더 이상 말을 이어가지 못합니다. 관리자에게 항의를 해 봐도 많은 관리자는 '학교업무 잘하는 선생님이 아이들도 잘 가르친다고 착각'하고 있기 때문에 절대로 그럴 선생님이 아니라는 말만 들을 뿐입니다. 다음 해에 담임이 안 되기를 간절히 바랄 뿐입니다.

학교 구성원들이 존재하는 이유는 아이들의 올바른 성장과 발달에 있습니다. 그래서 항상 아이들의 성장과 발달에 맞는 관심을 가져야 하고 협력의 자세를 취해야 합니다. 교육에서 관심은 '지켜보면서 함께 참여하는 것'이고, 협력은 '비록 뜻은 같지 않을 수 있지만 전체의 목표를 위하여 함께 하는 것'입니다. 이런 이유로 학교 구성원은 아이들의 성장과 발달에 항상 관심을 가지고 참여해야 하며 자신과 자신이 속한 그룹의 편리나 이익보다 아이들의 성장과 발달을 위해서 협력하는 자세를 가져야 합니다.

대회에 참여하는 선생님에게 버스 임차를 권장하는 행정실장은 아이들에게 필요한 것이 무엇인지를 평소에 관심을 가지고 본인의 방법으로 참여하여 협력을 한 것입니다. 반대의 경우는 행정실의 편리와 뽐내기, 행정실이 지원이 아닌 견제-무엇을 견제하는지는 모르지만-

하는 곳이라는 착각으로 아이들의 성장과 발달에는 무관심하고 비협력적인 태도를 취한 것입니다.

학년말의 워크샵도 같은 맥락입니다. 반성하고 개선하기 위한 것임에도 선생님이나 특정 구성원들의 이기를 그대로 두고 방법을 찾으려니 개선되지 않는 것입니다. 그러면서 노력을 했지만 해결 방법이 없었다고 스스로를 위안합니다.

모 교육청의 모 장학사는 강연회에서 선생님이 '땡' 하면 집으로 가는 것을 아이들에 대한 열정이 없는 것으로 판단하고 학교가 재미만 있으면 아이들이 사교육에서 해방될 수 있다는 주장을 펼친 것을 간접적으로 접했습니다. 말하고자 하는 본래의 의도는 아니고, 곁가지였다고 생각은 하지만, 현실을 고려하지 않은 너무 무리한 요구이고 기대인 듯합니다. 학교 구성원들도 생활인입니다. 기본적인 생활이 보장이 안 되면 정상적인 학교생활도 할 수 없습니다. 그리고 현재의 선생님들에게 옛날의 성직자적인 삶을 강요하는 것도 시대적인 착오입니다. 다만 아이들과 함께 생활하는 시간과 공간에서는 선생님의 이기는 양보하고 관심과 협력으로 아이들의 올바른 성장과 발달을 이끌어야 합니다. 이 정도만 되어도 아이들에게 잘못 행해지는 것들은 충분히 개선되리라 봅니다.

관리자들의 역할도 중요합니다. 학교 구성원이 특히, 선생님이 자신의 승진과 특별한 인센티브, 이기를 위해 학교 구성원과 아이들을 이용하는 것을 관심과 협력의 관점으로 절대로 보면 안 됩니다. 일부 관리자의 이런 편향에 의해 학교 구성원들 간의 갈등이 유발되고, 지역사회에서 관리자를 비롯한 학교 전체의 신뢰가 떨어지는 것입니다.

관리자는 학교 구성원들이 이기를 버리고, 관심과 협력을 할 수 있는 분위기를 만들며, 갈등이 유발되면 적극적으로 개입하여 아이들의 올바른 성장과 발달에 맞는 중재를 해야 합니다. 그리고 학교 구성원들이 반대하는 교육활동이라도 아이들의 올바른 성장과 발달을 위한 것이라면 적극적으로 설득하고 시행해야 합니다. 그래서 관리자에게 올바른 리더십이 꼭 필요한 것입니다.

어떤 이는 학교 교육과정이 학교장의 경영관을 실현하기 위하여 존재하며 학교장의 경영관이 벼리여서 학교장의 경영관에 따라 학교의 모든 교육과정이 변한다고 합니다. 하지만 학교 교육과정은 아이들의 올바른 성장과 발달이 벼리가 되어야 합니다. 선생님의 모든 언행, 행정실의 모든 지원, 관리자의 지혜가 관심과 협력의 동아줄이 되어 아이들의 올바른 성장과 발달의 벼리에 연결되어 있어야 합니다.

우리가 존재하는 이유입니다.

'틀'도 필요합니다.
하지만 '사람'이 먼저입니다

모든 조직이나 단체에는 정해진 규범이 있습니다.

학교에도 아이들, 선생님들, 관리자를 위한 규범과 법령이 있습니다.

아이들이 등교하여 행복한 학교생활을 마치고 집으로 안전하게 돌아가기 위해서 지켜야 할 규칙이 있습니다.

수업시간에도 선생님과 아이들이 함께 지켜야 할 작은 약속들이 있습니다.

선생님들이 아이들을 잘 가르치기 위하여 지켜야 할 규범과 법령이 있습니다.

관리자들도 아이들, 선생님들, 학교의 성장과 발전을 위해 법령을 준수해야 합니다.

학부모들도 함부로 교권을 침해할 수 없도록 법으로 정해놓고 있습니다.

수시로 각종 매뉴얼이 공문으로 접수됩니다.

업무 담당 선생님이 교육청 주관 회의나 연수회에 다녀오면 어김없이 매뉴얼과 개정되고 제정된 법령을 전달합니다.

관리자회의 다녀와서 이런저런 매뉴얼과 법령을 따를 것을 전달합니다.

학교에는 정말 많은 약속, 규칙, 규범, 법령 등의 '틀'이 살아 움직이고 있습니다.

이 '틀'이 아이들을 행복하고 안전하게 지켜 줄 것이라고 강조합니다.

그래서 이 '틀'을 잘 지키는 선생님과 학교에는 인센티브를 줍니다.

그리고 새로운 '틀'이 만들어질 때마다 빠른 정착을 위하여 인센티브를 줄 것이라고 유혹합니다.

오늘도 진화를 거듭한 '틀'이 학교를 움직이고 있습니다.

그런데 대다수의 아이들은 그 많은 '틀'을 몰라도 학교생활에 어려움을 겪지 않습니다.

그 많은 '틀'을 몰라도 상식적인 선생님들은 아이들 잘 가르칩니다.

그 많은 '틀'을 몰라도 현명한 관리자는 학교의 성장과 발전을 이끕니다.

문제가 생겼습니다.

아이들을 위하여 만든 '틀'이 아이들의 정상적인 학교생활을 방해합니다.

아이들을 잘 가르치는 선생님보다 '틀'을 잘 따르는 선생님이 우대받고 있습니다.

바른 경험과 지혜를 갖춘 현명한 관리자가 되기보다 '틀'을 강조하는 관리자가 늘어나고 있습니다.

아이들을 잘 가르치도록 격려하는 것보다 행정업무가 선생님들의 주된 업무라고 말하는 정체성이 의심되는 관리자가 늘어나고 있습니다.

더 큰 문제가 생겼습니다.

아이들은 정해진 '틀'을 벗어나려 하지 않습니다.

'틀'은 정상적인 일상생활을 위해 만들어졌습니다. 그래서 '틀'이 비정상적이고 갑작스러운 변화에 부딪히면 아이들을 위협하고 옥죄는 '틀'이 되고 맙니다.

'틀'이 아이들을 지켜주지 못합니다.

선생님들은 '틀'에 의해 수동적으로 변했습니다.

'틀'만 준수하면 된다고 생각합니다. 아이들의 성장과 발전을 이끌기 위한 협력과 공유의 학교문화가 사라지고 있습니다. 협력과 공유로 선생님과 학교를 성장 발전시키려는 의지도 사라지고 있습니다.

절대 권력자가 그런 환경을 만들어 주기만 기다리고 있습니다.

관리자는 권위를 유지하기 위해 현명함보다 '틀'의 오용과 남용에 빠졌습니다.

시대에 역행하는 인습과 같은 '틀'을 철폐하지 않고 통치의 수단으로 사용하고 있습니다.

자신의 이득과 욕심을 위하여 융통성을 주장하며 '틀'을 깨지만, 아이들과 선생님들에게 책임을 묻거나 권위를 유지하기 위해서는 낡은 '틀'을 강조합니다.

'틀'을 걷어내야 합니다.

제구실을 못하는 낡은 '틀', 이리저리 얽혀 있어 성장과 발전을 저해하는 그물이 되어 버린 '틀', 예방보다 결과에 초점을 맞춰 책임만 따지는 '틀', 협력과 공유보다 내부경쟁과 갈등을 유발하는 '틀' 걷어내야 합니다.

'틀'을 깨야 합니다.

아이들의 호기심과 상상력을 방해하는 '틀', 아이들의 안전을 위협하는 '틀', 아이들의 선택권을 빼앗는 '틀', 토의와 토론을 방해하는 '틀', 관료주의에 물든 '틀', 수동적인 삶을 강요하는 '틀'은 깨야 합니다.

진화되는 '틀'이 문제를 해결하지 못합니다.

진화되는 '틀'을 걷어내고 깨뜨려 건강한 학교 생태계를 만들어야 합니다.

사람을 최우선으로 생각하는 지혜로운 결정과 현명한 판단이 먼저인 인간중심의 생태환경을 만들어야 합니다.

무단횡단을 하는 아이를 보았습니다.

아이의 맞은편에서 차가 달려옵니다.

차도로 뛰어들면 아이를 충분히 구할 수 있을 것 같습니다.

사고가 일어난 후 아이를 구할 수 있는 '틀'을 만들어야 할까요?

차도로 뛰어들면 안 된다는 '틀'을 깨고 아이를 구해야 할까요?

뻔한 물음을 던지는 것이 한심합니다. 하지만 던지고 싶습니다.

지금, 어떤 선택을 하고 있습니까?

'실적'에 물들었다

힘들었지만 상쾌하게 아이들을 가르쳤던 때가 있었습니다. 그때 만났던 선배 선생님이 우리집 근처에 와 있는데 얼굴 한번 보자고 갑자기 전화를 했습니다. 운동을 마친 뒤라 피곤도 했지만 너무 반가워서 설레는 마음으로 약속 장소로 갔습니다. 혼자 나와 계신 줄 알았는데 다른 두 분이 함께 있었습니다. 좀 서먹했지만 공통된 주제가 있어서 이러저런 이야기를 재미있게 나누었습니다. 그 중에서 '창의성'에 대한 이야기가 있었는데 공감이 되었습니다.

창의성을 학생의 입장이 아니라 가르치는 사람의 입장에서 생각한다는 것입니다. 학교의 실정, 지역적인 차이, 문화적 차이, 학생들의 관심에 따라 창의성이 다르게 표현되는 것이 당연한데 일률적으로 표현되기를 바란다는 것입니다. 답을 정해 놓고 그 답이 나오기를 기다린다는 것입니다. 그리고 그 답이 '창의성 교육의 실적'이라고 합니다.

아이들이 사진 공부를 합니다. 카메라로 세상을 바라보는 공부는 주변의 변화에 민감하게 반응하는 태도 즉, 호기심을 기르는 데 좋습니다. 그리고 호기심은 모든 공부의 출발입니다. 그래서 학교는 아이들이 호기심을 갖는 환경을 제공해 줍니다. 아이들은 호기심의 해결을 통하여 성장과 발전, 즉 배움이 이루어집니다. 아이들의 변화가 목적입니다. 인화된 사진, 즉 실적이 목적이 되어서는 안 됩니다.

아이들이 스포츠에 관심을 갖고 즐겁게 참여하기 위해 스포츠동아리 활동을 각 학교마다 합니다. 좋은 취지입니다. 하지만 현실은 반대입니다. 스포츠동아리의 목적이 아이들의 변화가 아니라 대회입상으로 변질되었습니다. 교육청에서 스포츠동아리 활성화를 명목으로 학교장과 지도 선생님에게 조금의 인센티브를 제공하는 대회를 시작한 것이 화근이었습니다. 지역마다 차이는 있지만 스포츠동아리 시간이 주중 방과 후와 토요 휴업일에 열리는 대회에 입상하기 위하여 우수 선수를 선발하여 훈련하는 시간으로 변질되었습니다. 기능이 떨어지는 아이는 대회에 출전할 수도 없습니다. 의도한 방향은 아니었겠지만 결과적으로 입상이라는 실적이 목적이 되어 원래의 취지를 살리지 못하고 있습니다.

세계문화 이해 교육, 장애 이해 교육, 안전교육, 학교폭력 및 성폭력

예방교육 등의 교육활동도 마찬가지입니다. 실적이 목적으로 각인되어 가장 쉽게 실적을 쌓을 수 있는 학예행사가 난무하는 것입니다.

각종 교육활동의 실적으로 학급경영록에 표시되는 시간 수가 무슨 의미가 있습니까?

실적을 쌓기 위해 열심히 하는 교육활동보다 아이들의 변화에 목적을 둔 제대로 된 교육활동이 되어야 합니다.

아이들의 변화를 확인하는 방법이 실적이라고 주장하는 분들도 있습니다. 하지만 아이들의 변화는 정신으로 나타납니다. 정신은 생각과 의지입니다. 생각과 의지를 수치와 실적으로 나타낼 수 없습니다. 그리고 정신의 변화가 태도로 나타나기 위해서는 오랜 시간이 걸립니다. 그래서 교육을 백년지대계百年之大計라고 합니다.

오랫동안 실적이 교육의 목적으로 각인되어 있기 때문에 아이들의 변화에 목적을 두기 위해서는 특별한 노력이 필요합니다. 특별한 노력은 아이들의 바람직한 변화를 위한 선생님들의 열정과 전문성이 발현되는 환경을 제공하는 것입니다. 그리고 그 환경의 필수 조건은 아이들과 선생님에 대한 신뢰와 안전에 대한 욕구 충족입니다. 교육부, 도교육청, 교육지원청, 관리자는 선생님들을 믿어야 합니다. 믿어주는 척이 아니라 완전한 믿음을 보내야 합니다. 그리고 무의미하고 과도한 경쟁으로 교직을 불안하게 할 것이 아니라 선생님으로서 역할을 다할 수 있는 안정되고 안전한 학교환경을 제공해야 합니다.

스포츠동아리의 활성화를 위해서 대회를 열 필요가 있다면 일방적인 지시에 의한 행사진행이 아니라 각 학교의 담당선생님들이 모여서 토의와 토론으로 목적과 방법을 공유하고 실행에 옮기도록 해야 합니다. 교육관료와 관리자는 진행에 필요한 지원을 아낌없이 제공하면 됩니다. 그리고 교육활동 중에 안전사고를 비롯한 교권침해가 발생한다면 아이들과 선생님들을 적극적으로 보호하려는 의지와 태도를 보여야 합니다.

하지만 아쉽게도 현실은 반대입니다.

교육 관료는 몇몇 전문가와 상의하여 계획을 세운 후 학교의 담당선생님을 모아서 대진표를 작성하고 역할분담을 하고, 아이들의 안전이 우선이기 때문에 안전계획을 잘 세워서 만일의 사태에 대비하라고 합니다. 담당선생님은 관리자에게 이동, 간식, 식사에 필요한 경비와 안전이 우려되는 현실 등에 대해서 논의하지만, 뾰족한 지원은 마련해 주지 않고 학교예산의 범위에서 경비를 사용하고 학생들의 안전에 대해서는 담당선생님이 책임지라는 것입니다. 행정실장은 출전하는 아이들의 택시비는 절대 지출할 수 없으니 버스를 이용하라고 합니다. 버스를 이용하여 정해진 장소와 시간까지 도착하려면 수업을 빼먹고 출발해야 되는데도 막무가내입니다. 관리자는 전혀 도움이 되지 못합니다. 담당선생님은 동료선생님들의 자가용으로 아이들의 이동을 부탁합니다. 부탁을 받은 동료선생님은 안전사고가 부담이 되지만 거절할 수가 없습니다. 어떤 동료선생님은 택시비를 줄 테니 차라리 택시를 타고 가라고 합니다.

교육 관료는 계획만 잘 세우고 나머지는 학교에 떠넘기고 행사에 대한 실적만 잘 포장하여 기관의 평가 자료에 잘 활용하면 된다고 생각합니다. 학교 관리자는 많은 아이들이 대회에 입상하여 좋은 실적을 남기면 그것을 자신의 업적으로 포장할 생각뿐입니다. 담당선생님은 무사히 대회를 마치고 싶은 생각뿐입니다. 그리고 실적을 위하여 많은 아이들이 참여하여 최선을 다하는 경기보다 능력 있는 아이가 경기를 이겨주기를 바라는 승부 중심의 경기를 운영합니다.

아이들의 변화보다 모든 것이 실적에 맞추어져 있습니다.

교육기관의 최고 관리자와 교육 관료, 학교 관리자에게는 특별한 권한이 부여되어 있습니다. 그 특별한 권한이 부여된 것은 선생님들이 마음 놓고 열정과 전문성을 발휘하여 아이들을 가르칠 수 있는 무한 신뢰의 기회 제공과 교육활동 중에 발생하는 위험으로부터 아이들과 선생님을 보호하는 환경을 제공하는 대가입니다.

그리고 특별히 부여된 권한과 대가가 균형을 이룬다면 실적보다는 아이들의 바람직한 변화를 이끄는 선생님들의 전문성과 열정이 발현될 것입니다.

선생님들도 그 특별한 권한을 존중하는 것이 비록 서열은 수직이지만 상호 신뢰에 의한 수평적인 동반자적 관계가 형성되어 실적보다는 아이들의 바람직한 변화가 목적인 행복한 교육이 수월해 질 것입니다. 더불어 부여된 권한만큼 대가가 충분하게 제공되지 못하는 환경이라면, 동료 선생님들과 토론과 토의에 의한 소통의 협력문화를 만든다면 습관적으로 실적 위주의 교육활동으로 빠지는 잘못을 예방할 수 있을 것입니다.

익숙하지 않아서 많은 시간이 필요할 것입니다. 그러나 변화시키려는 끊임없는 노력과 서로에 대한 지지가 잔잔한 바람이 된다면 다가올 학교는 지금보다 더 행복할 것입니다.

더 큰 적敵의 탄생을
경계해야 합니다

시골 소규모 학교에 근무하는 김 선생님은 2월이면 걱정이 많습니다. 설문지를 통하여 아이들이 원하는 강좌를 파악했지만 강사를 채용하기가 거의 불가능합니다. 차선책으로 아이들이 썩 좋아하지는 않지만 지역에서 활동하고 있는 강사를 채용하는 방안을 강구했습니다. 하지만 매일 운영해야 하는 방과후학교 특성상 또 다른 강사를 구하지 못하면 프로그램 운영에 차질이 생깁니다. 부득이하게 선생님들이 내부강사로 방과후학교에 참여하게 됩니다. 부득이하다는 표현을 빌렸지만 강사수당 인상을 비롯한 처우개선으로 인접지역의 강사를 채용하려는 학교의 의지 부족과 내부강사의 채용을 금지함과 동시에 지금의 스포츠강사 제도처럼 방과후전담강사(가칭)를 채용하여 순회하게 하는 등의 다각적인 면을 검토한 도교육청 차원의 제도 마련이 아쉽기만 합니다.

하지만 아쉽고 어려운 것은 이제 시작일 뿐입니다. 신학기의 시작 3월에 선생님들끼리 모여 협의회와 연수를 많이 해야 하는데, 방과후학교의 내부강사로 활동하는 선생님들이 있기 때문에 전체협의가 이루어지지 않습니다. 그나마 이루어져도 아침활동 시간, 우유급식 시간, 점심시간 등의 자투리 시간에 가능하기 때문에, 시간도 부족하고 집중도도 떨어져 토의와 토론에 의한 결정은 기대하기 어렵고 전달과 지시가 대부분입니다. 혹여라도 중대한 사안이 발생하여 협의회가 길어지면 교과시간의 감축으로 이어집니다. 다행스럽게도(?) 요즘은 학생안전 지도가 최우선이어서 협의회로 인해 수업시간이 늦게 시작되는 학교문화는 거의 사라졌습니다. 하지만 이 때문에 아이들의 성장과 발전을 위해서 필요한 선생님들의 협의회와 연수, 동료장학시간도 함께 사라지고 있습니다.

내부강사를 맡고 있는 선생님들도 정규 교과시간보다 방과후학교 프로그램에 부담을 많이 느끼기 때문에 정규 교과 지도를 위한 연구보다 방과후학교를 위한 연구에 더 신경을 쓰는 실정입니다. 그리고 심하게 표현한다면 돈이 덜 되는 사교육 시장에 선생님들이 진출한 것과 무엇이 다릅니까?

시골 학교의 방과후학교 강사 문제가 학교 전체의 질적 저하를 가져 오고 있습니다.

정책제안을 하기 위하여 도교육청 홈페이지를 검색했습니다. 검색을 하다가 학교업무경감에 대해 제안한 것이 있어서 자세히 살펴보았습니다. 학교업무 경감을 위해 운영되는 학교행정업무전담팀에게 승진가산점을 부여하자는 제안에 긍정적으로 검토하겠다는 내용이었습니다.

선생님들을 아이들 곁으로 돌려보내기 위해서 학교업무 경감을 추진하는데, 학교행정업무전담팀에게 승진가산점을 부여하는 것은 승진을 하려면 아이들을 잘 가르치는 것보다 업무를 많이 하면 된다는 것과 무엇이 다릅니까?

현명하신 분들의 바른 선택으로 현실화되지 않기를 바라지만 만약 답변대로 이루어진다면, 아이들을 가르치는 데 열정적이고 전문성이 있는 선생님보다 형식적인 성과와 업무에 중심을 둔 선생님들이 관리자가 될 것은 뻔합니다.

더불어 승진제도와 승진을 하기 위해 노력하는 것이 나쁜 것이 아니라, 승진만을 목적으로 하여 선생님의 도리를 다하지 않는 것과 이를 묵인하거나 심지어 장려하는 잘못된 인습, 지위가 능력이라고 생각하여 열정과 전문성, 경험과 지혜를 갖춘 평선생님이 정당하게 대우받지 못하는 문화가 잘못이라는 것에는 모두가 동의하리라 믿습니다. 그래서 선생님다운 선생님이 승진하는 것을 가로막고 잘못된 학교문화를 답습하는 업무중심의 가산점 제도에 반대합니다.

아이들에게 선생님을 돌려주자는 정책이 오히려 열정과 전문성을 갖춘 선생님을 아이들과 분리하는 정책이 될 것입니다.

교원성과금제 역시 마찬가지입니다. 교원의 전문성을 위한 것이라고는 하지만 실제로는 내부갈등만 부추겨 학교의 성장과 발전, 선생님들의 성장과 발전을 저해하는 정책이 되었습니다.

학교폭력예방과 해결에 기여한 선생님들에게 주어지는 가산점 역시 그렇습니다. 학교폭력 예방을 위하여 노력하지 않는 선생님이 어디 있습니까? 학교폭력이 발생하면 원만하게 해결되기를 바라지 않는 선생님들이 어디 있습니까?

가산점을 받기 위하여 불필요한 곳에 낭비되는 열정을 아이들에게 투입하면 학교폭력을 더 예방할 수 있을 것입니다. 이 제도의 모순을 '가산점을 받으려면 정도가 약한(?) 학교폭력이 발생해야 된다.'는 자조적인 농담이 잘 대변해 주고 있습니다.

우리 교육의 발전을 위하여 새로운 제도와 정책이 필요합니다. 하지만 그 새로운 것에 의하여 더 큰 방해물이 생긴다면 결코 바른 제도와 정책이 아닐 것입니다. 우선 '급한 불부터 끄자.'는 논리가 아닌 불을 끄기 위해 쏟아 부은 물에 의해 새로운 희망이 싹트기를 간절히 바랍니다. 더불어 새로운 제도와 정책을 만드는 것에만 집중하지 말고 걸림돌을 제거하는 노력이 우선되면 좋겠습니다.

더 큰 적敵의 탄생을 경계해야 합니다.

두 가지만 제거하면 학교는 바뀝니다

교무회의를 두려워하는 관리자가 있었습니다. 교무회의에서 관리자가 지시를 내리면 무조건 따르는 것이 아니라, 실현 가능성과 실행 방법, 학교의 여건 등을 고려하자는 여러 의견이 제시되어 활발한 토론이 이루어졌습니다. 그리고 관리자의 지시가 수정되거나 폐기되는 상황이 발생되기도 했습니다. 물론 실현된 것들도 많았습니다. 하지만 고집이 센 관리자는 자신의 지시가 백퍼센트 이행되지 않는다고, 학교의 전 구성원이 참여하는 교무회의를 유야무야로 만들었습니다. 그리고 자신의 제국 건설에 필요한 최소의 인원으로 구성된 교무협의회를 만들어 학교의 중요 사항을 결정하여 학교 구성원들이 따르도록 했습니다.

당연히 제대로 이행되지 않았습니다. 새롭게 구성된 교무협의회가 토론을 통해 결정되는 의결기구가 아니라 관리자의 지시를 수첩에 적어 학교 구성원들에게 전달하는 상명하달의 공간임과 동시에 관리자의 원맨쇼에 박수를 보내는 폐쇄적인 회원제 소극장이었습니다. 실현 가능성과 방법에 대한 토의와 토론이 없었기 때문에 전달을 받은 학교 구성원들은 실천보다는 타당성과 학교의 상황과 여건을 고려하지 않은 관리자의 지시에 불만만 가득합니다.

'공감대가 형성되어 있지 않습니다.'

'구체적인 실행방법이 없습니다.'

'실행에 따른 준비물과 예상되는 어려움에 대한 극복 방안이 없습니다.'

실천에 역량을 모아야 할 단계인데 추진력도 없고 방향도 잃어 아이들의 성장과 발전에 전혀 기여하지 못하고 사진 몇 장으로 된 그럴듯한 실적물과 보도자료를 남깁니다. 물론 관리자는 아이들의 성장과 발전보다 실적과 보도자료에 만족합니다.

교육활동을 결정하고 기획하는 단계에서 학교 구성원들의 충분한 공감대와 실천 방법, 지원대책, 예상대는 어려움 등에 대한 충분한 검토와 토의, 토론이 있어야 합니다. 그렇게 해야만 구성원들의 지성과 능력이 실천에 모아집니다. 이 지성과 능력이 강력한 추진력이 되고, 토의와 토론의 결과물이 올바른 방향이 되어 아이들의 성장과 발전을 돕는 참다운 교육활동으로 연결됩니다.

교육성과발표회(학예발표회), 운동회, 연구학교 발표회, 학급경영록 등을 할 때 가장 힘든 점이 관리자가 최종적으로 합격판정을 내려야 진행된다는 것입니다. 시대가 요구하는 생산적이고 창의적인 다양한 교육활동도, 선생님들의 지성과 능력을 발휘한 우수한 콘텐츠도 관리자의 눈높이에 맞지 않으면 수정되고 폐기됩니다. 결국에는 관리자의 눈높이에 맞는 교육활동만 이루어집니다. 선생님들의 지성과 능력도 성장과 발전을 멈춥니다.

선생님들에게 재량권을 부여하고 결과에 따른 책임도 있음을 강조해야 합니다.

학교 교육과정 설명회 프레젠테이션을 왜 관리자가 세세하게 확인하고 수정을 요구합니까? 관리자의 교육철학과 경영관만 제시하고, 나머지는 담당선생님에게 위임해야 합니다. 그러면서 학교 교육과정 설명회의 중요성을 강조하고 선생님들의 집단 지성과 능력을 발휘할 수 있는 환경과 지원을 제공해야 합니다. 진행과정이 궁금하면 질문을 자주하여 관심이 많음을 표현하면 됩니다. 어려움을 호소하면 자료나 사례, 집단 지성과 능력을 발현시키는 날카로운 질문으로 극복할 수 있도록 하면 됩니다. 그래서 학교 교육과정 설명회에 대한 피드백을 직접 선생님들이 받도록 하여 책임감을 가지도록 해야 합니다. 발견된 강점과 약점은 다음 교육활동에 적용하고 보완하면 됩니다.

운동회나 교육성과발표회(학예회)의 종목 선정도 마찬가지입니다. 시대의 변화와 아이들의 능력, 부모님들의 요구사항을 가장 잘 알고 있는 분들이 담임선생님입니다. 담임선생님들과 담당 선생님이 책임지고 기획하고 실천할 수 있도록 해야 합니다. 물론 결과에 대한 피드백도 선생님들에게 적용되어야 합니다.

학급 경영은 담임선생님이 하는 것입니다.

꼭 필요한 연간시간운영계획, 교과별 지도계획, 주안-교과별 지도계획으로 대처할 수도 있음-등을 제외하면 담임선생님의 교육관이 반영되어야 합니다. 그런데 현실은 어떻습니까? 담임선생님의 교육관보다 관리자가 다 정해줍니다. 따르지 않으면 결재를 하지 않습니다. 사실 학급경영록의 결재는 아무 의미가 없습니다. 결재를 득하지 않았다고 담임에서 해제되는 것도 아니며 수업을 못하는 것도 아닙니다. 그리고 학급 경영의 책임에서 자유로운 것도 아닙니다.

학급 경영권을 담임에게 돌려주어야 합니다. 아무 의미도 없는 결재권을 빼앗기는 것이 절대 아닙니다. 학급 경영에 대한 책임을 담임에게 돌려주는 의미입니다. 담임도 결재가 없어져서 편한 것이 아니라, 결재의 장점인 기본적인 교육활동에 대한 확인자가 없어졌기 때문에 누락될 위험성이 있습니다. 시수 계산이나 아이들의 안전에 관한 계획 및 생활지도 계획 등이 누락될 소지가 있습니다. 그래서 학급 경영에 대한 책무성이 더 요구됩니다. 동 학년 협의회를 통한 전문성 신장, 학급경영에 대한 노하우를 가진 분의 조언, 학급경영에 대한 연수 등으로 자율을 바탕으로 다양하고 창의적인 특색 있는 학급경영이 되도록 노력해야 합니다.

아이들이 성장하고 발전하려면 선생님의 성장과 발전이 필수적입니다. 하지만 지금까지 관료주의 문화가 선생님들의 지성과 능력을 가두고 있었습니다. 이런 상명하달의 관료문화에서 아무리 특정영역의 전문성 개발을 위하여 투자를 해도 학교는 변화지 않습니다. 교육과정, 교수법, 상담 등에 얼마나 많은 연수를 실시했습니까? 얼마나 많은 선생님들을 희생시켰습니까? 그럴 때마다 선생님들의 전문성 신장을 위한 것이라며 동참하지 않으면 낙오자가 되는 것처럼 얼마나 정신적 올가미를 씌웠습니까?

결과는 어떻습니까? 실천을 강요하는 전문가 그룹은 많이 생겼지만 학교 현장에서는 한때의 바람으로 그냥 지나갔습니다.

토론을 방해하는 문화, 결재 만능주의를 제거하지 않으면 선생님들의 성장과 발전은 없습니다. 선생님들의 지성과 능력은 제자리걸음입니다. 오히려 퇴보합니다.

아이들을 직접 가르치는 선생님들이 결정에 참여하는 환경을 만들어야 합니다. 토론 과정에서 공감대가 형성되고, 내실 있고 효율적인 실현방법이 도출되며, 걸림돌이 예견되어 극복방안이 탄생합니다. 관리자의 역할은 끊임없는 추진력과 바른 방향을 안내하는 질문을 통하여 선생님들의 지성과 능력을 개발시키는 것입니다.

관리자의 능력에 초점을 맞춘 불필요한 결재는 선생님들에게 스스로 교육활동을 해낼 정도의 똑똑함이 없음을 노골적으로 말하는 것과 같습니다. 마지막에 관리자가 개입하여 수정하고 180도 방향을 바꾸어 버리는데 어떻게 선생님들이 최선을 다하겠습니까? 물론 결과에 대한 피드백도 관리자에게 있다고 생각하기 때문에 책임의식보다 관리자의 구미와 눈높이에 맞는 적당한 수준에 머물고 맙니다. 따라서 선생님들의 성장과 발전도 정지하고 맙니다.

도교육청에서 선생님에게 아이들을 돌려주기 위하여 이 두 가지 문화를 제거하기 위한 정책을 전교조경남지부와 교섭을 통하여 제시하였습니다. 전교조뿐만 아니라 많은 현장 선생님들의 바람이었지만 그동안 교섭이 제대로 되지 않았습니다. 이번에 이렇게 타결된 것은 도교육청의 획기적인 변화라고 생각합니다.

학교장이 교무회의의 사회와 기록을 동시에 맡고 의결기구로 한 것은 일방적인 지시문화에서 토론을 통하여 학교의 성장과 발전을 이루기 위함이고, 학급경영록 결재 폐지는 학급경영권을 담임에게 돌려주어, 다양하고 창의적인 특색 있는 교육활동을 보장하고, 이를 통하여 선생님들의 지성과 능력을 발현시켜 교육력을 높이자는 취지라고 생각합니다.

이 외에도 방과후학교 강사 채용 및 수당 지급을 선생님이 하지 말 것을 명시하여 아이들의 교육활동에 선생님들이 전념할 수 있도록 했습니다.

그러나 공문을 접수한 지 꽤 오래되었지만 공람은 커녕 잠을 재우고 있습니다. 어떤 학교는 공문을 무시하고 오히려 불필요한 잡무를 더 증가시키고 있습니다. 안타깝습니다.

진정으로 아이들의 성장과 발전, 학교의 성장과 발전, 교육의 성장과 발전을 위한다면 선생님들의 지성과 능력을 저해하는 독단과 독선의 토론 방해 문화, 대한민국에서 가장 우수한 인재를 뽑아놓고 사장시키는 결재 만능주의 문화를 제거하는 데 주저함이 없어야 할 것입니다.

선생님들도 숙원하던 일이 아닙니까?

좀 더 적극적인 권리 찾기로 아이들을 위한 지성과 능력을 펼치는 환경을 함께 만들면 좋겠습니다.

모범이 되도록 노력하겠습니다.

정확하게 이해하고
시행하는 것이 절실합니다

친구와 저녁을 먹으면서 입씨름을 하였습니다.

방과후학교 업무 중 강사계약과 수당 지급은 행정실의 업무이기 때문에 행정실에서 하는 것이 맞다는 나의 주장과, 업무경감을 위하여 각 시군교육지원청에 방과후를 담당하는 인력이 별도로 2명 배치되었으니, 이 분들이 각 학교의 방과후학교 업무를 하면 문제가 해결된다는 친구의 주장이 부딪친 것입니다.

이 2명은 교육지원청의 방과후행정업무를 지원하기 위한 것에 불과할 뿐, 어떻게 학교에 소속되어 있지 않은 외부인이 강사채용과 수당 지급 업무가 가능할 것인지, 만약에 그렇게 되려면 시군교육지원청에서 강사를 직접 채용하여 배치하고 수당도 지원청에서 지급하는 것이 옳을 것이라는 변론을 제기하자, 방법을 찾지 않고 안 된다고만 하는 것이 문제라고 친구가 지적하기에 이 친구가 방과후학교 업무에 대해서 정확하게 이해하지 못하고 있는 것 같아 동동주 건배로 입씨름을 멈추었습니다.

경남은 학생평가도 많이 개선(?)되었습니다. 일제식 고사가 폐지(?)되고 학교에서 자율적으로 실시하되 서술식과 논술형 등 창의적인 문제해결력에 초점을 맞추고, 평가결과가 학부모에게 피드백되어 진정한 의미의 학생 학력이 이루어지도록 하자는 것이 근본 취지라고 이해했습니다.

그러나 이런 취지가 시군교육청 장학사와 학교 관리자의 자의적인 해석과 나름의 전문성(?)을 뽐내기 위해서 새로운 평가를 추가해야 되는 것처럼, 복잡한 양식과 내용을 추가해서 실시해야 되는 것처럼 방향이 바뀌어 도교육청의 근본 취지가 사라지고 학교 현장에서는 평가가 또 다른 업무과중으로 다가오고 있습니다.

학기 초에 스포츠클럽을 조직한다고 담당자는 너무 힘듭니다. 아이들이 희망하는 대로 조직하면 쉽게 해결되는데, 도교육청에서 실시하는 스포츠클럽대회에 많은 종목을 출전시켜 상위권의 성적을 거두는 것이 목적이 되어 스포츠클럽의 본래 취지는 사라지고 준 학원스포츠화되어 가고 있습니다.

담당자가 아무리 건의해도 관리자는 많은 학생들에게 기회를 준다는 고집성 논리를 내세워 학교의 실정과 학생들의 의사를 고려하지 않고 무조건 많은 부서를 만들어 많은 종목을 대회에 출전시키라고 합니다.

이 밖에도 본래의 취지를 정확하게 이해하지 못하고 편협하고 협소한 사고에 의한 자기 과시성 판단으로 학교를 더 혼란스럽게 만들고 갈등을 유발하는 사태가 빈번히 발생하고 있습니다.

도교육청의 홍보자료나 보도자료를 접했을 때와 실제로 학교로 뿌려지는 공문을 보면 차이가 많이 납니다. 못된 정권이나 정치인들이 하는 전형적인 언론플레이와 너무나 흡사하여 혼란스럽습니다. 여기에 시군교육지원청 장학사의 자의적인 해석과 과시적인 전문성이 첨가되면, 아이들의 성장과 발전을 위한 교육정책이 감사에 대비하고 형식적인 보고에 초점을 맞추는 행정업무로 전락됩니다.

불합리한 제도나 정책을 개선시키기 위해서는 불합리한 원인에 대한 정확한 이해가 우선되어야 변화의 방향이 바르게 설정됩니다.

고집과 편협된 사고와 전문적 지식을 과시하려는 자신의 뽐내기(?)보다, 시행되는 정책이나 제도의 본래 취지에 정확하게 부합되고, 학교의 실정을 바르게 이해하는 바탕 위에 세부추진을 수립하는 시군교육지원청 장학사의 전문성이 필요합니다.

도교육청에서 교육의 성장과 발전을 위하여 바람직한 정책이나 제도를 만들어 내는 것도 좋습니다. 하지만 그 정책이나 제도가 중간에서 변질되지 않기 위한 관리와 감독도 철저해야 합니다.

그리고 선생님들도 정책이나 제도의 변화에 따른 정확한 이해가 있어야 합니다. 그래서 불합리한 부분에 대한 개선을 다양한 방법으로 표출해야 됩니다. 더욱 중요한 것은 아이들을 직접 가르치는 것은 선생님입니다. 선생님의 의지에 따라 성장과 발전을 위한 교육활동이 될 수 있고, 형식적인 행정업무가 될 수 있습니다.

교육의 성장과 발전을 위해서 정확하게 이해하고 시행하려는 노력이 절실합니다.

영화 '이미테이션 게임'과 영재교육

우리나라의 영재교육이 태동할 시기부터 10년 넘게 영재교육원 강사를 했습니다. 그 당시에는 토요일이 휴업일이 아니었고, 방학 때면 교육개발원에서 주관하는 합숙연수를 비롯한 각종 연수와 영재원 집중수업과 프로젝트 추진 등으로 남다른 희생정신이 없으면 불가능했습니다. 그래서 영재강사의 인기가 별로 없었습니다. 이런 이유가 장점이 되어 영재교육에 대한 남다른 열정이 충만한 강사들로 영재교육원이 구성되었고, 영재교육에 대한 학부모들의 열의가 현재보다 훨씬 덜했기 때문에 영재성이 있는 학생들이 제대로 선발되어서 가르치는 보람이 있었습니다.

하지만 교육부에서 고생하는 영재원 강사들을 보상하기 위해서 각반 담임에 한해서 승진가산점(최대 0.2)을 부여한 것과 영재교육에 대한 과열현상으로 학원에서 길러진 영재학생의 선발, 공부 잘하는 아이가 영재라는 오해를 극복하지 못하는 현실, 영재교육원장을 지역교육지원청 교육장이 겸임하기 때문에 교육실적을 높이기 위해 각종 공모대회 출전을 비롯한 수단적 이용, 영재강사 연수의 부실, 영재교육을 바라보는 진보교육자들의 편견 등으로 영재교육이 발전하지 못하고 스펙을 쌓기 위한 공교육 학원으로 전락하는 것에 안타까움을 늘 가지고 있었습니다. '내가 할 때는 잘했는데, 남이 하니까 안 된다.'는 감정적인 대응이나, 현재의 영재강사를 비난하는 것이 결코 아닌, 방향성을 잃은 영재교육의 현실을 어찌하지 못하고, 바라만 볼 수밖에 없는 한 선생이 갖는 무기력에 대한 안타까움을 늘 가지고 있었습니다.

큰 아들의 추천으로 가족 모두 영화 '이미테이션 게임'을 봤습니다. 내용에 대한 사전 지식이 전혀 없었고, 온 가족이 함께 영화를 본다는 것에 큰 의미를 두었기에 내용이 중요한 것이 아니었습니다.

그러나 영화의 장면 장면에서 평소 가지고 있던 영재교육에 대한 안타까움들이 불쑥불쑥 튀어나와, 흥미와 더불어 깊은 감정몰입을 할 수 있었습니다. 그래서 천재 수학자 앨런 튜링의 이야기지만 우리나라 영재교육의 문제점과 나아갈 방향을 제시하는 영화로 재해석하고자 합니다.

영국 정부에서는 독일의 암호 애니그마를 해석하기 위하여 앨런 튜닝을 포함한 각 영역에서 뛰어난 역량을 발휘하는 전문가들을 비밀리에 모집합니다. 다른 사람들은 일반적인 방식에서 벗어나지 못해 하루하루가 실패의 연속입니다. 그러나 앨런 튜닝은 남다른 접근법으로 암호를 해석코자 합니다. 그리고 여기에 적합한 특별한 능력을 가진 조안 클라크를 선발하지만 여성차별적인 시대적 아픔으로 팀원이 되기까지 우여곡절을 겪는데 앨런 튜닝의 집념으로 극복합니다.

현재 우리나라 영재교육원의 선발방식은 관찰추천제로 하고 있지만 지나친 객관화의 폐단에 따른 현장 선생님들의 부담가중과 영재학생과 영재교육에 대한 이해부족으로 학교 부적응 아이들은 아예 제외되는 실정입니다. 그리고 농산어촌 지역의 소외된 지역-읍 외곽지역-에 살고 있는 영재성이 있는 아이들이 지역교육지원청의 영재교육원에 응시하고 싶어도, 영재교육에 무지한 부모들과 지리적인 거리를 극복할 통학방법이 없어 영재교육 대상자에서 원천적으로 제외되고 있습니다.

영재교육은 공부 잘하는 아이들을 선발하여 공부시키는 것이 아니라, 특정분야에 탁월한 능력을 발휘하는 아이들을 선발하여 창발하도록 도와주는 것입니다. 하지만 이런 능력을 가진 아이들이 모범적이면 얼마나 좋겠습니까? 아쉽게도 학교와 사회에 적응하지 못하는 아이, 계절의 변화에 무심한 아이, 예의가 부족한 아이 등도 많습니다. 물론 문화적 경제적으로 소외된 지역에도 영재성이 있는 아이들이 있습니다. 특히, 다문화 가족의 아이 중에도 있을 수 있습니다.

따라서 앨런 튜닝처럼 특정한 영역에 탁월한 능력이 있는 아이들을 제대로 뽑기 위해서는 객관화된 관찰추천제에 의존할 것이 아니라, 전문성을 갖춘 영재강사에게 선발권을 부여하여 선발 캠프를 통하거나 단위학교에 1명 이상의 영재선발 전문가를 양성하여 배치한 후 이분들에게 추천권한을 부여하는 방법도 있을 것입니다. 중요한 것은 추천과정에 학부모들의 참여를 보장하여 투명성을 확보하고, 이해부족에 따른 오해를 해결하기 위해 학부모를 대상으로 하는 연수도 개최해야 합니다.

앨런 튜닝이 조안 클라크를 참여시키기 위해 여러 방안을 모색하여 해결한 것처럼, 교육청에서도 선발된 영재학생들이 어려움 없이 공부할 수 있도록 통학문제를 비롯한 걸림돌을 제거하는 데 최선을 다해야 됩니다. 특히, 다문화, 장애아이들이 선발과정이나 학습과정에서 소외되지 않도록 남다른 관심을 가져야 합니다.

영재교육의 교육과정은 문제해결 중심이어야 합니다. 심화로 포장한 속진개념의 지식전달을 목적으로 하는 교육과정의 입시학원과 다른 점이 무엇입니까? 놀이나 체험학습에서 의미를 발견하지 못한다면 일반적인 관람과 무엇이 다르겠습니까?

앨런 튜닝의 팀이 각자의 능력을 발휘하여 암호를 해석하기 위해 최선을 다하는 것처럼, 영재교육원의 교육과정은 지식전달만이 아니라 영재학생들이 자신의 능력을 최대한 발휘하여 고차원적인 문제를 해결하거나 해결할 수 있는 방법을 찾는 다양한 문제해결 중심의 교육과정으로 구성되어야 합니다.

그리고 앨런 튜닝이 세계적인 당면한 문제를 해결하기 위해 노력한 것처럼 영재학생들의 능력으로 주변의 사회적 문제를 해결하기 위한 프로젝트 중심의 교육과정도 바람직할 것입니다. 1940~50년대 미국 시민단체들의 캐치프레이즈 '세계적으로 생각하고, 지역적으로 행동하라'가 다시 주목을 받는 이유와 일맥상통합니다.

영재교육원은 자신의 안위만을 위해 스펙을 쌓는 곳이 아니라, 인류를 괴롭히는 사회문제 해결에 기여하는 사회 참여형 창발적 인재를 양성하는 기관이 되어야 합니다.

앨런 튜닝은 학창시절에 친구들로부터 심각한 왕따를 당하지만 친구들이 자신의 뛰어난 재능을 시기하고 질투하기 때문이라고 생각합니다. 이후 어른이 되어서도 인간관계 형성에 심각한 문제를 일으켜 자신의 재능을 펼치는 데 걸림돌로 작용합니다.

영재교육에서 인성교육이 필요한 이유를 적나라하게 보여주는 장면이었습니다. 영재성이 있는 많은 학생들이 인간관계 형성을 비롯한 사회적 규범을 익히고 따르는 데 어려움을 겪습니다. 이러한 어려움들이 학창시절에는 집단 따돌림이나 학교폭력으로 나타날 수 있고, 어른으로 성장한 후에는 자신의 재능을 인정하지 않는 세상을 탓하며 사회에 적응하지 못해 비극적으로 세상을 마감합니다. 앨런 튜닝도 자살로 생을 마감하며 역사속의 천재들이 약물중독이나 자살로 생을 마감한 것도 같은 이유입니다.

　최악의 경우는 뛰어난 능력과 삐뚤어진 가치관이 결합하여 사회악으로 나타나는 것입니다. 세계적으로 악명 높은 범죄자들 중에 비범한 능력을 가진 자들이 여기에 해당됩니다.

　그래서 학교와 영재교육원에서 능력에 맞는 인성을 기르기 위한 '창의·인성' 교육과 '리더십 교육'을 강조하고 있지만 체계적으로 이루어지지 않고, 비중도 적어 많은 아쉬움이 있습니다. 더불어 연구할 수 있는 인격형성과 인류애를 강조하는 교육내용을 체계적이고 비중있게 다루어야 합니다.

　영재교육은 특수교육처럼 개인의 행복추구가 우선되어야 합니다. 사회에 부적응하여 비극적인 생을 마감하는 성취하지 못한 영재-미성취영재-들을 예방하기 위한 영재교육이, 수단적이고 목적적인 영재교육, 즉 잘 키운 한 영재가 사회와 나라를 발전시킨다는 논리보다 앞서야 합니다.

　영재들도 장애아들과 같은 특수한 경우입니다. 영재성이 있는 아이들을 방치하는 것은 장애아를 방치하는 것과 같습니다. 진보교육자들 중에는 영재성이 있는 아이들을 그냥 놔 두어도 알아서 성장하고 발전한다고 오해하여 영재교육에 인색한 경우가 있습니다. 정말 오해입니다. 파악되지 않는 많은 영재아이들이 사회에 부적응하여 어려움을 겪고 있습니다.

　영재강사를 하거나 영재교육에 관련이 있는 선생님들조차도 영재성이 있는 아이들은 그냥 두어도 성장하고 발전한다고 주장하는 것은 현재 영재선발 제도가 잘못되어 공부 잘하는 아이들 중심으로 영재교육원이 구성되어 있기 때문입니다.

그리고 이러한 시각이 연장되어 정상적으로 선발된 영재성이 있는 아이를 이해하지 못하고 비난하는 강사도 있습니다. 전문성과 열정보다 승진가산점이 우선되어 나타나는 치부가 아닐 수 없습니다.

앨런 튜닝이 학창시절에 올바른 영재교육을 받았다면 젊은 나이에 생을 마감하지 않았을 것입니다. 그리고 그의 수학적 재능에 의한 학문의 발달과 인류에게 주어지는 생활의 편리는 덤이었을 것입니다.

현재의 영재교육에 많은 아쉬움과 안타까움이 있습니다. 하지만 무조건 폄하거나 비난하고자 함이 절대 아닙니다. 특수교육과 비교하여 시샘하거나 지원을 줄여서 영재교육에 투자하자는 취지는 더욱 아닙니다.

다만 한 선생으로서 그 방향을 바꾸지 못하고 쳐다볼 수밖에 없는 무기력에 애간장이 탑니다. 지금이라도 교육행정을 펼치는 분들이 그 방향을 바로잡기를 간절히 바랍니다. 아울러 영재교육을 국가적인 목적이나 수단으로 접근하지 말고 개인의 행복추구로 접근하여 앨런 튜닝과 같은 비극적인 영재들이 생기지 않기를 바랍니다.

나의 소원-학교폭력가산점이 사라지는 것

네가 태어나려는 소식을 처음 접했을 때 나는 무척 놀랐다.

어느 정신 빠진 교육관료의 정신 나간 소리라고 자조하며 해프닝으로 끝나기를 바랐다.

그러나 너의 씨앗은 순식간에 학교에 뿌려졌다.

너의 존재에 무지했던, 너의 존재를 무시했던, 너의 존재를 거부했던 첫해는 네가 제대로 뿌리를 내리지 못하더니 따뜻한 희망의 햇살과 찬 겨울의 바람이 뒤섞여 시작한 3월에 너는 불신과 경쟁의 씨앗을 우리들의 텃밭에 뿌렸다.

하지만 잡초들의 거센 도전과 청산가리와 같은 고독성 탄압에 양심의 저항력을 길러온 텃밭에서 너는 맥을 추지 못했다.

그러나 너를 낳은 분들의 인센티브와 무조건 수용이라는 초 긍정의 비료를 맞은 대량생산의 넓은 평야에서 너는 피아노줄 같이 가늘면서 강인한 생명의 뿌리를 내렸다.

너의 뿌리가 넓고 넓은 평야로 퍼져 나갈 때 너를 키우기 위해 수시로 살포되는 고독성의 농약으로 너의 존재를 느낄 기운이 없었다. 아니 저항할 힘을 잃었다.

찬란한 햇살이 대지를 살찌울 때 너도 억센 조선잔디를 비집고 올라온 클로버처럼 작은 꽃을 피웠다.

순백을 사랑한 나는 너의 예쁘고 작은 꽃으로 왕관과 목걸이 팔찌를 만들며 치장할 준비를 하였다.

언니가 동생에게 예쁜 장신구를 선물 하듯 너도 내리사랑이 될 줄 알았다.

그러나 착각이었다.

너의 꽃으로 내 몸을 치장하는 사이에 사방에서 너의 뿌리에서 하얀 꽃들이 올라왔다.

그 하얀 꽃들은 또 다른 나의 몸들을 치장하기 시작하였다.

너의 꽃으로 치장한 수많은 도플갱어들이 서로 잘났다고 자랑질을 하려 한다.

똑같은 꽃이어서 보통의 자랑질로는 이길 수 없다.

몰래 몰래 너의 꽃을 모아야 한다. 때로는 조선잔디를 죽이고 너를 키워야 한다.

조선잔디가 죽어간다.

죽은 자리에 어김없이 너의 꽃이 활짝 피었다.

그러나 악취가 난다.

경쟁과 불신의 악취가 난다.

그 악취를 맡으며 자란 내 몸에서도 악취가 난다.

아니 내가 악취가 되었다.

이제 악취의 거름으로 핀 하얀 꽃이 생명줄에 붙으려고 한다.

달콤한 향기는 아니어도 구린내를 피하며 만든 생명줄에 악취의 혼을 얹으려 한다.

하지만 거부를 못하겠다.

하얀 꽃만이 나의 생명줄을 연장시킬 유일한 것이기에 거부를 못하겠다.

소원이 있다.

하얀 꽃들이 만발할 때 천둥번개가 쳐서 악취가 나는 하얀 꽃들을 다 태우면 좋겠다.

그리고 꽃피는 봄이 오면 향기로운 알록달록한 꽃이 온 천지를 뒤덮으면 좋겠다.

나의 소원이다.

혁신학교의 성공을 위하여

새로운 교육감의 등장과 함께 혁신학교에 대한 기대가 뜨겁습니다. 그래서 혁신학교의 설명회를 다녀왔습니다. 그리고 혁신학교에 대한 주위의 다양한 반응도 살펴보았습니다. 그런데 혁신학교의 기본 정신과 어긋나게 진행되는 부분과 현장의 이해 부족으로 우려되는 점들이 있었습니다. 혁신학교를 반대하기 위한 것이 아닌, 성공적인 정착을 위해서 우려되는 부분에 대한 좀 더 많은 고민과 노력이 필요할 듯합니다.

설명회에서 미래를 위해서 혁신학교가 필요하다는 것을 계속 강조하였습니다. 그런데 경남교육에서 바라는 미래가 어떤 것인지 뚜렷하게 제시되지 않았습니다. 혁신학교를 성급하게 뿌리내리기 위해서 피상적인 미래를 강조하기보다, 현재의 학교를 더 행복하게 만드는 데 주력하는 것이 나을 듯합니다. 즉 혁신학교에서 행복한 미래를 꿈꾸도록 하는 것이 더 바람직하다고 봅니다.

지나치게 관(교육청) 주도적이다라는 느낌을 많이 받았습니다. 열린 교육, ICT활용수업, 융합교육, PCK 활용 수업 등이 큰 환영을 받지 못하고 오래 버티지 못한 이유 중에 하나가 지나친 관 주도적이라는 것입니다.

관이 주도하면 좋은 점도 있습니다. 예산지원, 연수회, 세미나 등을 비롯한 재정과 행정적인 지원을 쉽게 받을 수 있습니다. 그러나 이러한 과정에서 일반화와 속도전의 덫에 걸려 내용의 획일화와 현장 선생님들의 수동적인 태도를 낳았습니다. 정신은 사라지고 안내된 대로 따라하면 완성되는 레시피로 전락한 것입니다.

혁신학교는 학교문화를 바꾸는 혁신적인 작업입니다. 따라서 학교 현장의 능동적인 참여가 절대적으로 필요합니다. 그렇게 하기 위해서는 학교 현장이 주도적으로 참여하여 이끌고, 관이 지원하는 체제가 되어야 합니다. 이렇게 하는 것이 속도는 느리겠지만 생명력은 오래 갈 것입니다.

선생님들이 아이들 곁으로 가기 위해서는 방해물을 제거해야 되는데 대표적인 것이 공문서입니다.

가르치는 업무와 관련된 교무敎務는 필요하지만, 학교 전반을 관리하기 위한 교무校務는 관리자와 행정실에서 해야 될 일입니다. 그러나 현재의 학교를 보면 가르치는 일과는 별개인 성과주의와 업적주의에 입각한 교무校務 업무를 선생님들이 하고 있는 경우가 많습니다. 심지어 지역교육지원청이나 도교육청에서는 지원과에서 하고 있는 업무인데 학교에서는 선생님들이 하고 있는 업무도 많습니다. 이런 사정을 도교육청에서도 인지하고 있기 때문에 가르치는 업무와 별개인 공문이나 업무를 교감 중심으로 해결하는 방안을 마련하고 있는 것으로 알고 있습니다. 그러나 현재도 교감선생님을 중심으로 업무경감을 위한 간소화시스템이 있지만 제대로 시행되는 학교는 거의 없습니다. 그리고 현재의 학교문화로는 교감선생님에게 왜 시행하지 않느냐고 따지지 못하는 것도 현실입니다.

그래서 도교육청에서는 이를 시행하지 않는 학교의 경우에는 인사상의 불이익을 비롯한 엄중한 처리가 있어야 합니다. 그리고 관리자의 체면이나 성과를 위해 선생님들에게 가중된 업무도 꼼꼼하게 점검하여 걷어내야 합니다. 대표적인 것이 보도자료입니다. 관리자평가에 보도자료의 건수에 비례해서 부가점을 주는 항목이 있습니다. 선생님들이 관리자들의 평가를 위하여 불필요한 업무를 하고 있는 것입니다. 각종 평가나 성과처리에 불필요한 업무가 준거가 되는 일이 없도록 해야 합니다.

혁신학교는 학교 문화를 변화시켜 교육 본질을 회복하자는 운동입니다. 그러나 혁신학교의 실행 계획안에 보면 선정 절차에서 심층면접이 먼저고 계획서가 나중이라는 것을 제외하면 기존의 연구학교나 꿈나르미 학교의 지정과 별반 차이가 없습니다. 심층면접을 먼저 실시하는 것은 상당이 바람직한 일이지만 기존의 연구학교에서도 선생님들의 동의가 필요하지만 형식에 그치고 있습니다. 심층면접을 먼저 실시하는 것도 이런 점을 우려하여 혁신학교를 추진할 문화가 조성된 학교를 선정하기 위한 고심의 결과라고 봅니다. 그렇지만 현행의 학교 문화는 관리자가 이끌고 선생님들은 끌려가는 수동적인 문화입니다. 따라서 연구학교를 추진하듯이 관리자가 자신의 욕심을 위하여 혁신학교를 지정받고자 욕심을 낸다면, 심층면접을 실시해도 선생님들은 관리자의 눈치를 볼 수밖에 없습니다. 즉 혁신학교를 위한 민주적인 체제와 선생님들의 자발적인 노력과 열정이 넘치는 학교문화를 가진 학교는 극히 일부라는 것입니다.

따라서 기존의 공모제의 선정 형태에서 벗어나 혁신교육을 하고 싶은 학교는 모두 실시하라고 하는 것입니다. 특별한 예산지원이나 인센티브도 주지 않는 것입니다. 혁신학교가 특별한 예산이 필요 없을 뿐더러, 필요하다면 그 정도의 예산은 학교예산으로 충분히 충당이 가능하다고 봅니다. 그러면 인사 시기에 혁신학교에 동참할 의지가 있는 선생님들은 학교를 민주적으로 경영하고 혁신학교를 위해 지원을 아끼지 않는 관리자가 있는 학교로 자연적으로 이동될 것입니다. 더디고 느리겠지만 자발적인 참여가 혁신학교의 뿌리를 튼튼하게 할 것입니다.

나이와 경력을 언급하는 것이 부담스럽지만 혁신학교는 다양한 경험에서 많은 지혜를 얻은 4~50대의 중견선생님들의 역할이 중요합니다. 전체를 관망할 수 있는 능력을 갖추어서 한쪽으로 치우침이 없는 혁신학교의 추진이 필요한데, 관리자의 비민주적인 학교경영, 기존 교육의 부정적인 면만을 부각시켜 마치 지금까지의 교육은 헛것이고 낡았다고 규정하는 방법은 옳지 않다고 봅니다. 모든 제도가 변하듯이 교육 또한 살아 움직이는 유기체처럼 시대의 변화에 맞게 성장하고 발전해 왔습니다. 대부분의 관리자 역시 시대의 요구에 호응한 것입니다.

기존의 교육과 관리자를 무조건 부정적인 시각으로 몰아가는 것은 큰 반감을 불러 일으켜 혁신학교의 추진에 어려움이 될 것입니다. 그래서 많은 경험으로 지혜를 쌓은 4~50대의 선생님들이 잘 중재하고 조절하며, 때로는 중심을 잡아주는 역할을 해야 선생님이 주축이 되고 관리자가 지원하는 이상적인 혁신학교가 추진될 것입니다. 그리고 교육에 대한 열정과 학교 문제를 원만하게 해결할 수 있는 지혜를 가진 4~50대의 선생님들은, 선생님으로서의 마지막 기회라는 심정으로 관리자와 선생님 사이를 적극적으로 중재하고, 도와주고 배려하는 리더십을 솔선수범하여 생채기를 내기보다 곪은 상처를 치유할 수 있는 힐링과 웰빙의 학교 문화가 조성될 수 있도록 해야 할 것입니다.

사람에 대하여 잘못 생각하고 있는 것 중의 하나가 사람의 성격은 변한다는 것입니다. 그러나 사람의 타고난 성격은 변하지 않는다는 것이 현재까지의 연구입니다. 그리고 성격에 따라 좋아하는 것과 재능도 다르다는 것이 일반적인 상식입니다.

혁신학교의 추진에서도 사람의 성격을 잘 고려해야 됩니다. 혁신학교의 내용이 획일화되면 안 된다는 이유의 하나도 사람의 성격과 관련성이 있습니다. 혁신학교의 모든 관리자는 등교하는 아이들을 친절하게 웃음 띤 얼굴로, 때로는 포옹을 하며 맞이해야 된다고 정해 놓으면, 어떤 관리자는 정말로 진실된 마음으로 학생들을 맞이할 것이고, 어떤 관리자는 억지로 가식적으로 맞이할 것입니다. 그런데 억지로 가식적으로 아이들을 맞이하는 관리자는 마음을 표현하는 것을 부담스러워 하는 무뚝뚝한 성격도 있지만 남을 배려하고 이해하는 능력이 탁월한 장점도 가지고 있습니다. 이럴 경우 무뚝뚝한 관리자가 가식적으로 아이들을 계속 맞이하는 획일화를 강요할 것이 아니라, 그분만의 방법으로 아이들을 배려하고 이해하는 실천방법을 허용하는 분위기가 되어야 다양성이 존재하는 혁신학교가 될 것입니다.

선생님들도 성격에 따라 어떤 선생님은 전통적인 방식, 어떤 선생님은 PCK적용, 어떤 선생님은 STEAM(융합)교육, 어떤 선생님은 환경교육 등에 특별히 가르치는 재능을 가지고 있습니다. 이 분들에게 가르치는 방법의 변화를 강요하기보다 혁신 학교의 정신이 가미되도록 조언하면, 혁신학교의 정신이 담긴 다양하고 창의적인 혁신학교가 많아질 것입니다.

반면에 독선과 아집의 유전자로 환경의 변화에 적응성이 뛰어난 카멜레온 같은 성격을 가진 분들도 있습니다. 이 분들은 교육이 변할 때마다 탁월한 보호색을 발현하여 그 생명력을 유지하지만 결국에는 독선과 아집으로 학교를 불행하게 만드는 장본인들입니다. 교육이 변할 때마다 성격이 변한 것이 아니라 특유의 유전자로 상황에 맞게 자신을 잘 맞춘 것입니다. 이런 분들이 또다시 자신의 출세를 위하여 혁신학교의 색깔로 자신의 몸을 감쌀 우려가 있습니다. 오래된 환부입니다. 제대로 치유하기 위해서는 도려내어야 합니다. 심층면접이나 다른 방법을 통하여 이런 분들이 관리자로 있는 학교가 혁신학교로 지정되는 일이 없도록 해야 합니다.

혁신학교의 지속적인 성장 동력이 필요합니다. 열정적인 선생님들에 의하여 혁신학교가 완성되는데, 선생님들의 열정이 발현되고 유지되도록 리더십 관련 연수 확대와 탈의실도 제대로 없는 휴게실, 휴게실조차도 없는 학교, 몸이 아파도 마음 편히 갈 수 없는 보건실, 교직원을 위한 탁아시설 등과 같은 열악한 환경을 비롯한 교원복지 향상에 꾸준한 투자가 있어야 합니다. 사명감으로 열정에 가득 찬 선생님을 요구하기 전에 불타는 사명감이 시들지 않도록 하는 것이 중요합니다. 선생님이 행복해야 아이들이 행복합니다.

마지막으로 교육감님들께 부탁합니다. 혁신학교에서 교육을 받은 아이들이 원하는 대학에 갈 수 있도록 대학 입시제도가 바뀌어야 합니다. 이것이 바뀌지 않으면 혁신학교는 초등학교, 좀 더 나아가 중학교에서 멈춰설 가능성이 있습니다. 이유는 설명을 하지 않아도 알 것입니다.

현행의 입시제도가 개선될 수 있도록 교육감님들께 부탁과 함께 응원의 박수를 보냅니다.

혁신학교가 성공적으로 뿌리내리고 확산되기를 간절히 바라는 마음에서 우려되는 점들을 나름대로 열거해 보았습니다. 혁신학교의 진행 사항을 구체적으로 알 수 있는 정보가 미흡했기에 부족한 부분이 있었다면 너그럽게 이해해 주기를 바랍니다.

혁신학교의 성공을 진심으로 기원합니다. 그리고 동참합니다.

나의 수업을 간섭하지 마라!

발령을 받아 처음 간 학교에서 공개수업을 하게 되었습니다. 교육청에서 장학지도를 오는데 공개수업을 의무적으로 해야 된다고 했습니다. 그런데 선배 선생님들이 아무도 하지 않으려고 해서 별 부담감을 갖지 않고 스스로 하겠다고 하였습니다. 하지만 관리자의 반응은 싸늘했습니다. 가능하면 선배 선생님들이 하기를 원하는 듯했습니다. 하지만 원하는 선배 선생님들이 없자 할 수 없이 허락하는 분위기였습니다.

학교를 대표해서 멋진 수업을 장학사에게 보여 주어야 되는데, 신규 선생님이 그 역할을 하는 것에 불만이 있는 것 같았습니다. 그래서인지 수업을 준비하는 과정에서도 별 간섭(?)이 없었고, 조언도 지원도 없었습니다.

장학지도 당일에 나름대로 공개수업을 열심히 했습니다. 완전히 만족한 것은 아니었지만 나름대로 의미 있는 수업이었다고 생각을 하였습니다. 하지만 장학사와 함께한 협의회에서의 반응은 달랐습니다. 수업자의 의도는 물론 수업의 진행과정에 대한 질문이나 조언은 아예 없었고, 신규 선생님이 하는 수업이 '그렇지 뭐!'하는 것으로 협의회가 끝이 났습니다.

저녁에 선배 선생님과 맥주를 한 잔 하면서 기분이 이상하다고 이야기를 했더니, 관리자가 생각하는 좋은 수업을 소화하기에는 신규인 저의 소양이 너무 부족하다고 판단되었기 때문에 처음부터 기대를 하지 않았고, 장학지도 당일 장학사에게도 그렇게 전달하여 수업

협의회가 그렇게 진행되었다고 했습니다. 열도 후끈 올라오고 자존심도 많이 상했습니다.

그 뒤 수업에 대한 책을 읽고 적용하는 것을 반복하였습니다. 몇 년 뒤에 열린교육이 판을 치기 시작했습니다. 환영했습니다. 왜냐하면 이미 책을 통하여 열린교육을 알고 나름대로 실천하고 있었기에 공유할 수 있는 장이 마련될 것 같았기 때문입니다. 그러나 획일화였습니다. 우리나라에서 열린교육이 차이와 다름을 인정하지 않은 닫힌 교육으로 변질된 것이었습니다.

ICT활용 수업도 그랬습니다.

스마트교육도 그렇습니다.

융합교육도 그렇습니다.

PCK를 활용한 수업 역시 마찬가지입니다.

모두 학생들에게 창의성과 다양한 문제 해결력을 기르기 위한 교수법이라고 이야기를 합니다. 그러나 그 형식이 정해져 있고, 교수학습 과정이 획일화되어 있는데, 어떻게 창의력에 바탕을 둔 다양한 문제 해결력이 길러지겠습니까? 전통적인 수업에 무늬만 바뀌었는데 창의성이 길러지겠습니까?

해마다 수업연구대회가 실시되지만 변하지 않는 것이 있습니다. 바로 교수학습 모형을 정해준다는 것입니다. 정해진 틀 속에서 보기 좋은 수업을 하라는 것입니다. 수업이 아이들에게 효과가 있는지는 검증이 되지 않고 오직 심사위원들의 생각과 일치하면 좋은 수업이라고 인증을 받는 것입니다. 선생님이 아이들을 위한 수업을 해야 되는데 심사위원들을 위한 수업이 되고 있는 것입니다.

컨설팅 장학 역시 마찬가지입니다. 수석선생님을 비롯한 다양한 수업 전문가들이 컨설팅 장학을 하고 있습니다. 수업에 관심을 가지는 분들이 많아졌다는 사실은 좋은 일입니다. 그러나 내용을 살펴보면 경험에 의한 컨설팅, 외국의 사례 소개, 교육학자들의 이론 전달, 개정 교육과정의 전달, 특정 교수학습 모형의 연수 등입니다. 컨설턴트가 적용하고 검증한 뚜렷한 교수학습모형이 없습니다. 경험적으로 알고 있는 주관적인 지혜가 아닌 과학적인 지식이나 근거, 교육이론을 수업에 적용하고 학생들에게 어떤 영향을 끼쳤는지에 대한 객관적인 지혜는 없습니다.

'소인수 학급에 맞는 수업을 하십시오. 과밀 학급에 맞는 수업을 하십시오. 지역의 특성을 고려한 수업을 하십시오'와 같은 추상적인 조언만 있을 뿐입니다.

얼마 전에 교원평가와 동료장학을 겸한 공개수업이 있었습니다. 선생님들은 거부감을 가지고 있었지만 뚜렷하게 반대의사를 표시하지 않았고, 관리자들은 이번 기회에 본인들이 생각하는 좋은 수업을 강요하기 위한 좋은 기회를 얻은 듯했습니다.

이번 기회에 두 가지 시험을 하기로 했습니다.

하나는 그동안 뇌 과학, 심리, 기억의 원리, 리더십 등을 근거로 하고 있었던 소인수 학급에서의 나만의 교수학습방법을 모형으로 구안하고 적용한 후 협의회 시 반응을 살펴보기로 하였습니다. 사실 이 모형은 공개수업을 위해 새롭게 구안한 것이 아니라, 많은 고민과 연구에 의한 소인수 학급에 효과적인 나만의 수업방법을 정리한 것에 불과했습니다. 하지만 모형을 'M&PE 문제해결모형'이라고 제법 근사하게 이름 지어 지도안에 표시해 두었습니다.

두 번째는 공개수업에 대한 부담감을 무너뜨릴 수 있는 방법을 찾기로 했습니다. 선택한 방법은 수업자의 수업의도를 최대한 존중하고, 칭찬으로 격려하며, 수업의 결점을 찾는 것보다 현시대에서의 수업의 방향이 어떠해야 되는지에 대한 토의 주제를 던져보기로 하였습니다.

첫 번째 실험의 결과는 예상한 대로 나만의 교수학습모형인 'M&PE문제해결모형'에 대하여 질문하는 분들이 아무도 없었습니다. 다만 치밀하고 계획적인 수업이었고, 학생 밀착형 수업이었다는 평가와 함께 학생들의 글씨, 연필 잡는 법, 판서에 대한 전형적인 수업협의회에서 하는 말들이 오고 갔습니다. 그리고 어떤 관리자는 자신의 경험만으로 수업을 평가하는 오류를 역시 범했습니다. 토론을 하기 위한 것이 아니었기에 반론을 제기하지 않았습니다.

두 번째 실험에서는 나의 수업을 먼저 본 일부 선생님들이 보여주기 위한 수업보다 실제 학생들과 이루어지는 수업방법을 선택하는 것이 고무적이었고, 1차 수업협의회에서 수업자의 수업의도를 말하는 시간을 이용하여 의도적으로 생각할 토의주제를 던졌지만 이야기가 이어나가지는 못했습니다. 관리자가 포함된 협의회 시간에 자유롭게 이야기할 수 없는 학교문화와도 관련이 있는 듯하여 학교문화를 바꾸는 것도 수업의 질을 개선하는 한 방법이 될 수 있겠다는 생각을 하게 되었습니다. 그리고 다른 수업자에게 지적보다는 칭찬과 격려하는 방법은 자신의 입장에서 일방적으로 수업자의 수업을 지적하고 나무랄 가능성이 있는 다른 참관자에게 영향을 미쳐서 협의회의 분위기를 밝게 만드는 효과와 함께 공개수업에 대한 부담감을 줄이는

데 미미한 효과가 있는 듯했습니다.

다른 사람의 수업에 너무 쉽게 관여하고 평가하는 이면에는 개인의 주관적인 경험에 의한 지혜에 의지한 부분이 많습니다. 그래서 지위가 높아지면 너무 쉽게 선생님들의 수업에 관여하고 평가합니다.

선생님들도 나만의 학습방법과 모형을 찾기보다 시대의 조류에 편승한 각종 이론들에 수업을 끼워 맞추기에 급급했습니다. 그리고 그것을 잘하면 수업과 장학활동 잘한다고 치켜세웠습니다. 하지만 그것을 받아들이는 학생들에게 어떤 영향을 끼쳤는지에 대한 연구결과는 없거나 주관적인 판단이 전부입니다. 보여주기 위해서, 자신의 만족을 위하여 수업을 한 것입니다.

교육계의 최신 동향에 민감하게 반응하여 수업에 반영하는 것을 폄하하는 것이 아닙니다. 억지로 맞추어 그대로 이식하는 것이 문제라는 것입니다. 그리고 이렇게 하지 못하면 수업에 대하여 제대로 알지 못한다는 강박관념을 가지고 있는 것이 문제라는 것입니다. 이번 공개수업을 통해서 확인한 것이 'M&PE문제해결모형'을 처음 들어보는 것인데도 무슨 모형인지 질문을 하는 분들이 없었습니다. 질문을 하게 되면 새로운 모형에 대해 모르고 있는 것이 탄로날까봐 걱정하는 마음이 앞서는 것 같았습니다. 어느 선생님과의 인터뷰에서 확인을 하기도 했습니다.

선생님들의 다양한 창의적인 수업이 수업의 질을 개선시켜 미래사회가 바라는 인재가 양성되는 것은 당연한 가치입니다. 획일적이고 정형화된 틀에서 벗어나도록 학교 문화를 변화시키면 다양하고 창의적인 수업이 가능한 것도 알고 있는 가치입니다.

하지만 지위에 의해 강요되는 수업형태, 각종 최신 교육동향에 의해 억지로 끼워 맞춰진 수업으로 미래 인재를 가르치고 있는 것이 사실입니다. 그래서 지위와 주관적인 경험에 의해 생긴 지혜로 수업에 관여하고 평가하는 것이 몰상식으로 바뀌고, 과학적이고 객관적인 근거에 의한 다양하고 창의적인 좋은 수업을 위한 선생님들의 노력이 사실적 현상이 된다면 미래사회가 바라는 인재가 양성되는 것이 가치가 아닌 사실이 될 것입니다.

가치가 사실로 바뀌는 과정에서 진정으로 '나의 수업을 간섭하지 마라!'고 외칠 수 있으려면 자신만의 특별한 노력이 필요합니다. 그래야 지위에 의한 간섭에서 당당할 수 있고 가르치는 보람이 있을 것입니다.

수업은 선생님이 바꾸어야 합니다.

'나의 수업을 간섭하지 마라!'

상쾌한 희망의 바람이 되면 좋겠습니다

전교조가 불법단체일 때 활동을 시작하였습니다. 교육제도에 대한 불만 때문에, 관리자에 대한 불평으로, 편안한 학교생활을 위한 것도 아닌 전교조가 주장하는 교육이 좋았습니다. 그랬기에 퇴근 후에 사무실에 모여서 우리 교육에 대한 여러 가지 주제로 토의하고 토론하는 것도 힘들지 않았습니다. 아이들을 위한 여러 가지 활동들도 힘들지 않았습니다. 무엇보다 비합법단체라는 현실적인 어려움을 참교육을 위한 열정으로 이겨내는 조합원들의 모습은 힘든 산행 후에 맛보는 시원하고 상쾌한 바람 같아서 힘든 학교생활을 잊게 해주었습니다.

그로부터 20여년이 지났습니다(2014). 그동안 전교조는 온갖 외형적인 어려움과 내부적인 갈등을 겪었습니다. 아니 지금도 겪고 있습니다. 하지만 전교조 역사의 전환기가 될 수밖에 없는 진보교육감의 시대가 만개했습니다. 그리고 늘 그랬듯이 환호와 우려의 목소리가 섞여 나옵니다. 심하게는 직선제를 폐지하고 대통령이 지명하자는 주장까지 나옵니다. 힘 있는 아이가 놀이에서 질 것 같으면 놀이 규칙을 바꾸는 것과 같은 형국입니다. 패배의 원인을 분석하고 반성하여 다음 선거에서 국민이라는 공정한 심판의 판정을 받는 지혜롭고 성숙한 어른의 모습을 포기하는 듯하여 안타깝기만 합니다.

그러나 교육감 선거도 우려스럽습니다. 직선제의 교육감 선거제도가 우려스럽다는 것이 아니라 선거의 전개과정이 정치인을 뽑는 것 같아 우려스럽고, 정치와 관계가 없는데도 선거결과에 정치권이 민감하게 반응하는 것 또한 우려스럽고, 교육이 정권창출의 수단으로 변질되는 것 같아 가장 우려스럽습니다.

　그래서 진보교육감의 역할이 더욱 중요한 것 같습니다.

　교육감이 바뀌면 항상 새로운 인사가 단행됩니다. 하지만 도덕성과 업무추진에 결함이 있는 분들만 과감하게 후퇴시키고 능력 있고 존경받는 분들을 발탁하여 보복성이나 편가르기 같은 인사를 극복하면 좋겠습니다. 그래서 선거 때마다 되풀이되는 공무원의 불법적인 선거운동과 줄서기 관행을 철폐하여 공무원을 지켜주고 국민에게 환영받는 인사가 이루어지면 좋겠습니다.

　공감하는 교육정책을 추진하면 좋겠습니다. 새로운 공약을 실현하기 위한 교육정책을 기획하고 추진하기 전에 학생, 학부모, 선생님이 공감하지 못하는 전시 정책이나 인기 영합적인 교육정책의 폐지가 필요합니다. 더 나아가 새로운 교육정책도 기존의 교육정책을 수정하고 보완하여 학생, 학부모. 선생님의 혼란을 최소화해야 합니다.

　그리고 공청회를 비롯한 다양한 의견 수렴으로 학생, 학부모, 선생님들이 공감하고 환영하는 교육정책이 시행되기를 바랍니다.

　신념에 대한 다름과 차이를 인정하여 선의의 경쟁관계가 형성되도록 해야 합니다. 진보교육감의 전성시대가 열린 것은 진보교육에 대한 지나친 탄압도 그 원인이 됩니다. 보수와 진보는 신념의 문제라서 부정하고 탄압한다고 해결되는 것이 아닙니다. 본인이 지지하는 정당의 잘못에 관대한 것이 대표적인 예입니다.

　따라서 다름과 차이를 인정하여 무시하고 부정하기보다 수용하고 지원하여 진보의 모자라는 부분을 채워주는 선의의 경쟁구도를 만들어 교육의 발전과 성장을 이루어야 합니다.

전교조도 참교육을 실현하기 위해 비슷한 신념을 가진 선생님들로 구성된 노동조합입니다. 그리고 전교조가 진보교육감을 탄생시키는 데 혁혁한 공이 있다는 것도 부정할 수 없는 불편한 사실입니다. 그래서 전교조와 다른 신념을 가진 분들이 그러했듯이 전교조도 오만과 독선으로 빠질 가능성을 가지고 있습니다.

진보교육감을 환영하는 단계를 벗어나 전교조와 동일시하거나 옥상옥이 되는 것에 대해 우려하는 목소리가 많습니다. 한 언론매체의 논평에서도 전교조의 새로운 전성기가 시작될 것이라고 예견하면서 여러 가지 부작용을 지적하였고, 전교조 전위원장도 양적인 성장보다 질적인 성장을 위하여 지금보다 더 뼈를 깎는 고통이 있어야 한다고 충고하였습니다.

그러나 증가할 조합원들의 질적인 성장을 위한 새로운 프로그램의 개발과 시행, 교육에서 희망을 찾는 학생, 학부모, 선생님들의 상쾌한 바람이 되는 전교조가 된다면 우려는 기우에 불과할 것입니다.

갈등을 중재하고 조정하는 교육감이 되면 좋겠습니다.

교원성과금, 학교폭력예방에 관한 가산점 부여, 아무 가치도 없는 성과위주의 학교평가 등과 같은 소모적인 경쟁교육정책에 의한 갈등, 행정업무와 교무업무의 기준이 없어서 생기는 갈등과 이를 어설프게 해결하는 관리자 때문에 생기는 갈등, 토요방과후 프로그램의 학생 강제 동원에 따른 갈등, 학교폭력 발생에 의한 학교와 학무모의 갈등, 갈등을 조장하는 교육부의 교육정책을 여과 없이 시행해서 생기는 갈등 등으로 학교는 지칠 대로 지쳐있습니다.

학교가 힘들어졌다고 하는 것은 가르치는 본연의 업무와 관련된 일들이 증가하였기 때문이 아니라, 갈등을 조장하는 교육부와 도교육청의 비교육적인 교육정책들 때문입니다. 이런 갈등조장 교육정책들의 과감한 폐지를 건의하고 어쩔 수 없이 시행해야 된다면 최소한의 시행으로 학교의 갈등을 최소화시켜야 합니다.

장학관, 장학사들의 역할은 학교를 지원하는 것입니다. 그런데 특정학교와 특정인을 배려하거나 지침에 어긋나는 사적인 감정을 개입시키는 정책 시행으로 갈등을 조장하는 것이 학교를 위하는 것으로 착각하는 장학관, 장학사들이 있습니다. 이런 편협된 사고로 갈등을 조장하는 장학관, 장학사들을 과감하게 후퇴시키고 유연한 사고와 도덕성에 바탕을 둔 덕망 있는 분들을 기용하여 학교를 지원하도록 해야 합니다.

정책을 직접 추진하는 장학관, 장학사들의 말과 행동 하나하나가 교육감을 평가하는 기준이 되기 때문에, 부도덕하고 갈등을 조장하는 장학관, 장학사들이 발견되는 즉시 후퇴시키는 것이 옳다고 봅니다. 진보교육감의 시대가 열린 것을 진심으로 환영합니다. 그러나 이전의 실패한 교육감들의 길을 따라 걷는다면 진보교육은 영원히 사라질지 모르는 중요한 기로에 처해 있기도 합니다.

신념이 다른 단체를 수용하고 지원하는 특별한 노력으로 동반자적 관계를 형성하고, 갈등을 조정하고 중재하는 리더십을 발휘하고, 공정한 인사로 신임을 얻는다면 진보교육이 국민들의 가슴에 희망의 뿌리를 내릴 수 있을 것입니다.

답답한 우리교육에 희망을 불어넣는 상쾌한 진보의 바람을 기대합니다. 20여년 전의 그 희망의 바람을 다시 맞이하고 싶습니다.

학교에는 자율성과 재량권이 없습니다

대학교 4학년 실무실습을 나갔을 때 처음으로 '공문'이라는 것을 접했습니다. 그런데 작성하는 방법이 생소하고 까다롭기도 했지만 컴퓨터가 보급되기 전이라 하나하나 손으로 쓰려고 하니까 여간 힘든 일이 아니었습니다. 그리고 그때 처음으로 선생님이 아이들만 가르치는 직업이 아니라는 것을 알았습니다.

처음 발령을 받은 학교에서 처음으로 공문을 작성하는데 실수를 않기 위하여 연필로 먼저 쓰고 다시 볼펜으로 작성하기를 수십 번을 한 후 결재판에 넣어서 가져갔지만 다시 작성해야만 했습니다. 그리고 내용만 통하면 되지 왜 이런 쓸데없는 규칙을 정해서 괴롭히는지에 대한 불만도 생겼습니다. 그러나 정해진 규칙이니까 지켜야만 하고 안 지키면 비난만 쏟아지니 지킬 수밖에 없다는 이야기만 해줄 뿐, 납득할 만한 이야기를 해주는 관리자나 선배 선생님은 없었습니다.

20년이 흘렀습니다. 아직도 공문 때문에 지적을 당하니 씁쓸하기도 하고, 실수로 일어난 오자나 탈자에 자존심을 상해야 될 만한 값어치가 있는지에 대해서는 여전히 의문입니다.

인터넷, 방송, 신문의 신입사원 모집광고란에 빠지지 않고 등장하는 '창의적인 인재를 뽑아서 자신의 재능을 펼칠 수 있는 자율성과 재량권을 부여 하겠다'는 내용이 있습니다. 그러나 실제로 입사해보면 자신의 재능을 발휘할 수 있는 영역은 거의 없습니다. 정해진 틀대로 움직여야 하고 어쩌다가 좋은 아이디어를 말하면 상사에 의하여 묵살당하기 일쑤입니다.

학교도 예외가 아닙니다. 교육부는 틈만 나면 교육과정 운영에 대한 자율성과 재량권을 학교와 선생님에게 대폭 부여하겠다고 합니다. 그러나 현실은 교육부나 도교육청이 다 정해주고 반영하도록 강제한 뒤 자율적으로 하라고 합니다. 교육부나 도교육청이 정해준 것만 하더라도 정상적인 교과지도가 어려운데, 어떻게 더 자율성과 재량권을 발휘할 수 있겠습니까?

그리고 우리가 상상하는 재량권과 자율성을 부여받는 직업은 어느 한 곳도 없습니다. 기업의 사장이나 CEO도 규제나 법령이 있어 자신이 하고 싶은 대로 마음대로 하지 못합니다. 학교 관리자도 법령이 정한대로 해야 되기 때문에 마찬가지입니다.

그러나 다르게 생각해 볼 필요가 있습니다. 업무가 중요할수록, 사회나 다른 사람에게 미치는 영향이 큰 업무일 경우에는 자율성과 재량권의 남용을 막아야 됩니다. 즉 재량권과 자율성이 상대적으로 없다는 것은 중요하고 영향력이 큰 업무를 맡고 있다는 뜻입니다.

공문도 이와 같은 맥락에서 이해할 필요가 있습니다. 선생님이 처리하는 공문은 국가의 정책이나 국민들에게 많은 영향을 끼치는 요소이기 때문에 내용을 쉽게 파악하고 취합할 수 있도록 형식이 정해진 공식적인 문서라고 보면 됩니다. 만약에 공문이 일정한 형식이 없다면 내용을 파악하는 데 시간이 많이 걸리고, 다양한 해석상으로 많은 부작용도 생길 것입니다. 특히 통계를 위하여 취합을 하는 경우라면 더욱 심각할 것입니다.

다만 시대의 흐름에 역행하는 것에는 반대합니다. 요즘 웬만한 것은 서버에 데이터베이스화되어 있기 때문에 공문이 필요 없이 상부기관에서 인터넷을 통하여 내용 파악과 취합이 가능합니다. 업무 담당자의 편의를 위해서 무조건적으로 학교에 공문을 남발하는 것은 없애야 합니다.

그리고 학교 관리자도 내용 파악이나 취합에 문제가 없다면 오자나 탈자에 지나치게 민감하게 반응하여 선생님들과 대립하면, 오히려 공문에 대한 부정적인 관점을 더 강화시키는 결과만 초래할 것입니다.

또, 정해진 형식과 규정 내에서는 선생님들의 자율성과 재량권을 최대한 보장해 주아야 합니다. 선생님들의 계획과 기획을 존중하지 않고, 선생님들의 창의적인 수업을 관리자의 관점으로 지도하고, 관리자의 관습과 생각만으로 학교를 경영하는 것은 학교의 성장과 발전을 저해하는 것과 같습니다.

선생님들도 자율성과 재량권을 편리함을 추구하기 위하여 기준을 허물고 편법과 위법을 동원하는 것으로 착각하면 안 됩니다.

학교에는 공문을 비롯하여 형식을 갖추어야 할 것들이 많습니다. 그것은 선생님들이 그만큼 중요한 일들을 하고 있다는 증거입니다. 그러나 지나치게 형식을 강조하여 내용을 등한시하고, 편리를 추구하기 위해 기준을 허무는 것을 자율성과 재량권으로 착각하는 것은 간과해야 합니다.

학교를 비롯하여 어느 직장에도 자신이 원하는 자율성과 재량권은 없습니다.

정해진 형식과 규정을 지키는 것이 다른 사람에게 좀 더 많은 자율성과 재량권을 부여하는 방법일 것입니다.

학생들을 가르치기 싫은 것이 아닙니다

일제고사를 반대하는 선생님들에게 학생들을 저렇게 가르치기 싫어하는 사람들이 어떻게 선생님이 되었을까? 저렇게 가르쳐서 평가받는 것을 싫어하는 사람들은 능력이 없는 선생님들이라고 이야기하는 분들이 있습니다.

학교경영 잘해서 실적 많이 남기면 자동적으로 학교평가에서 좋은 결과 나오는데, 선생님들이 학생들 잘 안 가르치게 하고, 업무 소홀히 여기도록 해서 학교평가 결과가 안 좋다고 관리자를 폄하하는 분들도 있습니다.

학생들이 학교에서 공부를 하는 이유는 두 가지가 있습니다.

그 하나는 학생들이 속한 사회 규범과 가치를 전승받도록 하여 사회의 건강한 일원으로 성장하도록 돕는 것입니다. 그리고 우리 사회를 구성하는 개인과 집단이 생각하는 규범과 가치가 다르기 때문에 역사교과서를 비롯한 여러 가지 갈등이 발생하고 있습니다. 이 부분은 민감한 사안이기 때문에 논의를 회피하지만 개인적인 치부를 덮기 위해서, 욕심을 채우기 위해서, 제한된 정보를 가진 다수의 사람들을 이용하여 정치적인 이득을 챙기기 위해서 접근하는 것은 미래지향적이지 못하며 미래를 과거에 가두는 것이라고 생각합니다.

두 번째 학생들의 행복추구권입니다.

사람은 저마다 자신의 행복을 추구할 권리를 가지고 있습니다. 이런 주장을 하면 학생들은 세상물정을 제대로 파악하지 못하기 때문에 어른들이 개입하는 것이 옳은 것이지, 학생들 마음대로 하도록 방임하는 것이 옳은 것이 아니라고 오해하는 그룹도 있습니다.

그렇습니다. 학생들은 배우는 단계입니다. 도움이 필요한 존재입니다. 그래서 더욱 바르게 잘 도와주어야 합니다.

많은 선생님들이 일제고사를 비롯한 경쟁적인 줄 세우기 정책에 반대합니다.

학생들을 가르치기 싫어서, 편안하게 월급이나 받자고 그런 것이 아닙니다. 요즘은 진로교육을 초등학교 때부터 실시합니다. 과거에는 진로교육이 단순히 자신의 능력과 취미에 맞는 직업을 선택하도록 한 교육이었다면 현재는 이 모든 것을 포함하여 자신의 행복한 미래를 설계하고 실현하도록 돕는 교육으로 바뀌었습니다. 그래서 초등학교 부터 다양한 체험학습을 통하여 학생들이 행복한 꿈을 가지도록 돕고 있으며, 학생들은 그 꿈을 실현하기 위하여 교과학습을 비롯한 다양한 학교 교육과정에 참여하는 것입니다. 반면에 교과학습만 열심히 하면 좋은 대학 졸업하여 남들이 부러워하는 좋은 직장을 얻는 것이 행복이라고 생각하는 어른들과 이에 수긍하는 학생들도 있습니다.

어쨌거나 교과학습을 비롯한 다양한 학교 교육과정은 학생들의 행복 추구에 도움을 주는 것은 사실입니다. 그러면 학교가 어떤 역할을 해야 되는 것일까요? 교과학습만이 목적이 되어야 할까요? 아닐 것입니다. 교과학습을 비롯한 모든 학교 교육과정은 학생 개개인이 행복을 추구할 수 있도록 돕는 역할을 해야 합니다. 이 부분이 일제고사를 비롯한 현재 우리나라에서 진행되고 있는 학생과 학교의 서열화와 충돌하기 때문에 대부분의 선생님들이 경쟁적인 줄 세우기 교육에 반대하는 것입니다.

학생들의 궁극적인 목표는 행복실현입니다. 학교는 이 궁극적인 목표를 이루도록 거쳐야 하는 과정에 있습니다. 그리고 그 과정에는 행복에 필요한 충분조건들과 필요조건들이 있습니다. 학교는 이 조건들을 획득할 수 있는 물리적인 공간이며 선생님은 조건을 획득하도록 돕는 존재입니다.

그런데 지금 시행되고 있는 경쟁위주의 정책은 조건을 목표화하고 있습니다. 교과학습은 행복의 필요조건입니다. 바른 인성은 충분조건입니다. 다양한 체험학습과 풍부한 경험은 필요와 충분조건을 동시에 만족시킵니다. 이러한 조건은 궁극적인 목표를 달성하기 위한 수행(과정)목표인 것입니다. 수행(과정)목표의 역할은 궁극적인 목표를 달성하기 위해 끊임없는 피드백과 경험에서 지혜를 얻도록 하는 것입니다. 그러나 지금의 경쟁교육은 이 수행목표를 서열화하여 인센티브로 제공하고 있습니다. 이 때문에 최종적으로 달성해야 될 궁극적인 목표는 사라지고 수행목표의 결과에 따라 단기적이고 축소된 만족과 좌절이 되풀이되어 학생들의 행복은 점점 멀어지고 있습니다.

그리고 인센티브는 만족감을 모르는 것이 특성입니다. 해마다 인센티브로 지출해야 될 영역과 액수가 증가함에 따라 낭비되는 세금도 만만찮습니다.

또 정량화시킬 수 없는 영역까지도 반영시킴으로써 결과에 대한 수긍보다는 분열을 초래하여 학교의 교육력을 저하시키는 것도 아주 큰 폐단입니다.

이윤추구를 목적으로 하는 기업에서도 창의성을 요구하는 시대적 흐름에 맞추어 당근과 채찍보다는 자기 만족감을 얻기 위한 내재적

동기를 유발하고 자극하는 환경을 조성하고 있습니다.

하물며 미래 인재를 양성하는 학교를 채찍과 당근으로 대표되는 경쟁교육으로 서열화하는 것은 시대적인 발상의 오류이며 아주 근시안적인 접근입니다. 여러 가지 면에서 설득력이 없는 것입니다.

선생님들이 학생들을 가르치기 싫은 것이 아닙니다. 편안하게 철밥통을 지키기 위한 것도 아닙니다.

학생들을 제대로 가르치고 싶은 열망의 표현입니다.

인센티브는 마약이다

아이들이 정말 싫어하는 것이 있습니다. 예를 들면 고학년이 되면 대부분의 아이들은 수학을 본능적으로 싫어합니다. 물론 다른 교과목에 비해 해결 과정이 복잡하고 어렵기 때문에 본능적으로 회피하는 것입니다. 그럴 때마다 수학의 중요성을 이야기하며 여러 가지 훈계로 설득을 하지만 아이들의 반응은 썩 좋지 않습니다. 심지어 아이들이 좋아하는 외현적인 보상으로 꼬시기(?)도 하지만 그때뿐이고, 다음번에는 더 큰 보상을 요구합니다. 선생님의 속은 부글부글 끓습니다.

학습을 하고자 하는 동기와 흥미가 수업의 절반 이상을 차지한다고 합니다. 그만큼 학생들의 의지가 중요하다는 것이겠죠? 그래서 대부분의 선생님들은 기발한 생각과 방법으로 학습동기를 유발하기 위해 노력합니다. 학습연구대회나 연구선생님 수업을 참관해보면 그 노력에 감탄이 절로 쏟아집니다. 그러나 다수의 학생들은 순간적으로 그 방법에 호기심과 신기함을 표현하지만 학습의욕에는 큰 영향을 받지 않았음을 수업이 진행되면 금방 알 수 있습니다. 그래서 어떤 선생님은 물질을 내세워 외현적外現的 보상을 약속하고 수업에 잘 참여하기를 부탁하기도 합니다.

흔히 있는 일이며 해마다 반복되는 현상이며, 해마다 제기되는 비판이기도 합니다. 그러나 뚜렷한 해결책은 제시하지 못하고 있습니다.

들려오는 소식에 의하면 교육감의 지시에 의하여 평소 수업을 묵묵히 잘하는 선생님에게 승진가산점을 주는 제도를 도입하려고 T/F팀을 만들었다고 합니다. 이해가 가면서도 씁쓸합니다. 왜냐하면 수업은 선생님의 기본 능력입니다. 그리고 선생님마다 자신의 소질과 능력에 맞는 효율적인 수업을 하고 있습니다. 그런데 현장에서 꾸준하게 수업을 잘하는 선생님을 검증하여 승진가산점을 준다고 하면, 그 검증 과정을 객관화하기 위하여 필요 없는 기준을 만들게 되고, 그 기준만을 만족시키면 좋은 수업으로 인증받을 수 있기 때문에, 융통성 있는 다양한 수업보다 틀에 박힌 딱딱한 수업이 될 가능성이 높습니다.

그리고 많은 사람들이 오해하고 있는 부분이 진로교육과 인성교육이 법적으로 확보된 시간에만 이루어진다고 생각하는데 실제로는 교과수업 시간에 학생들과의 많은 대화와 교감을 통하여 자연스럽게 이루어지는 경우가 많습니다. 형식적으로는 교과수업, 진로교육, 인성교육이 분리된 것처럼 보이지만 실제로는 통합되어 가르쳐지고 있는 것입니다. 그래서 선생님은 교과학습만을 가르치는 사람이 아니라 모든 면에서 학생들에게 영향력을 줄 수 있는 사람이기 때문에 모범적이고 도덕적인 사람을 임용시키고 그렇지 못한 현직 선생님에게는 많은 비난이 쏟아지는 것입니다. 그런데 승진가산점을 주기 위한 기준이 마련되면 이 기능이 상실될 가능성이 높습니다.

학교폭력에 관한 승진가산점이 도입되어 실시되고 있습니다. 인센티브만 제공하면 모든 것이 잘 이루어질 것이라는 착각을 교육관료들이 하고 있는 듯합니다.

우리 뇌에는 쾌감중추와 이타중추가 있다고 합니다. 물질적인 보상에는 쾌감중추가 발현하고 다른 사람을 돕거나 선행을 하면 이타중추가 발현된다고 합니다. 그리고 이 두 중추는 동시에 발현될 수 없다고 하지만 충돌하는 경우가 생기면 쾌감중추가 이타중추를 이긴다고 합니다.

교실에서 어려운 수업을 회피하는 아이에게 외현적인 물질적 보상을 하게 되면 처음에는 성공적입니다. 그러나 외현적 보상에 길들여진 아이는 더 큰 보상을 요구합니다. 그러나 그 보상이 직접적으로 와 닿지 않고 자기 욕구를 충족시키지 못하면 흥미를 잃습니다. 지속적이고 더 자극적인 보상이 이루어지지 않으면 학습 자체에 흥미를 잃게 되는 것입니다.

교육도 마찬가지입니다. 처음에는 돈으로 인센티브를 주기 시작했습니다. 그 뒤로 돈이라는 보상이 빠진 정책이 없었고 선생님들도 당연한 것으로 받아들였습니다. 그리고 돈이 선생님들의 쾌감중추를 장악했습니다. 그리고 이제는 더 강력한 보상을 바라고 있습니다. 나라에서는 복지예산의 증가로 교육예산을 줄인다고 합니다. 더 쾌감을 주기 위하여 보상을 증가시켜야 되는데 줄 돈이 없습니다. 그래서 등장한 것이 승진가산점입니다. 돈 안들이고 베풀(?) 수 있으며 더 강력하기 때문입니다.

심각한 문제는 외현적인 물질적인 보상이 아이들의 학습에 대한 흥미를 잃게 하듯이 선생님들에게 주어지는 각종 인센티브가 학교를 황폐화시킨다는 것입니다. 쓸데없는 경쟁으로 갈등을 양산하고, 배려하고 협력해야 할 학교가 서로 반목하고 시기하는 장소로 변질되어 간다는 것입니다.

그리고 묵묵히 학교와 교육을 지탱하던 선생님들도 상대적인 박탈감에 이제는 인센티브가 있는 교육에 뛰어들기 시작했습니다.

약물 중독자는 약물의 위험성에 대해서 알고 있습니다. 약물을 끊기 위하여 노력도 합니다. 그러나 쾌감중추가 이타중추를 강하게 누르고 있기 때문에 중독에서 벗어나지 못하는 것입니다.

아이와 학교에 주어지는 인센티브도 마찬가지입니다. 쾌감중추에 강하게 작용되어 초기중독의 단계에 빠져있습니다. 헤어나지 못하는 단계에 빠지기 전에 중단해야 합니다. 그리고 쾌감중추를 자극하는 방법보다 아드레날린과 엔돌핀을 분비시키는 방법으로 이타중추를 자극하는 교육정책을 펼쳐야 합니다. 그 방법과 정책을 찾는데 함께 고민하고 노력해야 합니다.

인센티브는 마약입니다.

역사인식! 무엇이 문제일까요?

6·25를 누가 일으켰는지를 두고 청소년들의 말줄임 표현과 반대되는 단어로 설문조사를 한 후 그것을 청소년들의 잘못된 역사인식으로 돌리고, 역사(국사) 선생님의 잘못으로 전가하는 현실을 개탄합니다.

요즘 청소년들과 연예인을 비롯한 일부 어른들도 말을 줄여서 많이 사용합니다. 말을 처음부터 순서대로 줄이는 방법을 사용합니다. 이번 설문도 한자의 뜻과 말 줄이는 방법의 차이에 의한 것으로 판단됩니다. '북한이 침략했다'를 '북침'으로 '남한이 침략했다'를 '남침'으로 해석한다는 것입니다. 일부에서는 한자를 제대로 가르치지 않아서 일어나는 문제라고 여기지만 지나친 말줄임 현상의 병폐라고 생각합니다. 우리말과 우리글을 제대로 가르치는 교육이 먼저 필요하다고 생각합니다. 영어교육만큼 국어교육에 관심을 가지면 좋겠습니다.

분명, 청소년들뿐만이 아니라 어른들에게도 우리나라의 역사인식에 문제가 있습니다. 특히, 근현대사에 대해서는 더욱 그렇습니다. 원인은 우리나라의 역사교육에 있습니다. 제가 중고등학교를 다닐 때 역사(국사)수업이 있었습니다. 조선후기와 일제식민지까지만 외웠습니다. 근현대사는 대충하고 넘어갔습니다. 그 이유는 근현대사는 진행 중이라서 해석상의 어려움이 있다는 것이었습니다. 연합고사나 대학입시에도 근현대사는 출제되지 않았습니다. 나중에 사학과에 다니는 친구와 책을 통해서 그것이 친일과 친미사관의 역사학자들이 철저히 은폐한 것이라는 것을 알았습니다. 그러는 동안 우리나라를 위해 진정으로 목숨을 바친 분들은 점점 사라져 갔고, 지금은 거의 안 계신다고 합니다.

　단순하게 6·25만을 가지고 청소년들의 역사인식을 나무라면 안 됩니다. 현재까지의 정부가 그렇게 만든 것입니다. 정권을 유지하기 위하여 우리나라의 독자적이고 주체적인 역사관을 가진 사학자들을 비주류로 분류하고, 친일과 친미의 사관을 가진 역사학자들을 주류로 편성하였습니다. 주류 사학자들이 만든 근현대사에 많은 오점을 가진 역사책을 배웠습니다. 우리 역사에 대해서 제대로 가르치지 않은 국가의 잘못을 단편적인 6·25의 잘못된 설문으로 청소년(국민)을 나무라는 것 또한 잘못된 역사인식의 결과입니다. 그리고 가르치고 싶어도 가르치지 못하게 한 국가의 잘못을 역사(국사) 선생님의 잘못으로 돌리는 것 또한 그릇된 역사인식의 결과입니다.

　저는 왜 우리가 근현대사의 역사를 알지 못하는지, 왜 근현대사의 역사를 배우지 못했는지, 왜 근현대사의 역사를 가르치지 못하게 했는지, 왜 근현대사의 역사를 정당화하기 위하여 이전의 우리 역사를 수정했는지를 알고 있습니다.

　나와 정치적인 성향이 다르다고, 나와 뜻이 다르다는 목적으로 역사인식에 관한 문제를 제기하고 있다면 거두십시오. 그리고 진정으로 역사인식에 대한 문제를 거론하고 싶다면, 근현대사를 비롯한 우리 역사에 대한 많은 토의와 토론의 장으로 만드십시오. 그리고 위대한 우리의 역사를 분열과 대립에 의한 갈등 조장의 수단으로 악용하지 말고, 자부심을 심어주어 통합의 수단으로 사용하십시오.

　그리고 학교에서 가르쳐주지 못한 역사를 인센티브를 받기 위하여 외워서 인증받는 현실이 무엇을 말해 주는지 알면 좋겠습니다.

더불어 축구 국가대표팀의 도깨비 그림이 왜 치우천황인지도 알면 좋겠습니다.

교직의 전문성과 방해꾼들!

임용고사 면접 문제로 '선생님관'에 대해서 물었습니다. 그러자 한 예비선생님이 '성직자는 세금이 면제되는데 선생님은 그렇지 않기 때문에 성직자는 아니고, 전문직관은 연구수당이 지급되어야 하는데 그렇지 못하니 전문직관 또한 아니며, 정부에서 노동자가 아니라고 하니 노동자관도 아닌 것 같습니다.'라고 대답하자 면접관이 '그러면 선생님의 생각은 무엇이라고 생각합니까?'라고 되물으니 '저는 이것저것 다하는 잡직이라고 생각합니다.'라고 대답했다고 합니다. 어떻게 생각하면 기분 나쁘고, 어떻게 생각하면 이기적인 생각인 것 같지만 학교에서 선생님들이 하고 있는 것을 보면 무리한 대답이 아니라고 생각합니다.

현재는 선생님연수나 워크샵, 세미나에 흔하게 '전문성 신장'이라는 문구를 사용합니다. 이 문구 때문에 행사가 한층 알뜰한 것 같고, 다른 사람들에게도 행사의 당위성이 인정받는 듯한 생각입니다.

전문성의 사전적 의미는 특정 분야에 대한 연구와 실천으로 깊이 있는 지식과 풍부한 경험을 갖춘 것'이란 뜻입니다. 이것을 교직에 접목하면 '교육 분야에 대한 연구와 실천으로 깊이 있는 지식과 풍부한 경험을 갖춘 것'이라고 할 수 있습니다. 그러면 교육 분야를 어떻게 해석해야 될까요? 해석하기에 따라서 교직에서 요구하는 전문성이 달라질 듯합니다. 전국교직원노동조합 홈페이지에 탑재된 pc통신 '하늘을 날으는 학교'에서 토론된 선생님의 전문성에 대한 토론 자료를 보면 "교육에 있어서는, '전문성'이라는 개념보다 '종합화'라는 개념이 먼저 생각해 보아야 할 더 중요한 개념이라고 생각한다. 교육의 대상인 아이들을 총체적으로 이해할 수 있고, 그들을 지적, 정서적, 성격적으로 골고루 발달시켜 낼 수 있는 종합적인 사고가 무엇보다 필요하다고 보기 때문이다. 그 속에서 전문성이 강조되어야 한다고 본다. 결국 이렇게 보면 '선생님의 전문성'이란 다른 분야와 비교해볼 때 그 영역이 훨씬 다양하고 폭넓다. 그리고 그 전문성을 실현하기도 무척 어렵다는 생각이 든다. 그런 만큼 현재 자신의 처지와 조건을 제대로, 그리고 정확히 파악해서 먼저 어떤 영역에서부터 전문성을 키울 것인지를 선택해야 하리라 본다."는 견해를 밝히고 있습니다.

즉 아이들을 가르치는 수업기술, 생활지도, 인성교육, 상담, 진로 등 교육에 관한 전반적인 부분에서 비교육자 이상의 특별한 능력을 갖추고 있는 것이며, 이 다양한 영역에서 한꺼번에 전문성을 갖추지 못하니 자신이 처한 환경이나 가진 능력, 관심 있는 분야에서 출발하여 영역을 확대해 나가는 것이 바람직하다는 것입니다.

예를 들면 독서에 관심이 많다면 독서 분야에서 전문성을 쌓아서 독서를 통한 생활지도, 상담활동, 학습지도 등으로 확장해 나가는 것이 바람직하다고 볼 수 있습니다.

그런데 선생님의 전문성을 신장한다는 목적을 가지고 있지만 실질적으로는 전문성 신장을 저해하는 방해꾼들이 있습니다. 방학기간이 다가오면 많은 단체에서 특수 분야 직무연수를 신청하라는 공문이 쏟아집니다. 너무 많아서 도교육청에서 목록을 만들어서 안내를 하고 있으며, 읽는 것이 지루할 정도로 강좌도 다양합니다. 그런데 그 내용을 보면 교직과 아무 관련이 없는 강좌가 많으며, 이것을 이수해도 학점으로 인정받고 있습니다. 교직의 전문성과 관련된 강좌보다 훨씬 다양하고 차지하는 비율도 훨씬 높습니다. 정작 교직의 전문성과 관련된 강좌는 사이버 연수(원격연수)로 대체되고 있습니다.

물론 집합연수를 하면 인기가 없어서 신청자가 소수에 불과하다는 것은 인정합니다. 그러나 교육과정이 바뀌거나 교육정책의 변화, 교육 헤게모니의 변화에 관한 것은 전 선생님들에게 의무적으로 실시되어야 합니다. 교육부에서 이러한 점을 등한시한다는 것은 전문직으로 성장하는 교직을 방해하는 것이라고 생각합니다.

풍요로운 삶 추구, 일자리 창출, 부의 재분배 등의 관점에서는 특수 분야의 직무연수가 당위성이 있습니다. 그러나 교직과 관련이 없는 연수를 학점으로 똑같이 인정한다는 것은 모순이라고 생각합니다. 그리고 선생님들도 편하고 좋아하는 것만 선호하지 말고 전문성을 쌓기 위해서 교직이 원하는 것을 추구하는 강한 의지를 표현하고 참여해야 합니다.

학생지도와 각종 교무업무에 능통한 제가 아는 선배 선생님이 교감으로 승진을 했습니다. 그런데 그 학교의 교장선생님이 교감에게 시킨 첫 업무가 운동장에 잔디를 심으라는 것이었습니다. 실제로 있었던 극단적인 예이지만, 교직의 전문성과 관계없는 학교 꾸미기와 행정실에서 해야 될 업무를 선생님들이 많이 하고 있습니다. 정보 관련 업무와 돈과 관련된 상당한 부분을 선생님들이 하고 있습니다. 교육부와 도교육청에 질의하여 명백한 근거가 있음에도 관리자는 행정실의 직원을 관리하기보다 선생님들의 관리가 편하다는 이유로 옛 관행을 그대로 유지하고 있습니다. 단순하게 업무를 많이 한다는 차원을 넘어서 선생님들은 재정과 관련된 지식을 획득할 기회를 제공받지 못하기 때문에 시행착오를 많이 합니다. 그 과정 속에서 희생은 학생들의 몫입니다.

행정실과 대립을 하기 위한 것이 아니라 서로의 전문성을 인정하고 협조체제를 갖추자는 것입니다. 업무분장은 분리하되 긴밀하게 협조하여 서로를 존중하고 배려하는 분위기를 만들자는 것입니다. 이렇게 해야 되는 이유는 사회가 다양화되고 복잡해짐에 따라 교직에 요구하는 전문성도 증가하고 있기 때문입니다. 옛 관행을 그대로 유지한 채 폭주하는 사회의 요구를 수용하기는 포화상태를 넘었습니다. 과포화상태의 선생님들의 업무에서 교직의 전문성과 관련된 부분들만 선택하고 재분류하여 분장하려는 노력이 관리자와 선생님들에게 필요합니다.

영재교육원 강사를 오랫동안 했습니다. 승진가산점이 필요해서 한 것이 아니라, 영재교육에 관심이 많아서 다른 선생님들이 회피할 때 스스로 시작했습니다. 시간이 흐른 뒤에 담임에 한해서 승진가산점이 생겼습니다. 갑자기 많은 선생님들이 영재교육에 관심을 가지기 시작했습니다. 그 뿐만이 아니라 영재교육을 바라보는 관리자나 장학사의 시선도 달라지기 시작했습니다. 모든 영재강사를 점수를 얻기 위해서 존재하는 것처럼 생각하고, 효과적으로(?) 통제하기 위한 다양한 방법들을 찾기 시작했습니다. 그리고 영재강사의 전문성과 관련이 없는 대회에 학생들이 좋은 수상 실적을 내도록 독려를 하고, 심지어 강사 선발에도 학생지도 실적을 포함시켰습니다. 더 나아가 영재강사를 하면서 학생 지도실적이 미비하면 자격을 박탈하려는 움직임까지 보이고 있습니다.

이 모든 사태의 원인은 관리자나 담당 장학사를 비롯한 교육 관료들이 영재교육에 대해서 제대로 이해를 못하고 있기 때문입니다. 영재교육을 각종 평가에 대비하여 실적을 내기 위한 도구로 이용하고 있는 것입니다. 영재원 강사를 희망하는 선생님은 많고 자리는 한정되어 있기 때문에 가능한 일이기도 합니다. 그리고 갑자기 많은 영역의 영재교육이 실시되기 시작하면서 영재교육에 대한 바른 이해를 가진 분보다 관련 분야의 학생 지도 실적과 개인 연구실적에 치중하다 보니 일어난 일이기도 할 것입니다.

교직의 전문성은 지위가 말하는 것이 아니라 관심과 노력의 결과입니다. 선생님보다 관리자나 장학사를 비롯한 교육관료가 반드시 전문성이 더 있는 것은 아닙니다. 그런데 해당되는 업무를 맡고 나면 전문성을 가진 선생님들의 의견에 귀를 기울이기보다 관리와 통제를 하거나 다른 목적으로 악용하는 경우가 많습니다.

선생님들보다 모른다고 무시하지 않습니다. 모름을 인정하고 서로 협의하여 더 나은 방향으로 안내하는 것이 관리자나 교육관료들의 전문성이라고 생각합니다. 서로의 전문성을 인정하는 성숙된 교직문화를 기대합니다.

일제고사가 초등학교에서 사라졌습니다. 정말 환영합니다.

일제고사는 단순하게 교과서의 지식을 점수화하는 일이었습니다. 그리고 결과를 서열화시켜 각종 인센티브와 제약의 근거로 삼았습니다. 객관성을 확보하기 위해서는 객관식 평가에 의존해야 합니다. 경제력과 생활환경, 문화적인 차이를 전혀 고려하지 않은 객관적인 평가였습니다. 전국의 선생님들이 철저하게 평가에 대비한 학습지도를 할 수밖에 없었습니다. 전인적인 교육은 될 수가 없었습니다. 선생님의 전문성은 오직 아이들에게 문제 많이 풀려서 점수를 많이 나오게 하는 것이었습니다.

객관적인 서열화와 경쟁교육은 선생님들의 전문성의 영역과 폭을 제한시킵니다. 사회와 학생들의 다양한 변화를 수용하고 능동적으로 대처하기 위해서는 교직의 전문성 영역을 확장해야 합니다. 이를 위해서 교육정책은 교직의 전문성을 확장하여 학생들의 전인적인 성장에 도움이 되도록 펼쳐야 합니다.

교직의 전문성 방해꾼들을 제거하고 신장하기 위해서는 선생님의 강한 의지와 참여가 필요하고, 학교업무를 선택과 재분류를 통하여 협력하는 체제로 전환해야 합니다. 그리고 선생님과 관리자, 장학사를 비롯한 교육관료들은 서로의 전문성을 인정하여 상생의 방향으로 나아가야 하며, 학생들의 전인적인 성장을 위해서 교직의 전문성을 확장시키는 교육정책을 펼쳐야 합니다.

그리고 가장 중요한 것은 서로 이해하고 배려하는 교육자의 양심! 당신의 마음입니다. 당신의 마음을 움직이기 바랍니다.

학교의 성장을 저해하는 학교의 평가

연말이면 학교는 다면평가, 근무평정, 균형성과평가제도(BSC)와 같은 1년 동안의 교육활동에 대한 평가를 실시합니다. 그러나 대부분의 선생님들은 이런 평가를 왜 하는지를 잘 모릅니다. 잘 모른다기 보다는 평가의 목적에 대한 정확한 이해가 부족하고 이윤의 극대화를 목적으로 하는 기업의 것을 약간 수정하여 학교에 그대로 이식하다 보니 학교 실정과는 거리감이 있습니다. 여기서 오는 불만이 가득합니다.

실제로 기업에서의 균형성과평가제도(BSC)는 재무적인 측면과 더불어 고객, 내부 프로세스, 학습과 성장 등 기업의 성과를 종합적으로 평가하는 균형 잡힌 성과측정기록표입니다. 현재의 기업 상황을 평가하는 것뿐만 아니라 미래에 대한 경고등 역할을 하며 사업전략을 세울 때 중요한 정보로서의 역할을 수행하는 것입니다.(네이버 지식백과사전)

그러나 학교에서의 균형성과평가제도(BSC)는 1년 동안의 교육활동을 단순히 평가하는 귀찮은 존재입니다. 성과지표를 살펴보면 억지로 짜맞춘 흔적이 역력하고 해마다 좀 더 나은 평가를 받기 위해서 노력(?)하다 보니 쓰레기와 같은 내용도 홍보하고 있는 실정입니다. 성과지표에서 홍보가 차지하는 비중이 높다보니 학교에서 일상적으로 이루어지는 교육활동을 보도자료로 토해내고 있습니다. 홍보를 맡은 선생님이 여간 힘든 일이 아닙니다. 그리고 균형성과평가제도(BSC)에 의한 결과가 다음해의 학교교육과정 수립에 전혀 영향을 미치지 못하고

내 수업을 간섭하지 마라

있으며, 학교의 비전을 성취하기 위한 미래지향적인 평가라고 생각하지 않습니다.

다른 평가 역시 양적인 결과 위주로 이루어지기 때문에 교실에서 아이들과 열심히 생활하는 선생님은 뒷전으로 밀리기 십상입니다. 실제로 어느 관리자와의 술자리에서 이 이야기를 했더니 '어떻게 무엇으로 수업을 열심히 하는 선생님을 알 수 있냐?'는 것입니다. 학생에 대한 선생님의 정성적인 평가를 허용하지 않는 우리나라에서 제대로된 창의성 교육을 할 수 없듯이 지나치게 정량적인 평가에만 몰입된 평가의 부작용이 심각하다는 생각이 들었습니다.

상황이 이러니 정확한 평가가 이루어지는 것이 아니라 의례적이고 형식적인 귀찮은 업무일 뿐입니다. 근무평정을 높게 받아야 할 선생님은 질적인 부분보다는 양적인 산출물에 더 신경을 쓰고 있습니다. 미래 지향적이어야 할 평가가 오히려 학교의 성장을 더 방해하고 있는 실정입니다.

학교는 학생들을 가르치는 곳입니다. 선생님의 업무는 학생들을 가르치기 위해 필요한 행정적인 지원활동입니다. 학교의 현실과 맞지 않는 많은 평가들이 학생들을 가르치는 데 방해가 되지 않기를 바랍니다.